唐力行 主编

江南社会历史评论

第十三期

图书在版编目(CIP)数据

江南社会历史评论.第13期/唐力行主编.—北京：商务印书馆,2018
ISBN 978-7-100-16652-2

Ⅰ.①江… Ⅱ.①唐… Ⅲ.①社会发展—华东地区—文集 ②华东地区—地方史—文集 Ⅳ.①K295-53

中国版本图书馆 CIP 数据核字(2018)第 216233 号

权利保留,侵权必究。

江南社会历史评论

第十三期

唐力行 主编

商务印书馆出版
(北京王府井大街36号 邮政编码 100710)
商务印书馆发行
北京冠中印刷厂印刷
ISBN 978-7-100-16652-2

2018年10月第1版　开本 787×960　1/16
2018年10月北京第1次印刷　印张 21½
定价：59.00元

《江南社会历史评论》编委会

主　编　唐力行
副主编　钱　杭　徐茂明

编委会成员（按姓氏笔画为序）
　　马学强　王家范　王振忠　井上徹　李伯重　朴元熇
　　朱小田　仲伟民　白井佐知子　刘石吉　池子华
　　巫仁恕　吴建华　陈忠平　邹振环　邹逸麟　邱澎生
　　张海英　范金民　洪　煜　钱　杭　徐茂明　唐力行
　　常建华　滨岛敦俊　熊月之　樊树志　戴鞍钢

编辑部主任　洪　煜　编辑　王　健　申　浩

主办　上海市普通高校人文社科重点研究基地：上海师范
　　　大学中国近代社会研究中心(SJ0703)；上海市重点
　　　学科：中国近现代史(S30404)

稿 约 启 事

一、《江南社会历史评论》由上海师范大学中国近代社会研究中心主办，2009年创刊，自2015年起每年出刊两期。

《江南社会历史评论》是区域社会研究的综合性学术刊物，目前开辟有理论探索、学术评述、江南经济、江南文化、江南社会等栏目。本刊及时反映江南社会历史研究的最新学术成果，欢迎广大史学工作者惠赐佳作。

二、本刊以发表高水平的中文研究成果为宗旨。欢迎有关理论的创新，尤其是本土化社会史理论的建立、新资料的挖掘（包括档案、碑刻、口碑、实物资料等）、社会史的新视野、历史评论等方面的优秀稿件。

三、来稿一般应在15000字以内；重大选题的稿件，字数不限。本刊采取匿名审稿制度，对所有投稿一般在收到稿件两个月内作出处理。一经刊发，奉寄稿酬。稿件一般应为A4纸（36×36字）打印稿，并邮发电子版至本刊编辑部。

四、稿件应遵守学术规范。严格禁止剽窃、抄袭行为。

五、文稿请务必参照《中国学术期刊（光盘版）检索与评价数据规范》（CAJ—CD规范），著录文章题名、姓名、工作单位、关键词、摘要、作者简介、注释、参考文献等项目。

地址：上海市桂林路100号　上海师范大学中国近代社会研究中心
邮编：200234
收件人：徐茂明　洪　煜
电子信箱：xumaoming@263.net　hongyu1028@263.net

《江南社会历史评论》编委会

江南社会历史评论

（第十三期）

江南经济

1　王振忠
　　明代徽州分家文书研究
　　——以嘉靖年间稿本《曹氏本素轩刱承遗绩》为例

28　〔日〕鹫尾浩幸
　　1914年的地方自治停办与江南水利事业

江南社会

49　向　珊
　　新出墓志所见任仁发及其家族

77　陈　凌
　　绅士家族的背影
　　——以露香园顾氏和顾绣为个案的考察

95　魏雅婷　徐茂明
　　明清苏州洞泾吴氏的人口繁衍及相关因素

120　罗晓翔　张景瑞
　　地方团练与家族沉浮
　　——以永昌徐氏为中心

江南城市

145 孙昌麒麟
奉城老城厢的历史形态学演绎

165 徐新源　钟翀
清代苏州城中"㕓"的平面格局与社会职能初探

江南文化

190 〔美〕房琴
《铁画歌》与18世纪的江南想象：顺从之音与不平之鸣？

221 邹振环
江南"书业奇才"与民国出版史上的世界书局

238 葛金华
近代江南文人雅集与日常生活：以上海鸣社为例

255 汪颖奇
苏州吴氏家学与吴湖帆"海派"绘画艺术的融汇创新

273 陈琪伟
"除旧推新"中的困境：吴县茶馆书场业抗捐案（1932—1935年）

江南研究学术前沿

284 唐力行
唐力行序三则

315 陈忠平
近代中国大众文化历史研究的回顾与反思

327 **2017年江南研究目录索引（论著部分）**

江南经济

明代徽州分家文书研究

——以嘉靖年间稿本《曹氏本素轩创承遗绩》为例

王振忠

内容提要：稿本《曹氏本素轩创承遗绩》是16世纪中叶的一种民间文献，内容反映了嘉靖年间婺源一位大户人家的财产状况与社会生活。前有序，后有跋，并有相关的时事年表，在明代的徽州分家书中别具一格。本文对该稿本所涉内容作了较为细致的考述，认为该文书对于明代中期婺源山乡一个家庭的经营状况、日常生活、赋役负担以及县以下社会治安、行政建置等方面的研究，都具有一定的资料价值。另外，该稿本也为探讨明代分家文书书写体例之嬗变，提供了一种可资参照的文本。

关键词：《曹氏本素轩创承遗绩》 徽州 婺源 分家书 粮长

分家文书是研究传统时代人群活动、家庭状况与社会生活的重要史料。就目前所见，徽州现存的分家文书数量庞大，从南宋（1127—1279年）迄至20世纪50年代以后皆有遗存。近年来，在徽州民间的实地调查中，分家文书仍时有发现。其中，明代的分家文书较少，特别是16世纪以前的稿本、抄本更是极为罕见。就笔者目前所见，婺源游震得的《震得公兄弟分书》①,以及本文介绍的《曹氏本素轩创承遗绩》稿本是两种颇具学术价值的明代珍稀文献。本文即以后者为例,考述徽州分家文书及其所反映的相关问题。

一、稿本《曹氏本素轩创承遗绩》介绍

《曹氏本素轩创承遗绩》,明嘉靖十九年(1540年)稿本,私人收藏。该书内容比较丰富,卷首有目录:

一、文序;

一、支派;

一、祖坟;

一、军产;

一、祭扫;

一、生员灯油;

一、众田地山;

一、阄分;

一、本村团子(?);

一、……;

一、……;

一、□[小]琏;

一、大琏;

---

① 嘉靖四十二年(1563年)十月《震得公兄弟分书》,隆庆四年(1570年)重抄本。关于游震得的生平,《中国历代人名大辞典》根据《万姓统谱》卷六十二的记载写道:游震得字汝潜,"嘉靖十七年进士。授行人。擢监察御史。……有《让溪甲乙集》"。(上海古籍出版社1999年版,第2366页)其中并未提及其生卒年。今据新近所见《让溪游先生年谱》(刊本1册,该书发现于婺源,现由歙县某收藏家收藏)的部分内容,可知游震得系婺源济溪人,生卒年为1505—1574年。

一、记事；

一、后序；

一、收管契白文基；

一、民庄粮税；

一、山图。

上述目录，与稿本内的实际内容并不完全一致。全书首列"曹氏本素轩创承遗绩序"，亦即目录中的"文序"。接着的是"世祖坟墓山场"，即目录中的"祖坟"。此后包括"军庄壹所"、"清明祭扫"、"众存田地山"、"众存地"、"天、地、人三号承分田地山塘条段数目"、"风水图形"、"本村社坛后图形"、"田地山塘卷"、"抄白原批帐"、"天字号承分山场段落"、"本素轩古器"、"记事附增于后"、"创承遗绩后跋"和"条段数目"等。

该书虽为分家书，但却经过较为系统的整理，稿本前有《曹氏本素轩创承遗绩序》，后有《创承遗绩后跋》。特别是"后跋"，在分家书中较为少见。以下分别考述。

1. 从序文看分家文书之当事人及其地望

《曹氏本素轩创承遗绩序》曰：

尝谓有家者创业、守承为两难也。能立业，有土、有财、有用，遗子孙计为业，祖固难也。承箕袭之业，尽继述之劳，光前裕后，(长)成克肖，子为尤难也。

予幼年艺文学贰拾年，设教休邑，从商饶河二年，起业开化，寄庄田产，相父中兴，获天眷庇，生财有道，理家勤俭，支持军、民二役。□□〔弘治？〕□□□□□，家遭回禄，重构堂宇。正德丁卯年，横逆之挠有费。癸酉年遘乱离，饶贼残民，乡间经扰，烟屋掳财，长子遘难，去□□□俞村、湖泛二营□久，身冒刃往来，费□□□苦难，莫可胜言！开化、大容、本村各□□□无存，小琏、石耳山下二庄幸存，□□□济。嘉靖甲申二年，充三区粮长，因荒旱，上纳倍费浩大，身历艰验，虽非克肖维持、创业、继志、述事，诚亦传家者也。父炜□□□□□七十有四，正德己卯年正月初一日寿享考终。予只守身家，承创簿［薄］田数顷，以慰先人，无愧于我矣。幸有三子，长曰世麟，娶詹氏，再程氏，有三子一女，有二孙。次曰翰麟，娶江氏，再汪氏，有三子二女。次曰祥麟，娶汪氏，三子二女。异爨一十余年，权将产业各与祖四伯［百］，以视其理家志趣，俾知勤俭节用之方。其余田产，自知老当益壮，不怠前功。今则行年七十有四，偶膺血气少顺，自冬至今久恙，举趾莫宁。所摄田产，令三子延舅氏叶洪为证，开条段，并日前瓜分产业，一概书写端详，立阄书一样三本，拈阄分单已定，排世麟天号，翰麟地号，祥麟人号，各执一据，中间众存田产、祖宗坟墓。切缘本户六世祖佑五公讳仲佑，从戎湖广柳州五开卫。五世祖安六公讳宗□□湖广宝磬［庆］卫，一户二军，不能分拆，二卫□□□□贴盘缠□不能缺少，祖存有军产□□□。今将土名石耳山下武农庄田□□□述四至计租，以备二军公私支给，以偿祖存军装，祀守祖宗坟墓，子孙永远无得生情异议。枝下间有不守，后开众存□□［规格］□□□□者，举首赍此闻官，以不孝论。仍守规格，以垂永久举行者，每壹人，公堂给银壹两，以劳贤肖念祖之意也。其余瓜分田地山塘，遂一并照开单条段管业，毋得占吝。立身扬名，以显父母，在子孙也。创业守承，继志述事，在子孙也。我念父之勤劳存善，不敢忽昧，将继述产业，付诸三子。三子俱体念，亦不忽昧，其必创继，有光前烈，继继承承，殆必如今日之告戒也。予日望之百世，予亦慰焉。自祖宗来积德百余年，子也孙也，存心制行，不忮不求，无愧无怍可也。横心不可留也，善可久也，昌大厥后之家，皆于此而得焉。予嘱笔而纪之文簿三扇，请给印信，立关书壹样，永远通公为照。

天运己亥岁嘉靖拾八年□□□谷旦
本素轩婺东上容七十四岁翁
曹……
主……

......

知见......

......

......

曹玄相

这是嘉靖十八年(1539年)形成的一份分家文书之序,序文是以婺源东乡上容一位74岁的曹姓老翁之口吻表述的。不过,根据后跋,此序文应最后完成于老翁身后。从稿本中的其他部分可见,该老翁也被称为"仲十六翁",名为"仲杰",字汉臣①。

从序文可见,曹仲杰是位儒商,曾到休宁县充当私塾先生,并前往饶州景德镇一带从商两年,后来在邻近的浙江开化置办产业,协助父亲中兴家业。根据序文的记载,曹仲杰曾于嘉靖二年(1523年)充任三区粮长。他生有三个儿子,长曰世麟,有三子一女二孙。次曰翰麟,有三子二女。三曰祥麟,有三子二女。可见,这是一个由十数人组成的联合家庭。从文中"异爨一十余年,权将产业各与租四伯[百]"可知,早在嘉靖初年,该家庭就曾首度分家析产。曹仲杰将部分产业分给三个儿子,给予每家租额400秤②,让他们自行经营,以考察各个儿子的"理家志趣",希望他们能懂得勤俭节用的方法。此外,其余的田产则亲自管理,希望自己能老当益壮,通过兢兢业业的努力,继续保持先前增殖的态势。因此,嘉靖十八年的这份分家文书,是第二次分家形成的文本。当时,曹仲杰老翁已74岁,日渐衰老,且已有一段时期身体违和。因此,他将自己保有的田产,令三子延请舅舅叶洪作为中见,详列各类产业,分立阄书一样三本,以天号、地号、人号三册,分别由世麟、翰麟

---

① 见《曹氏本素轩创承遗绩》中的"世祖坟墓山场",其中提及,曹仲杰"身宫在石耳山下吴家住后狮形地"。他的妻子为"孺人叶氏俊娘",这与序文中提及的"舅氏叶洪"恰相吻合。

② 文中有"嘉靖六年,仲十六翁已曾将田地山塘分扒管业,天、地、人三号,计开于后",从中可见,首次分家的时间是在1527年。其中,人字号承分田段34块,计409秤。

和祥麟三人各执一据。另外,还有一些众存田产、祖宗坟墓等,也一概详细列明。该序之后署作"地号翰麟收执为据",可见,此册分家文书当为二子曹翰麟所有。

从《曹氏本素轩创承遗绩》稿本来看,曹氏父子居住在婺源东乡的上容。"上容"亦即上鱅,应在原晓鱅公社一带,今属江湾镇。揆情度理,上鱅之"鱅",读作"yóng",故民间因音近多简写为"容",如大鱅山亦写作"大容山"或"大容岭"。今查《江西省婺源县地名志》,婺源县境东部有晓鱅和下晓鱅,下晓鱅在晓鱅溪下游的山谷中①,故可推测——今晓鱅实即"上(晓)鱅"。据说,朱熹曾途经此地,并于淳熙丙申年(1176年)三月为这一带的《曹氏族谱》作序②。此外,由戴廷明所编、程尚宽增补的《新安名族志》后卷"曹"姓条,也有婺源上鱅一带曹姓的资料。关于婺源曹氏,书中列有"谢坑"、"大鱅"、"小鱅"三派:

> 谢坑村,名清源,在邑北七十里,出大鱅派。唐僖宗时曰全政,任江西招讨使,遣子七伯岩将曰翊、八伯承节曰翔,同诛巢于歙黄墩。翊阵亡,翔痛之,庐墓建祠,遂家焉。七世曰仲纲,迁大鱅③。

《新安名族志》最早刊行于嘉靖二十九年(1550年),其后续有增补,它所反映的徽州大族之分布状态,与《曹氏本素轩创承遗绩》的年代相差不多。

在《曹氏本素轩创承遗绩》中,多处出现"本村大容山"的字眼,"大容山"即大鱅山(亦称大鱅岭),可见曹氏父子所居离大鱅山近在咫尺。正德九年(1530年),官方曾在大鱅附近设立巡检司。据乾隆《婺源县志》记载,大鱅巡检司

---

① 婺源县地名委员会办公室编印:《江西省婺源县地名志》,1985年,第103页。
② 《曹氏族谱》序提及:"予归展墓道,历开阳,跻鱅岭,过晓川,宿于门士曹子晋书舍。讲论之余,晋之《曹氏族谱》,请予为言。"转引自毕新丁《新发现的两篇朱熹佚文》,载《朱子学刊》总第13辑《朱子学与当代社会》,黄山书社2003年版,第460页。
③ 戴廷明、程尚宽等撰:《新安名族志》,朱万曙等点校,黄山书社2004年版,第566页。

署在县东八都。清代抄本《大容巡检司申民人侵占官地详词誊底簿》更详细指出①：大鳙巡检司位于县东八都的一图十排。据《婺邑户口都图》②抄本记载，婺源八都一图十排甲如下：

> 一甲曹元震，二甲曹齐显，三甲曹有功，四甲江同春，五甲黄承曹，六甲汪文选，七甲曹大兴，八甲曹允功，九甲曹万钟，十甲曹大成。

虽然此一抄本与前述文献反映的时段皆在盛清时代，但考虑到基层社会组织的稳定性，故而仍然可以在一定程度上反映当地的实态。而由《婺邑户口都图》可见，八都一图十甲中有八个甲皆为曹姓，这与稿本涉及的曹仲杰之基本状况也相吻合③。

另外，《曹氏本素轩创承遗绩》"目录"以及正文中时常提及的"小琏"、"大琏"，也在今晓鳙一带。"琏"读作"liǎn"，与"潋"（liàn）音近，故"小琏"、"大琏"，应即今晓鳙西面与西南的小潋、大潋两地。

综上所述，《曹氏本素轩创承遗绩》反映的地域，应在婺源东乡的八都一带，与现在的旅游胜地篁岭颇相接近。

2.《曹氏本素轩创承遗绩》后跋及"记事"等

除了前序之外，《曹氏本素轩创承遗绩》一书中还有一篇后跋：

> 余年半伯[百]，承严训，不能书绅，尝以谆谆日省而未忘也。愧所存者，未达继述之绪，增益书记，创承遗绩，敢忘所自而不详录规式，以垂于永久也。高堂正乐，子姓欲聚庭阶，惟愿受天之庆。膺气少顺，日久弗瘳，

---

① 抄本1册，是有关乾隆二十六年（1761年）围绕着大容[鳙]巡检司的诉讼案卷。
② 据《婺源户口都图》：抄本1册，安徽黄山学院藏复印件。文中有"康熙十五年"字样，故当为1676年之后文本。从中可见，七都、八都属万安乡大鳙里。
③ 另据康熙《徽州府志》卷一《厢隅乡都》，八都辖下的村落包括大畈、济溪、上鳙、篁岭、田坑。（台北：成文出版社1975年版，第286页）其中上鳙和篁岭皆有曹氏祠堂，可见这一带居民以曹姓居多。

承命延舅氏，证立关书三本，一样书写，敢不精详？

书其首序，则见祖、父创业继述之劳、裕后之德，如高厚之莫报也。

书祖先、支派、坟墓，则父之面默，子孙念祖思宗，知本追源，以示子孙知孝敬也。

存军产。父守先人遗命，津贴之需，军役支用，世守不兑，为后人解纷，以给子孙于公役也。

立祭扫。父为远近坟茔，子若孙但知清明饮酒、食肉，标挂倦步而不临，坟域崩颓而不理，以劳子孙相承之守坟墓也。

存灯油。父欲子姓力学成才，为祖之光，有志于道者，能入学，则贴备于三年，以示子孙知读而知学也。

存众产。父为各庄坐落不一，势力可以守成。或有生基吉穴，有对换，随时审处，不听噏取，以示子孙，公其利，而同受祖宗之惠也。各分产，父将条段数目备载，各能依旧整新，勿使遗落界限，以示子孙，而叨祖宗之饱暖也。

收文墨。父为创承，自缕而寸，历年契券非一，各处又非一人，誊契白，立纂要、纲目，分掌握，以示子孙，易检阅而便览也。税粮国课也，父为置买开垦，对换税粮，多寡不一，不可以粮实产，亦不可以产算粮，开述总数，示子孙，知目今产业之粮数也。

记往事。余所见祯祥妖孽之兆，以附于后，闲则览焉，而亦有规于后。

嘉靖十八年三月，父严命立书，已讫，五月二十五日考终已。今十九年五月周期日，订完《创承遗绩》附卷，有感于□，去春非严命端详，莫能克备……

从上揭末段的说明文字来看，根据曹仲杰之吩咐，分家文书应制成于嘉靖十八年三月，而此稿本则最终于嘉靖十九年（1540年）五月修订完成。其中提及，老翁曹仲杰于嘉靖十八年五月二十五日去世，可见，此次分家文书制作后的两个月，曹仲杰就去世了。文中对《曹氏本素轩创承遗绩》中各个部分的内容，皆作了简要的说明。特别是其中的"收文墨"一条，涉及家庭文书之管理，相当值得关注。关于这一点，稿本在记录了"田地山塘"之后写道：

天、地、人三号，各收承祖文墨、契白、簿籍，日后凡有照看，检阅是谁收掌，即令检出查看，不可执匿误事。谨记。

天、地、人三号分别收掌的家庭文书，详见下表：

字号	收掌人	文书名称	册数	所涉地点
天字号	世麟	《地契白便览》	1本	本村大容山下地
		《田段纲目》	1本（未全）	本村大容山下
		《山场总类》	1本	
		《田段契白》	1本	
		《地山契白》	1本	
		《田契基源》	1本	
		《田地山便览》	1本	大珗、小珗条段
		《石耳山下火人地文簿》		
		《公役式》	1本	
		《本村大容山下契书》	1宗（未全，秋收冬藏字号）	
地字号	翰麟	《田地山契》	2宗	开化等处
		《田地山契》	1宗	大珗、小珗
		《山契》	1宗	大容、山下、王汊、刘坑、本木、核充坳、高刀坞、毫猪咙
		《地契》	1宗	大容、本村、王汊、山下、律字号
人字号	祥麟	《田地山民庄田段四至纲目便览》		开化文簿
		《民庄田地山塘条段易见》	1本	
		《生业备考》	1本	
		《代纳粮簿》		
		《民庄历年收税底册》		
		《大珗、小珗契白》		
		《开化田地山契白备考》		
		《枫木林文墨》		
		《上祖大众文墨》		

由此可见,在此一文本中,除将田产搭配阄分之外,还将有关家庭财产的契约文书,由三个儿子分别收掌。家庭财产文书中,有"便览"、"纲目"、"总类"等名目,这说明该家庭不仅对财产的登记极为细致,而且,对于与之相关的契约文书之管理也井井有条。此虽属个案,但也从一个侧面反映出徽州文书巨量遗存的原因所在。

除此之外,《曹氏本素轩创承遗绩》一书中还有"记事"部分,根据跋文中"记往事"条所言,应是曹仲杰二子曹翰麟亲身经历的"祯祥妖孽之兆",这是该册分家文书中比较特别的内容。

《曹氏本素轩创承遗绩》中有"记事附增于后",其下注曰"存养堂附录"。"本素轩"无疑是曹仲杰的号,而从情理上看,"存养堂"显然属于其子曹翰麟。此一时事记载,内容颇为丰富,大致说来可以分为三个方面,第一是物候、灾害以及与之相关的物价等方面的内容:

正德元年地震,桃李秋花。

……

其年(正德九年)大荒,谷价一钱籴一箓。

……落星如雨,如雪花,如拳大,落地不见其形,天□□□个时辰,嘉靖十一年十月初八夜五庚时分。

水灾。加[嘉]靖十捌年六月初六日辰时,各处山崩□去,滔损田禾,本村滔去二土库、三片楼房、四所仓屋,泗洲桥两傍石墁、道路、渔塘、水碓,一概无存,幸未伤人。水灾后各处痢疾,本村大小去卅七人。

大坂、济溪、浯村滔损基地、房屋、伤人。溪西三保桥狼狈,伤人数多。王田滔了廿人,湖山、汪口亦损人财、房屋。七、八都水灾之甚,西、南、北无虞。

水灾后所存田禾,又生虫蛆,秋又大旱,以致荒乱,开化水灾尤甚。松阳十一都人掳谷扰乱,至高田坑、毕家湾、下坞、坑口,沿门挑去,幸开化县安民赈恤,方得安生。婺源惊惶亦甚。

......

荒年为水灾后,秋收每田一亩,总扣止得二分,仓廪虚亏,本家被灾,损田一伯[百]亩,告府、县,全无优恤。

......

饥荒。加[嘉]靖十九年正月至三月,挖蕨根度日。四月、六月,买籴者,饶河已尽,官民俱阻不放,船只径至湖广、江西买来贩来。五、六月谷一筧价纹一钱一分五厘,米一石价八钱五分,粒食极艰,村村挑籴米粮。

水灾□。本年五月廿一、二,祁门滔损伤人,浮梁县滔去一半,景德镇滔去太半,盗贼纷纷,扰攘不安,东乡微水得安靖。

蝗虫蔽天而来,食竹松叶,尽食田禾,各村祝神禳去,亦来数日,民□忱惶,于加[嘉]靖甲午年忽然而来,忽然而去。

洪水之兆,其年若二三月之间,有大风折树拔木。六月初旬,断有水灾,必虽预防,前人有验矣。

此处提及正德元年(1506年)以后婺源和浙江、江西各地的物候以及灾荒状况,特别是对嘉靖十八、十九年的灾荒记录尤其详细。关于嘉靖十八年的灾荒,由休宁范涞编修、刊行于明万历二十八年(1600年)的《休宁范氏族谱》①,也有相关的记载:"(嘉靖)十八年六月,婺源及我南乡大水,婺源山崩,漂庐舍二千余所,溺死者三百余人。"对此,乾隆《婺源县志》中亦载:"己亥夏六月,大水山崩,水高三丈余,淹死男妇计三百余人,漂民庐舍二千余所。"②较之明代的《休宁范氏族谱》和清代的《婺源县志》,《曹氏本素轩创承遗绩》之记录更为细致。另外,作者除了提及婺源之外,还特别关注邻近的开化,这当然是因为曹家在开化有不少山林田产。文中提及当时发生饥荒,人们试图通过饶河

---

① 《休宁范氏族谱》8册,不分卷,安徽省图书馆收藏,2:3643—2:3650。
② 乾隆《婺源县志》卷三十八《通考五·禨祥》,清乾隆二十五年(1760年)尊经阁二十二年(1757年)改正定本,台北:成文出版社1985年版,第2472页。

从附近地区运米进入婺源,但却遭邻境遏籴,所以一些船只不得不直接前往湖广、江西等地买米接济。此一现象,反映了明清时代徽州社会应对灾荒的常态。

《曹氏本素轩创承遗绩》"记事"部分第二方面的内容与社会治安与地方行政建制有关:

> 正德七年饶源洞盗贼生发,出洞掳掠余干、乐平、德兴,官军驱迫。十一月,至玉山过冬,正月来开化烟□,杀掳人民,不可胜计。
>
> 正德八年二月十二日辰时,盗贼□过大容岭寨,一片穿红,七、八都村落俱被烟屋,杀人掳财;九都、十都俱未到。休宁至黄茆止,盗之男妇不可计数。其年八月初一日未时,天忽然暗黑如夜,一个时辰方可天明,记之。
>
> 本家遇难,在石耳山下武农庄,因自避不量趋近而被盗掳。身去开化余村寨内,半夜与盗去,至羁系在彼,父来赎三次,银数未足,又带去湖泛营内。父三月初一日,幸荷盗中之盗引至,冒刃艰险,得赎身回,费银八拾刃[两]。本村屋被火,幸存仓所,谷被村内人挑去。各庄大容仓火了,并[开?]化仓地方挑去,小琏山下仓幸存租谷,接济年荒,苦莫胜言!不能详记。
>
> 官军把守。张指挥只(?)指挥□千百户军人,黟县丞管休、歙民快,起营大容岭脚金家墩,立四门,移文不准。又营大容岭头。只(?)指挥把卅里降,朱指挥守梨木岭,同知守济岭,萧、张指挥大容岭,王都堂在府。
>
> 正德九年二月,散营。三月,行敕书大容岭脚,起巡检司一所。(巡检已过五人)
>
> 嘉靖十四年,汪宏吏部天官,凡衙门非旧制,革除,巡司因而废弛。
>
> 盗贼生发。州人以挖银、铜为由,被本都人引来大坂。七月廿九夜迫晚,至鸣锣吓声,入村尚书府,掳去财物。贼计一伯[百]余,不得食,疲倦而退。次早,又转大容岭,本村各乡一惊非小。盗至下坞沙滩,开化十一都赶斗,杀了四人,一路前去,陆续杀了,送官亦数十,打死一伯[百]数,俱尽矣。

文中提及几处重要的地点,其中,石耳山今为赣、浙两省界山,因悬崖峭壁上长有石耳,故名。此处原属晓镛公社,今属江湾镇。与石耳山相连的就是大鳙山,原先也在晓鳙公社境内,今亦属于江湾镇。大鳙山南接浙江开化县界,此处属于深山地区,鳙水由此流出,东至衢州,过兰溪入浙江,婺州水源出于此。根据当代的调查,从婺源县东往浙江省开化县的古道,在旧三梧镇(今镇头村)一分为二,其中之一就是由大鳙岭抵达开化县河滩。正是因为这个原因,婺源人多由此道前往开化一带开荒经营。曹氏的家族成员有一些就埋葬在开化十八都[①]。

近十年来,笔者曾数度由婺源途经开化前往衢州,沿途所见,皆属崇山峻岭。由于大鳙山为赣、浙两省界山,确切地说,在明代应为徽、浙界山,属于僻野荒陬,故此处社会治安相当不佳。据万历时人范涞编修的《休宁范氏族谱》,正德"八年春,江西姚源洞贼王浩八逾婺源大鳙岭,杀掠都民"。而乾隆《婺源县志》亦载:正德"癸酉春,饶姚源洞寇王浩八,由开化逾大鳙岭,突入本县东、西、南乡,杀掠无算,火民居"[②]。"癸酉"亦即正德八年(1513年),类似的记载,也见于书中的另一处[③],与"记事"中的记载可以比照而观,只是后者的记录更为翔实和细致。关于这一点,《曹氏本素轩创承遗绩》序中亦提及:"癸酉年遭乱离,饶贼残民,乡间经扰,烟屋掳财,长子遭难,去□□□俞村、湖泛二营□久,身冒刃往来,费□□□苦难,莫可胜言!"另外,"记事"中的嘉靖十四年(1535年)条,提及发生在当地的盗贼事件,未见于

---

① 《曹氏本素轩创承遗绩》"世祖坟墓山场"中载:"端一公,四子,墓开化十八都外咙岭,艮山坤向,猛虎土墙形;孺人吴氏,墓同处里咙岭,亥山巳向。其寄庄田产,原被叔度支下易了。"《曹氏本素轩创承遗绩》"世祖坟墓山场":"媳妇坟壹所三星,土名开化江东源呈庄段下山,蛇形,三寸穴。"
② 乾隆《婺源县志》卷三十八《通考五·襪祥》,清乾隆二十五年(1760年)尊经阁二十二年(1757年)改正定本,第2469页。
③ 乾隆《婺源县志》卷二《疆域二·沿革表》:"江西姚源洞盗王浩八,遣其渠魁王銮二,从大鳙岭突入县境,杀民兵程楚等三十余人,掳杀男妇,以不受辱投崖溺水死者,相继于道。"[清乾隆二十五年(1760年)尊经阁二十二年(1757年)改正定本,第235页。]

方志的记载。不过,在乾隆《婺源县志》中,记载了"丙寅二月,矿贼入城,烧县堂署舍"①。"丙寅"为嘉靖末年(1566年),当然是在《曹氏本素轩创承遗绩》"记事"部分记录之后,但若与嘉靖十四年条的记录相对照,可以看出,当时因"矿贼"引发的社会动荡,持续的时间相当不短。这也就是婺源县大鳙巡检司设置的一个历史背景。

据乾隆《婺源县志》记载:"大鳙巡检司,在县东八都,其地当闽、浙之冲,地僻山邃,盗贼出没不常,万历八年特建。"②此处提到大鳙巡检司之设置,与当地的治安形势密切相关。不过,对于巡检司的设置年代,与实际情况有不小的出入。上述这条史料见该志的卷八《建置二·公署》,但在同书卷十《官司三·杂职》中,另有记载:"明大鳙巡检司,正德九年设,后裁,万历元年复设。"③结合《曹氏本素轩创承遗绩》"记事"部分的记载可见,乾隆《婺源县志》卷八的记载有误。事实上,正德九年(1514年)设置的大鳙巡检,显然是为了因应正德八年饶姚源洞寇王浩八之乱。县志还引府志云:"寇之自衢来者,警先婺,大鳙岭为正道,白际、连岭为间道。大鳙岭界南三十里为衢黄冈,又四十里为云雾山,寻流合河为尤溪口,寻河合官道为华埠,由华埠顺流一百三十里为西安之铜山。铜山者,矿山也,是故华埠者,盗之集也。尤溪口者,盗之窝也。云雾山者,盗之大巢穴也。昔尝建巡司于鳙岭,盗颇为衰。"④这段描述,反映了大鳙巡检司设立的历史背景。而从大鳙巡检司设而后裁、裁而复设的过程来看,此处的社会治安一直未曾好转过。

此外,《曹氏本素轩创承遗绩》"记事"中第三个方面的内容与赋役有关:

---

① 乾隆《婺源县志》卷三十八《通考五·禨祥》,清乾隆二十五年(1760年)尊经阁二十二年(1757年)改正定本,第2470—2471页。
② 乾隆《婺源县志》卷八《建置二·公署》,清乾隆二十五年(1760年)尊经阁二十二年(1757年)改正定本,第611页。
③ 乾隆《婺源县志》卷十《官司三·杂职》,清乾隆二十五年(1760年)尊经阁二十二年(1757年)改正定本,第784页。
④ 乾隆《婺源县志》卷十三《兵防志·防守》,清乾隆二十五年(1760年)尊经阁二十二年(1757年)改正定本,第996页。

催征。点皇夫，劝殷实接梓宫。至（嘉靖）十八年十一月，又点本户殷实，买办皇木，湖广承天府起造陵宫。户下每粮一石，科银五刃［两］充价，其余支费欠少，应役买办人揭借，苦不可言。买鹰架木五根，计五丈长，尺五径；平头木一伯［百］廿六根，三丈五长，尺二径；杉条木九十四根，一尺径；槁木四十三根，围一尺四寸。共二伯［百］六十八根，买至饶河，交纳解户，共成价并供利息，成四伯刃［百两］之数，加［嘉］靖十九年六月冬交。

在明代，婺源的岁供之目分成三类：一是岁办之供，二是额外坐派，三是不时坐派之供。乾隆《婺源县志》曾引旧志称："自明嘉靖后，南北多故，土木繁兴，岁赋军需之外，多不时科派，自工部四司裁为定额，余派出不时者，事已停罢。嗣行一条编法，一切军需，四司总称物料，如新例，采矿、采木诸色，犹系曰不时，遵旧典也。"①可见，上述佥点富户买办皇木兴修梓宫的做法，属于当时的"不时坐派之供"。

在明代，官府佥点徽州富户买办皇木的记载并不罕见。范涞所编的《休宁范氏族谱》中，就有多处相关的记录：

（正德十年）工部征我府杉木二万章。
（嘉靖二年）工部征我材木，知府郑玉奏蠲罢之。
（嘉靖六年）工部征我竹木。

因徽州盛产竹木，故正、嘉年间官府屡次对徽州府各县坐派杉木、材木。而《曹氏本素轩创承遗绩》中的记载，则涉及嘉靖年间在湖北的营造。承天府原为湖广安陆州，是明世宗继承皇位之前的藩王府所在地（此地即今湖北省钟

---

① 乾隆《婺源县志》卷十一《食货二·杂税》，清乾隆二十五年（1760年）尊经阁二十二年（1757年）改正定本，第896—897页。

祥市)。世宗继位后,于嘉靖十年(1531年),升安陆州为承天府,其附郭县城改名为"钟祥",寓意为"钟聚祥瑞",割荆州之荆门州,当阳、潜江二县,以及沔阳州、景陵县隶之。嘉靖十八年(1539年)三月,明世宗南巡,实地查看其生父、原兴献王朱祐杬的陵寝(明显陵),最后决定将其生母梓宫南运显陵合葬,并扩建明显陵。上文中"点皇夫,劝殷实接梓宫。至十八年十一月,又点本户殷实,买办皇木,湖广承天府起造陵宫",正是与嘉靖生母南运显陵合葬及扩建明显陵有关。文中提及的"鹰架木"是一种绳牵的木架,用于上下挽取重物,它与平头木、杉条木、槁木合计共268根。作为婺源富户的曹氏,为此共花费了白银400两。《曹氏本素轩创承遗绩》的记载,反映了显陵扩建给婺源民众带来的沉重负担以及对于徽州社会的影响。

在以上三个方面中,以有关灾荒的条目为数最多,其次是地方治安方面的记载,这反映了明代中后期地方社会的实态与基层民众对这些问题的关切。

二、从《曹氏本素轩创承遗绩》看曹氏家族与经营状况

根据《曹氏本素轩创承遗绩序》的记载:"切缘本户六世祖佑五公讳仲佑,从戎湖广柳州五开卫。五世祖安六公讳宗□,□湖广宝罄[庆]卫,一户二军,不能分拆,二卫□□□贴盘缠□不能缺少,祖存有军产□□□。今将土名石耳山下武农田□□述四至计租,以备二军公私支给,以偿祖存军装,祀守祖宗坟墓,子孙永远无得生情异议。枝下间有不守,后开众存□□□□□者举首赍此闻官,以不孝论。仍守规格,以垂永久举行者,每壹人,公堂给银壹两,以劳贤肖念祖之意也。"文中的"宝罄卫",亦即宝庆卫。明洪武五年(1372年),置宝庆卫于宝庆府(治今湖南省邵阳市)。洪武十八年(1383年),置五开卫于思州宣慰司南(后为黎平府,治今贵州黎平县)。二者皆属于当时的湖广都指挥使司。由于充当军户,婺源曹氏家族成员有的就葬在从军的卫所附近。例如,

《曹氏本素轩创承遗绩》"世祖坟墓山场"中就记载："安六公，宗茂五子，墓湖广宝庆流水口。"

婺源曹氏为军户。在明代，军户是一种强制性的差役，从永乐年间开始，就出现了"重役"的现象，亦即强令一个军户出一丁以上或三五丁充当正军的现象。举凡一军起解，户下需要供给军装和盘费①。这对于一般的军户是很大的负担，以至于出身歙县的官僚汪道昆甚至认为："一军出则一家敝，一伍出则一里敝。"②汪氏为明代中晚期人，他的描述与《曹氏本素轩创承遗绩》的时代背景基本吻合。作为大户之家，为了应对军户差役，曹氏就专门辟有固定的产业，供给军庄和盘费。在稿本中，有对"军庄壹所"的记载：

存军装田产一庄，土名石耳山下，名号"武农庄"，大四至：东至大容岭大路，西至溪直下，南至苦李坳坑直下通降大路，北至水坑，外抵吴春山，上至本户墩丘田基为界。于内山场竹木并众公取获利，以应门庭支给，各房毋许私取，许住庄人首实，毋得破例，责令管顾。

计开租额，庄所山场计十四亩五分。（山场总类，上开明白）

这个军装田产一庄，位于石耳山下，山场计有 14 亩 5 分，其上主要种植竹木③，由"住庄人"负责看管、经营，而山林经济的收入，则用以"门庭支给"的消费。书中还详细记载了军庄的具体租额，共计 124.5 秤，其后注曰："前田租迩年收贮庄，所以备五开、宝庆二卫盘缠等项，毋使临期催迫措办，亦先人之遗式也。右项田、山来历，查看契白，至内并无外人存留。"

---

① 参见王毓铨：《明代的军屯》下编，中华书局 2009 年版，第 231—258 页。
② 汪道昆：《辽东善后事宜疏》，见《汪司马太函集一》，载《皇明经世文编》卷三三七，中华书局 1962 年版，第 5 册，第 3616 页。
③ 书中的"石耳山下条段"记载："右项栏杆田内塝上，有棕木、杉木、柿木，并竹及椇，碣溪边柿木、柜木，并众存留管业。"

除了与军户相关的开支之外，家庭内部还有其他的应酬与开支。关于这一点，《曹氏本素轩创承遗绩》中有"众存地"的记录：

分类	地点	来源及用途	数量单位	备注
正基地	泗洲桥里	大六房安奉祖先		
	泗洲桥头	六房承分地	一片	
	仝处上基地	买本户各人		
	桥外新基地		一片，下上计四基，计伯[百]步	
	上园承分地			花房共
	仝处地	买户下□□天租等		
	上边该分军仓地	廿四分，该一分，大六房共买，买仲宁		
	见住基前下基园地	买户下仲相、天育等，分扒		
	石耳山下	火人地		
	上村	杨亮所住火人地		
	水口	合村祠堂地		
上村地	前山脚地一号	买曹		
	株十二前	仓地并仓一号，买曹		
	株十二前	地屋，买曹□（父祥生）	一号，四步	
	坞头溪边	塘地，买曹乌兴	一半	
大容众地	上塘坞	仓地并仓屋	二座	
	仝处	仓墙外地		
	仝处西边进门地	买江细毛	一方	
	仝处正基地	买江士众等		
	大容岭下地	买浯村①汪培	十五步	本房一分，长林房一分
石耳山下地		仓地，火人地	一片	

---

① 浯村在大畈西南2.5公里的浯溪北岸。

续表

小琏地		洪细犬住右仓楼地并屋一间,买洪伯远	地四步	
	仝处	仓后空地,买曹天荣	四步	
	住前右边	仓一间,地四步,买洪伯志		
		洪德兴地屋一半,见汪祥住		无租,花共买,系二分,本家买一分,买洪德兴
		黄祥住左塝下地仓一间,祖墙六步半,天祥二步,厕在上,买黄祖祥、黄天祥。		
	前山脚	菜坦	一所	买陈□
开化地	坳脚并坳头	店屋		俱系田亩
	坳头	仓地,买	一片山开	
	上潘	住地	一片,三分之一	买伏生兄弟
	下潘	地	四十八步	买潘舟右
	木李坑上下	地基	四分之一	买曹仲、曹铖

上述的众存地,广泛分布于上鳙、大鳙山、石耳山、小琏以及开化等地。对"众存地"的记录之后,文中注明:"右项各庄所地,如有对换移易,并三房公同,毋许私行殉意,以伤其义。"从中可见,与曹仲杰、曹翰麟父子相关的曹氏家族支派,属于"大六房"。其中,除了"本房"之外,至少还有其他的一房为"花房"。另外,"长林房"是否亦属其中不得而知。在分家时,仓地、祠堂存众。当时,曹氏在合村的水口处建有社坛、祠堂。

由上表可见,在石耳山下有多处的"火人地"。另外,《石耳山下吴家住后图形》中还出现了"火人屋"和"火人地"。《泗洲桥头承分并买地》图中,亦见有"火人陈旺住歇"。这些都说明,在日常家居及山地开发中,曹氏广泛使用了庄仆经营。

"本素轩身宫"①及周遭示意图

在上表对"开化地"的记载中,开首便曰:"坳脚并坳头店屋,俱系田亩。"可见,曹仲杰等应在开化开店设铺。而从稿本的其他记载来看,无论是仓地、住地还是其他的地,都是通过出资陆续购买而得。关于这一点,还可以从书中提及的"寄庄"加以证实。《曹氏本素轩创承遗绩》序中提到曹仲杰"起业开化,寄庄田产"。所谓寄庄,是指其人在本籍以外置备土地,设庄收租。石耳山一带地近开化,一向就有婺源人在当地置产。在《曹氏本素轩创承遗绩》中,有"成化十四年种山老合同开数"的字眼,成化十四年为1478年,可见曹氏在开化的活动已将近百年。在稿本,还特别列出嘉靖十一年至十八年(1532—1539年)曹氏在开化购买山场的记录。此外,另有"江东坑桃树坦田早晚租"的记载:

买程景六租四十四秤;

对买曹珪十六秤;

买上汪崇福四秤;

---

① "身宫"即坟茔,在徽州府的其他县份,另有"生宫"的说法。

买方世保四秤；

买方世高十四秤（小名菜地坞）；

买对方世云十三秤（小名金竹岭）；

开佐约十秤；

买方世金西边拾秤。

上揭的"江东坑"位于开化，以上共计115秤。此外，"大坑田租额"有22秤，"下潘租额"有26秤，"上潘门前"有7秤，坳头横坑山脚6秤，横坑吟家坞5秤。这些应当也都在开化。如果确实的话，则合计也有66秤。加上前述江东坑桃树坦田的早晚租，共计181秤。这些收入，都来自对开化的山地开发。在上述的租额之后，有一段说明：

> 右前项桃树坦、达坑、下潘、上潘、横坑五处田亩租谷，迭年作平谷，称付作山人，量其工力，执一占吝，亦不可徒费钱谷，互众收贮，不可推捱徇私（？），能存公正，后人效之。

可见，对山地的开发，利用"作山人"代为经营。当时，曹氏在开化的经营活动，除了前述的开店设铺之外，主要就是种山植树。"种山田亩条段租额，计开开化栽种杉苗，或拈山，或掘山，以备各山支给，勿使荒芜，花搭迭年，依时称付作山人食用，拈作无间，自然获利，不必当差。迭年须要掘开火路为先务，亲自行看点检。"由此看来，明代婺源人前往开化的经营活动，也是栽种杉苗。至于开发的方式，最先是"掘开火路"，亦即在荒山野岭，通过放火烧荒烧出一条路来①。

---

① 在皖浙山区，此种开垦模式颇为常见。乾隆《婺源县志》卷四《疆域七·地产》中引旧府志："祁门知县桂天祥议曰：本县山多田少，民间日用，咸赖山木，小民佃户烧山以便种殖，烈焰四溃……。"编者按语称："婺邑山木之利弊，正与祁同。"（清乾隆五十二年刊本，第370页）

三、曹氏家族的社会生活

《曹氏本素轩创承遗绩》中,还有一些反映家族社会生活的内容。从家族的开销来看,除了供军户的部分开销之外,还有其他的几项开支:

1.门庭应酬

用途	支出	具体做法
清明祭拜	家庭取军庄内浮祖5秤	"三房轮流支谷,买办三牲酒礼,公取公用,三分均分,庶子孙知有其本而不忘也。"
读书子孙入学	每年与平谷20秤	"不拘人员,每人贴灯油,三年为述。""平取军庄浮租谷给付,奖其勤读显科,以慰吾心之愿望也。"
众门庭送往迎来		"各项支应,于军庄内或生(?)财有道,及竹木获利(?),取而用之,枝下毋得猥吝,贤□[智]举而行之,毋许私愿,武农庄……"

曹氏因是大户之家,备有专门的军庄因应军户差役,军庄所入,显然足以因应差役并有结余,故而得以利用这些结余开销其他的应酬,这些应酬主要包括清明祭祀、子孙入学和乡族间的迎来送往。

《曹氏本素轩创承遗绩》中有"祖居正地"图,其上有"奉先"楼屋。"众存地"中,则有"正基地泗洲桥里大六房安奉祖先",契白上另有合同。《曹氏本素轩创承遗绩》"世祖坟墓山场"中提及:"存坊面前段路边田四秤,标挂去者祭坊食用,不论分范,去者同用。"开化江东源呈庄段下山的媳妇坟,"坟左臂外存田三秤,以作迭年祭墓标挂者之用"①。另外,书中还指出,"众存田地山"的田产,也作为墓祭的开支:

> 田四秤,石耳山下门前路边,存去山下坟:
> 迭年挂纸祭祀,去者食用,计开:鸡一斤半;亥,二斤半;鸭,……;

---

① 书中有一图,为"开化江东源呈庄段图形/下山蛇形,媳妇坟"。

豆，……；饭，……；粿；油灯；纸；酒；内十斤，与……

　　田三秤，开化江东源呈庄段坽畔存去，迭年挂纸祭祀，去者食用，计开，坽墓开前：

　　　　肉，一斤半，计一秤；干鱼半斤，计五升；豆伏[腐]三升；

　　　　饭，四斤；果，二斤；酒，四壶，计八斤；

　　　　纸，三斤，计一伯[佰]张；油盐，二斤；鸭子十介，计七斤；

　　　　仍余谷十斤，与支应佃田之家，以劳其工。

　　　　大□清明该一名半。

　　　　每名熟肉，豆伏[腐]，酒。

上揭记录了清明挂纸的相关食物，井井有条。类似的记载，也见于明代的《窦山公家议》。此外，"读书子孙入学"主要是为了培养子弟读书，一定程度上反映了徽州人"贾而好儒"的特色。而"众门庭送往迎来各项支应"，则是应对各类应酬。

2.古玩收藏

《曹氏本素轩创承遗绩》中，记录有"本素轩古器"，反映了这个大户人家的收藏：

古器	件数	价格	备注
大古铜香炉（并花瓶）	1付	10两	
次大古铜香炉	1付	5两	
古铜宝鸭	1个	5钱	
古铜八角鹿	1对	8钱	
古铜香孩	4个	5钱	
古铜小香炉花瓶	1付	8钱	
铜投壶	1只	8钱	
银相竹酒红盏	1付12个	4两8钱	
银相筋	2巴[把]	1两	
银相螺奠[钿]六角钟	2个	2两5钱	
银相钟	2个		
海螺杯	1个		

续表

雕漆碗	1个		
雕漆盏盘	1个		
度［镀］银相盏	1个		（玳瑁）
大食箱	1个		
大满堂红	1对		
小满堂红	1对		
暖轿	1乘		花房相共
凉轿	1乘		
祭盒	1担		

此外，文中还提及："漆椅凳棹轿浮家火不开"、"锡器分开"，应当是指还有一些器物未曾列出。

上列的"本素轩古器"，前十项皆标注有价格，属于较为珍贵的古玩。在明清时代，徽人之家购置古玩，有着一些实用性的目的，亦即在祭祀、修谱等重要的场合，通常需要陈设古玩。与此同时，"雅俗之分，在于古玩之有无"①的观念可能由来已久，在这种背景下，古玩也是区隔雅俗品味的一种标志。②

此外，以上所列物品中有"暖轿"和"凉轿"两种。一般认为，明代正德、嘉靖以后，乘轿逐渐成了流行社会的一种时尚③。上鲥一带虽僻处婺源东乡的崇山之中，但曹氏家中还是备有两乘轿子，这当然也从一个侧面反映出作为"炫耀性消费"的轿子在明代社会普及的程度④。

---

① 吴其贞：《书画记》卷二"黄山谷《行草残缺诗》一卷"条，辽宁教育出版社2000年版，第62页。
② 巫仁恕在《品味奢华：晚明的消费社会与士大夫》（台北：联经出版公司2007年版）第五章第二节中，曾以徽州为例，讨论"大众的家具消费"，其中，利用了上海图书馆庋藏的《吴氏分家书》《吴尚贤分家书》以及《徽州千年契约文书》收录的《孙时立阄书》《休宁程虚宇立分书》《余廷枢等分单阄书》五例。不过，关于这方面的讨论，因其所据样本有限，故仍有待于进一步收集相关文献。
③ 巫仁恕：《品味奢华：晚明的消费社会与士大夫》第二章"消费与权力象征——以乘轿文化为例"，第67—118页。婺源人余定广（1411—1473年）"输赋金陵，买妾还，后竟归之母家，而不责其聘。性跅弛，跨一骑往来数里中，博弈终日，居前有上马石，乡人犹曰马石云"。无论是"好驰马"还是对乘轿的喜爱，都与明代前、中期的社会风气密切相关。
④ 婺源济溪游震得的《震得公兄弟分书》中提及："戊字阄门路外空地壹步，为便轿出入。"可见，到16世纪中叶，婺源一带绅商建造房屋时，轿子出入就成为必须考虑的一个重要因素。

四、余　论

1.《曹氏本素轩创承遗绩》是明代内容比较丰富的一种分家书。从序文来看，《曹氏本素轩创承遗绩》中的"创承"，是指"创业守承"，而其渊源，应来自《孟子·梁惠王下》之"君子创业垂统，为可继也"。继者，承也。"创业垂统"，意为创建功业、流传于后世，此一说法，在徽州的分家书中时常可见，毋须像以往的思想史研究者那样过度解读。

老朝奉曹仲杰曾是一位私塾先生，这是婺源读书人的一种常见职业。同时，他也在开化、景德镇等地经过商，本人颇具成就感，亦具"儒商"的特色。因其积累了相当不少的资产，故而被推为三区粮长。虽然及至嘉靖年间，徽州的粮长已由明初的永充制向朋充制过渡①，但书中的"时事"部分，提及嘉靖十八年(1539年)因水灾后的荒年，"本家被灾，损田一伯[百]亩"，可见，此一粮长之家拥有的土地要超过一百亩，这从一个侧面反映了曹氏一家的财产规模。

《曹氏本素轩创承遗绩》中的"记事"部分②，涉及赣、皖、浙边境地区在16世纪中叶的社会治安状况，特别是有关大鳙巡检司设立的背景资料，具有重要的学术价值。书中有关婺源大户之家社会生活方面的内容，也从一个侧面反映了正德、嘉靖年间徽州社会的变迁③。此外，其中涉及的军户问题，也颇值得进一步探讨。

2.作为一种分家书，《曹氏本素轩创承遗绩》也为我们探讨明代分家文书体例的变化，提供了一个较好的例子。

16世纪是徽州社会发生重要变化的时期，万历《歙志》曾将当地的风俗变

---

① 关于粮长，参见梁方仲：《明代粮长制度》，上海人民出版社2001年版；汪庆元：《明代粮长制度在徽州的实施》，《中国经济史研究》2005年第2期。

② 揆情度理，分家书的前言，需要对家族产业的由来脉络作一概述，为此，主持者在日常会留心对个人一生作简要记录，以便作为未来撰写分家书前言时的基本资料。例如，此前发现于徽州歙县的《德润公遗嘱》(见抄本《丹阳谱》)，就有有关元末明初史事的大事年表。

③ 稍早的婺源人余定广亦曾担任粮长，其人"所居室必涂以漆，几席什器，必求精备"(《十二世祖爱竹公小传》)、"室宇有序，器用精备"(《追述曾祖良二府君行迹》)。但未有更为具体的描述。在这方面，《曹氏本素轩创承遗绩》提供了一个具体而微的例证。

迁比喻成一年四季的变化,在作者眼中,16世纪前、中期的正德、嘉靖年间,被他形容为春分以后、夏至之前的季节,"出贾既多,土田不重,操资交捷,起落不常,能者方成,拙者乃毁,东家已富,西家自贫,高下失均,锱铢共竞,互相凌夺,各自张皇,于是诈伪萌矣,讦争起矣,芬华染矣,靡汰臻矣"。这种描述,虽然是指徽州核心地区社会状况的剧烈变化,但也在一定程度上反映了婺源一带的变化。此一时期迄至明末,徽州社会始终处于一个变动不居的状态,族谱、宗教科仪①、分家文书的体例等也呈现出动态的调整趋势。

以分家文书为例,在徽州,目前所见最早的分家书文本见于南宋②,是哈佛燕京图书馆所藏的沱川余氏之分家书,这当然反映了徽州分家书的早期形态。该分家书保留下的序文,也讨论了"创业"与"守成"的关系③,这与《曹氏本素轩创承遗绩》颇为相似。此一现象亦说明,"创业垂统"之类的表述,与明代中叶以后徽商之崛起并无直接的联系,不能做过度的诠释。

现存的明代分家文书较之前的时代在数量上更多,这些文书,受到了学界较多的关注④。综观这些明代的分家文书,与《曹氏本素轩创承遗绩》(成书于

---

① 参见拙文《明清徽州的祭祀礼俗与社会生活——以〈祈神奏格〉展示的民众信仰世界为例》,中山大学历史人类学研究中心、香港科技大学华南研究中心主办《历史人类学刊》第1卷第2期,2003年10月。

② 美国哈佛大学燕京图书馆藏有"《婺源沱川余氏族谱》"(T2252.8/1389)1册。对此,笔者认为,此谱并非严格意义上的族谱,而是沱川余氏家族文书的辑录,故在征引时,加上引号表示不同看法。参见拙文《明以前徽州余氏家族史管窥——哈佛燕京图书馆所藏"〈婺源沱川余氏族谱〉"及其史料价值》,载《徽学》第6卷,安徽大学出版社2010年版。

③ 《千九上舍公兄弟关帐序》曰:"……且德忱尝闻先辈有言:创业难,守成亦难。创业之所以难者,以其备历险阻,躬履勤俭,而后得此业也;守成之所以难者,亦必熟知前人险阻之状,恪守勤俭之规,而后业可保耳。……若夫创业之难,前人已履之矣;至守成之难,方当与二弟从事于此,幸望仰体前人辛勤起家之意,各谋所以报亲之道,庶无愧于善继志、善述事之孝云。宋咸淳七年庚午七月 日承分仲字号关帐。"(见哈佛燕京图书馆藏"《婺源沱川余氏族谱》")

④ 有关明代分家书的研究,参见栾成显:《中国封建社会诸子均分制述论——以徽州文书所见为中心》,《'98国际徽学学术讨论会论文集》,安徽大学出版社2000年版;栾成显:《〈成化二十三年休宁李氏阄书〉研究》,《明清论丛》2001年第2期;〔日〕白井佐知子:《徽州的家产分割》,载氏著《徽州商人の研究》,汲古书院2005年版;〔日〕中岛乐章:《明代中期徽州农民的家产分割》,《徽学》第5卷,安徽大学出版社2008年版;冯剑辉:《明代中期徽州盐商个案研究——〈尚贤公分书〉剖析》,《中国史研究》2012年第3期;范金民:《从分家书看明清徽商培育子弟之道》,《安徽师范大学学报》2013年第1期;康健:《分家书所见明代中期徽州山场析分实态》,《农业考古》2016年第4期。

1540年)最为相似的是近一百年后形成的《崇祯二年程虚宇阄书》(1629年)。后者由自叙、先世坟茔、各房分授产业、众存产业和后记组成,二者各部分的构成颇为相似,特别是自叙的部分分量较重,当事人都详细概述了个人的一生经历以及产业的由来脉络①。

不过,就现存的其他分家文书来看,在明代前、中期,分家书的书写较为自由,并无固定的格式,特别是序言②往往可有可无,各个部分的排列也比较随意。而从后代的情况来看,清代的分家文书则通常更为程式化③。这种程式化的分家书,与晚明以后万宝全书在全国的流行④,以及参酌万宝全书形成的徽州村落日用类书之普及密切相关⑤。关于这一点,也有待于今后进一步的深入探讨。

[作者简介] 王振忠,复旦大学中国历史地理研究所教授。

---

① 该分家书引起了多位学者的关注,见栾成显:《明末典业徽商一例:崇祯二年休宁程虚宇立分书研究》,《徽州社会科学》1996年第3期;汪崇筼:《徽州典当资本的增殖:以家庭为例》,《中国社会经济史研究》2004年第4期;郑小娟:《尝试性分业与阶段性继业——以〈崇祯二年休宁程虚宇立分书〉所见典当资本继承方式研究》,《安徽史学》2008年第2期;王裕明:《明清商人分家中的分产不分业与商业经营——以明代程虚宇兄弟分家为例》,《学海》2008年第6期。
② 管见所及,最早的明代分家书为洪武年间婺源的《仁斋公勾书序》:"初吾成立,早失汝大父。值乡俗薄恶,所承基业,几罣于讼。继而连历兵革,陵谷变迁,吾本分守己,辛勤积累,克完旧毡(?),所增倍蓰,皆由吾祖宗积德所致。今年登耄耋,理宜立帐勾分,各自供解,庶无偏徇。汝兄弟虽见成立,当念连枝之同气,持九矢以为心,尤宜知河海之起于细流,太华之积于培塿,扩充前业,视吾有光,是至望也。汝曹勉之!"(见哈佛燕京图书馆藏"《婺源沱川余氏族谱》")
③ 明万历二十五年(1597年)福建建阳宝善堂刊行的《新锲全补天下四民利用便观五车拔锦》中,即有"分关体式",计有"代人分关"、"为人作分关"和"兄弟分关"三种。参见张研:《19世纪中期中国家庭的社会经济透视》,中国人民大学出版社2003年版,第71—82页。
④ 《五车拔锦》卷二十四《体式门》,见〔日〕酒井忠夫监修:《中国日用类书集成》第二卷,东京:汲古书院1999年版,第402—406页。
⑤ 参见拙文《清代前期徽州民间的日常生活——以婺源民间日用类书〈目录十六条〉为例》,载陈锋主编:《明清以来长江流域社会发展史论》,武汉大学出版社2006年版,第675—726页。

1914年的地方自治停办与江南水利事业*

〔日〕鹫尾浩幸

内容提要：本文以江南水利事业为中心，考察了民国三年（1914年）二月袁世凯停办地方自治制度所带来的影响。部分既往研究认为，"三次革命"之后，虽然恢复了省议会，但是县以下的自治制度并没有恢复，而且县知事加强了监督，地方自治有所衰退。然而，通过本研究可以了解到，在江南基层社会作为地方自治一环的水利事业中，士绅阶层与县知事、江南水利局展开合作，仍按照从前的方法办理。考察民国三年至四年（1914—1915年）在江南实施的水利事业，可以看出县级士绅依然起到了重要作用，而且对于官方而言，无论是王朝时代作为"牧民官""亲民官"的州县官，还是之后代替他们的县知事，该职务对于统治的重要性也不言而喻。另一方面，自治制度停办后，在苏州设立的江南水利局起到了团结各县士绅阶层的作用。这从一个侧面也反映出，当时省级机关在行政中的重要性日益增加；但另一方面，县级士绅仍然发挥了十分重要的作用。

关键词：民国初期　江南　地方自治　水利事业　士绅

---

* 本文初稿译自日文，承蒙中国社科院近代史研究所的薛轶群修改译文。在收集本文史料的过程中，又承蒙日本北海道教育大学的夏井春喜名誉教授及中国台湾地区"中研院"近史所的巫仁恕研究员提供帮助。笔者谨向以上三人表示谢意。

序　言

　　自光绪二十七年(1901年)开始实施所谓的"光绪新政"之后,各地方也进行了行政改革。光绪三十四年(1908年)十二月二十七日,经宪政编查馆奏请,清政府颁布《城镇乡地方自治章程》,宣布州县以下的基层社会引入自治制度①。而本文考察的主要地域——包括江南苏州在内的江苏省所属地区,在辛亥革命发生之前,已在全部城市及大约四分之三的镇乡地区设立了自治机关②。

　　清末制定的《城镇乡地方自治章程》第一章"总纲"第三节"自治范围"第五条指出,"城镇乡自治事宜"包括:(1)学务,(2)卫生,(3)道路工程,(4)农工商务,(5)善举,(6)公共营业等。这些法制上规定的自治项目,在辛亥革命之后也得到了延续③。且民国三年(1914年)二月,自治制度一度停办之后,在同年十二月颁布的《地方自治试行条例》第一章"总纲"第四条中规定,"自治事宜"为"卫生、慈善、教育、交通及农工商事项",基本上沿袭清末的范围④。从这一点可以看出清末至民国初年的连续性。本文着重将同一时期制度上列出的这些项目与团防等部分的治安业务,视为地方自治的对象。

　　笔者以前发表的论文,主要对清末的政治制度改革是如何影响基层社会

---

①《政治官报》第四四五号,折奏类《宪政编查馆奏核议城镇乡地方自治章程并另拟选举章程折》,光绪三十四年(1908年)十二月二十七日。该奏折指出,地方自治机关分为议事机关和执行机关,在城镇为议事会及董事会,在乡为议事会及乡董,在其办事之地设自治公所。此外,关于本文的日期标记,基本上至宣统三年(1911年)十一月十一日(公历12月31日)为止采用农历,自翌日(1912年1月1日)以公历表示。

② 参阅拙稿:《清末蘇州における地方自治の導入と基層社会の変化——水害発生時の報荒を通じて》,《東洋学報》92—3,2010年,第312页,中文版参阅张宇、丁振伟译:《清末苏州地方自治的引进与基层社会的变化——以水灾发生时的报荒为中心》,《日本中国史研究年刊(2010年度)》,上海古籍出版社,2013年版。

③ 参阅《政府公报》第二○七号,公文《内务部咨覆奉天都督转咨奉天临时省议会各级地方自治应仍照旧章办理所请公布改定自治条例一节暂从缓议文》,民国元年(1912年)十一月二十四日。

④《政府公报》第九五四号,法律《地方自治试行条例》,民国三年(1914年)十二月三十日。

的进行了考察。其中揭示了在清朝中央政府派遣的州县官作用降低的同时，乡绅阶层的作用相对提高①。而最近笔者又围绕辛亥革命发生后至民国元年（1912年）于苏州发生的抗租事件，分析了地区秩序维持的状况以及当时的政治结构，并指出，新体制下的"民政长"取代了清朝体制下作为"牧民官""亲民官"的州县官，在基层社会起到了重要作用。当时发生的抗租事件以及由此引发的暴动过程中，原苏州府内的各民政长不仅要考虑如何减轻田租，还需要具备与乡民进行谈判的高超手腕。但是此时在征收田赋与田租方面，延续旧制而成立的临时地方议会的作用可谓有限。因此，对于民国初期包括议会在内的江南苏州地方自治的具体情况，是以后笔者关注的研究课题②。

另一方面，既往的研究提到，江南清末地方自治的前提是从19世纪前半期开始盛行的善会、善堂等慈善事业。而这些慈善事业，均是以生员、监生担任的董事为主实施的③。有研究指出，清末江南的董事职业，源自水利等公用事业的负责人④。在清末江南，包括慈善活动的地方公用事业是以董事为主实行的。因此，为了考察清末民初的地方自治，探讨作为地方公用事业主要项目的水利是必不可少的一环。然而管见所及，着眼于民国初期的水利事业与地方自治的相关研究，可谓凤毛麟角。

在有关民国初期地方自治的既往研究中，味冈彻探讨了民国三年（1914

---

① 参阅拙稿：《清末蘇州における地方自治の導入と基層社会の変化》，以及拙稿：《清末江北流民にみる蘇州基層社会の変化——宣統二年（1910）崑山県西南地域での事例を通じて》，北大史学会编：《北大史学》52，2012年。另外，此处的"乡绅阶层"包括"士人阶层"，下文将把乡绅与士人总称为"士绅"进行考察。

② 参阅拙稿：《民国元年の蘇州における抗租と新政権》，《歷史学研究》933，2015年。

③ 参阅稻田清一：《清代江南における救荒と市鎮——宝山県・嘉定県の「廠」をめぐって》，《甲南大学紀要》文学编86，1993年；同氏：《清末、江南における「地方公事」と鎮董》，《甲南大学紀要》文学编109，1999年。

④ 参阅大谷敏夫：《清代江南の水利慣行と郷董制》，收录于同氏：《清代政治思想史研究》，汲古书院，1991年版（论文初次发表于《史林》63—1，1980年）。同书指出，因为在清末重视公用事业的意义，所以嘉庆年间以后董事一职成为惯例（第230页）。毕竟，19世纪以后江南的"董事"一词有其特殊涵义，与现代的普通名词用法不同。

年)二月袁世凯停办地方自治后的影响。味冈着重探讨了1915年末到翌年(1916年)中期的"护国战争"时期江苏省的地方自治,认为在"护国战争"之后,省一级的自治得到恢复,但是县一级的自治没有变化①。他的见解基于民国五年(1916年)十月再次召开省议会的事实,他关注的是制度层面上的地方自治。

此外,田中比吕志指出,民初的地方自治与清末相比,主要存在以下三个不同:(1)民初的地方自治加强了县知事的监督权。(2)地方自治承担的公用事业被编入了行政的一部分。(3)打破"县人治县"的"乡土主义",而以贯彻中央集权行政为目标②。总之,既往研究往往注重制度方面的考察。

一般而言,关于清末的疏浚等水利事业,"干河"与"支河"也有区别。在干河采用"官督民办"的"折编雇役",由官府监督,民间按照土地所有的比例征收资金,雇用工伕。另一方面,在支河采用"业食佃力"方法,业主负担工食,而佃户提供力役③。

笔者以前也探讨过有关清末江南支河水利事业的事例。宣统三年(1911年),水灾的发生导致苏州的圩田溃决。于是,佃户筹措修缮费时,向制度上并非主管该业务的自治公所表达了诉求。这是由于地主的城居化趋势加速,已分散居住在城市内外④。另一方面,本文不再围绕这些支河,而是主要通过民国初期的干河水利事业,考察地方自治。

民国三年(1914年)二月,袁世凯在制度上一度停办地方自治,并解散省议会。此前学界认为民初的地方自治停办,是翌年十二月帝制复辟过程的一

---

① 味冈彻:《護国戦争後の地方自治回復——江蘇省を中心に》,中央大学人文科学研究所编:《人文研紀要》2,1983年。
② 田中比吕志:《民国初期における地方自治制度の再編と地域社会》,《歴史学研究》772,2003年(再录于同氏:《近代中国の政治統合と地域社会——立憲・地方自治・地域エリート》,研文出版2010年版。关于该书,可参阅笔者刊载于《史朋》2010年43号的《書評》)。
③ 关于清末江南的水利事业,参阅大谷敏夫:《清代江南の水利慣行と郷董制》。另外,地主向政府缴纳土地的赋税,通常在资料中也被称为粮户、业户或业主。
④ 参阅拙稿:《清末蘇州における地方自治の導入と基層社会の変化》。

环,因此自上而下改变了制度。

因此,本文为了探究苏州的自治制度停办后的应对情况,拟利用丁祖荫所著《松陵文牍》中收录的公文①。辛亥革命刚发生之后,丁祖荫即出任其原籍地常熟的民政长、县知事,并于民国二年(1913年)五月就任吴江县知事②。作为县知事,其在历史上以"严治"闻名,对两县的水利、教育、漕赋、司法等多有兴革③。自治制度停办时,正值丁祖荫任吴江县知事时期,因此《松陵文牍》收录的公文中,记载了他对该制度停办的意见与办法。丁祖荫原为苏州的乡绅,而制度停办时他又是县知事,因此我们应该注意,他当时撰写的公文,体现了其身为地方官的立场。

另一方面,与江南的水利事业有关的事件是,地方自治停办后的民国三年(1914年)四月,吴县的徐寿兹就任筹备水利处处长④。同年9月,在苏州(吴县)成立了江南水利局⑤。起初,徐寿兹依然担任该局总办,但同年12月,由沈佺接任该职务⑥。作为江苏省的一个行政机构,江南水利局的管辖范围是

---

① 丁祖荫所著《松陵文牍》的民国三年(1914年)铅印本的影印本现收录于2008年由台中文听阁图书有限公司出版的《民国文集丛刊》第一编。本文即使用了该影印版。另外,丁祖荫的诸公文底稿的一部分收录于上海图书馆藏《丁初我杂著》中的《公牍撷存》。笔者2014年10月至11月在该馆进行史料查阅时,对此进行了确认,并抄写了部分底稿。

② 民国元年(1912年)十一月二十六日,袁世凯发布《临时大总统训令第一号》,命令全国将各县等地方长官的名称,依次统一更改为"知事"(参阅《政府公报》第二一〇号,"命令")。

③ 丁祖荫(1871—1930年),原名祖德,字芝孙,号初我,常熟人。清光绪十五年(1889年)庠生。历任常昭劝学总董、海虞市自治公所总董、江苏省咨议局议员等职。参阅新编《常熟市志》(上海人民出版社1990年版)第二十七编《人物》第二章"近现代名人传","丁祖荫"项。

④ 徐寿兹(1852—1917年),字受之,一字袖芝,号亢庵,元和县人。民国《吴县志》卷十五《选举表七·举人·元和县》"光绪五年己卯[1879年]"记载有,"徐谦,受之,改名寿兹。府学。官河南上蔡知县"。民国三年(1914年)四月就任筹备水利处长时,他还兼任江苏省实业司司长,但同年五月该司被裁撤。同年六月五日,他又被任命为江苏省政务厅长,后于同年九月八日辞职。参阅刘寿林等编:《民国职官年表》,中华书局1995年版,第244页。另外,[ ]内为笔者引用时的注释,以下同。

⑤ 沈佺编:《民国江南水利志》卷二《财用》,《吴江水利委员陈恩梓详江南水利局为奉委代表说明带征水利经费竣事报请核转文[附说明书]》民国三年(1914年)十月十日。另外,关于民国前期的江南水利行政的整体状况,参阅冯贤亮、林涓:《民国前期苏南水利的组织规划与实践》,《江苏社会科学》2009年第1期。

⑥ 《民国江南水利志》卷末《题名·水利主管官题名》。

江宁、句容、溧水、高淳、丹徒、丹阳、金坛、溧阳、扬中、上海、松江、南汇、青浦、奉贤、金山、川沙、太仓、嘉定、宝山、崇明、吴县、常熟、昆山、吴江、武进、无锡、宜兴、江阴等28县。而其主管业务范围是河湖、海塘的"浚治"与"修筑"①。后来,沈佺于民国九年(1920年)将江南水利局的公文编纂成册,出版了《民国江南水利志》。

民国三年(1914年)夏季,江苏省的江南与江北的广大范围都遭受了旱灾。江南的沟渠干涸,不但水路运输受阻,而且圩堤也出现了裂缝。因为歉收,米价也上涨了。以此次灾害为背景,本文第一部分主要利用丁祖荫《松陵文牍》所收的公文等史料,考察苏州尤其是吴江县对民国三年(1914年)二月袁世凯停办自治制度是如何作出应对的。第二部分则探讨民国三年至民国四年(1915年),上述地区在江南水利局监督下实施水利事业的情况。

一、民国初期江南的地方自治停办

(一) 袁世凯停办地方自治

民国三年(1914年)二月三日,大总统袁世凯颁发命令,停办地方自治。该命令的具体内容如下。

> 近来,迭据甘肃、山东、山西、湖北、湖南、直隶、安徽等省民政长电呈,各属自治会良莠不齐,平时把持财政,抵抗税捐,干预词讼,妨碍行政,请取消改组等语……。各省民政长,通令各属,将各地方现设之各级自治会,立予停办。所有各该会,经管财产文牍,及另设财务捐务等项,由各该知事接收保管。……着内务部,迅将自治制度,重新厘订②。

---

① 《民国江南水利志》卷首《叙例》。
② 《申报》1914年2月6日《命令》。这里,向中央政府呈报的各省民政长中,没有江苏民政长。这应是因为江苏省在辛亥革命之前,以江南为主很早就设置了各自治机关,因此民国时期与其他省份相比,其机关运营相对平稳。

袁世凯在此处将停办自治制度归因为甘肃、山东、直隶等各省民政长的呈报,这些呈报指出其各自管辖的自治会日常把持财政,抵抗税捐,干涉诉讼,妨碍行政,因此请求将自治会解散改组。基于这些呈报,袁世凯命令各省民政长采取以下措施:(1)现设置于省内各地的各级自治会立刻停办。(2)各自治会管理的财产、文牍及财务、捐务等,由各(县)知事接管。(3)由内务部立即重新修订自治制度。

总之,袁世凯停办自治制度的命令,是出于各省民政长的请求。并且,现存的各级自治会的财产、文牍等的管理,一律由各县知事负责。然而,命令也明确称应立即修订自治制度,这表明当时该制度的停办只是权宜之计。

(二) 江苏省的地方自治停办

接获二月三日的大总统令后,江苏民政长韩国钧于九日将停办自治时的应对办法通饬省内各县知事。

> 本省各地方,现设之各级自治机关,应即遵令停办,静候中央颁布新制,另行组织。惟各地方,原有公款公产,及各项经管事务,亟应妥筹保存办法,以期继续进行,为此订定执行细则九条,训令各该县知事,迅则参酌习惯,慎选本县市乡公正士绅,分别委任,接收保管地方财产款项,并责成维持现状,保留旧有精神,以为将来设施基础①。

韩国钧在通令中表示遵照大总统令,立即停办江苏省内的各级自治机关,但也明确称待之后中央政府颁布新制度后,重组自治机关。且为了将来新机关之需,制定了《执行细则九条》。同时,韩国钧通令各县知事,各自治机关的公款、公产等,应由各县市乡推选出来的公正士绅接收保管,以为新制下的所设机关奠定基础。该命令中尤其值得注意的是,有关方面试图通过在各地推

---

① 《苏省停办自治之执行细则》,《申报》1914年2月14日。

选士绅,管理自治机关的财产等,以实现维持现状,保留"旧有精神"的目的。可见韩国钧即便在新制颁布后,也无意改变江苏省内的现状。

《执行细则九条》的各条文如下(罗马数字为笔者所标)。

Ⅰ.本省各级自治机关,应遵令一律停办,所有各该机关经理事项,及所管财物,限三月三十一日以前,完全结束,悉数移交,并将钤记图记缴销,勿得逾限。

Ⅱ.县议事会、县参事会,所有文卷、房屋、文件,及用余银款,由各该主管人,造册移交县知事,点收保管之。

Ⅲ.凡县公署,有之公款公产,及其收入款项,现由地方士绅,以自治委员名义经理者,改由县知事委任,经理之前项。经理士绅,受县知事之委任,须将不动产,或存典公款生息之收入,及开支各款细数,按月造具四柱清册,呈请县知事查核。

Ⅳ.凡向为市乡不能担任经费,认归县办之学务公益各项事宜,由县知事,委任本县士绅,分别继续办理。

Ⅴ.凡各市乡自治公所,所有文卷、房屋物件,及用余银数,由各该主管人,造册呈送,县知事验收后,由县知事,委任本市乡士绅,保管之。

Ⅵ.市乡公款公产,及其收入款项,现由市总董或乡董经理者,改由县知事,委任各该市乡士绅,经理之前项。经理士绅,按月造报,准第三[Ⅲ]条第二项办理。

Ⅶ.市乡现已举办之各项公益事宜,由县知县,委任各该市乡士绅,继续办理。委任员数,得由县知事,酌量事务繁简,委任之。

Ⅷ.凡现充自治委员,或市董事会职员,暨乡董、乡佐,管理公款公产,而未得县知事,继续委任经管者,非交代清楚,不可擅离职守。如有侵蚀情事,即予按律追办。

Ⅸ.全县地方,现设之自治机关,一律停办后,由县知事,将接收日期,汇报省公署查考①。

---

① 《苏省停办自治之执行细则》,《申报》1914年2月14日。

细则九条的大体规定如下：江苏省内的自治机关，以当年三月三十一日为限停办，而各县知事须将接收的日期向省公署报备（Ⅰ、Ⅸ）。对县公署的公款、公产（Ⅲ）、各市乡自治公所的文卷、房屋（Ⅴ）及市乡的公款、公产等的管理（Ⅵ），需要县知事的重新委任。但对于已在市乡实行的各项公益事业，则由县知事委任当地的士绅继续办理（Ⅶ）。另外，关于市乡不可管理的经费，允许转用于县办的学务、公益事业，由县知事委任士绅继续办理（Ⅳ）。

由上述内容可知，江苏省尽管一度停办地方自治机关，但仍然试图延续士绅的自治。虽然自治制度停办后，加强了各县知事对地方自治的"监督权"，但自治的运作显然离不开士绅的合作①。因此关于自治制度的停办，不可简单地断定为此举加强了中央政府与省政府的权力，或者两者对县级以下的基层社会加强了干涉。江苏民政长韩国钧一律停办省内各级自治机关的举措，表面上似乎遵守了袁世凯停办的命令，但是实际上通过《执行细则九条》，打算维持之前由士绅实行的地方自治。

（三）吴江县知事丁祖荫的善后对策

那么，收到《执行细则》后的江苏省内各县实际上是如何应对自治制度的停办呢？笔者以当时丁祖荫任知事的吴江县为例进行考察。执行细则发布后，丁祖荫在同年二月，向江苏民政长韩国钧呈报《条陈自治善后办法文〈呈省民政长，[民国]三年二月〉》②，提出自治制度、机关停办的善后对策。丁祖荫在该文开头，陈述民国成立以来地方自治取得的进展，并建议借自治制度、机关停办之机，实施"学校的维持与发展"、"由团防维持治安"、"救荒"三个善后对策。其将三点概括如下。

---

① 田中比吕志在《近代中国的政治统合与地域社会》第264页指出，"为了推进地方公益事业，有必要继续与地方权势者保持合作"，表明制度停办后依然需要士绅合作推动地方自治。

② 丁祖荫：《松陵文牍》。另外，〈〉内是原注，以下同。

> 总此三端,似皆自治之要图,洵属有举而莫废,应请省长准予照办,训示遵行。至于画一校费,以戒虚糜,教练巡警,以代防卫,保存赈款,以绝挪移,知事再当妥选士绅,详慎规画。俾机关虽废,善政勿更,以副省长维持勿替之至意。

此处列举了自治的三个关键项目,即防止浪费学校经费、训练巡警维持治安、防止挪用救荒款项,因此县知事妥善推选士绅,制定详细计划,使得自治机关虽然停办,但不需要改变从前的"善政",因此符合江苏民政长韩国钧维持现状、不加更替的意向。由此可以看出,当时正值辛亥革命后,民国刚成立不久,因治安不稳定,有必要在一定程度上加强行政权,但同时仍试图由士绅来继续维持团防与备荒费等从前的自治。

丁祖荫善后对策中尤为重视学校教育,同年三月,他为维持学校教育再次上书江苏民政长韩国钧,称"知事窃以教育为自治根本,不得不尽力维持"[①]。丁祖荫呈报的维持从前地方自治下实行的学校教育的意见,根据《松陵文牍》所附江苏民政长韩国钧及其继任者齐耀琳的公文来看[②],对江苏省全域的教育行政产生了很大影响[③]。与上述三项目相同的是,丁祖荫任吴江县知事期间对水利方面的提议也对省内地方行政带来了巨大影响。而民国三年(1914

---

① 《呈报维持教育并陈意见文〈呈省民政长,[民国]三年三月〉》,丁祖荫:《松陵文牍》。另外,关于丁祖荫对常熟近代教育的作用,参阅金坡:《启民智、兴新学:士绅与常熟教育事业的近代化转型——以丁祖荫为例》,《鲁东大学学报(哲学社会科学版)》,31—3,2014年。

② "民政长"相当于省长,民国三年(1914年)五月二十三日改称"巡按使",仍由韩国钧继续担任。但是同年7月15日,齐耀琳接任该职位。参阅《民国职官年表》,第244页。

③ 佐藤仁史在著作中,着重对市镇社会的"乡土意识"进行了探讨。由于近代学校教育制度的引进,因此在初等教育阶段使用乡土志作为教科书,强调通过培养"爱乡心"而培养"爱国心"。佐藤认为,1920年代,由近代学校教育制度形成的"新知识分子阶层",尝试将新文化引入市镇社会(参阅同氏:《近代中国の郷土意識——清末民初江南の在地指導層と地域社会》,研文出版2013年版。中文版参阅同氏:《近代中国的乡土意识——清末民初江南的地方精英与地域社会》,北京师范大学出版社2017年版。关于该书,可参阅笔者刊载于《史朋》2013年46号的《書評》)。从佐藤重视市镇社会初等教育而进行讨论的背景中,可以看到类似于丁祖荫在吴江县的事例,即民初自治制度停办后,通过维持县级小学校等学务,自治仍得到了延续。

年)至翌年的江南水利事业,可以说在很大程度上采纳了他的意见。本文第二部分将对当时以水利为主的地方自治进行考察。

二、1914—1915年江南的水利事业与地方自治

(一) 旱灾的发生与影响

《东方杂志》民国三年(1914年)八月号《中国大事记》记载称,"苏皖鲁等省,飞蝗为灾……江北地方,因雨水稀少,五、六月间,各属蝻子,先后发生。近已成蝗,遍食禾稻,而江北各属为甚。江南及安徽、山东,亦被波及"。当年,江苏等省在遭受旱灾的同时,还遭遇了夏季蝗灾,其中江苏江北地区受灾尤其严重。

另一方面,同年8月2日《申报》的《江苏旱灾纪》记载如下。

> 江苏财赋,苏松为首,里下河次之。产米除供给本省民食,他省乞籴,每年颇巨,漕银之主,胥由于此。兹则高宝、兴泰等县,颗粒无收,淮安、宁镇各属,枯木满野。苏松属田,最为史美,水旱无忧。然当秧禾发旺结稻之时,非雨水则浆不能浓郁,十稻九空。徐海各属,匪盗遍地,大旱后杂粮无望。

由上可知,当年江苏省的江北与江南都遭受旱灾,因此水稻不熟,而且匪盗在江北的横行也引发了人们对当地治安恶化的担忧。

原本在清朝末期的二十余年间,每年冬季都有江北流民侵入江南,扰乱治安①。辛亥革命时以漕运的"脚夫"与"舟子"等行会为母体,又以私盐等为经营基础的青帮、红帮等帮会,在徐宝山的领导下曾站在革命一方参战。1913

---

① 参阅拙稿:《清末江北流民にみる蘇州基層社会の変化》。

年"二次革命"后,他们成为散兵游勇,于是人们都担忧治安的恶化。同年9月10日的《申报》报道称,因当年发生旱灾,他们与"无赖"化身"匪贼"进行抢劫①。总之,当年江南对江北流民流入的不安进一步加剧。

而这一担忧在秋季果然成为现实。当时江北流民百余人来到旧苏州府长洲县浒墅关的十八里二十八都二十二图。"内有十余人,穿黄单破军衣,形似退伍兵。手携铁钉、爬锯刀、砍柴刀、木扁,担绳索等器械,将大小树木,任意砍伐,见有田稻,亦即割取。"②从该事例可知,当年来自受灾情况比较严重的江北的散兵游勇与无赖、饥民等一起侵入江南,想要夺取粮食。

对于这些窜入江南的江北流民,行政当局当年也向省内各地发布命令要求"截留"。这从上海镇守使郑汝成与沪海道尹杨晟向辖区内颁发的通告中可以得到确认。此通告是收到驻守南京的宣武将军冯国璋的公文后发布的③。但是,在此可以确认的是,在流民发生源头的江北,也与历年一样,在行政上采取了阻止江北流民流入江南扰乱治安的"截留"对策。郑汝成与杨晟的通告内容如下。

> 时届冬令,每有江北饥民,结队南下。本署前准统率办事处函,以现在各省青红帮匪,联为一气,意欲利用饥民,先以吃大户为名,混杂其中,

---

① 《申报》1914年9月10日《纪江北匪患》称,"江北地方贫苦,民俗狡悍。清季漕运脚夫、舟子等,联为青帮。潘某创之。私盐贩卖,亡命之徒为红帮。徐宝山为首。光复之际,徐握重兵,其部下多在青红之人。江苏军队,又多本籍。壬子收成,复在上中,以故匪患渐息。去岁兵兴后,散兵游勇,勾结客民,随在抢劫。徐已死。今年以财政困难,锐行裁兵,所有江北及本省,被裁者多,潜行匪械不缴,而移驻北军,分布各要地。匪势飘忽,不易兜剿。其稍大匪首仲八已伏诛,小股不计其数。江北匪患,当道所公认,而防剿之术,徒有更张,实效未见。此实江苏之隐忧也。现在之匪,以散兵为最多。青红帮、无业者,及被胁者为之副,无系统无目的,惟以抢劫为事,枪弹其资本也。江北二十余县,无县无之。大别有二种。(一)为产匪者。(一)为被患者。淮徐海为产匪之区。里下河为被灾之地"。另外,关于徐宝山,参阅渡边惇:《相互扶助で自衛を——青帮/紅帮》,收录于野口铁郎编:《結社の世界史2 結社が描く中国近現代史》,山川出版社2005年版,第92—95页。
② 《流民与乡民斗殴》,《申报》1914年11月16日。
③ 民国三年(1914年)六月,各省都督改称(宣武)将军,同月三十日冯国璋继续就任该职。关于上海镇守使郑汝成与沪海道尹杨晟,可参阅《民国职官年表》,第244页。另外,当时的省行政大致分为"军政"与"民政"。军政的长官是将军(都督),民政的长官是巡按使(以前的民政长)。宣武将军的属下设置"镇守使",巡按使属下设置"道尹"等职务。

使彼等为先驱,希图劫掠滋扰。因头目尚未推定,故未南来,业经通饬查防在案。查,江北等处,为青红帮匪最多之地,尤为饥民渊薮。每届冬令,纷纷南下。匪徒勾引,易入牢笼。除饬行沿途军队,暨各原籍县知事,如遇饥民麇集,分别阻止出境,妥为筹赈外,合亟饬仰遵照。如有饥民过境,即便截留,押送回籍,以弭隐患①。

  当年江北的受灾程度,远比清末光绪三十二年(1906年)时更为严重②。面对如此灾情,中央政府已向江北拨发大总统的特捐一万元与财政部的"官赈"费25万元。但是当地仍因资金匮乏,无法充分救济灾民。因此,于该年秋季就任督办江皖筹赈事宜的许鼎霖③,与江苏巡按使齐耀琳联名向中央政府请求拨给共计20万元的追加支援,其中包括江北各县修缮水利的公费补助。对此,12月4日大总统指示财政部,对追加拨付20万元的请求予以批准④。

  上述许鼎霖、齐耀琳提到的水利事业,包括江北各地的费用负担,即将灾民雇用为工伕,以此代替救济的"以工代赈"对策。这一政策是中国自古以来经常采用的救荒办法,也是从清末到民国时期受灾时,为了防止江北流民向江南流入而实行的方法⑤。而且,自光绪二年到四年(1876年—1878年)的"丁

---

① 《截留江北难民之通饬》,《申报》1914年12月17日。
② 有关光绪三十二年(1906年)发生在江北的灾害,参阅堀地明:《1906年江北の水害・飢饉と救荒活動》,《九州大学東洋史論集》33,2005年(再次收录于同氏:《明清食糧騒擾研究》,汲古書院2011年版)。另外,关于同年在江南的水灾与救荒,参阅拙稿:《清末蘇州における地方自治の導入と基層社会の変化》。
③ 许鼎霖(1857—1915年),字九香,祖籍江苏省海州,生于赣榆。1882年壬午科举人。1904年8月,与张謇等在徐州创立耀徐玻璃公司,任总经理,为知名的清末实业家。辛亥革命后,1912年1月,一度担任北京资政院总裁,但2月即去职。1913年初,加入中国国民党,2月被举为江苏省议会议长。"二次革命"爆发后,辞去江苏省议会议长。次年2月,袁世凯拟成立约法会议,其被指定为政治会议审查员。3月,约法会议成立后任议员。9月,任江北苇荡营督办,前往主持垦务。1915年,改任北京政府农商部会办,主管导淮及赈务。1915年10月15日,病逝于上海。参阅徐友春主编:《民国人物大辞典》增订版,河北人民出版社2007年版,第1687—1688页。
④ 《政府公报》第九三二号,呈文《〈督办江皖筹赈事宜许鼎霖、江苏巡按使齐耀琳〉呈苏省江北灾情綦重现拟筹办冬赈籲饬部续拨的款以应急需祈钧鉴文并批令》,民国三年(1914年)12月4日。
⑤ 从清末到民国时期受灾时,也沿用了古代的"以工代赈"政策,以防止江北流民向江南流入。参阅池子华:《流民问题与社会控制》,广西人民出版社2001年版,第163—166页。

戊奇荒"以来,每当灾害发生时,江南的"善士"在江北实行义赈已常态化①。这年在江北,"上海义赈会"也协助官赈实施了义赈②。

总之,当年遭受旱灾的江北,为实施制止流民前往江南的对策,不但下令"截留",而且利用中央政府的资金实施"官赈"以救济饥民,另外上海善士等也实行"义赈"。与此同时,既在江北各地筹措资金,也再次依靠中央政府补助实施了"以工代赈"的救荒政策。但以上述的长洲县浒墅关为例,可知与清末一样,由于江北流民往江南流入而导致了治安恶化。而且当时正值辛亥革命发生不久,散兵游勇成为匪贼,加剧了治安不稳。因此,只依靠政府政策难以维持治安,如上一节介绍的丁祖荫向江苏民政长韩国钧军呈报所示,在江南,基于自治的团防等在维持治安方面仍然是不可或缺的。

此外,当年江南与江北一样,因为旱灾发生,所以有必要进行与地方自治有关的疏浚等水利修缮。下一节将对民国三年至四年(1914年—1915年)江南如何实施水利事业进行探讨。

(二) 水利经费的负担办法

上文已对民国三年(1914年)江苏省灾害发生的情况进行了概述。实际上,此前一年江南与江北的降水量也很少,沟渠出现干涸,因此需要实行疏浚。时任吴江县知事的丁祖荫于民国二年(1913年)十二月,向江苏民政长韩国钧呈报意见。大体内容如下。

民国二年(1913年)年底之前,江苏省实业司建议,鉴于当年雨量很少,有必要实施疏浚事业③。省议会也已议决次第实施事业,训令各知县在各自管辖市乡的农闲期冬季沟渠等水位很低时实行疏浚,并表示水利、疏浚事业属于自治

---

① 关于清末江苏省由善士组织的义赈,参阅高桥孝助:《飢饉と救济の社会史》,青木书店2006年版,第120页。
② 《纪江北赈务》,《申报》1915年1月17日。
③ 据《民国职官年表》,第243—244页,关于江苏省实业司长一职,民国元年(1912年)12月19日由黄以霖就任,但从翌年5月27日开始改由季新益代理。此后徐寿兹何时接任不详。

范围。按照省议会的这一决议内容与实业司的建议,丁祖荫向韩国钧提议,应下令江南各县知县,派遣水利委员进行实地调查,拨付资金疏浚,倘若省拨付的补助金不足,吴淞江流域的各县可在丁漕项目下"带征"资金,补充经费①。

对此,韩国钧在向内务部的呈报中表示,丁祖荫有关水利方面的意见,应该多所采纳,已令各县的市乡董准备疏浚②。

总之,到民国二年(1913年)年末,基于省议会的决议与实业司的建议,吴江县知事丁祖荫向江苏民政长韩国钧呈报的实施吴淞江流域的疏浚及水利事业的意见书,得到了采纳。但直至翌年旱灾发生,除了常熟县白茆等地外,该流域的水利事业大都尚未实施③。

民国三年(1914年)夏季的旱灾与蝗灾发生后,实际上九月之后才开始实施疏浚的活动。当初,该年的水利事业预计共需资金七万元,其中太仓县浏河为六万元,吴江县浪打穿为一万元。为了筹措资金,吴江县水利委员陈恩梓九月十日从吴江出发,巡视了太仓、嘉定、宝山、上海、青浦、昆山、吴县等全部八个县。顺便指出的是,常熟县因上次为了白茆的疏浚等负担十万元以上,此次得以免除资金的摊派。陈恩梓在各县与县知事一起召集当地士绅,说明征收水利修缮费的必要性。而且,对无法参加说明会的住在远处的士绅,一律由县知事分发《说明书》④。

该《说明书》的概要如下。江南数十年来未修缮水利,河流淤积泥土,沟渠不通。今年遭受旱灾,米价因而高涨,人民困苦。因此,各县决定两年内由地

---

① 《条陈兴修水利意见文〈呈省民政长修改科员原稿,[民国]二年十二月〉》,丁祖荫:《松陵文牍》。另外,此处"带征"(附加征收)是指除各县征收向中央政府缴纳的"丁漕"土地税外,还要加收用于省内的水利经费。关于从明清时代至近代的中国财政史,参阅岩井茂树:《中国近世财政史的研究》,京都大学学术出版会2004年版。

② 《条陈兴修水利意见文〈呈省民政长修改科员原稿,[民国]二年十二月〉》所附《省民政长指令〈附〉》,丁祖荫:《松陵文牍》。

③ 关于清末民国时期的白茆水利事业,参阅陈岭:《清末至民国江南水利转型与政治因应——以常熟白茆河为中心》,《江苏社会科学》2017年第4期。但是该论文没有提到江南水利局。

④ 《吴江水利委员陈恩梓详江南水利局为奉复代表说明带征水利经费竣事报请核转文》,民国三年(1914年)十月十日,《民国江南水利志》卷二《财用》。

主负担每亩洋银三分,用以拨充水利经费。且江苏巡按使已得大总统的批准,近期将任命徐寿兹为管辖江南水利的"总办",在苏州设置新局。因日后拟择日开会,希望各县派遣一至两名委员赴会①。

在此应该注意的是,当时为了说明水利修缮负担办法奔赴相关八县的,正是丁祖荫担任县知事的吴江县的水利委员陈恩梓。正如上年呈给江苏民政长韩国钧的意见书所示,该年在江南的疏浚事业实施与筹措资金的办法,很大程度上反映了丁祖荫的意向。接下来将就设置江苏水利局后举行的联合会议的一系列动向进行探讨。

江南水利局总办徐寿兹向江苏巡按使齐耀琳提出,希望命令八县从当年(1914年)开始征收水利经费。其呈文的主要内容如下。关于水利事业经费的负担,在江苏省历来为"按田摊征",即按照地主所有土地面积的相应比例承担经费,因此希望这次也按同样的方法实施②。当年七月巡按使韩国钧决定一律负担每亩洋银三分。他同时要求各县知事在县衙门召集(士绅)代表开会,调查田亩数。另一方面,基于吴江县知事丁祖荫的意见,如果负担水利经费,就应该由各县推荐地方士绅,规定地点日期开会以便沟通意见。并且八月至九月之间,各县对带征丁漕水利经费的意见各异,因此如前所述,江苏巡按使韩国钧特派水利委员陈恩梓作为江南水利局的会议代表,自九月十日开始前往各县以图沟通意见说明利害。之后,根据江南水利局总办徐寿兹的要求,十月十五日该局在苏州召开联席会议,各县分别派士绅代表两名参加。虽然会议期间没有对徐寿兹有关水利事业的说明提出异议,但各县代表认为,应将今后两年内每亩征收洋银三分的原案,改为三年内每亩二分。对此,徐寿兹接受各县代表的建议,并向江苏巡按使齐耀琳呈报③。

---

① 《吴江水利委员陈恩梓详江南水利局为奉委代表说明带征水利经费竣事报请核转文》所附《说明书》,民国三年(1914年)十月十日,《民国江南水利志》卷二《财用》。

② 关于清代嘉庆、道光年间,吴淞江等江南沟渠的水利事业按田摊征(又称"按粮摊征")的实施情况,参阅森田明:《清代水利社会史的研究》,国书刊行会1990年版,第200页。

③ 《江南水利局总办徐寿兹详江苏巡按使为请分饬滨湖八县带征水利经费本年为始文》,民国三年(1914年)十月二十二日,《民国江南水利志》卷二《财用》。

收到该报告后,齐耀琳立即向中央政府财政部、内务部进行请示①。十一月十九日,大总统袁世凯批准了三年内每亩征收洋银二分充作水利经费的建议。十二月十一日齐耀琳通过徐寿兹向相关八县通报了这一结果②。

由此可知,前巡按使韩国钧最初为征收水利经费,决定两年内向地主"按田摊征",每亩3分,并召集各县士绅代表开会。但正是吴江县知事丁祖荫呈请韩国钧,倘若下令由地主负担水利费用,应召集各县士绅代表会聚一堂进行沟通。故此,丁祖荫下属、吴江水利委员陈恩兹在联席会议前先行巡视八县。换言之,直接主持10月15日苏州江南水利局会议的虽是总办徐寿兹,但不可忽视的是会议成功的背景既有吴江县水利委员陈恩梓的活动,也有该县知事丁祖荫的周到安排。

(三)水利经费的征收、保管办法

民国三年(1914年)十二月二十五日江苏巡按使齐耀琳同样为了讨论带征水利经费的保管办法,下令召开"水利会议"。此后,紧接着就举行了八县水利代表的联席会议。讨论的结果是通过了由参加该会的吴江县代表黄元蕊等提出征收上来的水利经费的保管办法的提案。在其建议下,江苏财政厅长蒋懋熙与江南水利局总办沈佺呈请齐耀琳,希望其就水利代表保管经费的建议予以批准③。

以下将根据黄元蕊等向蒋懋熙、沈佺呈报的公文,分析"水利会议"上决定的内容。公文结尾列在"具禀人"下的分别为吴江的黄元蕊、金天翮,吴县的吴

---

① 《江南水利局总办徐寿兹详江苏巡按使为请分饬滨湖八县带征水利经费本年为始文》,民国三年(1914年)10月22日,《民国江南水利志》卷二《财用》。该报告所附批文上写有"江苏巡按使公署批,据详已悉,案关抽收亩捐,仰候分咨财政、内务两部查核,见复再行饬遵,此批。十一月七日"。

② 《江苏巡按使公署饬江南水利局为带征水利经费由部专案呈奉批准恭录行知文》,民国三年(1914年)12月11日,《民国江南水利志》卷二《财用》。

③ 《江苏财政厅厅长蒋楸[懋]熙江南水利局总办沈佺详江苏巡按使为遵批会议保管带征水利经费办法文》,民国四年(1915年)一月七日,《民国江南水利志》卷二《财用》。另外,蒋懋熙从民国三年(1914年)二月十四日开始担任江苏省署财政司长,但是五月二十三日该司改为财政厅,其继续担任署厅长(《民国职官年表》,第244—245页)。

曾涛，昆山的李文彩，太仓的陆国彬，嘉定的胡光镛、顾瑞，上海的黄申锡、秦锡田，青浦的支颂尧、戴克宽，宝山的朱治等八县水利会议代表①。呈文中首先提到，前巡按使韩国钧通过"按田摊征"的方式实施沟渠等的疏浚、修缮，为了"以地方之财，办地方之事"，设立江南水利局，试图统辖水利事业。黄元蕊等建议将征收的水利经费保管于交通银行与江苏银行的账户。具体而言，将在各县收集的经费汇至银行账户，再将征收的金额呈报江苏财政厅与江南水利局。而水利局则将各县呈报的金额，刊印"月报"通知全县。如此征收的水利经费的用途与工程进展情况可一目了然②。在水利会议代表决定的基础上，财政厅长蒋懋熙与水利局总办沈佺又向巡按使齐耀琳建议，每隔十日命县知事报告每天的征收金额，如果各县每收满500元即汇入指定银行③。

在此首先要注意的是，前巡按使韩国钧试图通过"按田摊征"实施水利事业，是因为"以地方之财，办地方之事"。而水利代表建议的经费保管办法是，将各县征收的事业资金暂时存入银行账户，同时将储蓄金额报告江南水利局，由当局以月报形式公告全县④。

此后，巡按使齐耀琳批准了八县水利会议代表所建议的经费保管办法。但是，民国四年（1915年）二月，财政厅长蒋懋熙与水利局总办沈佺向齐耀琳提出，要求增补关于水利经费征收保管办法的细则。细则要求县知事每十天报告每日征收的金额，且各县每收集满500元即向银行汇款。这是因为之前

---

① 佐藤仁史在《一在地有力者から见る清末民初の官民对立——上海县の乡绅秦锡田の活动に即して》（收录于同氏：《近代中国の乡土意识》，第166页，原载《清末・民国初期における一在地有力者と地方政治——上海县の〈乡土史料〉に即して》，《东洋学报》80—2，1998年）中指出，上海乡绅秦锡田在民国初期（1920年代），是在地的市镇社会"代言人"，起到与县、省上一级协调沟通的作用。然而在此应该注意，民国三年至四年（1914—1915年）时，秦锡田还担任上海县一级的水利代表。

② 《吴江等八县水利会议代表黄元蕊等原禀》，《民国江南水利志》卷二《财用》。

③ 《江苏财政厅厅长蒋楸[懋]熙江南水利局总办沈佺详江苏巡按使为遵批会议保管带征水利经费办法文》，《民国江南水利志》卷二《财用》。

④ 光绪末年（1905年前后）引进地方自治与议会制度的同时，基于公开原则，慈善团体的善堂等曾编写作为会计报告书的"征信录"。参阅夫马进：《「徵信录」というもの》，收录于同氏：《中国善会善堂史研究》，同朋舍出版社1997年版，原载《中国——社会と文化》5，1990年。

太仓县新任知事盛同枝交接职务时,前任知事胡承哲在职期间征收的水利经费未作报告,具体用途不明①。于是翌年3月齐耀琳批示已开始征收经费的吴县、吴江、太仓、嘉定、青浦五县,要求按照规定报告并保管好征收上来的金额②。

如上所述,从经费保管办法的决策过程来看,清晰显示出官民都期待作为地方自治一环的水利事业保持公正透明性。民国三年(1914年)二月,大总统袁世凯停办地方自治。然而,之后经筹备水利处于同年9月设立的江南水利局,虽曾被寄望于促进原来的地方自治,而实际上从经费的征收、保管办法来看,水利事业仍由江南各县的士绅推动。

结　语

民国三年(1914年)二月,袁世凯停办自治制度,解散省议会。部分既往研究认为,"三次革命"之后,虽然恢复了省议会,但是县以下的自治制度并没有恢复,而且县知事加强了监督,地方自治有所衰退。

然而,通过本研究可了解到,在江南基层社会作为地方自治一环的水利事业中,士绅阶层与县知事、江南水利局等展开合作,仍按照从前的方法来办理。原本江苏巡按使韩国钧设立江南水利局的意图在于以地方之资金办理地方之事业。而其征收当年的水利事业资金时,应吴江县知事丁祖荫的请求,派遣吴江水利委员的陈恩梓前往各县,希望得到士绅阶层的谅解。当时正值辛亥革命发生后不久,政治上处于不稳定的时期,北京政府因受困于财政问题,不但水利方面,甚至连团防维持治安等部分地方公益事业依然不得不依赖地方自治。并且,开始征收后,黄元蕊等水利会议代表的建议,对于资金的征收、保管

---

① 关于太仓县知事,《民国江南水利志》卷末《题名·道县行政长官题名·太仓县》记载道,"胡承哲,字吉农,四川成都县人,三年六月任";"盛同枝,字味根,浙江嘉兴县人,四年一月任"。
② 《江苏财政厅厅长蒋楸[懋]熙江南水利局总办沈佺详江苏巡按使为遵批议复请严饬带征各县交替务解现银文[附江苏巡按使批]》,民国四年(1915年)二月十九日,《民国江南水利志》卷二《财用》。

办法须追求公正透明,当时巡按使齐耀琳也对此予以了批准。此外值得注意的是,江苏财政厅长蒋懋熙与江南水利局总办沈佺早就担心县知事不当使用资金,打算防止这种行为。

当年不仅是在江南,江北也发生了旱灾,因此江苏省是全境受灾。在江南有必要开展疏浚、修缮干河沟渠的事业,不分直接、间接流域,大范围通过"按田摊征"筹措资金①。在江北因中央政府的官赈不足,为了进行沟渠等的疏浚、修缮,采取从前的"以工代赈"来救济饥民。此举不但可以防止江北流民流出,而且有助于稳定江南治安。且民国三年(1914年)疏浚白茆的时候,已用"外来之莠民"充当"雇夫"②,其中很有可能包括江北的流民。本文提及的至翌年民国四年(1915年),在宝山县实施的浏河水利事业也有可能雇用了部分流入江南的江北流民。这也可视为间接的救济活动。

民国初期江南的干河水利事业,虽然很难加以明确的区分,但是一方面笔者强烈意识到有必要对清末开始的作为制度的"地方自治"与基层社会继承的"自治"进行区分。而且,停办自治制度时,从江苏省执行袁世凯的命令时徒具形式的事例来看,必须分别考察"中央政府—各省"与"各省—各县"的政治结构与关系,这样才能更深入了解当时的地方自治的实态。即使制度上规定须停办"地方自治",但本文的事例表明,包括慈善事业在内,在地的人们试图通过继承"自治"来维持现状。既往研究之中,既有人着眼于民国初期的"县人治县"到"苏人治苏"的省级"地域精英"(Local Elites)的活动,也有人关注市乡、乡镇社会的"地域(地方)精英"的活跃。但是,从民国三年至四年(1914—1915年)在江南实施的水利事业中,可以看出县级士绅依然起到了重要作用,同时对于官方而言,无论是王朝时代作为"牧民官""亲民官"的州县官,还是之后取

---

① 明末清初以后,在江南的干河、支河的水利事业中,以"照田派役"为代表的方式体现了受益人公平负担的原则。关于此点,可参阅滨岛敦俊:《明末以降の水利慣行》,收录于同氏:《明代江南農村社会の研究》,東京大学出版会1982年版。

② 参阅民国《宝山县续志》卷二《治迹》,《[民国]四年春水利局总办沈佺檄县知事茹庆琛协浚刘[浏]河》。

而代之的县知事,该职务对统治的重要性也不言而喻。另一方面,自治制度停办后,江南水利局作为省行政设立在苏州的一个机关,起到了团结各县士绅阶层的作用。这从一个侧面也反映了当时省级机关在行政中的重要性日益增加,但在实施水利事业时,县级士绅仍然发挥了重要作用。这体现出了明清时代科举及第者辈出、经济文化高度发展的江南、苏州的地域特点。上述各点可为我们理解之后的各省军阀政治及军阀统治的内部结构提供启示。

[作者简介]鹫尾浩幸,日本北海道教育大学教育学部札幌校、札幌学院大学人文学部兼任讲师。

江南社会

新出墓志所见任仁发及其家族[*]

向 珊

内容提要：任仁发家族是没有地方社会背景，完全倚靠国家力量，以充当蒙古统治者控制江南地域马前卒的角色而崛起的松江大族。任氏家族墓地的发现和墓志的出土，为我们考察任仁发家族的事迹提供了丰富的资料。作为新兴士族的任氏家族，一方面与当地的旧士族展开通婚，同时也积极与掌握核心权势的蒙古、色目权贵联姻。任仁发家族的成员，在不同的历史阶段，几乎尝试了元朝所有的入仕之途。而对家庭经济经营最成功的，并非步入仕途的家族成员，而是沉寂乡里，充当诸王官田代理人的任贤德，这是由元代浙西地域官田广布的特性所决定的。墓志还为我们了解元武宗时期的重要理财机构——泉货监，提供了珍贵的史料。

关键词：元代 松江 任仁发 泉货监 新中国出土墓志

任仁发是元代松江地区著名的水利专家和画家。任氏是在宋元鼎革之际崛起的，堪与朱清、张瑄家族相媲美的新兴士人家族。目前关于任仁发的研究

---

[*] 本文受中央高校基本科研业务费专项资金资助。

成果,除了元代浙西水利的议题之外,大多集中在考古和艺术方面。① 1952 年 4 月,任仁发家族墓地在青浦区重固镇高家台(时为江苏省青浦县龙固区章堰乡北庙村和淮海乡高家台)被田间劳作的农民发现。作为新中国成立后上海地区的重大发现,该墓葬曾引起考古文物界的极大关注与重视。任氏墓葬出土的文物相当丰富,其中有瓷器、漆器、铜器、金银器、砚台、墓志等,共计 71 件。该墓葬出土了六方墓志和三块墓碑,墓主分别为任仁发、任贤能、任贤德、钦察台氏守真荣、陈明和任良佑。② 加上从民间追还的任贤才和任良辅墓志,目前公诸于世的任氏家族墓志,一共有八方,均收录于《新中国出土墓志》(上海天津卷)。2001 年在上海普陀区发现的元代水闸遗址,据考证为任仁发在泰定二年(1325 年)所建六座石闸中的赵浦闸。③

墓志的出土,为我们研究任仁发及其家族的事迹提供了新的史料。何继英主编的《上海唐宋元墓》一书对任仁发家族的墓志内容进行了整理分析,从"撰述人""墓主生平""家族世系""望族联姻""名门望族、儒学、水利世家"和

---

① 陈秋速和武会丽二位学人考察了治理浙西水利的官方机构——都水庸田使司的沿革和废立,并对任仁发等水利专家的治水思想展开了讨论。参见陈秋速《元代太湖流域水利研究》,中国社会科学院硕士学位论文,2008 年。武会丽《元代浙西水利问题研究》,河北师范大学硕士学位论文,2010 年。有关任仁发生平及作品介绍、研究的成果还有施一揆《元代水利家任仁发》(《江海学刊》1962 年第 10 期)、杨臣彬《元代任仁发〈二马图〉卷》(《文物》1965 年第 8 期)、陈高华《元代画家史料汇编》(杭州出版社 2004 年版,初版于 1980 年,第 226—235 页)、余城《元代任仁发的绘画艺术》(台湾《艺术家》,1982 年 4 月)、伍蠡甫《中国画马艺术》(收入《中国画论研究》,北京大学出版社 1983 年版,第 106 页)、金意民《元代著名水利家——任仁发》(《上海水务》1985 年第 3 期)、杜哲森《元代绘画史》(人民美术出版社 2000 年版,第 50—56 页)、洪再新《任公钓江海 世人不识之——元任仁发〈张果老见明皇图〉研究》(《故宫博物院院刊》2000 年第 3 期)、刘春燕《元代水利专家任仁发及其〈水利集〉》(《上海师范大学学报》2001 年第 2 期)、玛沙·史密斯·威德纳《中国画家与赞助人(二)——元朝绘画与赞助情况》(《荣宝斋》2003 年第 2 期)、林树中《任仁发生平及其作品》(收入《国宝海外寻踪:海外藏中国历代名画研究文集》,江苏美术出版社 2007 年版,第 278—287 页)及陈秋速《少监材抱岂画史 禹迹曾为帝亲理——元任仁发的艺术与仕进之途》(《故宫博物院院刊》2014 年第 6 期)等。

② 沈令昕、许勇翔:《上海市青浦县元代任氏墓葬记述》,《文物》1982 年第 7 期。

③ 据傅林祥考察,"赵浦闸"是明代方志中的称呼,此闸基所在的河流,应该是吴淞江主泓或旧江,也有可能是吴淞江的分水河。参见宗典:《元任仁发墓志的发现》,《文物》1959 年第 11 期。沈令昕、许勇翔:《上海市青浦县元代任氏墓葬记述》,《文物》1982 年第 7 期。施一揆:《元代水利家任仁发》,《江海学刊》1962 年第 10 期。薛皓冰等:《上海市普陀区志丹苑元代水闸遗址发掘简报》,《文物》2007 年第 4 期。傅林祥:《上海志丹苑水闸遗址考略》,《学术月刊》2005 年第 4 期。

"墓地、墓葬排序"六个方面对任仁发家族的成员进行了介绍和研究。杭素婧在研究元代江南家族通婚之时,也将任仁发家族作为一个重点考察的对象,利用出土的墓志对任家六代家族成员的婚姻状况进行分析,总结出了任氏通婚情况的三个特点,即普遍的族际通婚现象、地区性表现更强、汉族士人家庭依旧是主要通婚对象。舒健也结合出土墓志及相关传世文献,考察了任仁发家族的史实,并且将文章的重点放在元明江南富户对地方社会的贡献之上。①本文拟在前人研究的基础上,结合元朝政局的发展及元代浙西社会的地域实际,对任仁发家族几代成员的命运沉浮做一动态分析,以求教于方家。

一、任仁发及元代的青龙镇

有关任仁发的传记资料,主要来源于元末著名文士王逢《谒浙东宣慰副使致仕任公及其子台州判官墓》一文。

任仁发,又名霆发,字子明,号月山。世居嘉禾青龙镇(今上海青浦)。生于宋理宗宝祐三年(1255年)七月,卒于元泰定四年十二月②,享年73岁。年十八,中乡试。宋元鼎革,见浙西道宣慰使游显③,并为其赏识,辟为宣慰司掾。后任青龙镇逻官,"俘蟠龙寺作耗者"。据《元史》记载,至元十四年(1277

---

① 上海博物馆编著、何继英主编:《上海唐宋元墓》第四章"元任仁发家族墓出土墓志反映的几个问题",科学出版社2014年版,第210—219页。杭素婧:《元代江南家族通婚研究》,南京大学硕士学位论文,2015年,第25—31页。舒健:《任仁发家族史实钩沉》,《"传承与开启:大数据时代下的历史研究"学术研讨会论文集》,上海大学,2015年12月,第268—278页。

② 关于任仁发的生年,宗典和《新中国出土墓志》的录文及部分介绍性读物均将其断为"宝祐二年"。实际上泰定四年十二月,对应的公元纪年应是1328年,任仁发享年七十三,故其生年应在宝祐三年(1255年),天秀已撰文更正。参见宗典《元任仁发墓志的发现》,《文物》1959年第11期。《新中国出土墓志》(上海天津卷·下册),文物出版社2009年版,第19页。陈高华:《元代画家史料汇编》,第226页。天秀:《任仁发的生年应当改正》,《文物》1982年第7期。

③ 王逢撰写的任仁发传记资料中称游显为"平章"。游显从伯颜攻宋,时任平江路宣抚使,至元十四年任浙西道宣慰使,十九年拜江淮行省平章政事,明年卒。后人以其最终的官职称呼之。姚燧:《牧庵集》卷二十二《荣禄大夫江淮等处行中书省平章政事游公神道碑》,《四部丛刊初编》影印上海涵芬楼藏武英殿聚珍本,第6页A。

年)元朝平宋之初,商挺之子商琥拜江南行台监察御史,"华亭蟠龙寺僧思月谋叛被擒,其党纵火来劫,民大扰,琥亟诛其魁"①。任氏此时为巡逻官,或参与此次平叛。

至元二十五年(1288年),擢海道副千户,升正千户。征交趾时,改海船上千户。世祖末年,浙西淫潦为灾,任仁发于至元二十八年(1291年)上书呈治水之策,省臣不从,水患日甚。成宗大德年间(1297—1307年),任仁发陈利弊、疏浚之法于中书省,江浙行省平章政事彻里委其疏浚。工竣入觐,进都水监丞。武宗至大元年(1308年),除嘉兴路同知。次年迁中尚院判官。修复大都通惠河坏闸,疏通会通河僵沙。升都水少监。至大二年(1309年),河决归德及汴梁之封丘,受命董役治河。延祐三年(1316年),出知崇明州。调筑盐官州海岸,又疏镇江练湖淤积。泰定元年(1324年),诏赐银币,与江行省左丞朵儿只班疏浚吴淞二道,大盈、乌泥二河。以年七十乞致仕,泰定帝不允,特授都水庸田使司副使。凡创石闸六,筑塍围八千,浚沟汊千有奇。累迁浙东道宣慰副使。

任仁发善画,其《熙春》《天马》二图,仁宗下诏入藏秘监。流传至今的画作有北京故宫博物院和上海博物馆藏《张果见明皇图》《二骏图》《出圉图》《春水凫鹥图》《五马图》等。②

《水利集》中,任氏曾自述其修习水利的经过:

> 当职华亭人也,正居水田、旱田交接之际。幼而从父兄学稼,知见农务水旱之事、河港深浅之系,谙历非一日。长而从士大夫游,凡治水之良策,行水之要法,无不参请而讲明之。仍考览水图、经营、造方、各郡志书、亡宋会要,并范文正公、苏文忠公、欧阳文忠公、胡安定公、单锷、郏亶父子诸贤水利之遗文。遂乘舟经由太湖百渎及湖泖荡漾,又出吴松江、扬子

---

① 《元史》卷一五九《商挺传·商琥附传》,中华书局1976年版,第3742页。
② 王逢:《梧溪集》卷六《谒浙东宣慰副使致仕任公及其子台州判官墓有后序》,鲍廷博辑、鲍士恭续辑:《知不足斋丛书》第29集,道光三年刊本,第28页A—第30页A。柯劭忞:《新元史》卷一九四《任仁发传》,开明书店1935年版,第6986页。

江、钱塘江,沿海三沙诸浦河港等处,相视地形,以望平地,平测其势之高下,询访故老,搜求古迹,募工修浚,顺潮性辨土色。首尾十七八年,讲究备极详尽。知无不为,为无不力,才得一二,试验可行。自至元二十八年至大德八年,屡次陈言,得蒙江浙行省咨保,赴都省计禀。①

如此看来,祖居青龙镇的任仁发,对稼穑之事并不陌生,后又习儒术,关注治水、行水之法,博览与水利相关的一切书籍,研读前贤范仲淹、苏轼等人的论水之文。研习水利,更讲究知行合一,任氏在专注于纸上遗文的同时,还遍历浙西江湖港浦,考察地形地势、潮性土色,搜寻古迹,并募工修浚,实践治水理论。任氏深入钻研水利,前后长达十七八年,积累了丰富的理论和实践经验,是一位名副其实的水利专家。而他对水利之学的兴趣,显然与任氏世代居住的青龙镇直接相关。

青龙镇座落在今上海青浦区吴淞江南岸,传说因三国时孙权于此建造青龙战舰而得名。据邹逸麟先生考证,"可能吴越钱镠据有华亭后,为军事防守需要置青龙镇,为华亭县沿海一军镇,以武臣为镇将任守御之职。故有孙吴造战舰之传说,当时以武臣理镇事,乃沿唐制"。青龙镇在北宋景祐(1034—1038年)间置文臣理镇事,是其"由军事镇向商业镇转化的开始"。青龙镇因海贸而繁盛,在北宋元丰年间(1078—1085年)已很发达,时人称其为"海商凑集"②之地。该镇"不仅是唐宋时期华亭县的海上贸易港,也是当时整个太湖流域的海上贸易港"。当时太湖流域的经济中心在苏州,海上交通多靠福山和青龙二港,青龙镇的港口条件又远胜于福山,故远洋而来的"珍活远物",大多通过青龙镇"毕集于吴之市"。青龙镇前后存在了600余年,作为商业贸易港大约有

---

① 任仁发:《水利集》卷五"大德十一年六月初三日为开河置闸等事牒行监呈省",《四库全书存目丛书》影印上海师范大学图书馆藏明抄本,齐鲁书社1996年版,第121页下。
② 北宋苏州朱长文记载:"今观松江正流下吴江县,过甫里,经华亭,入青龙镇,海商之所凑集也。"朱长文撰、金菊林校点:《吴郡图经续记》卷中《水》"松江"条,江苏古籍出版社1999年版,第47—48页。

130余年,其最繁盛期为北宋熙宁至南宋绍兴的近一百年,南宋初臻于鼎盛。它的兴衰与吴淞江及其岔道青龙江的通塞有着密切的关系。① 元末王逢"避地青龙"之时,闻遗老言:"东尽艾圻浦,皆葭荻茅筱。居氓十余家,日弋水禽野雉为业。"②任仁发生长的青龙镇,此时早已不复旧时繁华。

二、任仁发家庭成员

传世文献中关于任仁发的记载较少,任氏家族墓地及墓志的发现和出土,为我们了解这个崛起于宋元之际的士人家族提供了丰富的资料。据任仁发本人及其子侄墓志记载,其先世居徐邳之三山(今江苏铜山县境内),因"有仕于吴",遂家于松江青龙镇。任仁发祖父任通,为"故宋宣义郎",祖母胡氏。父任珣赠中顺大夫、高邮府知府、上骑都尉,追封乐安郡伯,母夏氏封乐安郡君。③宣义郎为宋朝文臣寄禄官,从八品。故任通在南宋为微官,或许并未授予实际职事。而任珣及夏氏的封赠,显然是因以浙东道宣慰副使致仕的任仁发所得。没有更多的证据表明任珣曾步入仕途,再加上前述王逢转述遗老之言,任氏所居艾圻浦"皆葭荻茅筱,居氓十余家,日弋水禽野雉为业",大体可以判断任仁发出身寒微。④ 唯《新元史·任仁发传》载:"至元二十五年,以荫袭为海道副

---

① 邹逸麟:《青龙镇兴衰考辨》,《历史地理》第22辑,上海人民出版社2007年版,第332—334页。
② 艾圻,即今青浦艾祁。王逢:《梧溪集》卷六《谒浙东宣慰副使致仕任公及其子台州判官墓有后序》,第28页B。
③ 任氏家族墓志中,提及其先祖居地的有任贤德、任良辅墓志,提及任通、任珣等家族成员信息的有任仁发、任贤德、陈明、任良辅、任贤能墓志。《新中国出土墓志》(上海天津卷·上册),第31—38页。
④ 陈秋速也断定任仁发"出身平微",但不敢肯定任珣之官是"生前逝后所赠"。任仁发以浙东道宣慰使司副使(正四品)致仕,散官为中宪大夫,任珣赠官散官中顺大夫、职事官高邮府知府、勋上骑都尉、爵乐安郡伯及夏氏乐安郡君,均为正四品,符合元代官员封赠规定,不论其为生前还是死后封赠,都只是因任仁发所得的"赠官"。著名美术史论家林树中先生认为任仁发"其父既是高邮知府、上骑都尉,封乐安郡伯,当建有战功。任仁发的家庭出身条件优越,兼文习武,多才艺",显然是将赠官与实际官职混为一谈。参见陈秋速《少监材抱邑画史 禹迹曾为帝亲理——元任仁发的艺术与仕进之途》,《故宫博物院刊》2014年第6期。林树中:《任仁发生平及其作品》,收入《国宝海外寻踪:海外藏中国历代名画研究文集》,江苏美术出版社2007年版,第279—280页。

千户,转正千户"①,不知何据。但从王逢叙述的履历来看,任仁发在十年间,由吏员升为从五品的海道副千户,确属超擢,故《新元史》的记载或非空穴来风。史料阙如,故暂存疑。

舒健曾推测,任仁发的母亲夏氏或出自华亭义门夏氏之家,推测"此夏家为书画世家,并且任仁发的谒元,是否是受到夏杞、夏椿兄弟的影响"。② 夏氏兄弟和任仁发一样,也是在宋元鼎革之际,积极与蒙元统治者合作的人士。至元十三年(1276年)正月,董文炳率领的元朝东路军到达钱塘江口,时任华亭典押的夏杞③及其弟夏椿积极降附,被伯颜提拔为军镇抚,后调余姚州尹。夏氏因宋元鼎革获得了仕途上的机会,入元以后以饶财和乐善好施著称。夏椿也因在大德末年的特大饥荒中救助乡民,被元廷旌表为义士。④

据邓文原为夏椿撰写的墓志铭,椿长子名世泽,在夏椿去世时为"杭州狱丞"。而任仁发墓志的填讳者,也能清晰可见其名"世泽"⑤,姓氏漶漫不清。夏椿的墓志铭中,确提到他有一女"许适任□"。⑥ 假如此女为任仁发的母亲夏氏,则任仁发为夏椿的外孙。那么,任、夏两姓是否真有联姻关系,任仁发墓志的填讳人有无可能即夏椿之子夏世泽呢?

首先,从年龄来看。据《旌表义士夏君墓志铭》推算,夏椿生于南宋淳祐六年(1246年),卒于延祐七年(1320年),享年75岁。他比生于南宋宝祐三年(1255年)的任仁发仅年长九岁,故至少可以确定,夏椿许适任某的女儿,不可

---

① 柯劭忞:《新元史》卷一九四《任仁发传》,第6986页。
② 舒健:《任仁发家族史实钩沉》,《"传承与开启:大数据时代下的历史研究"学术研讨会论文集》,第273页。
③ 贡师泰为夏椿曾孙夏文彦撰写的墓志铭中提及夏椿的兄长名为"夏杞"。贡师泰:《玩斋集》卷十《元故处士夏君墓志铭》,《景印文渊阁四库全书》第1215册,第697页上。
④ 邓文原:《巴西邓先生文集》不分卷《旌表义士夏君墓志铭》,《北京图书馆古籍珍本丛刊》影印清抄本,书目文献出版社1998年版,第784页上。
⑤ 此填讳人"世泽",宗典先生推测,"元史列传中只有昌平人张拔都的儿子名世泽,他从丞相伯颜南征,收琼、万诸州,拜宣武将军行军总管,未几,迁副万户加明威将军。任仁发也曾参与南征的事,则填讳人或即此人"。《元任仁发墓志的发现》,《文物》1959年第11期。
⑥ 或许邓文原只知晓夏椿四位女婿的姓氏,除了任婿之外,另外三位邵、苏、陈氏也均未书名号。邓文原:《巴西邓先生文集》不分卷《旌表义士夏君墓志铭》,第784页下。

能是任仁发的母亲夏氏。其次,夏椿的曾孙夏文彦,在元末编有《图绘宝鉴》,系著名的绘画史传著作。奇怪的是,任仁发的画在元代已享有盛誉,却未入载这本由同乡夏文彦编写的《图绘宝鉴》。因此,在任仁发在元中期负有盛名的情况下,若任、夏二氏有姻亲关系,夏文彦理应会在该书中介绍任仁发。再次,在任仁发和夏椿家族成员的墓志铭中,没有只言片语提及与对方结亲的事迹。任、夏两家都是元代松江地区有影响力的大族,若系姻亲,按照墓志文本的书写习惯,一般不会隐去不提。综上三点,可确定任仁发的母亲夏氏并非夏椿的女儿,也不太可能是夏椿家族的其他成员。

任仁发先后娶高氏、黄氏,封乐安郡君。由其子任贤才墓志得知,在原配高氏、继室黄氏之外,还有妾毕氏,封宜人。①

出土的任仁发墓志中,其散阶字迹模糊难以辨认,宗典先生断为"中顺大夫",《新中国出土墓志》的录文也作"中顺大夫",并将此方墓志的标题定为"元故中顺大夫浙东宣慰副使任公墓志"。《上海唐宋元墓》整理的录文作"中宪大夫"。② 那么,任仁发的散阶究竟是"中顺大夫"还是"中宪大夫"呢?

据《元史·百官志》,中议大夫、中宪大夫、中顺大夫均为文散官正四品阶,中议大夫为加授之阶,中宪大夫为升授之阶,中顺大夫为初授之阶。对照任贤才、任贤能、任贤德、和守真荣四块墓志,可确定任仁发"历仕至中宪大夫、浙东宣慰副使",其散官官阶为"中宪大夫"。③

---

① 毕氏受封宜人,是因为子贤才,而非夫君任仁发。任贤才终官为承务郎、汴梁路考城县尹。承务郎为从六品散官。考城,今属河南兰考县。元时属汴梁路睢州属县,睢州为下州,考城为下县,则考城尹为从七品。《元史》卷五十九《地理志二》,第 1403 页。按理说,当官员的散官比职事官品阶高时,封赠以品阶高者为准,即任贤才母妻可按从六品封赠恭人,但墓志中却是按正从七品封赠宜人。参见张素霞:《元代官员封赠制度初探》,《元史论丛》第十四辑,天津古籍出版社 2014 年版,第 80—81 页。《元故中顺大夫浙东宣慰副使任公(仁发)墓志》、《元故承务郎汴梁路考城县尹先君任公(贤才)墓志》,见《新中国出土墓志》(上海天津卷·上册),第 31、38 页。

② 宗典:《元任仁发墓志的发现》,《文物》1959 年第 11 期。《新中国出土墓志》(上海天津卷·上册),第 31 页。上海博物馆编著、何继英主编:《上海唐宋元墓》第三章"青浦重固高家台元浙东道宣慰副使任仁发家族墓",第 168 页。

③ 《元史》卷九十一《百官志七》,第 2320 页。《新中国出土墓志》(上海天津卷·上册),第 38、34、33、37 页。

同样因为任仁发墓志漶漫严重,其子孙信息尚存疑点。分歧主要在任仁发儿子的人数上。宗典先生结合文献资料考证任仁发有"子四人",分别为贤才、贤能、贤佐和贤德,陈秋速等也持此观点;《新中国出土墓志》录文定为"子三人";杭素婧认为有贤才、贤能、贤德、贤佐、贤明五子;舒健结合《任氏大宗谱续修如皋支系》的记载也支持五子的看法,并推测"子昭应是任贤明的字号"。① 笔者据出土墓志及传世文献,对杭素婧和舒健的观点做一补充,认为任仁发至少有子五人,即贤才、贤能、贤德、贤佐、贤明(字子昭),女八人,孙男十二人,孙女若干。

在已出土和追回的八方墓志中,墓主任贤才、任贤能、任贤德为任仁发之子,钦察台氏守真荣为任仁发孙媳,适任士文。任良佑、陈明和任良辅为任仲夫之子。接下来我们主要以墓志文本为线索,对任仁发家族成员事迹做一梳理。

(一) 任贤才支系

任贤才,字子文,号野云。生于至元二十一年(1284年),卒于至正十六年(1356年),享年73岁。延祐初②,随父仁发宦游京师,"时大臣有以其才荐者",觐仁宗,授将仕佐郎、秘书监秘书郎。延祐六年(1319年),转将仕郎、太医院照磨兼管勾承发架阁。英宗至治二年(1322年),迁凌州酒醋税务提领。泰定二年(1325年),改从仕郎、秘书监辨验书画直长。文宗至顺元年(1330年),除承事郎、淮安路安东州税课提领。后至元四年(1338年),升承务郎、汴梁路考城县尹,兼管诸军奥鲁劝农事,知河防事。至正十六年以疾卒。妻孟氏,封宜人。子三人:长时,娶徐氏,早卒;次晖,娶徐氏、曹氏;次昉,娶诸氏。

---

① 宗典:《元任仁发墓志的发现》,《文物》1959年第11期。陈秋速:《少监材抱吕画史 禹迹曾为帝亲理——元任仁发的艺术与仕进之途》,《故宫博物院院刊》2014年第6期。《元故中顺大夫浙东宣慰副使任公(仁发)墓志》,《新中国出土墓志》(上海天津卷·下册),第19页。杭素婧:《元代江南家族通婚研究》,南京大学硕士学位论文,2015年,第26—29页。舒健:《任仁发家族史实钩沉》,《"传承与开启:大数据时代下的历史研究"学术研讨会论文集》,第272页。

② 当在延祐三年任仁发出知崇明州以前。时任氏在大都修治通惠河、会通河,任职中尚院。

孙男三人,即任炳、任赟、任焕。孙女五人。①

从贤才在延祐年间随任仁发宦游京师受荐一事看,他显然继承了父亲的书画才能,得授秘书监秘书郎,改秘书监辨验书画直长。后鉴书博士柯九思曾题任仁发作《二马图》曰:"秘监任公则甚得其形容气韵。"②此处"秘监任公",应指在秘书监任职的任贤才。

任贤才次子任晖,号东白,也是一位当地较为杰出的士人,与杨维桢为诗友,著有《东白集》。杨维桢赞其"喜文史,善赋诗,脱去凡近,雄健有法度,予甚喜之"。杨氏在松江璜溪之时,又曾在任家与任晖"校雠诗章者累日"。③

(二) 任贤能支系

任贤能,字子敏,号云间子。生于至元二十二年(1285年),卒于至正八年(1348年),享年64岁。贤能"幼熟经书,长多材艺",大德、皇庆间入觐进画,被"赐金段旨酒"。延祐初,特除太常寺大乐署丞,转将仕郎、两淮都转运盐使司庙湾场盐司丞,升登仕郎、淮安路盐城县主簿。又升承事郎、秦家渡仓监支纳,除平江路嘉定州判官。至正八年(1348年)春,选除承务郎、宁国路泾县尹,兼劝农事、知渠堰事。不久,感疾卒。妻丁氏,同知两浙都转运盐使司事之女。丁氏卒后,继娶沈氏。子三人:长士中,娶俞氏,早逝;次士诚,娶章氏;次奴奴。女四人:长妙宁,赘王畋;次妙静,适钱氏;妙严,适周氏;三奴,贤能死时尚在室。孙男一人,名兼善。孙女四人。④

---

① 《元故承务郎汴梁路考城县尹先君任公(贤才)墓志》,《新中国出土墓志》(上海天津卷·上册),第38页。任贤才在《秘书监志》中也有记载:"任贤才,延祐三年七月二十五日上",为秘书郎。同卷载辨验书画直长名贤才者,"泰定二年十二月十五日上,上海人"。王士点:《秘书志》卷十,台北:伟文图书出版社1976年影印版,第289、297页。

② 任仁发:《二马图》,绢本设色,纵29.1厘米,横142.7厘米,现藏北京故宫博物院。

③ 杨维桢:《铁崖文集》卷五《东白说》,明弘治刻本,惜未得见,此据《全元文》第42册,凤凰出版社2004年版,第227页。唐锦编纂、朱曜校正:弘治《上海志》卷八《人品志·文学》,《天一阁藏明代方志选刊续编》,影印明弘治十七年刻本,上海书店1990年版,第272页。

④ 《元故承务郎宁国路泾县尹兼劝农事知渠堰事任公(贤能)之墓志》,《新中国出土墓志》(上海天津卷·上册),第34页。

与其兄贤才一样，任贤能也颇具书画才能，还曾在大德、皇庆间进画受赐"金段旨酒"，但后来的仕途并不与书画相关，而是在太常寺短暂停留后任职地方。其三子"奴奴"的名字，似非典型的汉人命名法，女儿的名字"妙宁"、"妙静"、"妙严"，似可反映出贤能家庭中的宗教信仰。①

贤能长子任士中早卒，娶俞氏淑安。俞氏母女守节的事迹在方志中有记载：

> 任仕中妻俞淑安，上海新江乡人，年二十而寡，女甫二岁，男始五月。姑先夫卒，舅从宦远方。家贫无依，亲戚咸劝之再适，俞断发自誓。复强之，俞欲自到，众惧而止。纺绩织纴，教子女至于长。女适俞邦用，亦早丧。所亲怜其贫，劝其再适。女曰："再嫁则俞氏宗祀谁奉之？且辱吾母，宁饿死不改节。"乃归与母同居守志。有司上其事，诏旌所居曰双节之门。②

任士中和俞淑安育有一子一女，女适俞邦用，亦早寡，与母同守节，被官府旌表为双节之门。王逢《题任叔达母俞姊俞妇双节堂卷其曾祖开吴淞有功》诗云："龙江任孝友，母姊重双金。寒月斜银栀，晴霓卷素衾。旨甘今日养，节苦半生心。后大母劳卜，吴淞祖泽深。"③可见任叔达家孝子节妇双全。此处任

---

① 洪再新在分析任仁发画作《张果见明皇图》时指出：任仁发任子昭父子"所谓的尚道，是尊尚'有益于世'的方术，包括民众信仰中那些精华的部分。他们的道教归属还不很清楚，是否倾向于全真教团还有待于进一步的考证。从任子昭交往北方太一教重人张彦辅的个案来看，似乎他们与符箓一派的关系较为密切"。陈秋速认为："任仁发画道教画，其实也可能与他们家族的宗教信仰有关。从碑志资料来看，任仁发家族奉道教是有迹可寻的，任仁发子辈中，其次子任贤能号'云间子'；四子任贤德为人清雅、不意仕进；任仁发孙辈中任贤能四女名妙宁、妙静、妙严、三奴，亦是道教常用之名姓。"仅从姓名探寻宗教信仰似有失偏颇，传世文献中尚有任氏三代支持经营佛寺的记载。洪再新认为子昭为任贤能字，陈秋速认为子昭为任贤才字，似不确。见洪再新：《任公钓江海　世人不识之——元任仁发〈张果老见明皇图〉研究》，《故宫博物院院刊》2000 年第 3 期。陈秋速：《少监材抱岂画史　禹迹曾为帝亲理——元任仁发的艺术与仕进之途》，《故宫博物院院刊》2014 年第 6 期。

② "任仕中"为"任士中"之误。陈威、喻时修，顾清纂：正德《松江府志》卷三十一《人物十一·列女》，《天一阁藏明代方志选刊续编》影印明正德七年刻本，上海书店 1990 年版，第 819—820 页。

③ 王逢：《梧溪集》卷五《题任叔达母俞姊俞妇双节堂卷其曾祖开吴淞有功》，第 78 页 B。

孝友叔达有"俞姊俞妇",显然是任士中和俞淑安所生之子,即任贤能孙。任贤能墓志中提及有一孙名兼善,或与叔达为同一人。兼善为名,叔达为字,取"达则兼善天下"之意。可以肯定的是,入明以后,贤能一支,长媳俞氏"家贫无依",与子女相依为命,已然衰败。

(三) 任贤德支系

任贤德,字子恭。生于至元二十六年(1289年),卒于至正五年(1345年),享年57岁。据墓志记载,贤德孝友于家,勤俭恭谨,"尤长于水利家传之学",曾奉"王宫令旨",提举钱谷称职。而后"日以琴尊款客为娱,《诗》《书》教子为务",过着普通的士人生活。妻金氏,子三人:士质,娶蒙古必阇赤高时中之女;士文,参监修国史掾史,娶南安路达鲁花赤别里怯孙女守真荣;士珪,娶教授徐子正之女。女二人:长适学录徐子敬,次在室。孙男三人,分别为佐才、太平奴、百家奴。孙女七人。① 为他的墓志填讳的,是其堂兄并表兄陈明②。

因为没有任官,相较于贤才、贤能,贤德的人生履历较为简单,没有北游大都的经历,而是在故土安居乐业,似乎只是一个田舍翁。浙西地区官田众多,贤德奉王宫令旨提举钱谷,"主者将上其功,能迁朧仕"或是指为某诸王掌管钱谷之事。他擅长"水利家传之学",无疑会为此项差事提供便利。任仁发在浙西治水活动中遭遇种种阻力,曾将反对治水的人分为六类,称"不爱之人有六等焉",其中第二种就是浙西官田的代理人:"腹里官员拨赐田地,俱是江南苟图之人干置管领"。③ 任贤德领王宫令旨,帮忙打理官田,经营称职,也为自家积累了丰饶的财富。任家饶有赀财,在任仁发之后,主要就是指任贤德一支。大德三年(1299年),"千里之大族"之一的任仁发,曾捐资重建青龙镇南的隆

---

① 《元故提举任公(贤德)墓志》,《新中国出土墓志》(上海天津卷·上册),第33页。
② 陈明本为任仲夫之子,实任贤德血缘上的堂兄,但过继给姑父陈勇后,陈明又是贤德法律上的表兄。
③ 任仁发:《水利集》卷二《水利问答》,第87页上。

福寺宝塔,致和元年(1328年)任贤德"继厥志",再次助资。至正三年(1343年),贤德子士质"又假钱若干万缗,为复其所失田三千顷"。① 不论"若干万缗"和"三千顷"田地从何而来,都能看出贤德父子的雄厚财力。

任士质,字元朴,号云林散人。与其堂兄、任贤才之子任晖一样,任士质也与杨维桢相交,曾托人请这位元末名震东南的大文豪为任氏三代经营隆福寺的事迹作记。后杨氏又为其作传。在杨维桢撰写的传记中,任士质与其他从兄弟不同,从小无意于功名,甘心做一个"江上丈人流"。时任江浙行省平章的康里巎巎曾有意举荐,士质力辞不就,甚至不惜"桴海以遁"。士质有孝行,曾为母庐墓六年之久。至正年间,"时鬻爵令行",任士质被官府劝出私粟,他以亲族尚有未赈济之贫民为由拒绝。②

此入粟补官之事,《南村辍耕录》有载:

> 至正乙未(即至正十五年,1355年)春,中书省臣进奏,遣兵部员外郎刘谦来江南,募民补路府州司县官,自五品至九品,入粟有差,非旧例之专职茶盐务场者比。虽然功名逼人,无有愿之者。既而抵松江时,知府崔思诚惟知曲承使命,不问民间有粟与否也,乃拘集属县巨室,点科十二名,众皆号泣告诉,曾弗之顾,辄施拷掠,抑使承伏,即填空名告身授之。③

任士质显然是被松江知府崔思诚催逼的松江巨室之一,杨维桢为其撰写的传记中,没有提及他受到官府"拷掠",似乎不在"点科十二名"之列,或与其家族在当地的权势有关。

---

① 任士质帮助隆福寺恢复所失田地的数量,《四部丛刊》本《东维子文集》作"三千顷",《四库全书》本《东维子集》作"三十顷"。见杨维桢:《东维子文集》卷二十《隆福寺重修宝塔并复田记》,《四部丛刊初编》影印江南图书馆藏旧钞本,第5页B—第6页A。杨维桢:《东维子集》卷二十《隆福寺重修宝塔并复田记》,《景印文渊阁四库全书》第1221册,台北:台湾商务印书馆1986年版,第585页下。
② 杨维桢:《杨铁崖文集全录》卷三《云林散人传》,见《全元文》第42册,第284—285页。
③ 陶宗仪:《南村辍耕录》卷七《鬻爵》,中华书局1959年版,第93页。

除前述继承祖、父之志经营隆福寺外,士质还主持修缮儒学学舍。① 故杨维桢特别强调:"任君士质元朴,居家以孝义闻,便利及人者,不独浮屠氏也。"②

杨维桢曾受任士珪之请为任仁发《九马图》题跋,赞其"法备而神完",与赵孟頫"画马称同时"。该题跋全名为"题月山公九马图手卷为任伯温赋"。他称"士珪出卷求予言,故为赋卷尾",而可见任士珪,字伯温。③

任贤德虽然拒绝了出仕的机会,但从其子女的姻亲关系来看,这一支交往的对象,丝毫不弱于另外几位有官位的兄弟,且充分体现了元代社会中的族际通婚现象。长子士质娶蒙古必阇赤高时中之女,有学人视其为"非汉人"④,恐怕过于武断。高时中极可能只是精通八思巴蒙古字的译员。

次子任士文在至正五年任贤德去世之时,"参监修国史掾史",或与至正三年(1343年)元廷纂修辽、金、宋三史相关。后迁秘书监校书郎,至正十三年其妻守真荣病卒之时,已为江浙行省照磨。士文妻守真荣为南安路达鲁花赤别里怯孙女。

守真荣曾祖父为完者都拔都,钦察氏,其先人寓居彰德。以才武从军,曾跟随世祖攻鄂。中统三年(1262年),从诸王合必赤征李璮。至元四年(1267年),从万户木花里掠地荆南,战襄樊。十一年(1274年),授武略将军、彰德南京新军千户。攻沙洋、新城,始授金符,领丞相伯颜账前合必赤军。渡江论功,改武义将军。丁家洲、杨子桥及焦山诸战,均有参与,后破常州,入临安,攻泰州新城。混一后,赐号拔都儿,迁信武将军、管军总管、高邮军达鲁花赤。高邮升路后,进怀远大将军、高邮路达鲁花赤。至元十八年(1281年),擢镇国上将军、福建等处征蛮都元帅,征讨乱贼陈吊眼。加管军万户,兼高邮路达鲁花赤。二十三年(1286年),进骠骑卫上将军、江浙等处行中书省左丞,仍管军万户。

---

① 杨维桢:《杨铁崖文集全录》卷三《云林散人传》,见《全元文》第 42 册,第 284—285 页。
② 杨维桢:《东维子文集》卷二十《隆福寺重修宝塔并复田记》,第 7 页 A。
③ 杨维桢撰、楼卜瀍注:《铁厓逸编注》卷五《题月山公九马图手卷为任伯温赋并序》,《续修四库全书》第 1325 册影印清乾隆三十九年刻本,上海古籍出版社 2002 年版,第 661 页上。
④ 杭素婧:《元代江南家族通婚研究》,南京大学硕士学位论文,2015 年,第 28 页。

后迁江浙行中书省右丞,行浙西宣慰使。二十七年(1290年),转资德大夫、江西等处行枢密院副使,兼广东宣慰使。元贞元年(1295年),入朝,拜荣禄大夫、江浙等处行中书省平章政事。大德二年(1298年)卒,年五十九。赠效忠宣力定远功臣、开府仪同三司、太尉、上柱国,追封林国公,谥武宣。①

从完者都拔都开始,别里怯一家寓居高邮,世袭高邮上万户府达鲁花赤,确为"世臣之家"。别里怯来松江择婿,因任士文"习《诗》《礼》",故双方联姻。任士文赴大都领监修国史掾时,守真荣与之同游,"咸称内助之贤"。或许钦察氏显赫的家世对任士文在大都的发展多有裨益。可惜的是,天不假年,守真荣一病不起,死时仅37岁。② 这是墓志的书写方式,特意突出别里怯对任士文的"主动选择",带有强烈的感情色彩。从守真荣的年龄和卒年(至正十三年)推算,她生于延祐四年(1317年)。元朝中期,从天历之变(1328年)至后至元元年(1335年),是钦察人燕铁木儿、唐其势父子掌权的七年,势焰熏天。这一时期,钦察人在朝野都有极大的势力。而这一时间段,是守真荣从12岁成长到19岁的岁月,她与任士文成婚的时间,定然也在此范围之内。否则,在她去世之前,不会有一个已娶亲的儿子和两个已出嫁的女儿。总之,任士文与钦察氏结亲,对其家族和个人发展,无疑都是有利的。

至正五年,任贤德去世之时,已出生的孙男有佐才、太平奴、百家奴。据守真荣的墓志,佐才系任士文和守真荣之子,娶徐教授孙女。任士文的另两个儿子名惟吉、佑童,在守真荣去世的至正十三年"在幼",可能出生于任贤德去世之后。而任贤德孙辈的太平奴和百家奴,命名也非汉地习惯,或为娶蒙古必阇赤之女的土质所生。贤德死时有孙女八人,可考者为任士文三女:长玉真,许适江阴镇守万户买□;次妙坚,许适钱大本;次寿真。③

---

① 《元史》卷一三一《完者都传》、卷一三三《完者都拔都传》,第3192—3194页、3233—3234页。《元史》卷一三一《完者都传》,所叙事迹与《完者都拔都传》类似,且传主曾被赐号"拔都儿",极可能将"拔都"置于原名之后。故疑为一人两传。程钜夫著、张文澍校点:《程钜夫集》卷六《林国武宣公神道碑》,吉林文史出版社2009年版,第66—67页。

② 《元故孺人钦察台氏之墓志》,《新中国出土墓志》(上海天津卷·上册),第37页。

③ 《元故提举任公(贤德)墓志》、《元故孺人钦察台氏之墓志》,《新中国出土墓志》(上海天津卷·上册),第33、37页。

（四）任贤佐支系

任贤佐，字子良，号九峰道人，以父荫累官至台州判官，一女嫁与王掖，王为元末江阴著名文士王逢之子。至正八年（1348年）方国珍起事，贤佐归吴，后任职南陵（今江苏常州）尹，终老于吴地。擅画人物等，尤长画马。他与其兄弟贤才、贤能一样，也继承了父风。传世作品有《人马图》轴，右上自题"子良于可诗堂作"，钤"任氏子良"白文印。"可诗堂"乃任仁发书斋，贤佐当是师从父艺，同堂作画。至正三年（1342年）作《三骏图》，卷尾自识"至正壬午季秋，叔，九峰道人作此图拜进"。余辉推测，"叔"字为家中排行第三之谓，"九峰"位于上海松江西北，为当地全真教信徒的活动中心，贤佐信道教，号"九峰道人"始于此卷。《三骏图》无作者印记，似为进贡画之习作。①

王逢在为曾任江淮财赋府副总管和彰德路同知的章元泽所撰挽词中写道："儿掖娶任月山宣慰孙女，公之甥女也。"②此处的"任宣慰孙女"，显然是任贤佐之女，其为章元泽外甥女，则贤佐妻为章氏女。据长谷真逸记载，任贤佐有二子。他和章氏所生之子，或有名任璞者，"尝割田二顷，赡青龙镇学。中年谢军职，迨世变，一褐亩庐，义不去圻上"。③由此可知，任璞曾有"军职"，中年辞官归隐青龙镇。

此外，长谷真逸《农田馀话》载：

> 青龙任水监月山，次④画马得名。其子三县丞者，由父荫得官，生二

---

① 王逢《梧溪集》中与任贤佐有关的诗文，还有卷一《简任子良县尹》、卷四下《寄任子良府判兼简元朴镇抚伯温都事伯璋县丞》和卷五《任子良县尹除奉训大夫台州判官》，第54页B、第45页A、第53页A。余辉：《九峰道人〈三骏图〉卷考略及其它》，《文物》1993年第1期。民国徐乃昌等纂修《南陵县志》卷十七《职官志》和卷四十四《金石志》中也有任贤佐的名字，为至正年间的南陵县尹。余谊密修、徐乃昌等纂：《南陵县志》，《中国方志丛书》影印民国铅印本，台北：成文出版社1970年版，第215页上、第725页下。

② 王逢：《梧溪集》卷四上《故江淮财赋府副总管致仕彰德路同知章公挽词》，第13页B。

③ 王逢：《梧溪集》卷六《谒浙东宣慰副使致仕任公及其子台州判官墓有后序》，第30页A。

④ "次"疑为"以"之误。

子□女。至正中,北人有杨姓某官,因乱侨居任氏馆舍,子聘(聘)①任女。其子生而骄,初不知也。尝登墙窥所聘女,任氏父兄皆恶而侮②之,欲绝婚而不可得,遂迁延其婚期。杨遂北归,音耗不相闻。乃以女复受南乡某氏聘。及亲迎船至其门,其女遂剪发而泣曰:"奈何以一身而有二夫?吾将奉佛终身焉。"阅其室,多佛书图像之属已久,卒不偕。久之,一日消息来,杨之子已死,凭附其女玉玉。其女后为女冠,廉洁无瑕,今年已四十余矣。事可纪史册。③

文中其子"三县丞"或为"三县尹"之误。任仁发子贤才为考城县尹,贤能为泾县尹,贤佐为南陵县尹。符合"县丞(县尹)"的身份,且"由父荫入官"者,当为任贤佐。贤佐与侨居的北人杨某结亲,却因恶其骄纵而悔婚,并重新接受了某南人的求婚。贤佐女恪守"一女不侍二夫"的女训,誓不从父兄令其改嫁的安排,且在未婚夫死后,"凭附其女玉玉",收养杨氏的女儿。为坚持守贞,任氏女始奉佛,后为女冠,其事迹被作者视为可入史册的典型。

(五) 任贤明

据王逢记载,任仁发有一子名贤明,"精窦太师④针燧","至正初,学士揭傒斯引见,上欲官之,辞归。监丞陈旅送以序"。⑤可见贤明也有北游大都的

---

① "聘"疑为衍文。
② "恶而侮之"疑为"恶而悔之"。
③ 长谷真逸:《农田馀话》卷上,《四库全书存目丛书》影印明万历间绣水沉氏刻宝颜堂秘籍本,齐鲁书社1997年版,第323页下—第324页上。
④ 窦太师,指窦默。广平肥乡人,字子声。初名杰,字汉卿。金末,避兵南徙,从蔡州(今河南汝南)名医李浩及孝感令谢宪子学习医术和程朱性理之学。元太宗七年(1235年),蒙古军攻南宋德安(今湖北安陆),城破,随军北归,先到大名,与姚枢、许衡研讨理学,后还肥乡,教授经学。忽必烈为藩王时,召见,问以治道,并命长子真金从学。忽必烈即帝位,为翰林侍讲学士。至元十七年(1280年)加昭文馆大学士。同年病故。参见《元史》卷一五八《窦默传》,第3730—3731页。窦默长于针灸,有名于时。著有《疮疡经验全书》、《针经指南》等。王逢称任贤明"精窦太师针燧",实指他精通医术。
⑤ 王逢:《梧溪集》卷六《谒浙东宣慰副使致仕任公及其子台州判官墓有后序》,第29页B—第30页A。

经历,且受到揭傒斯的赏识,时间在"至正初"。此时元廷诏修宋、辽、金三史,揭傒斯为总裁官之一,故任贤明受荐或与其侄任士文"参监修国史掾史"的机遇一致。时任国子监丞的陈旅曾赠序,可惜未能流传。

浙东名儒黄玠《送任子昭北上》诗中有云:"天上神京春色好,兰台玉堂多俊髦。龙江公子少年日,乃翁携之与遨游。翰墨之余及丹青,譬如鲁削非凡刀。……亟亟上书自荐达,一刺民瘼针如毛。"①诗中称子昭为"龙江公子",表明他住在青龙江畔的青龙镇。同时,当时还是少年的子昭,随父北游,有翰墨丹青之长,赴京的目的是上书自荐,以助于消除民瘼。此时"兰台玉堂多俊髦",即秘书监和翰林院俊彦云集,较符合元仁宗时的状况。且这一时期任仁发在京任职,兄长任贤才亦在此时被举荐,所以这应该是任贤明的第一次北游。而至正初年的"辞归",至少是他第二次遨游京师之后。

巧合的是,陶宗仪《辍耕录》曾记载过一个故事:

> 任子昭云:向寓都下时,邻家儿患头疼,不可忍。有回回医官,用刀划开额上,取一小蟹,坚硬如石,尚能活动,顷焉方死,疼亦遄止。②

结合这两则资料,似乎有三条线索可证明任贤明与任子昭系同一人,是前述四位之外的任仁发的另一个儿子。第一,任贤明曾北赴大都,接触过揭傒斯和陈旅,而任子昭"向寓都下",二者履历相符。第二,任贤明"精窦太师针炳",通医术,此处由任子昭陈述的故事恰与医术(且是外科手术)相关。第三,任贤明,字子昭,"明"与"昭"语义互通,适合各为名、字,且符合任氏家族其他成员的命名规律。综上所述,任贤明,子子昭,通医术,曾北游大都,与揭傒斯、陈旅接触,南还后又与陶宗仪相交。

---

① 黄玠:《弁山小隐吟录》卷二《送任子昭北上》,张寿镛辑:《四明丛书》第2集,第5册,第37页B。
② 陶宗仪:《南村辍耕录》卷二十二"西域奇术",第274页。

以上为任仁发五子主要信息,现存文献记载中,还可知任仁发八女中,两位女儿所适女婿的信息。任氏一女适元代著名色目文臣康里巎巎之侄大年,一女嫁与华亭大族卫氏的卫德嘉①。

康里巎巎在任仁发画作《张果见明皇》之上题跋时提及"余之三侄大年,月山之婿也",而回回为巎巎唯一的兄弟,故大年当为回回之子。萧启庆先生认为回回与任仁发"可能由于对于翰墨之共同兴趣而为子女缔结姻缘"。② 而卫氏在宋朝为世官,卫德嘉父为卫谦,元初"以世官后授温州路治中,弗就",卫德嘉也屡次拒绝元朝征召,日以读书为乐,不事浮屠,是华亭地区典型的士族。③

三、任仲夫家庭成员

在前述五方墓志之外,任仁发家族墓地还出土了墓主为任良佑、任良辅和陈明的三方墓志。任良辅和陈明的墓志在追溯先世时,曾大父以来的世系与任仁发及其三子墓志的记载完全一致。良辅、陈明和良佑的父亲均为"旌表义士"任仲夫,故任仲夫当为任仁发的同胞兄弟。从名字中的"仲"字来看,他或许排行第二,故而在年齿上当为任仁发的弟弟。弘治《上海志》记载:

> 任仲孚,性谨畏而好义。大德间饥,捐米二千斛,谷八百斛,以济贫乏。部使者上其事,表其门,擢其子良佐溧阳县学教谕,良辅信州叠山书院山长。④

据出土墓志,"任仲孚"当为"任仲夫"之误,"良佐"为"良佑"之误。任仲夫

---

① 杨维桢:《东维子文集》卷二十六《尚纲先生墓铭》,第9页A。
② 萧启庆:《九州四海风雅同:元代多族士人圈的形成与发展》,台北:"中研院"、联经出版公司2012年版,第73页。
③ 关于卫氏的详细情况,参见杭素婧《元代江南家族通婚研究》,南京大学硕士学位论文,2015年,第27页。
④ 唐锦编纂、朱曜校正:弘治《上海志》卷八《人品志·节义》,第308页。

在大德饥荒中捐献米谷,赈济贫乏,被旌表为义士,可以确定赀财丰饶。他的两个儿子被授予官职。旌表和授官,与夏椿的经历类似。夏椿也是在大德末年的饥荒中救济饥民,被元廷旌表为义门,长子被授予官职。① 此种做法一般被称为"入粟补官",但元代的"入粟补官"成为一种成熟的救荒制度,是从文宗天历年间才开始的②,与顺帝时期的"鬻爵令"更有天壤之别,故任仲夫二子仅被授予县学教谕和书院山长的职位。任仲夫娶高氏,育有三子,分别为良佑、陈明和良辅。③ 其中,陈明继嗣湖广等处泉货少监陈勇。

(一) 任良佑

任良佑,字子德,生于至元十八年(1281年),卒于后至元四年(1338年),享年58岁。娶吴氏。子五人:敬德、敬诚、敬古、敬简、敬善;女五人。孙男八人。孙女五人。结合墓志和地方志的记载,良佑在其父任仲夫入粟救荒之时,初授溧阳县学教谕,而以溧阳州儒学教授终官。

(二) 陈明

陈明,字彦古,号云山。生于至元二十三年(1286年),卒于至正十一年(1351年),年六十六。为旌表义士任仲夫之子,后继嗣于姑夫陈勇。④ 陈明和前述贤才、贤德、贤明一般,也有北游大都的经历,且起步较为顺利。初被辟为太尉府宣使,寻擢知印。孝满服除后除承直郎、大有仓使,升朝列大夫、同知全州路事。迁朝请大夫、吉安路吉水州知州兼劝农事。转中议大夫、同知赣州路总管府事。后因督运军赋往武昌,抱疾归寓舍,不久病卒。娶章氏,封颍川郡

---

① 邓文原:《巴西邓先生文集》不分卷《旌表义士夏君墓志铭》,第783页下。
② 《元史》卷九十六《食货志四·赈恤》,第2476—2478页。
③ 《元故敕授集庆路溧阳州儒学教授任公(良佑)墓志》《元故中议大夫同知赣州路总管府事陈公(明)墓志铭》《元故信州路叠山书院山长先考任公(良辅)墓志》,《新中国出土墓志》(上海天津卷·上册),第32、36、35页。
④ 《元故中议大夫同知赣州路总管府事陈公(明)墓志铭》,《新中国出土墓志》(上海天津卷·上册),第36页。

君,又娶色目氏。有子四人:长补贤,娶张氏;次补化,娶章氏;辟识温①,娶李氏;识里温②,娶李氏。女三人:适王氏、张氏、蒙古氏。孙男二人:显忠、秉忠。孙女四人。曾孙虎儿。③

陈明在仕途上的发展,是任氏家族成员中仅次于任仁发的。他的家庭婚姻关系,比其堂弟任贤德家更具多族群交融的特点。他本人娶了一个色目妻子,子女的命名也多与波斯语相关,亦有一女婿为蒙古人。而他死后为其墓志填讳的,也是高昌人全普庵撒里。④

陈明的生父为任仲夫,姑父陈勇为养父。陈勇的官职是"承信校尉、湖广等处泉货少监,赠宣武将军、同知平江路总管府事、骑都尉,追封颍川郡伯"。⑤承信校尉为正六品武散官,宣武将军为从四品武散官,同知平江路总管府、骑都尉、颍川郡伯分别为从四品的职事官、勋、爵。可见承信校尉、湖广等处泉货少监为陈勇本人之官,宣武将军、同知平江路总管府事、骑都尉、颍川郡伯则是因陈明而得的封赠。陈明的墓志为我们了解元武宗时期的一个重要职官——泉货监的设置,提供了珍贵的资料。

元武宗至大二年(1309年)九月,为推行钞法改革,武宗下诏在"大都立资国院,秩正二品;山东、河东、辽阳、江淮、湖广、川汉立泉货监六,秩正三品"。⑥次年正月,正式"立资国院泉货监","命以历代铜钱与至大钱相参行用"。掌管

---

① 辟识温,应为波斯语 peeshvā-ee 的音译。peesh-词根有"前"的意思,peeshvā-ee 意为"领导、引导"。

② 识里温,应为波斯语 sheervān 的音译。波斯语 sheer 意为狮子,sheervān 同 sheer-bān,即管狮人。

③ 陈威、喻时修,顾清纂:正德《松江府志》卷二十八《人物·名臣》:"陈明,字彦古,上海人。湖广等处泉货少监勇之子,仕至中议大夫、通知赣州路总管府事。请老,授嘉议大夫、扬州路总管致仕。卒,赠嘉兴路总管。赐爵颍川郡侯。"第1326页。墓志未提其授"嘉议大夫、扬州路总管"事,未知方志何据。《元故中议大夫同知赣州路总管府事陈公(明)墓志铭》,《新中国出土墓志》(上海天津卷·上册),第36页。

④ 全普庵撒里,字子仁,高昌人。初为中书省检校,后任监察御史,因首劾太师汪家奴见黜,出为广东廉访使。不久,任赣州路达鲁花赤。至正十六年,以镇压农民起义有功,拜江西行省参政,分省于赣。十八年,与陈友谅军战,自到而死。赠谥徽宪。参见《元史》卷一九五《忠义传三》,第4413页。

⑤ 《元故中议大夫同知赣州路总管府事陈公(明)墓志铭》,《新中国出土墓志》(上海天津卷·上册),第36页。

⑥ 《元史》卷二十三《武宗纪二》"至大二年九月己亥",第516页。

铸造至大通宝和大元通宝两种铜钱的泉货监,在至大四年四月仁宗即位后废罢。① 因此,这个机构在元朝历史上只存在了短短一年多,加上是被仁宗否定的举措,其建制情况晦暗不明。比对相同品秩的太府监、利用监、中尚监、秘书监,泉货监可能设有卿(正三品)、太监(从三品)、少监(从四品)、监丞(正五品)等官职。② 泉货少监或为从四品职事官。

在此方墓志出土之前,在泉货监任职过的较有名的官员是王都中:

> 武宗皇帝诏更钞法,行铜钱,而鼓铸之法废已久。宰相以公(王都中——引者注)今之通才,宜无所不知,乃奏除公江淮泉货监。公以铜不足为忧,询知饶之德兴有胆水,可浸铁为泥,以火炼之,悉成美铜,如其法行之,得铜数十万斤。凡天下为监者六,惟江淮所铸钱号最精。③

作为武宗和尚书省官员改革中的重要举措,至大铜钱颇受重视,资国院泉货监所选任的官员,也是被武宗和宰相认可的能吏。而全国六处泉货监,也需为铸造铜钱克服重重困难。故身为泉货少监的陈勇,在当时应该也是深受宰执信任的官员。他的嗣子陈明"壮游京师,公卿交辟",首先被荐举为"太尉府宣使,寻擢知印",起点较高,当与陈勇当时的处境直接相关。武宗朝官爵滥赐的情况十分普遍,加太尉的高官很多,不能确定陈明最初在哪位太尉府中做宣使,或许是至大二年九月升任尚书省右丞相的脱虎脱也未可知。④

陈勇终官湖广等处泉货少监,似可推测他去世的时间,在至大三年和至大四年四月之间。亦有可能泉货监被罢黜之后,少监陈勇也随之免官,至死不再

---

① 《元史》卷二十三《武宗纪二》"至大三年正月丙申"、卷二十四《仁宗纪一》"至大四年四月丁卯",第521、542页。
② 《元史》卷九十《百官志六》,第2292—2296页。
③ 黄溍:《金华黄先生文集》卷三十一《正奉大夫江浙等处行中书省参知政事王公墓志铭》,《四部丛刊初编》影印梁溪孙氏小绿天藏景元写本,第9页A。
④ 脱虎脱加太尉在武宗即位不久的大德十一年七月,在至大二年九月已为尚书省右丞相。《元史》卷二十二《武宗纪一》"大德十一年七月丁丑"、卷二十三《武宗纪二》"至大二年九月癸未",第484、516页。

复官。其散阶"承信校尉"为正六品武散官,显示其在担任泉货少监之前,可能曾担任过武官或钱谷官。①

此外,陈明的经历,还反映出元代收养制度方面的一个重要方面,即"养异姓子"为嗣。虽然元朝继承金朝的制度,曾规定收养需优先从"同宗昭穆相当者"中挑选嗣子,"养异姓子者有罪"②,但和前朝相比,"元朝对社会生活中的收养关系实际上采取了一种比较放任的态度,各种类型的收养关系大量公开存在,在当时已经成为一种非常普遍的现象"。③ 陈勇没有选陈氏同宗后代为继承人,而是从妻子任氏的家族中挑选继子。从任仲夫及陈勇、任氏夫妇的封赠情况看,一直到陈明亡故,他都是陈氏夫妇法律上的儿子。也就是说,他并未归宗,死后却葬在生身父母的祖坟。葬地与任氏其他成员一样,均为"新江乡郭巷泾"。据方志记载,"湖广等处泉货少监陈勇墓在青龙南",④陈氏应同为青龙镇人,但其葬所显然不在任氏的家族墓地。按理说,养子过继之后,他与生身父母之间的亲属权利义务也要发生转移,等同于养父母的亲生子。如著名的南宋遗民方凤,"初本陈氏子",在襁褓中被过继给方氏为嗣,柳贯在为其撰写墓志铭时追溯祖先源流,也是详述方氏谱系。⑤ 故陈明的墓志铭中追溯先祖,叙述任通、任珦和任仲夫这一世系,而非陈氏源流,这种情况是较为罕见的。

(三)任良辅

任良辅,字子翼,号肃斋。生于至元二十六年(1289 年),卒于至正十年(1350 年),享年六十有二。据前文方志记载,任仲夫入粟救荒,其子良辅被擢

---

① 元代由钱谷官出身者入流授武散官。参见李鸣飞:《金元散官制度研究》,兰州大学出版社 2014 年版,第 217 页。
② 陈高华、张帆、刘晓、党宝海点校:《元典章》卷十七《户部三·承继》"禁乞养异姓子",中华书局、天津古籍出版社 2011 年版,第 603 页。
③ 刘晓:《元代收养制度研究》,《中国史研究》2000 年第 3 期。
④ 陈威、喻时修,顾清纂:正德《松江府志》卷十七《冢墓》,第 19 页。
⑤ 柳贯:《柳待制文集》卷十《方先生墓碣铭并序》,《四部丛刊初编》影印江阴缪氏艺风堂藏元刊本,第 8 页 B—第 9 页 A。

为信州叠山书院山长。良辅墓志详述了其升迁历程:因"家世业儒",江浙行省以"才德兼备,檄授松江府青龙镇儒学教谕,及宁国路太平县儒学,转平江路儒学,录升信州路叠山书院山长"。身为儒学教授,迁转入流很难,故良辅"将登名铨曹,适有疾",其实是对仕途未有进展的委婉说法。娶李氏。有男五人:义男敬忠,娶李氏;嫡男敬祖,娶王氏;敬父,娶李氏;庶男敬伯,娶吴氏;敬叔,在幼。女四人:适康、适钱、适谭、适万。孙男、孙女各五人。① 五子有义男和嫡庶之别,似可推测任良辅在李氏之外,至少还娶有一位妾室。而义男"敬忠"的名字被列在诸嫡男、庶男之前,似显示他的收养发生在亲生子出生之前。

结　论

明季松江著名文士何良俊曾感叹松江在元时"不但文物之盛可与苏州并称,虽富繁亦不减于苏":

> 胜国时,在青龙则有任水监家,小贞有曹云西家,下沙有瞿霆发家,张堰有杨竹西家,陶宅有陶与权家,吕巷有吕璜溪家,祥泽有张家,干巷又有一侯家。②

很显然,青龙任仁发与小贞曹氏、下砂瞿氏、璜溪吕氏等人一起被看成是元时期松江地区的"富繁"的代表。杨晓春教授曾以元代松江府的九个富户家族为对象,进行过深入考察,认为宋元以来,江南富户家族具有很强的延续性,"因元朝的建立而造就的新的富户也有,如张瑄,但属于极少数"。③ 而崛起于

---

① 《元故信州路叠山书院山长先考任公(良辅)墓志》,《新中国出土墓志》(上海天津卷·上册),第35页。
② 何良俊:《四友斋丛说》卷十六《史十二》,中华书局1959年版,第136页。
③ 杨晓春:《富户与元代江南社会——以松江府为中心的讨论(初稿)》,《宋元明国家与社会高端学术论坛论文集》,南开大学,2013年10月,第346页。

宋元之际的任仁发家族,堪称白手起家。

由于墓志文献的局限性,此前学者在研究任仁发家族之时,多将目光聚焦在其家族通婚和江南富户的社会功用之上。大家都注意到任氏在婚姻家庭方面较为开放,他们是较早积极与蒙古人、色目人及北方汉人联姻的南方士族,且是目前所知的涉及族际通婚次数最多的家族,这在江南社会中并非普遍现象。[1] 但是结合元朝政局的变动和浙西地域的实际,通过考察任仁发家族成员的人生轨迹,我们还可以发现更多的问题。

首先,任仁发家族的成员,在不同的历史阶段,几乎尝试了元朝所有的入仕之途。在元朝,想要进入仕途,大抵有怯薛、吏员出职、科举、入粟补官、恩荫、荐举等几种方式。其中怯薛一途,因任氏出身江南普通白身之家,并无此捷径。任氏在任仁发这一代已成长为松江的大族,故其子孙比普通士人有更多的晋身之阶,并不依赖吏员出职一途。

任仁发在南宋咸淳间已第乡试,若无意外,或可循科举入仕。可惜仁发在青年时代遭遇了政权鼎革,此条晋身之阶落空。元朝平定南宋后,他主动持名刺拜见时任浙西道宣慰使的游显,被辟为宣慰掾,任青龙镇巡逻官,参与镇压蟠龙寺僧人的反叛。随着元朝开通海道运粮供给大都,任仁发又获得了由海漕晋身的机会,被擢为海道副千户,以功升正千户,完成了从吏到官的升格。随后,恰逢忽必烈征交趾,改海船上千户。但这些机遇并未给任仁发提供稳定上升的空间。元朝征交趾败绩后,海船千户所或被废罢。在任仁发大德年间的上书中,他的身份已经是"武略将军、前管领海船上千户"[2],可见已从海船上千户卸任。世祖末年浙西水旱灾害的频发,使任仁发的治水才能得以展现,最后累官至浙东道宣慰副使。在官场沉浮三十多年,任仁发也仅仅是从正五

---

[1] 据杭素婧的研究,虽然元代江南家族与蒙古、色目间的通婚为此时期一大特色,但就考察案例所涉及的家族来看,"仅松江一地存在族际通婚的现象","以松江地区来看,松江家族中存在族际通婚的共有三家,分别是任仁发家族、章梦贤家族和曹知白家族",三家中又以任仁发家族际通婚的次数为最。杭素婧《元代江南家族通婚研究》,南京大学硕士学位论文,2015年,第56—57页。

[2] 任仁发:《水利集》卷四,第106页下。

品的上千户升到了正四品的宣慰副使。总而言之,任仁发是积极与元朝合作的一类人,善于抓住与自身才能相关的一切机遇,绝非某些学人认为的"常思有为的遗民画家"。①

任仁发的子孙们分别继承了他的绘画、水利等才能,有一子(贤明)还精通医术。由于元代的制度规定,每名职官只能荫叙子孙一人,所以任仁发的五个儿子中,至少有三位具有北游大都的经历。他们或凭技艺自荐,或被京师的公卿举荐,都获得了官职。文献没有显示出有北游经历的任贤佐,也通过恩荫进入仕途,官至台州判官。从任氏几代成员的求官经历来看,仁宗统治时期和顺帝至正初年,是南方士人相对容易获得发展机会的时间段。前者是因仁宗雅好文治,网罗了大批士人在翰林院,又重视书画人才,收集书画作品藏之秘书监;后者则是因修宋、辽、金三史的需要,招揽有文化素养的士人。任仁发之子贤才、贤能、贤明及孙士文,都是在这两个阶段获得官职的。这两个时间段,也是南方士人在元朝政权中获得发展的两个黄金时间,仅次于忽必烈平宋初期的局面。

任仁发的兄弟任仲夫及其二子在大灾之年通过入粟救荒,被旌表为义士,授予官职,充分体现了任氏家族多元化的发展道路。至正年间,任士质被官府要求入粟补官,看起来与任仲夫父子在大德末年的情形类似,实则大不相同。任仲夫入粟救荒之时,元朝尚处于上升期,即使授予的官职卑微,江南巨室出私粟的积极性仍旧很高。而顺帝至正年间,元朝已是天柱将倾,官府行鬻爵令,虽是功名逼人,但已无人主动应征,江南富户对元政权的认同发生了明显的变化。

其次,任仁发诸子中,对家庭经济经营最成功的,并非步入仕途的贤才、贤能、贤佐等人,而是一直沉寂乡里的贤德,这是由元代浙西地域官田广布的特性所决定的。贤德一支也是任氏家族内部族际通婚和接受蒙古、色目文化较

---

① 陈秋速:《少监材抱岂画史 禹迹曾为帝亲理——元任仁发的艺术与仕进之途》,《故宫博物院院刊》2014年第6期。

多的家庭。这样的背景,对他领王宫令旨提举钱谷之事当不无裨益。贤德帮"王宫"经营浙西官田,此种职业之人是父亲治水活动的反对派主力,被任仁发视为"江南苟图之人",但此条路径无疑为"千里之大族"的任氏保存经济实力发挥了重要作用。至元末,任贤德一支仍饶有余财,任士质能为一座佛寺"假钱若干万缗"、"复其所失田三千顷",还能赈济亲族,"负责不能偿者,焚其券,舍之"。① 而入明后的任贤能、任士中一支则家贫如洗,士中妻、女两代守寡,显然已衰落,成为需要云林散人任士质救济的族人。

第三,任氏在南宋并无根基,全靠任仁发充当蒙古统治者控制江南地域的马前卒角色崛起壮大。这样的新兴士族,一方面要与当地的旧士族通婚,同时也要与掌握核心权势的蒙古、色目权贵联姻,以谋求更好的发展。因此,任氏一方面同松江的传统大族卫氏、章氏通婚,同时与康里人、钦察人联姻。这其中,曾接近过权力核心的陈勇、陈明父子,以及因经营官田接触蒙古、色目官员的任贤德支系,无疑更有展开族际通婚的需求。贤德次子士文与钦察人守真荣的婚姻,缔结在元代钦察权臣势力最强的时代,应该不是一种巧合。

第四,通过亲属过继的方式,任仲夫次子陈明获得了姑父陈勇的政治资源,从而在仕途上取得了仅次于伯父任仁发的成就。而泉货少监陈勇的发迹,依靠的是武宗至大年间的财政改革,此事与任仁发因征交趾被擢升的机遇一样,太具偶然性,全无任何复制之可能。而在唐宋以来被认为是士人入仕常途的科举,因其在元朝的坎坷命运,完全没有进入任氏家族成员选择的视线范围之内。

[作者简介] 向珊,湖南大学岳麓书院助理教授。

---

① 杨维桢:《东维子文集》卷二十《隆福寺重修宝塔并复田记》,第 6 页 A。杨维桢:《杨铁崖文集全录》卷三《云林散人传》,见《全元文》第 42 册,第 285 页。

任仁发家族世系图

- 任通（娶胡氏）
  - 任珣（娶夏氏）
    - 任仁发[字子明]（娶高氏、黄氏、毕氏）
      - 任仲夫（娶高氏）
        - 陈明[字彦古]（娶章氏、色目氏）
          - 任良辅[字子冀]（娶李氏、束氏）
            - 子：义男敬忠（娶王氏）、嫡男敬祖（娶李氏）敬父、庶男敬伯（娶吴氏）敬叔
            - 女：女某（适康氏）、女某（适钱氏）、女某（适谭氏）、女某（适万氏）
            - 男五人、女五人
          - 朴贤（娶张氏）、朴化（娶章氏）、醉识里温（娶李氏）、识里温
            - 女：女某（适王氏）、女某（适张氏）、女某（适蒙古氏）
          - 显忠、秉忠、女四人
            - 虎儿
      - 任良佑[字子德]（娶吴氏）
        - 子：敬德、敬诚、敬善、敬古、敬简、敬昉
        - 男人、女五人
      - 任贤才（娶孟氏）
        - 任时（早卒）、任晖（娶徐氏、曾氏）、任昉（娶诸氏）
        - 病、懋、焕、女五人
      - 任贤能[字子敏]（娶王氏、沈氏）
        - 士中（早卒，娶俞淑安）、士诚（娶章氏）、奴奴
        - 妙宁（娶王敗氏、适钱氏）、妙静（适周氏）、妙严
        - 三奴
      - 任贤德（娶金氏）
        - 士质[字元朴]（娶高氏、娶真荣（娶徐氏））、士圭、士挂
        - 佐才、惟告、佑童、百家奴（疑为士质子）、女七人（玉真、妙坚、寿真为士文女）
        - 太平奴
      - 任贤明[字子昭]
        - 任贤佐[字子良]（娶章氏）
          - 女某（适王氏）、女某（与士质人）、杨朱证亲
          - 任贤（子某）
        - 男兼寿[字叔达]（女中一女为士中女，适俞氏）
        - 女某（适徐子敬）、女某
        - 女某（适康里大年）
        - 女某（适卫德嘉）

绅士家族的背影
——以露香园顾氏和顾绣为个案的考察

陈 凌

内容提要:本文以晚明时期上海地区最著名的工艺门类"顾绣"为研究对象,梳理文献史料和传世实物真迹,结合露香园顾氏家族的兴衰演变,探索本地士绅在顾绣发展史上的重要作用。

关键词:顾绣 露香园 文人绣 董其昌

一、曾经的辉煌
——露香园顾氏家族

关于露香园顾氏的源流和发迹,在文献和方志材料中记述较多,已经被研究者们充分解读。《上海县志》中就有关于露香园的记载:

> 露香园。道州守顾名儒筑万竹山居于城北隅,弟尚宝丞顾名世复辟东旷地,穿池得石,有"露香园"字,为赵文敏迹,遂名。盘纡坛曼,擅一邑之胜。今废,惟文敏石迹,尚宝五世孙太学顾昌平移置小沧州,尚在焉。[1]

---

[1] 乾隆《上海县志》卷七《宅第园亭》,《上海府县旧志丛书·上海县卷》,上海古籍出版社2015年版,第636页。

由此可知，露香园是明代晚期上海顾名世的宅园。

顾名世（1508—1588年），字应夫，号龙海，上海人，匠籍，嘉靖三十一年（1552年）举人，嘉靖三十八年（1559年）己未科进士（二甲六十九名），累官至尚宝司丞（正六品）①。顾名世的兄长顾名儒，字道夫，嘉靖七年（1528年）举人，累官至邓州知州（从五品）。兄弟二人任官多年之后相继归隐，顾名儒在城北隅建造了万竹山居，顾名世则利用万竹山居东边的空地继续垦拓造园。因拓园时意外发现了一方以篆书题"露香池"三字的石头，识者以为出自元代赵孟頫之手，即据此为园林命名，"露香园"于是诞生。据朱察卿所作《露香园记》，"园盘纡坛嫚，而亭馆嵂崒，胜擅一邑"。② 园内阜春山馆、碧漪堂、分鸥亭、独茧轩、潮音庵、露香阁等亭台楼阁毕具，又有露香池、积翠冈等山水之趣，很快就成为上海名园，众多文士都前来燕集游赏。

  日无虚客，客无虚觞，或对弈，或投壶，或赋诗，或度曲，杖履所至，望见者以为神仙中人，而公第怡然悠然不知老之将至也。③

有研究者指出，根据顾名世与文人墨客的唱和往返，可推知露香园的造园年代下限为隆庆四年（1570年），顾名世年过六十，在露香园里悠然度过近二十年后，于万历十六年（1588年）辞世，享年八十二岁。④ 在世人的评价中，顾名世"长于古文，一时金石之文俱出公手"，"盖缙绅中之有逸兴者"。⑤

顾氏，是上海首屈一指的大姓，"海上多名族，无过于顾"。按《顾氏重汇宗谱》，顾名世家族被称为露香园顾氏。

---

① 《明史·职官志三》："尚宝司。卿一人（正五品），少卿一人（从五品），司丞三人（正六品）。掌宝玺、符牌、印章，而辨其所用。"中华书局1974年版，第1803页。
② 《顾氏重汇宗谱》第十册中亦辑有《露香园记》，款署为："明隆庆五年（1571年）辛未夏月，赐进士出身掌云南副使加三级，年家姻眷乔木伯梁氏拜记。"由此可知，在隆庆五年夏日，露香园已经成园。
③ 何三畏：《云间志略》卷十七《顾符丞龙海公传》。
④ 黄逸芬：《顾绣新考》，上海博物馆编：《顾绣国际学术研讨会论文集》，上海书画出版社2010年版，第24页。
⑤ 李绍文：《云间人物志》卷四"顾龙海"，第225页。

若道州守名儒公,尚宝丞名世公,按察司副使国缙公,流风余韵,久传海上者,乃露香园派也。①

露香园顾氏的始迁祖仲宴公(顾穆,五十六世)由太仓沙溪迁居上海,而再往上追溯,五十三世的顾天佐(字行真,一字觉信)在明初"洪武四年为设粮掌赋,首预其选"②。洪武四年(1371年),朱元璋首先在江浙一带建立了粮长制度,规定:凡每纳粮一万石或数千石的地方划为一区,每区设粮长一名,由政府指派区内田地最多的大户充当。③ 由此可见,在顾天佐时期,顾氏就是比较富庶的粮长之家。虽然承继顾天佐粮长职务的并不是露香园顾氏这一支的顾恭(字叔礼,五十四世),而是其弟弟顾惠(字叔至),并且在顾穆时迁居上海,但从相关材料看,在顾名世之父顾岳(字景高,六十一世)时,家境仍然比较富庶,子弟以读书为业。

讳岳,字景高,自幼老成,不习儿弄,弱冠受业于玉洲朱先生,刻志苦心,在诸生中独承器许。其奉亲夙夜虔恭,色养无违,事伯叔及处群从咸曲致思礼,庭无闲言。素甘淡泊,无他嗜好,惟植德艺善,恒恐不及而已。生于成化丙申(1476年,成化十二年),殁于弘治庚午(引者按,应为正德庚午,1510年,正德五年),时年三十有五。原以例授武德将军、松江千户所,后以仲子名儒贵,赠文林郎。复以季子名世贵,又赠承德郎,加赠尚宝司丞。原配王氏,继室秦氏,俱赠宜人。④

考察顾氏族谱,顾岳其实有三子,而非此前相关研究者认为的仅有顾名儒、顾名世二子。长子顾名臣(与名儒、名世兄弟异母),字直夫,号可山,邑庠生;次子顾名儒,字道夫,号龙山,官至道州知州;顾名世排行第三,字应夫,号

---

① 曹锡宝:《顾氏汇集谱序》,见《顾氏重汇宗谱》第一册,上海图书馆藏。
② 《顾氏重汇宗谱》第六册,上海图书馆藏。
③ 梁方仲:《明代粮长制度》,上海人民出版社2001年版,第1页。
④ 《顾氏重汇宗谱》第四册《六十一世景高公传》,上海图书馆藏。

龙海。顾名世又有箕英、斗英和奎英三子:箕英,字仲说,号汇海,别号白龙,太学生;斗英,字仲韩,号振海,别号双龙;奎英,字仲颉。因顾名儒无子,由顾斗英承其嗣。(见下表)

名儒、名世兄弟以科甲起家,开创了露香园顾氏的全盛时代,但是乍贵暴富的家族面临的最大问题就是子弟的教育问题。顾箕英、斗英和奎英兄弟三人都在典籍中留下了生活奢华、挥霍放浪、不事生产的形象,虽有"不羁""不凡"之才名,但都未能于举业上有大成就。

(顾氏)汇海豪华成习,凡服食起居,必多方选胜,务在轶群,不同侪偶。园有嘉桃,不减王戎之李,糟蔬佐酒,有逾末下盐豉。①

仲韩,名斗英,号振海。符丞龙海公子也,为伯明府龙泉后,更号双龙。少有隽才,日记千言。弱冠游庠,制义独擅一时。督学德清房公,岁试拔君第一,名噪吴下。已,入北雍。善弈,诗词书画无不精绝。郡守常山詹公雅闻君名,折节下交,治具相款,人共美之。君承龙海、龙泉二公家业,不下数万金,君视之若尘土。园亭台榭,珍卉奇石,甲于海上。喜宾客,远方至者,作十日留。山肴海错,日费万钱。交游中有不给,辄赠数十金,无难色。间有称贷而子母绝响者,亦不较。每一至郡城,百货鳞集舟次,诸贾与食客苍头内外交通,谀不容口,俱偿上值。征妓侑觞,日易三四,各饱所欲而去。不二十年,室如悬磬,兼得末疾,至不能糊口,徙居墓所。每作楷书小景,人争购之,而诸所尝贷君者,远君若浼矣。年三十有七卒。生平著作甚富,逝后散失。观君始终,良足悲者。②

顾尚玺季子曰奎英者,少年好游戏,挥霍一时。嗜利小人携蟋蟀善斗,欲买之,其人不可,因以一金质之,故其童刺杀蟋蟀,即持金并加金来

---

① 叶梦珠:《阅世编》卷十《居第二》,来新夏点校,中华书局2007年版,第244—245页。
② 李绍文:《云间人物志》卷四"顾仲韩",第256页。

绅士家族的背影　81

露香园顾氏谱系表（53—69世）

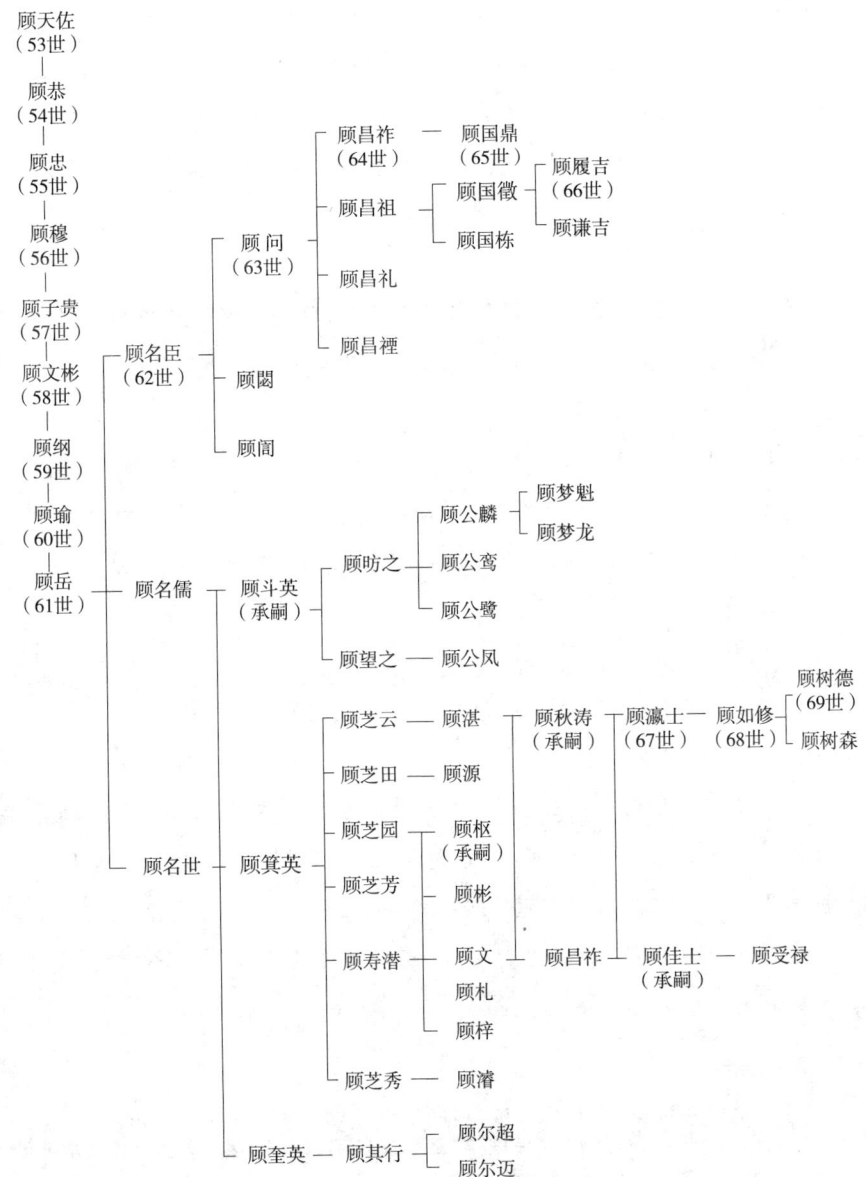

赎。顾曰：死矣。其人竟仆地大哭曰：吾侍此以生，今死之，是死我也。因许偿一金，哭如故。又益以一金，哭复如故。直至四五倍，其人含泪而去。游浪太甚，不久而赤贫如洗矣。又奎英仲兄曰斗英者，善弈工书，又能诗，性豪侠，亦喜奢华靡丽，家僮无不簪玉衣缟者，门下多食客，藉以为家。后病，反胃，随意而食，随口而呕，尝以二十金市饼以供其餍。倘所谓物极必反者耶。后公死之日，家无遗资，赖太仆扈海陈公施木以戢其身焉。①

奎英险些少年陷辟，虽获救得免但无以为生，只得仰赖兄长救恤，最终兄弟之间"屡有违言"，而箕英和斗英也都"短其天年"，顾斗英去世时年仅37岁。②

  松江士大夫子弟不甚读书。昔黄山谷云："四民皆有世业。士夫家子弟能知孝弟忠信斯可矣，然不可令读书种子断绝。有才气者出，便足名世矣。"今世父兄非不知教，子弟非不知学。正恐多财为累耳。则财之为害，可胜言哉。③

何良俊此言真可谓是不幸而言中矣。

  汇海嗣君伯露湛能文，余犹不及也。顺治丙申，伯露卒，无嗣，名园鞠为茂草。康熙初，移驻水师，有司度地，启建营房，乃即其废址，夷山堙谷，摧枯伐朽，纵横筑室，宛然壁垒矣。今兵归海外，旧伍所建营房，又为瓦砾荆榛之地。海内被其绣，尝其蔬者，尚以露香为徵歌选舞之场也，亦可为长太息矣。④

---

① 同治《上海县志》卷三十二《杂记三遗事》，台北：成文出版社1975年版，第2752页。
② 顾斗英(字仲韩)与莫是龙(字廷韩)并称"云间二韩"，年纪应该亦相近，莫是龙的生卒年大约在1537—1587年，因此顾斗英很有可能比顾名世更早离世。
③ 何良俊：《四友斋丛说》卷三十四《正俗一》，中华书局1959年版，第313页。
④ 叶梦珠：《阅世编》卷十《居第二》，来新夏点校，第244—245页。

顾湛,字伯露,是顾箕英长子顾芝云之子,按叶梦珠《阅世编》记载,其卒于顺治丙申,即顺治十三年(1656年),其后露香园日渐荒废。从隆庆四年(1570年)前建成,到顺治十三年后日渐荒芜,八九十年的时间里,露香园从"胜擅一邑""日无虚客"变成"鞠为茂草""园垣俱废",真可谓人去楼空、物是人非。

二、不胫走寰中
——露香园顾绣

正是在此家族盛极而衰之时,出现了露香园绣,后称顾绣。顾绣在中国刺绣史上具有承前启后的枢纽作用,既承继了之前的画绣传统,又在技法、取材、用料、图式等各方面有所创新,在明末和清前期引领时代风尚,影响广泛而深远。[①] 它是与"四大名绣"之一的苏绣之间关联尤其密切,相互滋养,交相影响。[②] 梳理露香园顾绣的文献资料和传世实物真迹,我认为它有一条从闺阁绣→文人绣→商品绣的清晰的发展脉络,而以韩希孟、韩媛绣为代表的"文人绣"是顾绣安身立命的根本,是它迥然超群的高峰。而这"文人绣"不是单独的绣作,是以精品绣作配合文人题跋才能构成新颖完整的作品。

(一)闺阁绣精品:家姬刺绣,巧夺天工

崇祯《松江府志》最早记述了"顾绣"之名及相关特点:

> 旧有绒线、有刻丝,今用劈线为之。写生如画,兼有用孔雀毛为草虫者。近绣素绫,装池作屏,其值甚贵。又有堆纱作折枝,极生动。尤珍顾绣,斗方作花鸟,香囊作人物,刻画精巧,为他郡所未有。[③]

[①] 黄逸芬:《顾绣新考》,上海博物馆编:《顾绣国际学术研讨会论文集》,第20页。
[②] 顾公硕:《顾绣与苏绣》,《文物参考资料》1958年第9期。
[③] 崇祯《松江府志》卷七《风俗》"组绣之变",日本藏中国罕见地方志丛刊,书目文献出版社1991年版。

崇祯《松江府志》成书于崇祯初年，说明在此之前，顾绣已经颇有声誉，具有"劈线为之""写生如画""刻画精巧"等特色，并形成了"他郡所未有"之势。

最早见于记载的顾绣作品是万历二十九年（1601年）的《饮中八仙图》和万历四十七年（1619年）的"绣佛"。

> 予友叶元龙家，藏顾绣《饮中八仙图》，署辛丑维夏制。款曰露香园，有朱文露香园图章，白文虎头方印。按辛丑为万历二十九年，时尚宝尚存，非张韩所作也。①

事实上，万历二十九年时，顾名世已经辞世（1588年）十余年了。

> 谭元春曾得一绣佛，惊为非人间女红所能为，并作歌识之云："上海顾绣，女中神针也。己未（万历四十七年）十一月与雨若相见，蒋谢适有贻尊者二幅，举一为赠，时地风日，往来授受，皆不知为今生，相顾叹息，乃为歌识之。"②

无论是万历二十九年（1601年），还是万历四十七年（1619年），都是顾名世身后之事了。在顾名世兄弟的传记中完全没有关于刺绣的记述。但顾名世作为露香园的创始人以及家族中功名等级最高的人，他还是在顾绣的传布过程中发挥着极大的影响力。

顾绣的创始人通常被认为是顾汇海的妾室。

> 顾姬，上海顾会海之妾。刺绣极工，所绣人物、山水、花卉，大有生韵。

---

① 邓之诚：《骨董琐记》"顾绣"条，中国书店出版社1991年版，第144页。
② 徐蔚南：《顾绣考》，中华书局1936年版，第5页。谭观成在《韩希孟绣花卉虫鱼册》后题跋（1948年）中说道："吾家元春曾得绣佛一幅，惊为非人间女红所能为，因作长歌识之。"见上海博物馆编：《海上锦绣：顾绣珍品特集》，上海古籍出版社2007年版，第103页。

字亦有法,得其手制者,无不珍袭之。①

"家姬刺绣,巧夺天工",在顾汇海(箕英)时期,嘉桃、糟蔬、刺绣这露香园中"三隽品",经由座上宾客的揄扬而名震天下。②

因康熙三十年(1691年)状元、松江府金山卫籍戴有祺有《露香园缪氏绣佛》诗,也有人认为顾姬就是缪氏。③ 谭观成在《韩希孟绣花卉虫鱼册》后题跋(1948年)中亦道"汇海姬人缪氏"④。但顾姬是不是缪氏,尚且存疑。从现存唯一有"缪氏瑞云"绣款的顾绣作品来看,其风格明显偏晚。

又顾会海妾名兰玉,刺绣人物气韵生动,字亦有法,设幔授徒,女弟子咸来就学,时人亦目之为顾绣。⑤

朱启钤《女红传征略》中的这段记述则称顾姬名兰玉,但如果查考嘉庆《松江府志》,就可以发现兰玉并非明晚期的顾姬,而是清朝前中期的才女,根本不是一个人。

顾氏兰玉,有孝行,工针黹,设幔授徒,女弟子咸来就学。时人亦目为顾绣。兼能诗,积久成帙,自题曰《绣馀集》。⑥

《女红传征略》中还有一段关于顾绣的说法:

又有谓自顾伯露母夫人者,露香园劈丝绣衣裙屏幛,女红犹擅其胜,

---

① 姜绍书:《无声诗史》卷七"顾姬"条,于安澜编《画史丛书》本。
② 叶梦珠:《阅世编》卷十《居第二》,来新夏点校,第244—245页。
③ 黄逸芬:《顾绣新考》,上海博物馆编:《顾绣国际学术研讨会论文集》,第30页。戴有祺生卒年大约是1657—1711年,此时顾伯露也早已去世(1656年),露香园早已荒废,其记述未必可靠。
④ 上海博物馆编:《海上锦绣:顾绣珍品特集》,第103页。
⑤ 朱启钤:《女红传征略》,《美术丛书》四集第五辑,第280—282页。
⑥ 嘉庆《松江府志》卷七十一《列女传八·才女》。

今顾氏已不传其制,外此作者虽间有之,著名者亦罕。①

有研究者认为顾伯露母夫人就是顾汇海的妾室缪氏②,但其实顾伯露是顾汇海的孙子,其母亲不可能是顾汇海的妾室。由上述分析可知,顾绣早期的参与者应该是露香园内院女眷群体,顾汇海的妾室可能是其中的佼佼者,但在后人的记述中难免张冠李戴。早期的绣作以衣裙、屏幛之类作品为主。露香园顾绣堪称晚明精致生活的集中反映。

> 相传顾氏刺绣,得自内院,其劈丝配色,别有秘传,故能点染成文,作山水、人物、花鸟无不精妙。③

(二) 创制"文人绣":使同侪不能望见颜色

真正奠定顾绣超凡地位的名家是顾寿潜之妻韩希孟。

> 尚宝族孙寿潜,字旅仙,能画山水,为董文敏所称,工诗,著作有《烟波叟集》。其妇韩希孟,工画花卉,所绣亦为世所镇,称为韩媛绣,其实皆顾绣也。④

按《顾氏重宗汇谱》,顾寿潜并不是顾名世的族孙,而是其长子顾箕英的第五个儿子。在嘉庆《松江府志》中亦有记载。

---

① 朱启钤:《女红传征略》,《美术丛书》四集第五辑,第280—282页。
② 包铭新、高冰清:《从闺阁艺术到商品刺绣》,上海博物馆编:《顾绣国际学术研讨会论文集》,第7页。
③ 毛祥麟:《墨馀录》卷六"露香园顾绣"条,上海古籍出版社1995年版,第98页。
④ 邓之诚:《骨董琐记》"顾绣"条,中国书店出版社1991年版,第144页。

顾寿潜,字旅仙,上海人,尚宝丞名世孙,性高介,不求闻达。工书画,董文敏尝称之,尺幅片缣人争重之。著有《烟波叟诗草》。①

关于顾寿潜和韩希孟的记载并不多,韩希孟甚至未能在府县志的《列女传》中留下一笔,但好在有韩希孟的刺绣作品存世,并有顾寿潜和董其昌、陈子龙的跋语成为关键资料。

朱启钤《丝绣笔记》中所记载的《董其昌题顾寿潜妻韩希孟绣宋元名迹册》②现存北京故宫博物院,图册共8开,分别为《洗马图》《鹿图》《补衮图》《鹑鸟图》《米画山水图》《葡萄松鼠图》《扁豆蜻蜓图》《花溪渔隐图》,每一开上绣一幅画,对页则为董其昌墨书题赞。册尾顾寿潜的跋语则详细叙述了创作的缘起和过程。

在女红而刺绣,犹之乎士行而以雕虫见也。然古来称神绝,每自不朽,恶在针丝位中不足千秋也者。廿年来,海内所以珍袭吾家绣迹者,侔于鸡林价重,而赝鼎余光犹堪令百里地无寒女之叹。第五綵一眩,工拙易淆。余内子希孟氏,别具苦心,居常嗤其太滥。甲戌春,搜访宋元名迹,摹临八种,一一绣成,汇作方册,观者靡不舌挢手舞也,见所未曾而不知覃精运巧、寝寐经营,盖已穷数年之心力矣。宗伯董师见而心赏之,诘余技至此乎?余无以应,仅对于寒铦暑溽、风冥雨晦时弗敢从事,往往天晴日霁、鸟悦花芬,摄取眼前灵活之气刺入吴绫。师益诧叹,以为非人力也,欣然濡毫,惠题赞语。女红末技,乃辱大匠鸿章,窃谓家珍,决不效牟利态,而一行一止靡不与俱,伏冀名钜加之鉴赏,赐以品题,庶綵管常新,色丝永播,亦艺苑之嘉闻,匪特余夸耀于举案间而已也。时在崇祯甲戌仲冬日,绣佛斋主人顾寿潜谨识。③

---

① 嘉庆《松江府志》卷六十一《艺术传》,第445页。
② 朱启钤:《丝绣笔记》卷下,《美术丛书》四集第二辑,第374页。
③ 上海博物馆编:《海上锦绣——顾绣珍品特集》,第32页。

 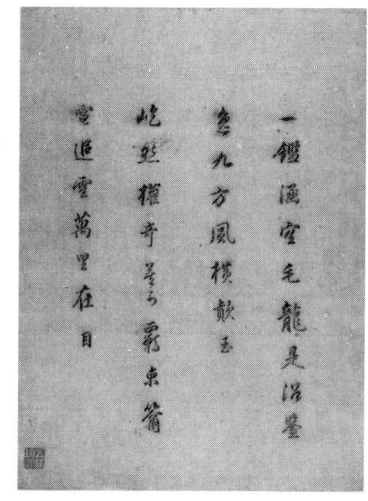

图 1　韩希孟绣品《洗马图》　　　图 2　董其昌题赞

崇祯甲戌,是为崇祯七年,公元 1634 年。从这段跋语中可以看出:一是在崇祯初年,露香园顾绣已经有名了近 20 年,印证了此前关于万历中后期顾绣名品的记载;二是顾绣对本地区女红的影响颇为重大,已经形成了商品化的发展,可"令百里地无寒女之叹";三是顾绣真正不同于普通女红之处,在于它开创了女红与文人艺术相结合的"文人绣"新风尚。

韩希孟所开创的"文人绣"主要特征在于:

一是在绣稿来源的选择上。其来源或是当时画作,或是自创画稿,或是戏剧版画,甚至"搜访宋元名迹"。① 比如《扁豆蜻蜓图》和《鹑鸟图》有宋代宫廷院画的遗意,《洗马图》可能是源于元代赵孟頫的《浴马图》,《补衮图》与明代仇英的名作《汉宫春晓图》风格相似,等等。这与顾氏士大夫文人家族的背景是密切相关的,"蕴含着顾氏作为世家数十年的累积之功(物质、文化两方面的累积),又与江南擅长书画的文人有着颇深的渊源关系"②。

---

① 施远:《明代顾绣绣本来源与绣绘相合程式初探》,上海博物馆编:《顾绣国际学术研讨会论文集》,第 91—101 页。
② 马学强:《明清江南手工业品的制作、市场与消费群体——以苏州织造局特供服饰及上海顾绣为例》,《史林》2005 年第 4 期。

二是在绣品形式的选择上。绣品的形式突破了衣裙、屏障的局限,而是如同绘画作品一样,以立轴、长卷乃至册页的形式出现。仍以韩希孟的《宋元名迹册》为例,其在创作之时,可能已经预设了观者的存在,无论是题材还是形式,都着力向书画作品靠拢,有意识地塑造其作品的"文人"传统,营造制作者与观赏者之间的互动平台,以使得作品与普通顾绣区分开来。正如顾寿潜跋语中所称的"窃谓家珍,决不效牟利态"。①

三是体现在文人绅士的参与上。从某种意义上来说,韩希孟的刺绣作品并不能独立成为"文人绣"作品,而是要与顾寿潜的跋语、董其昌的题赞一起共同构成一件完整的绣、绘、书法相结合的作品。再以现藏上海博物馆的《韩希孟绣花卉虫鱼册》为例,该册共4开,分别为《湖石花蝶》《络纬鸣秋》《游鱼》《藻虾》,册前有顾寿潜隶书签条"仿宋元名笔绣册",有"顾氏家藏至宝"朱文印记;末开《藻虾》上有丝绣款署"辛巳桂月绣于小沧州,韩希孟",此辛巳年应为崇祯十四年,即公元1641年;册尾有董其昌和陈子龙的题跋各一篇。

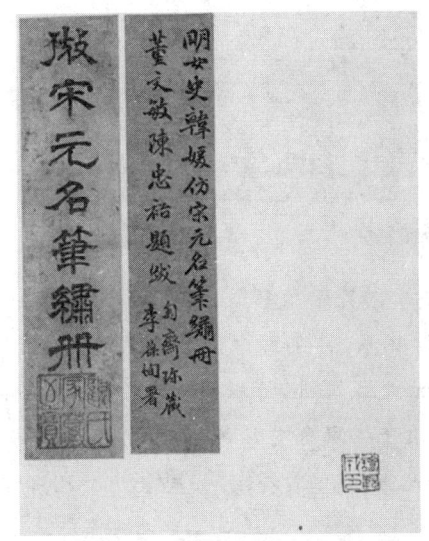
图3　韩希孟绣花卉虫鱼册册首

图4　韩希孟绣品《络纬鸣秋》

---

① 刘芝华:《制造"文人绣":以韩希孟〈宋元名迹方册〉为主的论析》,《美术学报》2017年第2期。

韩媛之耦,为振仙才士也。山水师予,而人物、花卉尤擅冰寒之誉。绣采绚丽,良丝点染精工,遂使同侪不能望见颜色。始知廓景能三尺锦,不独江淹梦中割截都尽,又为女郎辈针锋收之,其灵秀之气,信不独钟于男子。观此册,有过于黄筌父子之写生,望之如书画,当行家迫察之,乃知为女红者。人巧极,天工错。奇矣,奇矣! 丙子首春,董其昌题。①

此丙子年应为崇祯九年,公元1636年,也是董其昌的卒年。

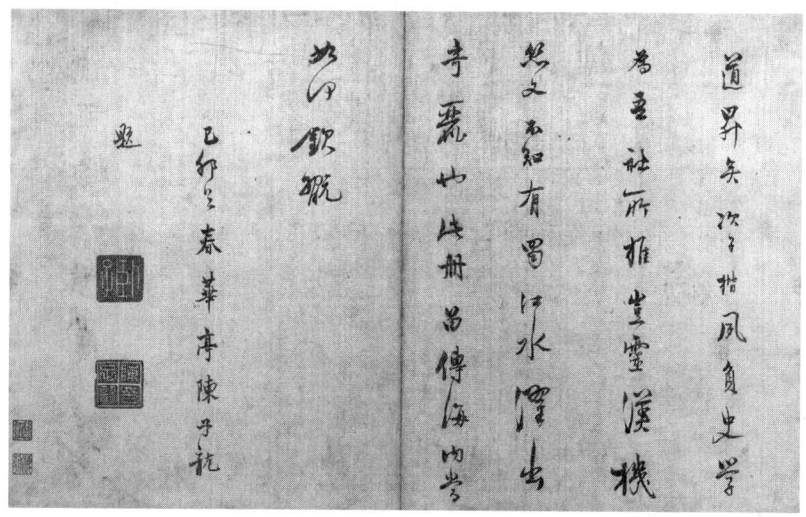

图 5　陈子龙题跋

宋人有发绣、丝绣,如阿房宫、滕王阁皆架画舣舲,尤易拮构。若韩媛花鸟草虫,生气回动,五色斓发,即薛夜来、苏惠兰未能妙诣至此,或天孙织锦手出现人间耶。旅仙为上玺龙海先生文孙,诗坛画苑最称擅长,其俪韩夫人不减松雪翁之有管道昇矣。次子楷凤负史学,为吾社所推,岂灵汉机丝文不知有蜀江水濯出奇丽也。此册留传海内,当如此钦玩。己卯三春华亭陈子龙题。②

---

① 上海博物馆编:《海上锦绣——顾绣珍品特集》,第102页。
② 同上书,第103页。

此己卯年应为崇祯十二年,公元1639年。

由此可知,董其昌和陈子龙的跋语其实都不是为此册而题写,但确实使这套册页成为了一个完整的"文人绣"作品,值得奉为"家藏至宝"。

另,陈子龙跋中所提及的顾寿潜次子顾楷,未能见于《顾氏重汇宗谱》。如果仍以顾寿潜次子当时已为"几社"成员来推算,顾寿潜夫妇的主要活动时间应为万历年中后期至崇祯年间。①

现藏上海博物馆的顾绣《东山图卷》(见图6)以东晋名士谢安"东山再起"的典故为题材,全幅以画为主,仅以绣线勾勒轮廓和一些重点部位,既画韵浓厚、雅致古朴,又立体饱满、色彩绚丽,堪称顾绣珍品。卷后有董其昌题跋:

> 东山图有赵伯驹粉本,顾氏多绣工,成此卷,儿子权持赠肖荛大中丞年丈,望为苍生一出。观图中大类宋子京,围红袖,写乌丝,得无耽此乐事,非中丞公先忧之素否。壬申九月,年弟董其昌跋于苑西邸中。②

此壬申应为崇祯五年,公元1632年,因此此卷可谓是迄今所知传世顾绣作品中纪年最早的一件。此卷虽不是韩希孟作品,但也可以说是为韩希孟"文人绣"的滥觞。

图6 顾绣《东山图卷》

---

① 张琼:《顾绣源流辨析》,上海博物馆编:《顾绣国际学术研讨会论文集》,第51页。
② 上海博物馆编:《海上锦绣——顾绣珍品特集》,第159—160页。

综上所述,露香园顾绣在晚明时期由闺阁绣精品向"文人绣"鼻祖的华丽转身既是绣艺累积提高的结果,更离不开顾寿潜、董其昌、陈子龙等这些文人绅士的扶持提携和大力鼓吹。这也是露香园顾绣超然脱俗于普通女红刺绣的根本原因和机遇所在。

(三) 顾绣商品化:略与纺织等

有学者指出顾绣商品化的途径有二。① 其一是因顾绣名气太盛,人们纷纷求取,于是由馈赠而交换而交易,终成为艺术商品,由闺阁中流出。

> 顾廷评家多姬侍,织纫刺绣冠绝天下。……明日,命婢绣停针图视之,穷态极妍而劈丝了无痕迹,观者倾一邑。维扬大贾某者重币踵门,特请一见,以汉玉连环及周昉美人图易去,价值三百金云。②

顾廷评名从义,字汝和,号砚山,上海人,因官至大理评事而称廷评。"好文爱士,吴越间词客闻风而至者靡不倒屣下榻、觞咏留连,一时推为风雅薮泽。"③顾廷评虽不属露香园顾氏,但从这则故事还是可以看出闺阁刺绣由自赏自娱而走向交换交易的轨迹。

其二是周围地区寒女之"赝鼎",模仿顾绣技法,出售绣作以帮补生计。众多寒女一起参与摹绣,产量远超顾氏正宗,于是有了顾寿潜在崇祯七年(1634年)跋语中所说的"廿年来,海内所以珍袭吾家绣迹者,侔于鸡林价重,而赝鼎余光犹堪令百里地无寒女之叹",韩希孟"嗤其太滥"而不得不另辟蹊径、寻求创新,韩媛绣应运而生并很快成为新的摹绣对象。

明清易代之后,露香园顾氏家族更是衰落,再无顾寿潜、韩希孟夫妇这样

---

① 包铭新、高冰清:《从闺阁艺术到商品刺绣》,上海博物馆编:《顾绣国际学术研讨会论文集》,第14页。
② 李延昰:《南吴旧话录》卷下,第192页。
③ 李绍文:《云间人物志》卷四"顾砚山",第242页。

的人来力挽狂澜、标新立异，顾绣日趋僵化。

> 露香园顾氏绣，海内驰名，不特翎毛、花卉，巧若生成，而山水、人物，无不逼肖活现，向来价亦最贵，尺幅之素，精者值银几两，全幅高大者，不啻数金。年来价值递减，全幅七八尺者，不过一金上下，绝顶细巧者，不过二三金，若四五尺者，不过五六钱一幅而已。然工巧亦渐不如前。前更有空绣，只以丝绵外围如墨描状，而著色雅淡者，每幅亦值银两许，大者倍之。近来不尚，价值愈微，做者亦罕矣。①

与《阅世编》差不多同时代的康熙《上海县志》则如此记述：

> 顾氏露香园组绣之巧，写生如画，他处所无。小民亦习以糊口，略与纺织等。其法劈丝为之，针细如毫末，半多男工。近绣素绫作屏帏，值甚贵，各方争购之。②

将这两段记载的比对参照来看，可以认为：一是清初顾绣已经完全商品化了，跳出了女红的范畴，大量男工参与其中；二是顾绣的工巧虽大不如前，但是劈丝技法仍然保留了下来，相对于其他刺绣品种还是工细得多；三是顾绣价格虽然与明代相比有很大落差，但还是比其他刺绣品种要来得贵重。

《韩希孟绣宋元名迹册》的最后一开上有一小段题跋："嘉庆庚午（1810年，嘉庆十五年）中秋，用白金六两购于琉璃厂古画楼田氏铺。"短短二十余字，其实也透露出诸多信息：顾绣或韩媛绣精品在清代中期已经进入琉璃厂之类的古董铺肆，但白金六两的价格相比较其他古董文玩的话确实也并不怎么贵重。

清代见于记载的露香园顾绣传人为顾名世的曾孙女。

---

① 叶梦珠：《阅世编》卷七《食货六》，来新夏点校，第185—186页。
② 参见乾隆《上海县志》卷一《风俗》，《上海府县旧志丛书·上海县卷》，上海古籍出版社2015年版，第383—384页。

尚宝公有曾孙女,适廪生张来,年才二十四而寡,有子方一岁,妇守节抚孤,出家传针黹以营食,而其神化更妙于前。顾绣之名,遂以大噪。子名燧,教之读书,后入邑庠。氏完节四十六年,家业亦遂小康焉。①

其见于记载主要是因为守节抚孤而非绣艺超群。

20世纪初,徐蔚南在《顾绣考》中写道:

上海顾绣,初固仅为闺秀美术,迨既驰名,则变为手工艺之一,浸假而顾绣之专称代替刺绣之通名,江南至今如此也。②

入清以后,顾绣日渐商品化,与如昙花一现般的韩希孟"文人绣"渐行渐远,但曾经的高峰仍为后人所景仰,"顾绣"成为刺绣的通名。

结　语

顾绣,源自于晚明露香园顾氏家族,始出自闺阁内院,以工细的劈丝技法见长,并迅速影响到本地女红发展。经韩希孟地苦心孤诣,选材独特,取径书画,画绣结合,形成了格调高雅、意趣清新的特点,使顾绣有了迥异于其他刺绣的特殊品质。再加上顾寿潜、董其昌、陈子龙等本地绅士的题跋赞语,形成完整、新颖又独特的"文人绣"作品,超越女红刺绣的范畴。韩希孟之后的顾绣盛况难再,但影响深远,明清易代之后虽不断地程式化和商品化,但其地位仍然超越普通刺绣,甚至顾绣之名成为了刺绣的通名。

[作者简介]陈凌,上海博物馆副研究馆员,上海大学在读博士。

---

① 毛祥麟:《墨馀录》卷六"露香园顾绣"条,第98页。
② 徐蔚南:《顾绣考》"顾绣考付印题记",中华书局1936年版。

明清苏州洞泾吴氏的人口繁衍及相关因素*

魏雅婷　徐茂明

内容提要：本文根据光绪八年和民国四年苏州《洞泾吴氏支谱》的统计，对明清洞泾吴氏家族人口数量、育龄、婚龄、寿命、生子状况、人口增长率等信息进行量化分析，发现洞泾吴氏家族人口育龄为男子30岁左右，女子27岁左右，家族高寿人口的比例突出，生育1—3子的小家庭比例最高。清代洞泾吴氏家族人口变化呈低速增长的态势，清代晚期由于天灾或战乱，导致吴氏死亡人口及殇子数量迅速增加，直接影响了家族整体人口平均寿命以及生子数量等方面的水平。

关键词：洞泾吴氏　家族　育龄　寿命结构　人口增长率

家谱作为"官方户口数以外的数据库"①，自20世纪80年代以来，越来越受到学界的广泛关注。目前学界对于明清江南家族人口的研究，主要有刘翠溶的《明清时期家族人口与社会经济变迁》、郭松义的《清代人口问题与婚姻状况的考察》，彭希哲、侯杨方的《1370—1900年江南地区人口变动与社会变迁——以江阴范氏家族为个案的研究》，吴建华的《明清江

---

* 本文为国家社科基金项目"清末民初苏沪地区文化世族的转型研究"（12BZS053）阶段性成果。
① 葛剑雄：《亿兆斯民》，《葛剑雄文集》第2卷，广东人民出版社2014年版，第301页。

南人口社会史研究》以及余新忠、洪璞、李静、孙昊等人的研究成果。① 这些研究主要关注三个方面：一是通过家族人口的统计分析，以弥补中国人口史研究中官方数据之不足，如吴建华对明清江南24个家族进行对比研究，指出同一省府州县的家族在人口增长方面具有同一性。二是从家族寿命、育龄、生子数量和生育行为等问题入手，分析家族婚姻与人口控制等问题，如侯杨方认为，不同阶层的中国人口存在"预防性抑制"及婚内节育等生育控制行为②。三是通过研究家族人口数量、人口增长率等问题，分析社会变化对家族及区域人口的影响，其中对太平天国战争对家族的破坏尤为关注。③

从上述研究成果来看，由于选取的地域和家族不同，学界对于家族人口的研究，迄未获得普遍性的结论。本文选取明清苏州洞泾吴氏为对象，对其家族育龄、生子状况、寿命结构以及世系人口增减等问题进行量化统计分析，同时对比前人的相关研究成果，力图对清代以来苏州文化世族的人口繁衍，及其与家族组织、社会习俗、社会环境等方面的关系，作一细致的个案解剖，以求从人口繁衍的自然属性上对江南文化世族的绵延史获得更加深入的认识。

---

① 刘翠溶：《明清时期家族人口与社会经济变迁》，《经济研究丛书》第十五种，台北："中研院"经济研究所，1992年。郭松义：《清代人口问题与婚姻状况的考察》，《中国史研究》1987年第3期。彭希哲、侯杨方：《1370—1900年江南地区人口变动与社会变迁——以江阴范氏家族为个案的研究》，《中国人口科学》1996年第3期。吴建华：《明清江南人口社会史研究》，群言出版社2005年版。余新忠：《从苏州〈彭氏宗谱〉管窥明清江南人口状况——兼论谱牒与人口史研究》，《铁道师范学院学报》1997年第2期。洪璞：《清代江南家族人口的数量分析——以汾湖柳氏为例》，《东南文化》2000年第11期。李静、孙昊：《家族内人口与生活：以浦江义门郑氏为例》，《史学月刊》2002年第4期。

② 侯杨方：《明清江南地区两个家族人口的生育控制》，《中国人口科学》1998年第4期。

③ 陈加林：《吴趋汪氏与近代苏州社会》，上海师范大学硕士论文，2006年。胡艳杰：《清代苏州科举世家研究——以长洲彭氏家族为例》，苏州大学硕士论文，2006年。张建华：《从江南科举世家到近代科技名门——苏州莫釐王氏家族研究》，苏州大学硕士论文，2009年。李志强：《吴中贝氏家族研究》，上海师范大学硕士论文，2016年，等等。

一、洞泾吴氏的家族源流及族谱编纂

洞泾吴氏是苏州吴氏的分支。① 据光绪洞泾《吴氏支谱》记载,吴氏"先本姬姓,自武王封泰伯曾孙周章于吴,始以国为姓"。② 南宋淳祐年间,吴氏传至第八十八世吴镒,其家住苏州府日华里(今景德路)。五世而下为吴庸,字秉常,为太伯九十三世孙,无子,于是外甥沈璿入嗣舅氏,改名吴璿(1435—1503年),卒后葬吴县至德乡洞泾浜东虹桥北琵琶坟,后裔在洞泾茔旁建祠,故称洞泾吴氏。吴璿为洞泾吴氏始祖。

吴璿善治生,家业饶富,为吴氏族人读书应举奠定了坚实的经济基础。明清两代洞泾吴氏共出进士 8 人、举人 19 人,其中状元 2 名,十三世吴廷琛、十四世吴钟骏为"叔侄状元",传为佳话。吴氏家族入仕者也很多,如吴一蜚、吴廷琛、吴宝恕、吴郁生等人皆升至朝廷高位,成为苏州声名显赫的官宦大族。自明中后期历经清朝至民国,洞泾吴氏绵延五百余年,人丁兴旺,人才辈出。

洞泾吴氏族谱创修于明崇祯戊辰年(1628 年),世称"老本",发轫者为六世吴好古。清顺治五年(1648 年)洞泾吴氏家祠落成。康熙元年(1662 年)吴氏根据旧本增辑族谱,为"懋本"。八世吴懌(1634—1700 年),亦曾增辑家谱,时间不明。乾隆五十八年(1793 年),十一世孙吴鹏增辑家谱,是为"景本"。嘉庆二十五年(1820 年),十三世吴廷琛、吴廷瓒等人再次增辑,1824 年刊印成册。光绪八年(1882 年),十五世吴艾生、吴毓滋重修家谱。民国四年(1915 年),洞泾吴氏最后一次修谱,内容简略,仅为两册《世系表》。从明末到民初,287 年中洞泾吴氏前后至少修谱 7 次,平均 41 年 1 次。截至 1882 年修谱,洞泾吴氏从始祖吴璿至 18 世孙,整个家族列名于家谱上的男子共有 1456 人,但至十六世以后人口

---

① 苏州吴氏共有三大支,一是洞庭吴氏,包括吴巷吴氏和明月湾吴氏;二是皋庑吴氏,这一支原是泰伯五十九世孙吴良的后裔,唐时期居于安徽歙县,明成化年间迁到苏州;三是本文所论的洞泾吴氏。此外,还有桃花坞吴氏和世代奉祀至德庙的至德堂吴氏,载张学群等:《苏州名门望族》,广陵书社 2006 年版。

② 光绪洞泾《吴氏支谱》卷一《吴氏姓源》,光绪八年石印本。

洞泾吴氏主要人物世系图

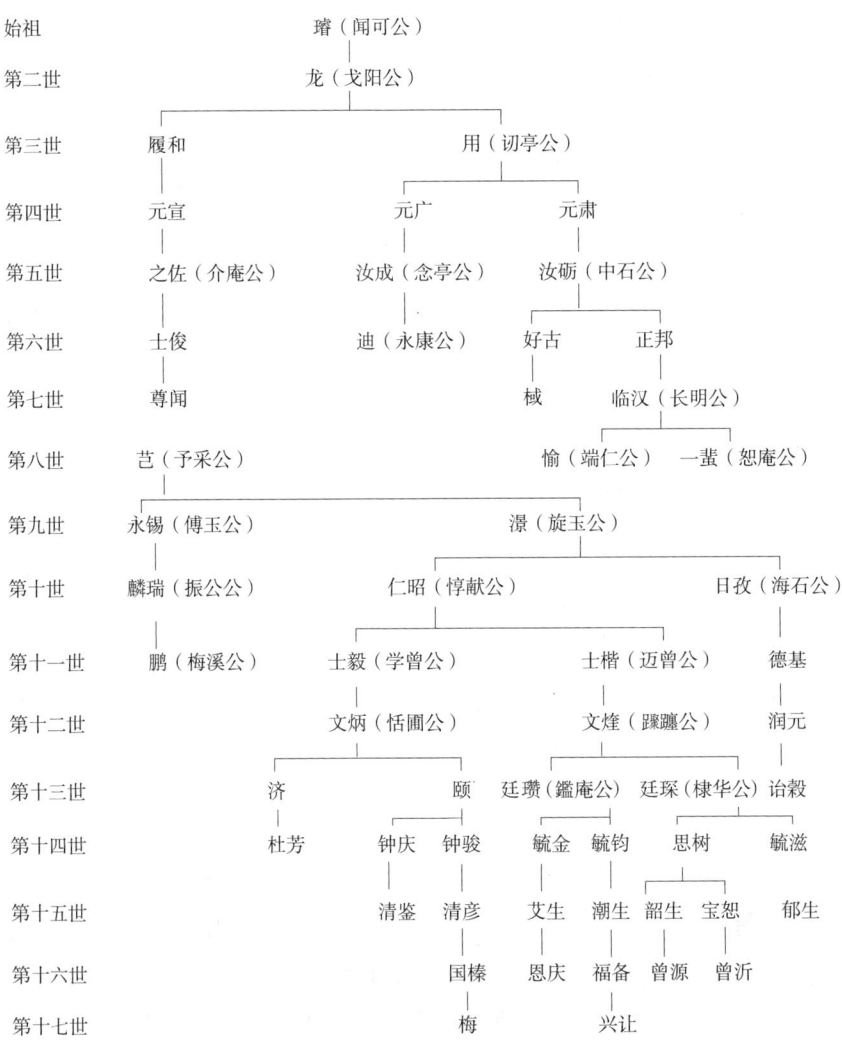

资料来源:光绪八年洞泾《吴氏支谱》,1915 年《洞泾吴氏支谱》

记录不完整,因而本文主要研究洞泾吴氏 1—15 世①的人口状况。

需要说明的是,本文以光绪八年(1882 年)续修《吴氏支谱》为基本史料,参照民国四年(1915 年)重修《洞泾吴氏支谱》世系表两册,整理分析洞泾吴氏家族人口状况。首先,本文统计的年龄,以族谱的虚岁年龄为准,这与人口统计学要求实岁的方法存在出入;其次,统计的人群是洞泾吴氏家族有明确生卒年月的男性及妻妾。洞泾吴氏族谱中虽然记载了所生族女的数量,但是对于族女的生卒年月没有明确的记载,因而吴氏家族女性的育龄和寿命统计不包括族女的情况。

二、洞泾吴氏的育龄与寿命结构

(一) 育龄与家族世代间隔

洞泾吴氏家族史,根据光绪八年家谱记载,自始祖吴璿生年即 1435 年始,至 1882 年止,历时 18 世 447 年(1435—1882 年),每世为 24.8 年,若以 15 世计算,则每世为 29.8 年。如果根据民国四年家谱记载,则为 19 世 480 年(1435—1915),每世 25.3 年,若以 17 世计算则每世为 28.2 年。家族世系间隔长短,显然与父母的育子年龄有着直接关系,本文选取家谱中人数较多,且记载信息较为详细的 11—14 世为统计对象,进行育龄分析(详见表 1)。

表 1 洞泾吴氏育龄(生育长子)统计表

世系	25 岁以下		25—30 岁		31—35 岁		35 岁以上		总人数	平均年龄
	人数	比重	人数	比重	人数	比重	人数	比重		
十一	5	8.9%	18	32.1%	15	26.8%	18	32.2%	56	31.9
	16	33.3%	21	43.8%	7	14.6%	4	8.3%	48	27.3
十二	15	22.4%	22	32.8%	13	19.4%	17	25.4%	67	30
	22	38.6%	17	29.8%	8	14.1%	10	17.5%	57	28

---

① 光绪八年(1882 年)洞泾《吴氏支谱》对于第十五世男子生平记载有缺,相关官爵、年龄及其他方面的信息根据 1915 年增辑的《世系表》补充。

续表

世代									
十三	13	19.1%	30	44.1%	8	11.8%	17	25%	68	29.7
	20	32.8%	23	37.7%	12	19.7%	6	9.8%	61	27.8
十四	17	27.4%	25	40.3%	11	17.7%	9	14.6%	62	28.5
	23	44.2%	22	42.3%	4	7.7%	3	5.8%	52	26.1
总计	50	19.8%	95	37.5%	47	18.6%	61	24.1%	253	30
	81	37.2%	83	38%	31	14.2%	23	10.6%	218	27.3
总数	131	27.8%	178	37.8%	78	16.6%	84	17.8%	471	

说明:1.数据来源为光绪八年洞泾《吴氏支谱》中的《世系表》。2.平均年龄的计算方式:25岁以下,因为普遍为20—24岁之间,去掉不具有普遍性的年龄最小值15岁,取22岁为中数;25—30岁取27.5为中数;31—35岁取33岁为中数;35岁以上,普遍为36—40岁之间,取38岁为中数,去掉不具有普遍性的年龄最大值58岁。

虽然难以利用族谱资料直接估算结婚年龄,但可以用长子出生时父母的年龄作为旁证,得出父母的育子年龄。这里需要说明的是,由于家谱基本不载族女的生卒年月,只能根据父母的生卒年月及其所生男子的生卒年月来估算生育男婴时的年龄,因而本表统计的育龄为生育长子的年龄,系用长子的出生年月减去父母双方的出生年月,得出父母的育子年龄。同时需要指出,由于殇子不登载生卒时间,因此,如果长子夭殇的话,将很难推断父母的育龄。本文将参照刘翠溶的研究成果,以次子的生年增加5岁的方法①大致推算得出长子的生年。而且,凡是同一男子所生的长子,不论是嫡出还是庶出,皆计算在内,出嗣的长子仍与本生父母一起计算,以便获得准确的育龄。

梁章钜《退庵随笔》云:"男子三十而娶,女子二十而嫁"②;又云:"古礼,女子二十而嫁,有故则二十三而嫁。"③表1统计了洞泾吴氏11—14世共471人218对父母的育子年龄,从统计数据看,男子的头子育龄平均为30岁左右,女

---

① 刘翠溶在研究中国南北明清五十个家族的婚姻形态和生育率时指出,平均而言,家族女性的生育间隔,元配所生男子,长次子间为5.51年,次三子间为5.06年,三四子间为4.92,四五子间为4.42年,五六七八子约略微3.75年,八九子间为3年;就继配与侧室所生男子来看,长次与三子之间平均都隔五年左右,四五六子间约为四年,六子以上为三年左右。本文将取长次子间平均为5年、次三为5年、三四五六为四年的整数值的生育间隔来计算长子殇时,长子的出生年月。
② 梁章钜:《退庵随笔》卷九,广陵古籍刻印社1997年,第2页。
③ 梁章钜:《归田琐记》卷八,广陵古籍刻印社1997年,第5页。

子的头子育龄平均为 27 岁左右。从育子年龄段的比率来看,父方在 25—30 岁育头子的比率相对较高,占 37.5%,女方在 20—24 岁和 25—30 岁两个年龄段的育头子的比率大致持平,分别占 37.2% 和 38%,由此可以看出洞泾吴氏家族女子的育龄相对较高。此外,吴氏男子 35 岁以上育头子的比率亦值得注意,从 11—14 世的数据可以看出,男子在 35 岁以上育头子的比率高达 32.2%,第 4 世平均比率也达到 24.1%。结合女子的育龄可以看出,洞泾吴氏家族男女双方的育子年龄与其他家族相比要更高一些。首先,不排除统计数据的选择以及统计数量问题而可能导致结果的误差;其次,也可能是因为吴氏生育头胎为女子的可能性较大,而导致生育头胎男子时父母双方的年龄较大的现象,而这其中的具体原因还有待于进一步的探讨和分析。

根据刘翠溶对南北 50 个家族的研究,父母生育长子的平均年龄分别是 27.11 岁和 23.71 岁。由此可以看出,洞泾吴氏女子生育头胎男子的年龄相对较高。此外,刘翠溶还分析了家庭平均生育间隔:长、次子间 5.56 年,次、三子间 5.07 年,三、四子间 4.52 年,大致儿子的生育间隔时间随着生育次数的递增而递减①。以此推论,长子出生距父母结婚的时间大约为 3—5 年。据此可以看出,洞泾吴氏家族男女双方平均的结婚年龄为,男子约为 25—27 岁,女子约为 22—24 岁。那么,以家族男子的结婚年龄、生育长子的年龄段来看,洞泾吴氏的世代间隔约为 30 年左右。

郭松义在研究清代绅士阶级男女结婚年龄时,指出清代不同地区、不同时期和不同阶级男女的结婚年龄存在着一定的差异。根据他的统计,当时全国经济文化最为发达的江苏和浙江两省的女子初婚年龄相对其他省府州县较高,并指出:"不管如何,所得的结论是可以肯定的,这就是,婚龄的高低,除与传统习惯有关外,亦与各地的经济文化发展成正比,经济文化水平越高,婚龄亦相对较高。"②洞泾吴氏 11—15 世男女初婚年龄较高的现象,是与家族较高的经济文化水平相一致的。

---

① 刘翠溶:《明清家族的婚姻形态与生育率》,《中国近世社会史论文集》,"中研院"历史语言研究所,1992 年,第 321 页。

② 郭松义:《伦理与生活——清代的婚姻关系》,商务印书馆 2000 年版,第 213、214 页。

(二) 洞泾吴氏的寿命结构

表2—4截取洞泾吴氏人口最多的11—15世为对象,以此分析吴氏人口的寿命结构。需要说明的是,家谱中无殇女的记载,因而本表在分析洞泾吴氏女子寿命情况时没有计入殇女年龄,因此平均年龄可能偏大。

表2主要分析了11—15世有明确记载的男女寿命分布情况,在各年龄段中,比例最高的是50—60岁,占到17.3%,其次是20—30岁,占16.7%,接着依次是30—40岁,占15.5%,40—50岁,占15.0%,60—70岁及70以上比例相同,各占12.7%,20岁以下占到10.1%。可以看出,洞泾吴氏家族男女在各年龄段的分布相对均衡。表3、表4中将男女的年龄段拉长到20岁,家族人口年龄依旧没有出现集中在某一年龄段的现象。男子20岁以下比例大致占16.5%,40—60岁的比例最高,占32.0%。其次是20—40岁,占30.5%;60岁以上,占21%。而女子统计的是妻妾年龄,故寿命低于20岁的人口较少,只有1%,而20—40岁、40—60岁以及60岁以上的人口大体各占三分之一。

表2 洞泾吴氏家族11—15世人均寿命统计表

系	统计人数			平均寿命			各年龄段分布情况												
	总人数	有明确记载人数		总平均数	男	女	0—19岁		20—29岁		30—39岁		40—49岁		50—59岁		60—69岁		70岁以上	
		男	女				男	女	男	女	男	女	男	女	男	女	男	女	男	女
十一	156	89	67	53	50	56	4		13	13	15	3	9	7	14	9	17	12	17	23
十二	194	114	80	47	44	50	13		16	14	20	13	15	11	23	16	14	11	13	15
十三	205	115	90	47	44	50	18	1	12	14	13	15	23	14	23	12	14	20	12	14
十四	178	109	69	39	36	43	20	1	22	14	22	17	7	15	19	15	4	5	5	2
十五	188	114	74	39	36	45	34	2	17	19	15	10	15	12	15	13	8	12	10	6
总计	921	541	380	45	42	49	89	4	80	74	85	58	79	59	94	65	57	60	57	60

数据来源:根据光绪八年《吴氏支谱》之《世系表》和1915年《洞泾吴氏支谱》整理得出。

洞泾吴氏60岁以上的高龄人口占到总数21.0%的比例值得注意。古代医疗条件较差,先天性疾病或体质较弱者会夭折或早亡,但吴氏家族中高龄人口的突出比例,可以推断吴氏家族身体基因之强健。潘光旦在研究嘉兴望族时指出,决定家族兴衰的原因很多,其中之一就是"寿考","寿是活力充盈的表示","活力充盈不止是一个个体健康的特征,更是一个血系的健康的标识,并且是最可靠的标识"。① 由于一定数量的殇子,拉低了吴氏家族人口的平均年龄,男性42岁,女性46岁。至于表中十四世、十五世男性、女性平均年龄骤降以及高龄人口迅速减少的现象,可能跟这一时期的太平天国战争有关,殉难和间接死于战争的人数影响了家族人口的平均寿命。因此,吴氏11—13世的平均年龄数据更为符合历史实际,从中可以看出,洞泾吴氏男性人口的平均寿命为41.5—46岁,女性介于48—52岁之间。

表3 洞泾吴氏家族男子寿命状况总计表

世系	0—19岁		20—39岁		40—59岁		60岁以上		总人数	平均寿命
	人数	比重	人数	比重	人数	比重	人数	比重		
十一	4	4.5%	28	31.5%	23	25.8%	34	38.2%	89	49
十二	13	11.4%	36	31.6%	38	33.3%	27	23.7%	114	44
十三	18	15.7%	25	21.7%	46	40%	26	22.6%	115	44
十四	20	18.3%	44	40.4%	36	33%	9	8.3%	109	36
十五	34	29.8%	32	28.1%	30	26.3%	18	15.8%	114	36
总计	89	16.5%	165	30.5%	173	32.0%	114	21.0%	541	41.5

数据来源:根据光绪八年《吴氏支谱》之《世系表》和1915年《洞泾吴氏支谱》整理得出。

表4 洞泾吴氏家族女子寿命状况统计表

世系	0—19岁		20—39岁		40—59岁		60岁以上		总人数	平均寿命
	人数	比重	人数	比重	人数	比重	人数	比重		
十一			16	23.9%	16	26.7%	35	39.5%	67	56
十二			27	33.8%	27	34.9%	26	24.8%	80	50
十三	1	2%	29	32.2%	26	44.3%	34	25%	90	50
十四	1	2.3%	31	44.9%	30	38.3%	7	9.6%	69	43
十五	2	4.4%	29	64.4%	25	31.9%	18	19.2%	74	45
总计	4	1%	132	34.7%	124	32.6%	120	31.6%	380	48

数据来源:根据光绪八年《吴氏支谱》之《世系表》和1915年《洞泾吴氏支谱》整理得出。

---

① 潘光旦:《明清两代嘉兴的望族》,《民国丛书》第三编,上海书店1991年版,第131页。

三、洞泾吴氏的子嗣问题

《孟子·离娄上》云:"不孝有三,无后为大。"多子多福历来是传统家族的理想与追求,但在实际生活中,家族生育与世系传承往往不能如愿,为了防止绝嗣,一般会通过继娶、纳妾和承嗣、兼祧等方式来延续血脉香火。洞泾吴氏同样面临着这样的问题。

(一)明清洞泾吴氏的生子数量

(1)洞泾吴氏的生子数量。从表5可知,根据光绪八年(1882年)洞泾吴氏家谱中《世图》统计,从始祖吴璿至十五世,洞泾吴氏共1315人。根据家谱《世系表》记载,将洞泾吴氏生子数量按照0、1—3、4—6以及6以上四个区间进行统计,加上未娶和早亡者,记录人数为1137人。换言之,《世系表》共少记录178人,而且生子为"0"的男子与未娶早亡的人数是有重合的,所以实际未记载男子数量可能更多。若将未记录人数分摊到十五世中,每一世将有十余人子嗣无考或未能入谱。由于洞泾吴氏前五世人口较少,记载清晰,有意不录或漏记主要出现在五世以后,而这在表格第二栏总人数和第三栏总生子数前后的对比差能够得到更为清晰的体现。

表5 洞泾吴氏家族生子状况表

世系	总人数(子嗣无考者除外)	总生子数	人均生子数	殇子数量	在总子数中比重	生子者数量状况 0	1—3	4—6	6以上	早亡(不含殇子)和未娶卒者
一	1	3	3				1			
二	3	8	2.67				2	1		
三	8	16	2			1	5	2		
四	16	39	2.44	2	12.5%	2	9	5		
五	30	57	1.9	8	26.7%	3	21	6		
六	48	90	1.88	5	10.4%	6	30	7		5

续表

七	80	93	1.16	4	5%	11	46	9	1	13
八	92	136	1.46	3	3.7%	21	50	8	1	12
九	108	131	1.21	2	1.9%	38	52	10		8
十	116	141	1.22	2	1.7%	28	63	11	2	12
十一	123	159	1.29	4	3.3%	37	56	13	1	16
十二	143	156	1.09	13	9.1%	50	52	19	1	21
十三	142	150	1.06	18	12.7%	32	65	5	2	38
十四	123	136	1.11	20	16.3%	39	59	11	1	13
十五	104	117	1.13	34	32.7%	44	46	3	1	10
合计	1137	1432	1.26	115	10.1%	312	557	110	10	148

数据来源：据光绪八年洞泾《吴氏支谱》之《世图》及1915年《洞泾吴氏支谱》之《世系表》统计。

综合十五世的生子情况，洞泾吴氏家族的人均生子数为1.26人，其中生子数量为"0"的人数达312人，占总数的27.4%，这并不是说这些家庭没有生育，而是说没有生育男婴，那么27.4%的"0"子生育比重，意味着洞泾吴氏家族中生育女子的比重较高。吴氏生育1—3子的人数最多，达556人，占总数的48.9%；4子以上占10.6%；6子以上不过10个家庭，占总数的0.87%。可以看出，洞泾吴氏家族的生子数量并不多，主要集中在1—3子之间，而且人均生子数量要比预想中的要更低，按照上文洞泾吴氏夫妻双方生育头胎男子的年龄较高的结论来看，洞泾吴氏家族可能存在头胎多为女子且生育女子数量较多的现象。那么按照人口学中男女出生性别比105:100来看，洞泾吴氏每个小家庭的婚内总生子大概为3子左右，这是一个偏低的数据。

洞泾吴氏家族育子数量偏低，也可能与明清时期的家庭内部自觉控制生育有关。王丰和李中清认为中国历史人口中存在着一种与欧洲不同的节制性控制行为，欧洲是通过晚婚、独身来控制人口增长，而中国是通过婚内控制生育行为来控制人口增长，而且根据育龄所估算的洞泾吴氏男女婚龄来看，在一定程度上，洞泾吴氏也可能存在通过晚婚来控制育子数量的情况。

总体看来，洞泾吴氏每个小家庭的育子数量一般不超过4人，家庭结构主要以核心家庭和主干家庭为主。根据心理学理论，家庭结构是建立在婚姻关系和血缘关系基础上的,包括代际结构,也包括人口结构。家庭结构的类型分为核心家庭、主干家庭以及复合家庭。核心家庭由一对夫妻以及未婚子女组成;主干家庭由父母和一个已婚子女及其配偶、后代组成;复合家庭由父母和两个或多个已婚子女及其配偶、后代组成。家庭结构类型的不同,从而导致家庭环境、家庭教育方式、家庭成员的关系也有所不同。吴氏以核心和主干家庭为主的小家庭环境,对家族的教育方式以及家族文化形成有着一定的影响,这也是苏州地方社会的典型特征。①

(2)洞泾吴氏殇子问题。殇子的年龄界定是统计殇子数量的标准,根据洞泾吴氏家谱的记载:"十六至十九为长殇,十二至十五为中殇,八岁至十一岁为下殇,七岁以下为无服之殇,未满三月不为殇。"②洞泾吴氏家谱对于殇子的入录原则是:"长殇之年并卯角能文及已聘未娶而殇者,一例详书;中殇、下殇即于其父世系内子某下注若干岁殇;至无服之殇,即于子某下注一'殇'字"。③其中,若是所生子早殇,另嗣子为后,父亲已经亡故的,那么所殇之子若是长子,不论是中殇、下殇,都专门刊载叙述;若是次子,则在父亲名后注明殇子情况。可以看出,家谱中对于殇子的统计以及记述还是较为详细的。按照吴氏家谱记载殇子的规则,我们在统计家族殇子数据时,主要根据家谱《世图》男子名下注明"殇"字的人数进行统计,再结合《世系表》中父系殇子的记载加以补充,以保证数据统计的准确性。

从1—15世的殇子数量来看,吴氏家族的殇子数量较多。1—3世无殇子;四世、五世的殇子数量平均占总生子数的21.7%;6—10世殇子数量明显降低,占总生子数量的3.6%。殇子数量的明显降低,一方面可能由于家谱的漏记,但更重要的可能是,洞泾吴氏家族五世祖光禄公吴之良买长洲县田六百亩置族产,敦睦润族,使相对贫困的家庭有了基本的生活保障,提高了这一时期家族新生儿的成活率,从而减少了殇子数量。11—15世的殇子数量不断增加,平均占总生

---

① 参阅唐力行:《从碑刻看明清以来苏州社会变迁——兼与徽州社会比较》,《历史研究》2000年第1期。
② 光绪洞泾《吴氏支谱》卷一《凡例》,光绪八年石印本。
③ 同上。

子数的 14.0%,其中十三、十四世的殇子数量增加与当时苏州地区水患①和太平天国战乱有关,十五世的幼子随同父母殉难者达 34 人,占总人数的 32.7%。事实上,表中统计的还只是男婴夭殇的情况,由于重男轻女以及溺女婴等习俗的影响,女婴的成活率较男子更低,所以对于苏州的一般家族而言,殇子比重还会更高。

(3) 洞泾吴氏家族的"无子"问题。从表 5 的统计数据可以发现,早亡和未娶而卒者一共有 148 人,占到总生子数的 13.0%,而生子为"0"者占 27.4%,两者合计共占 40.4%。也就是说,洞泾吴氏家族有超过四成以上的男子是没有儿子来继承香火的,当然这一比重要高于表 5 统计的绝嗣者数量,因为绝嗣者还可以通过同族过继或兼祧来解决继嗣问题。但高达四成的家庭无子,表明家族血脉的继嗣是相当严峻的问题,这是传统家族必须面对的。

(二) 多子、绝嗣与社会功名的关系

洞泾吴氏家族的育子数量总体分布在 1—3 人左右,但多子和绝嗣的家庭也是值得关注的对象。表 6、表 7 可以帮助我们观察多子者和绝嗣者的身份与社会地位,从而分析多子、绝嗣和社会身份之间的关系。

首先,我们来看多子者的分布状况。洞泾吴氏从二世开始出现生 4 子的男性,1—15 世生 4 子以上的男子共有 125 人,占总人数的 11.0%,平民身份平均占 35.2%,有功名者占 66.8%,其中初级人才为 44%,中级人才为 12%,高级人才②为 8.8%。在多子的男子中,生 4—6 子的男子为 115 人,其中平民占 38.2%,有功名者占 61.8%。生 7 子及以上的男子皆是有着一定社会功名的人

---

① 中央气象局气象科学研究院编:《中国近五百年来旱涝分布图集》,地图出版社 1981 年版,第 181—196 页。相关研究成果有:世博、伯钧《道光朝的水灾及有关问题》,《历史教学》1989 年第 9 期。赵思渊:《道光朝苏州荒政之演变:丰备义仓的成立及其与赋税问题的关系》,《清史研究》2013 年第 2 期。

② 此处的初级人才是指拥有初级功名的男性,包括庠生、太学生等生员,以及出任知县以下官职的人,即为官七品以下(不含知县)的人才;中级人才是指举人出身,或为官在知县或相当于知县以上、知府或相当于知府,即七品以上四品以下,满足其中之一要求者皆入内;高级人才是指进士出身,或为官知府或相当于知府及以上官职的人,即四品以上,满足其中之一要求者皆算入内。

才,共有 10 人,分别是七世子友公锵,府庠生,配徐氏,继周氏,子八;八世恕庵公一蜚,康熙丁未进士,官至刑部、吏部尚书,配顾氏,侧室张氏、柴氏,子七;十世南溪公勘,太学生考授州判,元配李氏,继王氏,侧室王氏,子八;十世海石公日孜,太学生,只一元配金氏,子八;十一世梅溪公鹏,长庠禀贡生,只一元配顾氏,子七;十二世文英,只一元配马氏,子七;十三世鑑庵公廷瓒,嘉庆庚申举人太常寺博士,配张氏,侧室李氏,子七;十三世棣华公吴廷琛,嘉庆壬戌状元,配康氏,继陶氏,侧室李氏、赵氏,子七;十四世春舲公芝撰,太学生候选通判,配席氏,继席氏,子七。十五世硕卿公景萱,韶州潮州府知府,配汪氏,侧室薛氏,子七。① 而且从这十人的妻妾数来看,妻妾数量的多寡与育子数还是存在一定关系的,虽然也存在只有元配一人并且多子的现象,但不难看出妻妾数量多寡是男性多子与否的重要因素。

  如果截取吴氏家族高级人才的生子数,可以进一步看出男性的社会地位与生子数之间的关系。明清两代家族共有高级人才 13 人。八世 1 人,即上述的吴一蜚,子八。十世 1 人,即吴燮,官至三品大臣,配金氏,子二。十三世 2 人,即上述的吴廷琛,子八;吴颐,恩科进士,配孙氏,侧室王氏,子六。十四世 4 人,包括吴钟骏,道光辛巳恩科状元,配严氏,子四;吴毓钧,官至韶州府知府,元配韩氏,子五;吴思树,道光乙酉举人、香山县知县、翰林院侍讲学士,配陈氏,继程氏,再继徐氏,侧室王氏,子六;吴毓滋,翰林院侍讲学士,配李氏,侧室计氏、唐氏,子五。十五世 5 人,包括上述的吴景萱,子七;吴清彦,道光己酉举人,正二品,子六;吴艾生,道光辛丑进士,配韩氏,继潘氏,子四;吴宝恕,同治戊辰进士,配谢氏,侧室林氏,子六;吴郁生,光绪丁丑进士,官至军机大臣上学习行走,配曾氏,继许氏,继邵氏,子三②。洞泾吴氏的高级人才中,育 1—3 子者 2 人,育 4 子以上者 11 人(其中 6 子以上者 7 人)。由此可见,男性的社会地位越高,生子数量也相对增多,这一方面是因为社会地位高的男子,妻妾数量相对较多,提高了生子率;另一方面,社会地位较高也为生子的生存率提供了经济保障,殇子数量相对减少。

---

① 光绪洞泾《吴氏支谱》卷一至卷四《世系表》,光绪八年石印本。
② 同上。

表6 洞泾吴氏家族多子者(4子及以上)分布情况

世系	总人数(子嗣无考者除外)	多子者		平民		初级人才		中级人才		高级人才	
		人数	比重	人数	比重	人数	比重	人数	比重	人数	比重
一	1										
二	3	1	33.3%					1	100%		
三	8	2	25%	1	50%	1	50%				
四	16	5	31.3%	2	40%	3	60%				
五	30	6	20%	4	66.6%	1	16.7%	1	16.7%		
六	48	7	14.6%	2	28.6%	2	28.6%	3			
七	80	11	13.8%	3	27.3%	7	63.6%	1	9.1%		
八	92	10	10.8%	2	20%	6	60%	1	10%	1	10%
九	108	10	9.3%	4	40%	5	50%	1	10%		
十	116	13	11.2%	6	46.2%	6	46.2%	1	7.6%		
十一	123	14	11.4%	7	50%	6	42.9%	1	7.1%		
十二	143	20	14.0%	7	35%	10	50%	3	15%		
十三	142	7	4.9%	4	57.1%	1	14.3%			2	28.6%
十四	123	12	9.8%	1	8.3%	5	41.7%	2	16.7%	4	33.3%
十五	104	7	6.7%	1	14.3%	2	28.6%			4	57.1%
总计	1137	125	11.0%	44	35.2%	55	44%	15	12%	11	8.8%

数据来源:据光绪八年洞泾《吴氏支谱》之《世图》及1915年《洞泾吴氏支谱》之《世系表》统计。

表7 洞泾吴氏家族绝嗣者分布状况表

世系	总人数(子嗣无考者除外)	绝嗣者		平民		初级人才		中级人才		高级人才	
		人数	比重	人数	比重	人数	比重	人数	比重	人数	比重
一	1										
二	3										
三	8	1	12.5%	1	100%						
四	16	2	12.5%	2	100%						
五	30	6	20%	6	100%						
六	48	9	20.8%	8	88.9%	1	11.1%				
七	80	24	30%	22	91.7%	2	8.3%				

续表

世	总人数	绝嗣数	比重	平民	平民比重	有功名	有功名比重
八	92	25	27.2%	21	84%	4	16%
九	108	20	18.5%	19	95%	1	5%
十	116	24	20.7%	23	95.8%	1	4.2%
十一	123	19	15.4%	19	100%		
十二	143	26	18.2%	26	100%		
十三	142	32	22.5%	31	96.9%	1	3.1%
十四	123	30	24.4%	26	86.7%	4	13.3%
十五	104	13	12.5%	11	84.6%	2	15.4%
总计	1137	231	20.3%	215	93.1%	16	6.9%

说明：1.绝嗣者中的比重指在总人数中的比重；2.各阶层比重指在绝嗣者中的比重；3.总计数是指1—15世(包括表中未列世系)的所有数字。

其次,我们再来看家族绝嗣者的分布状况。洞泾吴氏1—15世共有绝嗣者231人,占到家族记录总人数的20.3%。从表中数据可以发现,绝嗣者中平民占总数的93.1%,有功名者占6.9%,中高级人才中没有绝嗣现象,当然这并不是说中高级男性都育有男子,而是由于社会地位较高,他们基本通过继他子以避免绝嗣,比如四世元恭,嘉靖朝应天举人,无子,元肃子汝霖出嗣其后等,诸如此类的情况在家族承嗣中较为常见。

绝嗣的初级人才共有16人,分别是六世士颢,湖广钟祥县庠生,崇祯癸未正月一日流寇破城被难,早亡绝嗣;七世恒茂,浙江嘉兴府庠生,配吴江周氏,子一早卒,绝嗣;七世锜,府庠生,无子绝嗣;八世洽,太学生,鼎、鼒,府庠生,鼐,吴庠生,皆是无子绝嗣。九世祖寿,顺天禀生,无子绝嗣。十世厚曾,长庠生,未娶绝嗣。十三世原,候选县佐道,无子绝嗣;十四世师曾,长庠生,升曾,议叙从九品,震曾,吴庠生、国子监典籍,清标,长庠生,皆为无子绝嗣;十五世清治,长庠生,无子绝嗣,宁祖,吴庠生,早亡绝嗣。[①] 据此可以看出,绝嗣的初级人才中,有12人是因为无子绝嗣,2人因早亡绝嗣,1人因子早卒绝嗣,1人因未娶绝嗣。那么根据初级人才绝嗣原因在总数中所占的比例,我们大概可以推算出,吴氏家

---

① 《世系表》,光绪洞泾《吴氏支谱》卷一至卷四,光绪八年石印本。

族绝嗣现象的原因分布,无子绝嗣约占总数的75%,男性早亡绝嗣约占12.5%,生子殇或早卒绝嗣约占6.25%,男性未娶绝嗣约占6.25%。可以看出,除了无子绝嗣外,男性未娶、早亡以及所生男子的早卒也是绝嗣较为重要的原因。尤其是在灾害频发和战乱的年代,此类原因在绝嗣人口中的比重有所上升。

由于平民与有功名者的社会身份以及经济条件、生活水平等方面存在一定的差异,招嗣较难,导致平民绝嗣的比重较大,在家族绝嗣中也是较为普遍的现象。需要强调的是,由于平民在绝嗣者占有较大比重,上面根据初级人才分析的绝嗣原因分布,对于平民来说难免有一定的出入,但由于同处于家族内部,初级人才与平民的差异相对较小,据此估算平民以及整个家族绝嗣原因是有一定的可信性的。那么,总体看来,家族因无子绝嗣男性有173人,早亡绝嗣者有28人,未娶和所生子殇绝嗣者大体相同,为14—15人左右。

四、洞泾吴氏的人口增长率

洞泾吴氏家族1—15世有记载的总人口共1315人。由于家谱对于女子数量记载不全,本文只研究洞泾吴氏男子人口增长率,根据男女数量对应比例大致相同的情况,将男子的人口增长率看作平均人口增长率。根据洞泾吴氏家族的人口变化,并参照这一时期其他苏州家族人口与苏州总人口变化的特点进行对比分析,可以发现清代洞泾吴氏家族人口增长态势,以及战争、天灾等因素对家族人口的冲击。

(一)盛清时期吴氏家族人口的平缓增长

吴建华在研究江南社会人口史时指出,明末清初的大战乱和其他天灾人祸、疾病的侵袭,极大地损害了人口正常发展。清初江南地区人口和全国一样,数量上较明末大为减少。经顺治、康熙朝数十年的休养生息,人口稳定递增,乾隆年间人口数量达到一个高峰,其后仍保持低速稳定增殖,至嘉道时期人口数量再度达到一个高峰,但人口的增长速度较清代前期已有所减缓,处于低速增长的状态。① 洞泾吴氏家族的人口发展脉络大体与此一致。

据表 8 数据来看,以五世为一周期,1—5 世为家族开枝散叶初期,每一世系的人口数量不断增长,增长率在一倍以上;6—10 世每一世系的人口数量总体上呈现上升趋势,因人口基数的增加,增长幅度较小;11—15 世洞泾吴氏家族人口数量达到鼎盛状态,但是人口的增长幅度却不明显,而且十三、十四、十五世的世增长和年增长率皆呈现负增长趋势。

吴氏八世人口处于明清之际,动荡的社会局势,以及清军南下屠杀导致苏州人口骤减,八世人口增长出现下降趋势也是这一时期苏州社会状况的一个反映。曹树基在研究明清时期中国人口史的变化时指出:"苏州城市人口在明代后期即已达到 50 万人左右的规模。然而,在明代末年,苏州城却遭受到一次肺鼠疫的侵袭。苏州城内至少有 40% 的人口史死于肺鼠疫。加上清初战争对苏州城的影响,苏州城市人口可能仅有 20 万左右。"② 明末清初,洞泾吴氏家族人口增长速度年增长率只有 0.1%,人口总数量只增加 3 人,可以看出吴氏人口增长率与苏州城人口数量变化的正相关性。

康乾时期,清廷实行了一系列与民休养的政策,破败的社会经济逐渐得以复苏,"盛世滋生人丁,永不加赋"和"摊丁入亩"经济政策的实施,以及保甲制度的进一步完善,客观上刺激了大量隐匿户口的涌现,江南地区的人口进入了一个迅猛增长的时期,③ 也造成了苏州人口的猛增。这一时期苏州社会经济繁荣发展,人口数量庞大,但是否就意味着这一时期的人口增长幅度就一定很大呢?隐匿户口入籍使得苏州的人口总数大幅度增加,但我们却不能依此来计算此时的人口增长幅度。李伯重在研究清前中期的人口增长速度时,认为清代前中期江南人口增长速度不仅低于明代后期江南,而且也低于清代前中期中国其他地区。他所研究的江南及其毗邻地区的 11 个家族,1700 年以前的人口增长率并不比 1700—1800 年间的人口增长率低。相反,从这些家族的情况可见,清代前中期

---

① 吴建华:《明清江南人口社会史研究》,群言出版社 2006 年版,第 39 页。
② 葛剑雄主编,曹树基著:《中国人口史》第五卷,复旦大学出版社 2001 年版,第 749 页。
③ 行龙:《论太平天国革命前后江南地区的人口变动及其影响》,《中国经济史研究》1991 年第 2 期。

江南及其毗邻地区的人口增长率,自明代后期以来,是逐渐下降的。他认为经济原因是这一时期江南社会控制人口增长的主要原因,为了保持生活水平不致下降,必须控制人口增长,而且溺女杀婴、因贫独身、强制守节、出家、反抗包办婚姻等社会现象的存在,导致整个江南社会在不自觉地抑制人口数量的增长。①

表8　洞泾吴氏家族1—15世人口(男子)增长状况表

世系	一	二	三	四	五	六	七	八	九	十	十一	十二	十三	十四	十五
人口数	1	3	8	16	39	57	90	93	136	131	141	159	156	150	136
世增长率%	0	200	167	100	144	46	58	3	46	−4	8	13	−2	−4	−9
年增长率%	0	3.6	2.9	2.2	2.7	1.2	1.4	0.1	1.2	−0.1	0.2	0.4	−0.1	−0.1	−0.3

说明:1.每世以30年计算;2.人口平均增长速度利用公式 $r=\sqrt[n]{\frac{a_n}{a_0}}-1$ 计算而得;3.表中人数统计是包括殇子数在内的所有洞泾吴氏男子数;4.表中数据来源为光绪八年洞泾《吴氏支谱》中的《世图》及1915年《洞泾吴氏支谱》世系表。

洞泾吴氏8—13世大致处于清前中期,根据康乾时期的官方人口统计来看,这一时期的人口增长幅度较大,但是从本文统计的数据来看,9—12世家族人口增长平缓,甚至在十世还出现了人口负增长的情况。

再来看这一时期苏州其他家族人口的增长变化情况。长洲彭氏家族始于元末,自明中叶起,家族逐渐发达,也是苏州著名的科举家族。从表9彭氏家族人口增长情况表来看,家族9—14世处于清前中期,从这一时期的人口变化来看,家族人口增长速度平缓,人口数量增加并不十分明显。

表9　彭氏家族1—15世人口(男子)增长状况表

世系	一	二	三	四	五	六	七	八	九	十	十一	十二	十三	十四	十五
人口数	1	1	1	3	7	13	15	25	30	41	54	65	80	96	126
世增长率%	0	0	0	200	133	86	16	67	20	37	32	20	23	20	31
年增长率%	0	0	0	3.6	2.8	2.0	0.5	1.7	0.6	1.0	0.9	0.6	0.7	0.6	0.9

说明:1.每世以31年计。2.年增长率利用公式 $r=\sqrt[n]{\frac{a_n}{a_0}}-1$ 计算而得。3.资料来源为苏州《彭氏宗谱》。转引自余新忠:《从苏州〈彭氏宗谱〉管窥明清江南人口状况——兼论谱牒与人口史研究》,《铁道师院学报》1997年第2期。

---

① 李伯重:《清代前中期江南人口的低俗增长及其原因》,《清史研究》1996年第2期。

吴中贝氏家族始于明中叶,历经明清至民国,是苏州著名的经商大族,家族人口世系的发展阶段与洞泾吴氏家族类似,8—10 世处于清前中期。表 10 是吴中贝氏家族人口增长变化表,从其人口变化来看,贝氏家族与吴氏、彭氏家族人口变化情况有着一定的差别,贝氏家族在九世、十世人口数量成倍增加,人口迅猛增长,11—13 世家族人口增长趋于平缓。

表 10　吴中贝氏 1—15 世人口(男子)增长情况表

世系	一	二	三	四	五	六	七	八	九	十	十一	十二	十三	十四	十五
人口数	1	1	4	3	7	7	11	11	23	49	53	68	71	82	68
世增长率%	0	0	300	−25	133	0	43	0	109	112	8	28	4	15	−17
年增长率%	0	0	0	−0.1	2.7	0	1.5	0	2.4	2.4	0.3	0.8	0.1	0.5	−0.6

数据来源:据李志强《吴中贝氏家族研究》(上海师范大学硕士论文,2016 年)整理得出。

通过以上三个家族横向对比,我们可以看出,洞泾吴氏与苏州彭氏家族在清前中期的人口增长模式大致相同,即人口增长速度趋于平缓;吴中贝氏家族人口增长表现为先增后趋向平缓的状态。虽然三个家族的人口增长模式并不完全一致,但是在乾隆朝的人口增长状况却相同,均呈现为增长速度平缓,人口数量变化不大的态势。这一现象,使我们对同时期的官方人口统计情况产生怀疑。何炳棣在研究明清官方人口统计数据时认为,由于摊丁入亩政策的实施,编审人丁的重要性大大降低,因此乾隆六年到四十年(1741—1775)间,官府和地方保甲组织均不重视人口普查与登记,以至于地方志等官方文献所记录的人口数据远远低于实际人口数。[1] 姜涛在研究中国近代人口史的时也指出,乾隆朝官方统计的人口数据"由于出自皇帝的'金口',清人不便再作辨析,后人亦以讹传讹"。[2] 但从上述三个家族进入清朝之后的人口增长速度看,并不像想象中的那么快,而是基本处于一种低

---

[1] 何炳棣:《明初以降人口及相关问题(1368—1953)》,葛剑雄译,生活·读书·新知三联书店 2000 年版,第 42—54 页。

[2] 姜涛:《中国近代人口史》,浙江人民出版社 1993 年版,第 16 页。

速增长的状态。

(二) 晚清灾害、战争等因素对家族人口的抑制

1. 苏州水旱与家族人口减少。洞泾吴氏家族在十三世时人口再次出现负增长,十三至十五世时负增长率不断提高。其中十四、十五世主要是由于太平天国战乱的影响,但是水旱灾害对于人口数量以及家族人口生存质量直接和间接的影响,成为家族人口衰减不可忽视的一个原因。

19世纪上半叶,江南灾荒频发,道光三年(1823年)、十三年(1833年)和二十九年(1849年)三次水灾对江南社会民众的生活产生了灾难性的影响。根据《中国近五百年来旱涝分布图集》对苏州所作的统计,可知道光朝苏州灾荒的特点是高频度低烈度的水旱灾害,1820—1850年是苏州出现灾荒记录年份最多的时段(详见表11)。

表 11 道光朝苏州历年灾荒等级

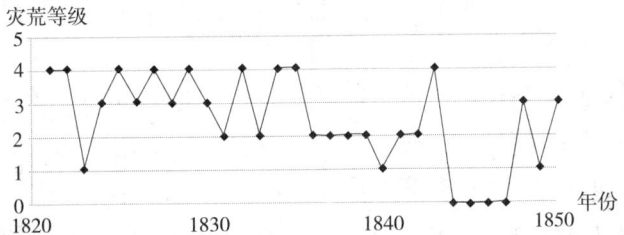

说明:1级为涝,2级为偏涝,3级为正常,4级为偏旱,5级为旱。其中1844—1847年没有记录,在图表中标为0。转引自赵思渊:《道光朝苏州荒政之演变:丰备义仓的成立及其与赋税问题的关系》,《清史研究》2013年第2期。

由于水旱灾害的影响,苏州地方社会开始出现新的荒政措施,以赈济灾民,①可见这一时期苏州民众的社会生活以及经济环境不断恶化。根据《太湖水利史》记载,道光三年(1823年),太湖地区夏秋连续大雨,受灾严重的吴县、

---

① 赵思渊:《道光朝苏州荒政之演变:丰备义仓的成立及其与赋税问题的关系》,《清史研究》,2013年5月第2期。

吴江等县"平地水深数尺,禾苗淹没,房屋倒塌,民多溺死"。① 吴氏十三、十四世大部分人口生活在嘉庆、道光两朝,道光朝苏州连续不断的水旱灾害,使得这两代人口的生存环境不断恶化。从前文殇子数量的统计可以看出,吴氏十三世、十四世的殇子数量不断增加,十三世殇子18人,十四世殇子20人,可以看出,自然灾害对于家族生子存活率和家族人口的影响。

(2)太平天国战争与家族人口减少。太平天国战争期间,太平军攻破江南大营后,乘势东征苏州、常州,建立苏福省,江南地区成为太平军与清军争夺的焦点。此次战争对江南人口造成巨大的灾难,江南官绅留下的文献中一概称此为"庚申之难"。据载,苏州城破以后,"在城居民遭屠戮者什之二三,投河、投井、悬梁者亦什之二三,余则能逃出城者,则逃出城,不能逃出者,则从贼焉";②当年秋冬之间,"大瘟疫,死者甚多。难民饿死、冻死着充满道路,盖自四月以至十一月,或杀死,或缢死,或死于水火,或死于病疫,人民几去其半"③。同治二年(1863年)年末,清军攻占苏州,入城后大肆屠杀。经过这次战乱,苏州人口锐减,整个城市也开始由盛转衰,其中心地位逐渐为上海所取代。

太平军攻占苏州时,洞泾吴氏在世者主要是十四、十五世成员,据吴氏族谱记载,死于"咸丰庚申殉难"的人口达56人,其中男子30人、女子26人;十三世1人、十四世35人、十五世16人、十六世5人;死者中有25人出自取得功名家庭,31人出自平民家庭。值得注意的是,吴氏家族各小家庭中出现了较为普遍的随夫、随父殉难现象,例如:

> 震曾,长庠生,议赈案,保国子监典簿衔,咸丰庚申城陷,在城办理团练,骂贼不屈死,年五十四,恤赠国子监学禄衔,云骑尉,世职恩骑尉世袭

---

① 苏州市地方志编纂委员会编:《苏州市志》卷四《人口》,江苏科学技术出版社2014年版,第139页。
② 蓼村遁客:《虎窟纪略》,《太平天国史料专辑》,上海古籍出版社1979年版,第15页。
③ 同上书,第27页。

罔替,入祀昭忠祠;配陶氏,咸丰庚申在娄门祖茔遇贼殉节,年五十四,旌烈妇,入祀三邑贞烈节孝祠。

钟骆,长庠生,咸丰庚申在娄门外范庄村遇贼殉难,年四十四,恤入昭忠祠,藳葬范庄村祖茔旁。配蔡氏,继妻韩氏,同治甲子在吴县光福镇遇贼殉节,同治七年题旌烈妇,入祀三邑贞烈节孝祠。

慰宗,钟骆子,庚申随父殉难,入昭忠祠。配钱氏,随夫殉难,年二十三,同治元年旌烈妇,入三邑贞烈节孝祠。

宗源,咸丰庚申殉难,配李氏,随夫殉难。

世鐢,宗源子,咸丰庚申殉难。

益曾,嘉庆乙亥四月二十日生,咸丰庚申四月十三日城陷殉难,年四十六,奉旨赐恤入祀昭忠祠。配王氏,继申氏、继金氏,咸丰庚申卒。

豫庆,清凤子,太学生,候选府照磨,浙江候补县丞,海运出力,以知县用,加同知衔,补缺后,以同知升用。咸丰辛酉杭城被围,奉委涌金、清波两门巡防,十一月二十八日城陷,被害,蒙恩赐恤给云骑尉,世职恩骑尉世袭罔替,入祀昭忠祠。事实载《浙江忠义录》。配何氏,道光辛丑进士按察使衔、湖北督粮道、海宁名琛白英女,年三十五,咸丰辛酉十一月二十八日殉节杭城,诰封宜人,蒙恩旌表入祀节孝祠,子三女一,子应恒、应泰、女麦珠,随父母殉节杭城。①

可以看出,这一时期小家庭内部出现了集体殉难现象,特别是家庭男子的殉难对家人的选择起到了示范带动作用。

此外,这一时期洞泾吴氏的殇子数量也较之前明显升高,十四世殇子数量20人,十五世殇子数达34人。除了殉难和死于战争的人口外,谱中记载的"咸丰庚申城陷无考"人员,十四、十五两世共出现12人,分别是宗望、宗霖、宗本、汝汉、汝桐、汝贤、学贤、生荣、宝钰、大生、延赏、廷贵,等等。家族还有一些

---

① 光绪洞泾《吴氏支谱》卷三《世系表》,光绪八年石印本。

人口因战乱影响,迁徙别处或下落不明而未能入谱,导致十五世家族人口数量减少,负增长率较高。不仅洞泾吴氏如此,当时苏州其他家族的遭遇也大致相同,如苏州彭氏,在太平战乱,殉难男子为30人,占在世者的15%①。这些数据还只是直接死于战乱的人口,不包括因为瘟疫、疾病、饥饿等间接死于战争者。

对于太平天国战争造成的人口损失,学术界一直有不同看法。根据曹树基推测,太平天国战争期间苏州府"人口损失425万"。② 何炳棣则认为,太平天国战争之后江浙等省存在人口漏报现象,是导致这一时期官方人口数量大幅减少的原因之一③。但从这一时期苏州家族人口的变化情况来看,太平天国战争对于苏州人口变化的影响可以称得上是灾难性的。

通过家族人口变动趋势管窥一个地区整体人口的变化状况,虽有一定的局限性,但家族人口资料的统计,不仅可以补充官方人口统计数据的不足,同时也为区域人口史研究提供一条相互印证、互为补充的新路径。通过统计洞泾吴氏的人口情况,以及与这一时期苏州彭氏和吴中贝氏的人口作对比分析,能够为当时苏州乃至江南地区人口变化状况提供一个参考。洞泾吴氏家族1—15世人口总体呈现上升态势,但是增长的幅度逐渐变缓,吴氏在清代的人口变化整体呈现一种低速增长的态势,这与康乾时期官方统计的苏州人口数据、人口增长幅度相矛盾,值得进一步的考证与研究;其次,战乱、自然灾害对人口的影响较明显,战乱或天灾导致的死亡者以及殇子数量的增加,直接影响了家族整体人口数量。

结　语

综上可知:

一、洞泾吴氏家族男子生育长子的年龄平均为30岁左右,女子生育长子

---

① 余新忠:《从苏州〈彭氏宗谱〉管窥明清江南人口状况——兼论谱牒与人口史研究》,《铁道师范学院学报》1997年第2期。
② 曹树基:《中国人口史》第五卷,复旦大学出版社2001年版,第456页。
③ 何炳棣:《明初以降人口及相关问题(1368—1953)》,葛剑雄译,第83页。

的年龄平均为 27 岁左右,据此可以推测吴氏家族的初婚年龄男子约为 25—27 岁,女子约为 22—24 岁。那么,以家族男子的结婚年龄、生育长子的年龄段来看,洞泾吴氏的世代间隔约为 30 年左右,而初婚年龄较高在一定程度上反映了洞泾吴氏家族较高的经济文化水平。

二、洞泾吴氏平均寿命男子 42—46 岁,女子 46—52 岁,且各年龄段中高龄人口的比例突出,60 岁以上的高龄人口占到总数的 27.0%。

三、古代家庭的生子数量并没有想象的那么多,洞泾吴氏生子数量一般在 1—3 子左右,家庭规模以核心家庭和主干家庭为主,而且生子多寡与个人的身份高低有着密切的关系,这一方面与妻妾数量有一定的关系,同时也与家庭的经济条件有关。绝嗣者大多分布在平民中,中高级人才不会出现绝嗣现象,拥有功名者可以通过过继或者兼祧来解决绝嗣问题外,一般平民若无子大多难逃绝嗣的命运。

四、洞泾吴氏家族从一世到十五世,人口数量不断增加,但是增长的幅度逐渐变缓,吴氏在清代的人口变化呈现一种低速增长的态势,这与康乾时期官方统计的苏州人口数据、人口增长幅度相矛盾,值得进一步的考证与研究。晚清战乱、天灾对人口的影响较明显,战乱或天灾导致的非正常死亡和夭殇数量的增加,直接影响了吴氏家族整体人口数量、家族人口平均寿命以及家族生子状况等数据。

[作者简介] 魏雅婷,上海师范大学历史系研究生;徐茂明,上海师范大学历史系教授。

地方团练与家族沉浮

——以永昌徐氏为中心

罗晓翔　张景瑞

内容提要：永昌徐氏是太平天国时期苏常地区重要的民团领袖之一。自咸丰十年至同治三年，以徐佩瑗为核心的家族集团举办团练近四年。在此过程中，徐氏家族既付出了生命与财产的代价，也获得了清政府的议叙与军功奖励；既因与太平军合作而受到非议与质疑，也与聚集上海的地方官绅建立起私人关系。然而团练并未帮助徐氏获得文化身份、进入精英阶层。这一案例体现出旧统治结构基础之坚固。庶民地主出身的徐佩瑗等始终处于政治弱势。就江南地方而言，在团练与地方军事化过程中，一个一体化的"精英—绅士"阶层并不存在。经济资本挑战文化资本的现象也未在战后立即出现。

关键词：永昌徐氏　太平天国　江南　地方团练　绅权

作为19世纪最大规模的内战，太平天国战争对中国社会造成多方面的冲击，影响深远。在相关研究中，战争对地方权力格局的影响受到较多关注。孔飞力（Philip Kuhn）等学者认为，地方武化以及治安、税收等权力的下放，导致战后绅权上升、地方能动性增强。[①] 郑小威在对浙东精英与团练的研究中强

[①] 〔美〕孔飞力：《中华帝国晚期的叛乱及其敌人：1796—1864年的军事化与社会结构》，谢亮生等译，中国社会科学出版社1990年版。

调,战争导致两类地方势力的分流。以鄞县陈氏为代表的绅士精英与清政府结盟,他们长期受益于旧的统治秩序,也积极捍卫这一秩序。以何文庆为代表的地方豪强出身低微,他们并非旧制度的受益者,甚至对清政府心存不满。在战争中,他们选择投靠太平军而进行政治投机。在地方层面,战争实际转化为这两个集团之间的较量。随着太平天国的失败,后一类势力被清剿,而传统士绅精英则在战争中成长,催生出"更具独立性和管理性的公共领域"。①

江南的情况则更为特殊。正如白凯(Kathryn Bernhardt)所指出的,"长江下游流域精英影响的扩张",既非绅士投靠太平天国政权的结果,也与持久的地方军事化无关,"非正规的军事组织不是太平天国之后绅士权力的来源"。② 那么江南团练究竟呈现怎样的特征?团练是否对地方权力格局产生了影响?团练组织者在战争前后的生存状态发生了怎样的改变?或者如郑小威所提出的:战争给地方社会带来哪些遗产?③ 本文试以永昌徐氏为例对此进行讨论。

永昌徐氏是太平天国时期苏常地区重要的民团领袖之一。④ 贾熟村总结道:"永昌徐氏正是一个难得的地主阶级地方势力的典型,是一个地主阶级骑墙派的典型,它以封建血缘、地缘为基础,组成团练,武装自卫,在政治斗争的暴风骤雨中,极力挣扎,以保全身家性命为原则,两面三刀,纵横捭阖,其代表人物徐佩瑗既是清朝政府的道员,同时又是太平天国的赵天燕爵,其骨干成员也多有类似的身份,似乎左右逢源,而其根本立场却始终是站在地主阶级

---

① Zheng Xiaowei,"Loyalty, Anxiety, and Opportunism: Local Elite Activism during the Taiping Rebellion in Eastern Zhejiang, 1851 – 1864,"*Late Imperial China*, vol. 30, no. 2, 2009, pp. 39 – 83.
② 〔美〕白凯:《长江下游的地租、赋税与农民的反抗斗争(1840—1950)》,林枫译,上海书店出版社 2005 年版,第 173—174 页。
③ Zheng Xiaowei,"Loyalty, Anxiety, and Opportunism: Local Elite Activism during the Taiping Rebellion in Eastern Zhejiang, 1851 – 1864,"*Late Imperial China*, vol. 30, no. 2, 2009, p. 43.
④ 贾熟村:《打进太平天国内部的地主"永昌徐氏"》,北京太平天国历史研究会编:《太平天国史论文选》,三联书店 1981 年版,第 365—378 页。贾熟村:《"永昌徐氏"再探》,《文史》第四十三辑。魏星:《团练势力在太平天国时期的苏州地区——以永昌徐少蓬为中心的考察》,《苏州文博论丛》2011 年(总第 2 辑)。

一边的。"① 然而徐氏并未因团练而实现社会地位上升,更谈不上进入"史具独立性和管理性的公共领域"。白凯已经注意到,同治三年(1864年),"苏城绅士结束流亡,回到家乡,徐家就不过成了众多精英家庭中的一个,而且是其中相对较小的一个"。② 这样一个家族在战争前后的经历及浮沉可以令我们对太平天国战争给江南基层社会带来的变化有更深入的认识。

一、战争中崛起

永昌又名永昌泾,濒临漕湖。漕湖本名蠡湖,"《寰宇记》云范蠡伐吴开此,故名。其称漕者,或以其通漕运也。湖之西堤属无锡县,而其浸皆属长洲县"。③ 故永昌实位于常熟、长洲、金匮三县交界处,距苏州城约二十里。这里湖面平荡,交通便利,农业生产条件较好。

永昌徐氏为庶民地主出身。同治《苏州府志》载:"齐门外永昌徐氏,世业农。乾隆间,有名步鳌者,业始大。道光二十九年,步鳌开第八秩筵,子二人晟、昇,孙佩蘐等十人,曾孙朝经等二十余人,皆奉觞上寿,而玄孙世昌先一年生,同堂五世。"④ 咸同之际举办团练的主要是徐步鳌次子徐昇这一房。

徐昇有子五:徐佩璘、徐佩瑗(1823—1863年)、徐佩璋、徐佩瑞、徐佩瑛。⑤ 时人称徐氏"弟兄数人,狡而横,好习拳棒,乡里畏之。田亩数千,纳粮则短价捏荒,收租则丝毫不准蒂欠。咸丰十年,贼逼苏城,徐恐乡人乘乱修怨,出资雇募无业之徒数千人,制造机械,为保卫计"。⑥ 从各种史料看,长子徐佩璘未与

---

① 贾熟村:《"永昌徐氏"再探》,《文史》第四十三辑,第169页。
② 〔美〕白凯:《长江下游的地租、赋税与农民的反抗斗争(1840—1950)》,第173页。
③ 张国维:《吴中水利全书》卷四《水脉·苏州府》,景印《文渊阁四库全书》第578册,台北:台湾商务印书馆1986年版,第107页。
④ 同治《苏州府志》卷一四九《杂记六》,《中国地方志集成·江苏府县志辑》第10册,凤凰出版社2008年版,第779页。
⑤ 关于徐氏家族概况,参见贾熟村《"永昌徐氏"再探》,《文史》第四十三辑,第149—150页。
⑥ 沈守之:《借巢笔记》"永昌徐"条,江苏省立苏州图书馆,1940年,第22页。

局事,次子徐佩瑗为永昌民团的核心人物,其余兄弟亦皆领勇作战。

尽管徐氏团练的最初目的是"为保卫计",但作为缺乏世家背景的大地主,军功、议叙的诱惑力也不容忽视。早在咸丰三年(1853年)南京沦陷后,徐步鳌就向清政府捐输军饷银万两;咸丰五年协济局筹饷,徐晟又捐银万两。徐步鳌及二子徐晟、徐昇皆因捐饷议叙盐运司运同。① 战争似乎为永昌富户徐氏的地位上升提供了意外的机会。

咸丰十年(1860年)四月十一日苏州城陷,江苏巡抚徐有壬(1800—1860年)自尽,"其余官长死者寥寥","苏省募勇数千,糜饷百万,贼至竟不守城,可为长叹"。② 与此同时,各乡镇民团蜂起,其中永昌徐团的规模与战斗力独占鳌头。五月间,常熟龚又村就听说"永昌徐氏练勇盈千,暨抚标兵与贼打仗得力,贼不敢北窜,而吾乡可安。中军庆公、新守杨公〔静〕俱驻徐家为大公馆,每日供应钱一百千,毁家纾难,犹有古风"。③ 中军庆公即庆春,城破时"乘马冲出,面带刀伤"。④ 新守杨公即杨靖,字绥臣,时署苏州知府。原苏州知府吴云(1811—1883年)则逃往周庄,住太平桥塊枪船头目费玉成家。⑤

地方团练虽为民间武装,实未脱离"官督民办"的模式。永昌徐团立旗之时,正值军勇溃败、官员出逃的政权真空期,但这种非常状态并未持续太久。逃往永昌的署苏州知府杨靖、署长洲县令王如林很快成为"永昌泾办理义团委员",徐氏昆仲则为团董。五月底,杨、王二人向巡抚薛焕(1815—1880年)、上海道吴煦(1809—1872年)汇报了徐佩瑗、佩璹、佩璋、佩瑛及徐显等自备资斧、挑

---

① 民国《吴县志》卷七〇《列传孝义二》,《中国地方志集成·江苏府县志辑》第12册,凤凰出版社2008年版,第270页。

② 龚又村:《自怡日记》卷十九,咸丰十年四月十二日条,太平天国历史博物馆编:《太平天国史料丛编简辑》第四册,中华书局1961年版,第347页。

③ 龚又村:《自怡日记》卷十九,咸丰十年五月端午条,太平天国历史博物馆编:《太平天国史料丛编简辑》第四册,第350页。

④ 吴大澂:《吴清卿太史日记》,四月十三日条,中国史学会主编:《中国近代史资料丛刊·太平天国》第五册,上海人民出版社1957年版,第330页。

⑤ 吴大澂:《吴清卿太史日记》,四月十五日条,中国史学会主编:《中国近代史资料丛刊·太平天国》第五册,第331页。

募壮勇、保卫地方的事迹。① 徐氏与清朝官员之间的合作关系也就此确立。

苏州沦陷之初,永昌徐团的确展现出一定军事实力。五、六月间,徐团与太平军频频接仗。"娄、齐门外乡镇遭劫,大约与西南一隅相同,惟永昌徐少蘧家团防甚严,设炮船于阳澄河,贼屡攻不能进。六月十七日,忠酋亲自临阵,徐氏率民勇出战,贼仍败。徐氏保守愈固,添设水栅、炮台,在城绅士多托足焉。"②然而团练耗资巨大,不仅要按日发给团勇口粮,还要置买军火物资,绝不能持久。八月常熟城破,苏常全面失守。"常昭既失,民团皆寒心,虽竭力整顿,而外援无望,不能鼓励。"另一方面,太平天国政权建立苏福省后,对地方民团恩威并施,"于是各团有阴相约降。九月中,长洲张汉槎先纳款受伪爵,而徐氏遂孤。十月中,常昭守将钱得胜,由伪举人曹和卿作介,授少蘧以同检官衔,两相和约,赏犒甚丰"。③

徐佩瑗接受太平天国同检官衔后,又升"抚天预"爵,成为整个苏福省总董。各县更举正董一人、副董二人,共同办理田凭、田捐事务。徐佩瑗要求城乡业主每亩收租二成,并设立五个收租局。业主将租簿送至局中,租米由收租局代征,亦为徐团与业主平分。此外,在黄埭、太平桥、冶长泾、相城等镇,徐佩瑗设卡征收厘金,与太平天国四六分成。又征收海塘捐每亩206文、户捐每月240文。更有助饷之说,有田二三十亩之家,亦要捐钱几百至几千文不等。永昌徐团在地方上的派捐甚至曾导致逼死人命的情况出现。④

徐氏与太平军议和后,私人武装并未解除。咸丰十年(1860年)底,徐氏"团船有八十只,徐局给每人米二升,连局勇二、三百人,每日约费四百余石。团勇至阳城湖边排队而走,船从湖行,声势颇赫"。⑤ 徐氏昆仲与江南团练大

---

① 吴大澂:《吴清卿太史日记》,五月廿四日条,中国史学会主编:《中国近代史资料丛刊·太平天国》第五册,第342页。
② 蓼村遁客:《虎窟纪略》,《太平天国史料专辑》,上海古籍出版社1979年版,第23—24页。另参见贾熟村:"永昌徐氏"再探》,《文史》第四十三辑,第164页。
③ 华翼纶:《锡金团练始末记》,中国社会科学院近代史研究所近代资料编译室主编:《太平天国资料》,知识产权出版社2013年版,第119—120页。
④ 贾熟村:《"永昌徐氏"再探》,《文史》第四十三辑,第164—165页。
⑤ 龚又村:《自怡日记》卷十九,咸丰十年十二月廿五日条,太平天国历史博物馆编:《太平天国史料丛编简辑》第四册,第384页。

臣庞钟璐(1822—1876年)、江苏巡抚薛焕、苏松太道署江苏布政使吴煦、前署苏州知府杨靖等保持密切联系,进行军事合作。咸丰十一年初,因徐氏兄弟办理永昌团练,杀贼出力,薛焕会同庞钟璐奏请,给予徐佩瑗二品顶戴并赏戴花翎、徐佩璋赏戴花翎、徐佩瑞以道员选用并赏戴花翎、徐佩瑛以光禄寺署正双月选用并赏给五品翎顶,四月十九日奉旨允准。①

徐氏最大的资本,是与苏州太平军守将的关系。自咸丰十一年(1861年)初开始,徐佩瑗即在巡抚薛焕与太平军钱桂仁(即前述钱得胜)、熊万荃、李文炳(又名李绍熙)之间传递消息,薛焕、吴煦、吴云等人也对苏城反正抱有希望。咸丰十一年五月至十一月,徐佩瑗自薛焕、吴煦处领到曹平银12.5万两,作为策反、起事经费。表面上看,徐家的势力已达到顶峰,然而危机也在逐渐显现。

首先是地方舆情的不利。徐氏与太平军议和,原有情非得已之处。龚又村初闻此事时即表示:"闻徐少蘧素为贼惮,惜以郡县均失,孤军无援,不能大肆剿洗,为贼帅笼络,强授以同检官衔,白玉微瑕,众所鉴谅。"②然而此后徐氏独管田捐、厘金、海塘捐、户捐,又难以约束手下,形象日益败坏。龚又村日记中亦载:"徐局广养枪勇,派捐尤苛。枪船日如梭织,划桨扬威,人惧其拳勇之众,刀枪之威,多破家勉应。"③

咸丰十年(1860年)苏常沦陷后,官绅大多逃亡在外,家乡田产或以"妖产"被充公,或因无力照管租籽无收,加以兵匪劫掠,财产损失极大。而徐氏之流不仅身家无恙,且风头日盛,的确容易招怨招忌。在与永昌相邻的无锡荡口镇,民团董事华翼纶亦于咸丰十年十月底与太平军议和,但和谈条件是不受"伪职"、不蓄发。次年三月,华翼纶即决定"赴沪渎,免却招忌,且得探听各处消息也"。④

---

① 《禀复绍圃三叔祖(七月初十日)》,徐佩瑞等:《双鲤编》卷三,中国科学院近代史研究所近代史资料编辑组:《近代史资料》总34号,中华书局1964年版,第91—92页。

② 龚又村:《自怡日记》卷十九,咸丰十年十月十七条,太平天国历史博物馆编:《太平天国史料丛编简辑》第四册,第377页。

③ 龚又村:《自怡日记》卷二十一,同治元年三月初七条,太平天国历史博物馆编:《太平天国史料丛编简辑》第四册,第436页。

④ 华翼纶:《锡金团练始末记》,中国社会科学院近代史研究所近代史资料编译室主编:《太平天国资料》,第121页。

此举既可躲避太平天国政权的压力,又向清政府表明立场,实为明智之举。土豪出身的徐氏兄弟显然缺乏这样的政治敏感度。徐佩瑗在乡既受职薙发,又与钱桂仁、熊万荃等过从甚密,成为洗不掉的政治污点。同治元年(1862年)九月,身处上海的徐佩瑢在给其兄信函中写道,"弟思我处办捐以来,招怨既多,积忌亦复不少。现虽局外人造言生事,而局中人不得不加意谨慎也"。①此时才意识到人言可畏,为时已晚。

其次,徐氏与官僚集团的合作,必然使其卷入政治旋涡。但其非官非绅的身份,难以寻求任何政治庇护,极易成为政治牺牲品。咸丰十一年底,上海官绅纷纷前往安庆乞师②,其中钱鼎铭(1824—1875年)、厉学潮呈曾国藩(1811—1872年)的《公启曾协揆》,由苏州绅士领袖冯桂芬(1809—1874年)起草。公启中提到"有可乘之机,而不能持久者三",首先便是"乡团":

> 去年各城被陷,乡团抵死拒贼,有相持至数月之久者。以苏府言之,永昌徐佩瑗、黄土桥马安澜其尤也。所居在苏州、常熟之间,纵横三十里内,水陆勇数千,附近乡团,一呼四应,不下数万。嗣受中丞密檄,与送款之贼首熊国〔万〕荃约盟,而壁垒如故,大军一至,必可为邪许之助,迟之又久,万一事洩,则糜烂及于乡党。故屡请此间进兵,不应,则流涕以去,此不能持久者,一也。③

至同治元年(1862年)初,前詹事府詹事殷兆镛(1806—1883年)给朝廷奏折中又称:"苏州练目徐佩瑗,在贼中则封王,在官则保二品顶戴。去年至上海,请饷十万,云购贼线,人皆知其济匪肥己。此辈视官兵、贼匪盛衰以为向

---

① 《致少蓬(九月初四日第十四号)》,徐佩瑢等:《双鲤编》卷一,第32页。
② 首先出发的是无锡华翼纶,第二批为钱鼎铭、厉学潮。永昌徐团也派张瑛前往安庆。第一次奉庞钟璐之命,与钱鼎铭一同往,第二次奉庞钟璐与会防局之命,与常熟人姚颖生同往,并于同治元年三月初五日见曾国藩,呈"时务八条"。参见张瑛《乞师日记》,沈云龙主编:《近代中国史料丛刊》第五十八辑,台北:文海出版社1970年版,第7页、第15页。
③ 冯桂芬:《公启曾协揆》,《显志堂稿》卷五,《续修四库全书》第1535册,上海古籍出版社2002年版,第561页。

背,克复时必畏惧内应,请饬督抚酌宜处置,于法不容姑息,于势不可胜诛。"①殷兆镛为苏州吴江县人,咸丰十一年(1861年)丁忧回乡,后逃至上海,与潘曾玮(1818—1886年)、顾文彬(1811—1889年)、冯桂芬等共同筹办中外会防局。在两份文本中,对永昌徐团的态度大相径庭:一称其抵死拒贼、可助大军克复,一称其济匪肥己、克复时必畏惧内应;一认为徐团可恃,一认为惩不宜迟。这其中的是非对错,甚至冯、殷二人对徐氏的真实想法都已不重要。对徐佩瑗等人而言,真正致命的是他们的动机、形象可被任意解释与形塑,而自己却茫然无知,或无表述渠道。

最后,永昌徐团的动向也不可能逃过太平军的耳目,报复随时会到来。咸丰十一年八月发生的火药爆炸,极有可能是太平军对徐氏的警告。后据徐佩瑗汇报,当时徐家"由沪采买到洋药三百余桶,正在驳运上岸。匆遽之际,讵料苏贼先期密遣细作,探候火药搬动入宅,乘间放火包,霎时雷轰电掣,将故主新宅四十余间,尽行轰坍,又轰毙本宅及外姓男女上下弁勇等四十余名"。其中包括徐家小姐七位,妾二位。② 此次大爆炸轰动地方,龚又村亦在日记中写道:"骇悉徐局于前月廿七日火药房起火,烧毁五十余间,烧毙五十三人,比邻陈氏全家遭劫。前已焚过勇厂,拆城屋移造,今又大火。恐有奸匪弄祸,甚可忧危,爰唤回各镇枪船,日夜防守。"③

咸丰十一年下半年,随着薛焕被劾、上海绅耆安庆请师,江浙政局与战局都在悄然转变。永昌徐团亦将面临更大的冲击。

二、夹缝中生存

同治元年(1862年)三月初八,李鸿章(1823—1901年)率军勇五千五百由皖启行,初十抵沪,一场"用沪平吴"的大戏拉开序幕。三月二十五日,清廷命

---

① 《附殷兆镛原折》,曾国藩撰:《曾国藩全集·奏稿之四》,岳麓书社2011年版,第329页。
② 《禀忠义局宪(九月廿三日)》,徐佩瑗等:《双鲤编》卷三,第84—85页。
③ 龚又村:《自怡日记》卷二十,咸丰十一年九月廿六日条,太平天国历史博物馆编:《太平天国史料丛编简辑》第四册,第410页。

原江苏巡抚薛焕任通商事务大臣,李鸿章署理江苏巡抚。

对于曾国藩而言,上海的财富是促使其挥师东下的重要原因之一。咸丰十一年十月,华翼纶、钱鼎铭两批乞师团前往安庆时,都向曾国藩极言上海税厘之丰。曾国藩十月初四日日记中载,"金匮有知县华翼纶等三人自上海来,言下游望余大兵,情甚迫切,又上海每月可筹饷六十万两之多,并言绅民愿助此间饷项,冀上游之兵早赴江东。"① 十余日后,钱鼎铭亦到达安庆。其拜访李鸿章时,称"沪滨商货骈集,税厘充羡,饷源之富,虽数千里腴壤财赋所入,不足当之。若弃以资贼,可悯也"。②

然而李鸿章到沪之后,发现局面并不乐观。当时上海关与厘金局皆为吴煦及其幕僚、门生把持。吴煦于咸丰七年(1857年)被派办理上海捐厘总局;八年十二月署苏松太道;九年三月获护理江南海关道,五月实任督理江海关并苏松太兵备道;十年为钦命盐运使署江南苏松太道,十二月署江苏布政使,帮庞钟璐办江南团练,赏二品顶戴,监督江海关。如薛福成(1838—1894年)所言,"煦执利权,亦颇有综核才,然宦江苏久,为积习所渐,不能自拔",薛焕"以饷权在煦,而才又不如煦,偶然不能有所为,啸诺而已"。故安庆出兵时,曾国藩即谓"不去煦,政权不一,沪事未可理也"。③ 李鸿章与吴煦接触后,亦发现"该道系钱谷猾幕出身,会计最精,弥缝最巧,每称血诚为公,决不稍从撙节,只在挪借名下高下其手,令人捉摸不测"。④

为扳倒吴煦,李鸿章首先处理了吴煦手下掌管厘金局的俞斌、闵钊、金鸿保,又彻查历来军需账目。这就带出了咸丰十一年(1861年)永昌徐团所收12.5万两拨款案。李鸿章指出,"历来动用司道各库银两,除例支款项外,凡

---

① 曾国藩:《曾国藩全集·日记一》,咸丰十一年十月初四条,岳麓书社1994年版,第670页。
② 薛福成:《书合肥伯相李公用沪平吴(丁亥)》,《庸庵文编·续编》卷下,《续修四库全书》第1562册,上海古籍出版社2002年版,第148页。
③ 薛福成:《书合肥伯相李公用沪平吴(丁亥)》,《庸庵文编·续编》卷下,第148页。
④ 李鸿章:《上曾制军(同治元年七月二十六日)》,顾廷龙、戴逸主编:《李鸿章全集·信函(一)》,安徽教育出版社2008年版,第107页。

系特动之款,均应先行详明本部院,核明批准后,方准动放。即使曾经面回,亦总须由司具详,由院批准,上下衙门均有案据,方足为准放之据。所有永昌团练一事,前据苏藩司单禀,系由上海绅商公捐拨给,并未回明动用司道库款。现在此项银两为数甚巨,且系司道各库正款",故命徐佩瑗等"按数缴还归款",且严厉表示"现值军饷支绌之时,未便任其延宕"。①

事实上,徐佩瑗在上海领款一事,地方早有各种传言。《蠡湖乐府》中写道:"徐局之领上洋饷银也,始有委员杨绥臣,杨去后,又有陈农部倬培之为之介绍文饰,计所领不下数十万矣",其实攻打苏州只是虚张声势,"盖其意不过欲报销上洋饷银耳"。② 但当时薛焕、吴煦地位稳固,徐氏对此类传言亦不介意。而李鸿章突然责令全额缴还,令徐氏兄弟措手不及。

同治元年(1862年)七月,徐氏兄弟禀称,"职等自咸丰十年四月十一日起,设局办团,召募勇丁,赈济贫户,采买军火,置备器械,添设巡船,钉筑桩坝,一切经费皆系自备。一载有余,罗掘殆尽。嗣蒙前抚宪薛、兼署苏藩司吴委办苏城事务",自咸丰十一年五月至十一月间,"统计前后共发银十二万五千两,均经具有领结兑收在案"。③ 如此表述等于承认12.5万两拨款皆用于团练。这可能并非实情。同治元年正月,安庆大营幕僚赵烈文听蒋光焴言:"苏州贼伪约十一月中献城,实无其事。前苏府吴沄〔云〕力保其必成,费抚恤银甚多。"④殷兆镛奏折中亦称,徐佩瑗至上海"请饷十万,云购贼线"。⑤ 因此这12.5万两白银中最大的开支可能不在团练,而是薛焕等收买钱桂仁等的"抚恤银"。在这一关系链中,薛焕、吴煦、吴云等上海官绅,钱桂仁、熊万荃等太平军守将,以及作为中介的徐氏昆仲,极有可能共同分肥。然而面对账目清查,

---

① 《禀复札查前领银数月日并目下无力措缴乞恩缓追由》,徐佩瑶等:《双鲤编》卷一,第19—20页。
② 《龙门史》,佚名:《蠡湖乐府》,中国科学院近代史研究所近代史资料编辑组编:《近代史资料》总34号,中华书局1964年版,第175页。
③ 《禀复札查前领银数月日并目下无力措缴乞恩缓追由》,徐佩瑶等:《双鲤编》卷一,第20页。
④ 赵烈文:《能静居日记》第一册,同治元年正月初七日条,岳麓书社2013年版,第464页。
⑤ 《附殷兆镛原折》,《曾国藩全集·奏稿之四》,第329页。

徐佩瑗等却要一力承担后果,其无奈与不甘可想而知。徐氏兄弟既不能将责任推向前任巡抚、藩司,只得哀求道:"职等家资半毁于逆匪,半耗于团防,窘蹙情形,实难言状。筹思昕夕,无计可施。惟有吁恳大人,俯念职等委因办公费用,格外施恩。容俟苏城克复后,职等自行设法变产,陆续赔缴,断不敢使库款久悬,致烦宪廑。"①这虽是拖延之计,但徐氏已感受到切实压力。而12.5万两奏销案,还将长期影响永昌徐氏的命运。

除奏销案外,发生在同治元年(1862年)的周绍濂案,也体现出徐氏的尴尬处境。咸丰十一年(1861年),永昌徐团派周绍濂与陆起带银前往江北招募,并购买枪支。同治元年正月,陆起领勇三十余名回局。周绍濂则迟至二月回沪,据云其在江北为团练大臣庞钟璐招勇,然而庞钟璐却称并无此事。从时间上看,此时朝廷已决定撤销江南团练大臣一职,庞钟璐即将离任,极有可能为交待之际不惹麻烦而出尔反尔。然而"该勇既经招集,不即遣散,诚恐别滋事端"②,而周绍濂又为徐局中人,故遣散之事便落在徐氏兄弟身上。

最初,徐氏与江苏布政使及前署苏州知府杨靖商办,由徐局出银五六百两,请泰州知州代为遣散。③此后有人搭棚拘讼,向庞钟璐告发徐氏对于遣散之资分文不出。④后经杨靖、刘郇膏调解,劝徐局出银千两,"径解藩署,即由臬司札饬遣散,多少悉听官为经理"。⑤最终在李鸿章的介入下,泰州知州许道身⑥同意代为遣散,但李又谕徐氏"格外再筹数百金,津贴泰州,以便将此事圆全过去"。事实上,周绍濂与庞钟璐本系姻亲⑦,招勇之事乃二人之间的糊

---

① 《禀复札查前领银数月日并目下无力措缴乞恩缓追由》,徐佩瑗等:《双鲤编》卷一,第20页。
② 《复泰州州厅许缘仲(道身)并伊令兄荀仲(美身)(六月廿六日)》,徐佩瑗等:《双鲤编》卷一,第13页。
③ 《致少蘧(六月初九日)》,徐佩瑗等:《双鲤编》卷一,第11页。
④ 《致少蘧(五月廿八日)》,徐佩瑗等:《双鲤编》卷一,第10页。
⑤ 《致少蘧(六月初九日)》,徐佩瑗等:《双鲤编》卷一,第11页。
⑥ 许道身(1816—1871年),字缘仲,号蕉林,国学生。道光二十年补丰县知县,咸丰十年九月以沿江集团助剿,在事出力,奏请补知府。
⑦ 周绍濂的兄长周锡庆为庞钟璐岳父,参见光绪《常昭合志稿》卷三一《人物十·义行》,《中国地方志集成·江苏府县志辑》第22册,凤凰出版社2008年版,第540页。

涂账,与永昌团无关,但徐佩瓀还是在给其兄徐佩瑗的信中隐忍劝慰道:"弟意抚宪此批于我处总算分外调停。倘执定抑彼伸此,泰州未必平服。且渠族在京亦多照应,将来恐于我处益增嫌隙。看来此事除已解藩库一千两外,又须筹措四五百金,抚宪面上似较过得去。"①但对于这笔遣散费,徐氏一时难以筹措,不得不向吴煦求助。徐佩瓀信中写道:"敝局情形既形竭蹶,旅人况味倍觉艰辛。现在家兄急于自顾,源源接济,其势不能。本同涸辙之鱼,更类幕巢之燕,异乡托迹,援手何人。加以遣散一事续备捐银,又需名世之数,万一严札催提,急于星火,空空妙手,无米何炊","倘蒙恩施格外,俯赐矜全,惠挪五部毛诗,俾纾眉急,一俟省城得手,定当先筹此款,璧返连城"。②

周绍濂一案刚了结不久,徐佩瓀便于十二月初五接到七兄徐佩璋团局急报,称前月廿八日,常熟县城骆国忠等剃发献城。徐局现奉抚宪札饬,预备堵剿事宜。徐佩瑗先期入苏城,纠合内应。慕王谭绍光闻常熟反正,疑忌徐佩瑗,拘留不放,并带万余部队,自苏赴熟。局中派勇堵剿,需人策应,嘱徐佩瓀火速回家。

待徐佩瓀赶到永昌,才得知"局中水旱练勇,自少蘧在城,马春和逸去,管带无人,呼应不灵",十二月初四、初五两日,徐局受到苏州太平军冲击,"众寡不敌,竟尔溃散"。此时徐佩璋心灰意冷,对徐佩瓀道:"我等此番将炮枪各船、军火器械,一概呈缴抚宪,避居沪城,倒觉优游自在,毋庸干预军事,弄得焦头烂额,毫无益处。"徐佩瓀踟蹰未答,其幕友程希孟道:"日前局中借领库款,刻下藩宪刘〔郇膏〕松岩札催呈缴,已非一次,若不趁此多难之秋,立一番功绩,为十二万五千银两作后文张本,将来如何了结。"徐佩瓀深以为然,决定继续办团。③

十二月十二日,徐佩瓀谒李鸿章,"奉札管带炮枪军火各船,来沪听候察看调遣",永昌徐团被正式收编。二十七日,李鸿章点验徐局炮枪各船并弁勇人

---

① 《致少蘧(七月廿九日第三号)》,徐佩瓀等:《双鲤编》卷一,第17—18页。
② 《禀方伯吴老师稿(十月初四日)》,徐佩瓀等:《双鲤编》卷一,第39—40页。
③ 程希孟:《从征隙驹集》,中国科学院近代史研究所近代史资料编辑组编:《近代史资料》总34号,第112页。

等1064名,立为巡湖营水师,听候程学启、李鹤章调遣。同治二年(1863年)正月初五,李鹤章点验巡湖营船勇,计炮船32只,枪船26只,统计营官暨弁员勇人等635员名,薪粮由抚宪水师粮台按月支领。徐佩瑈、徐佩瑛等"咸愿打起精神,并力一心,誓与少蘧六兄吐气"。①

然而徐团想要重整旗鼓谈何容易。此时徐氏与太平天国政权已彻底翻脸,在地方上日益受到掣肘。尽管被编入水师营后,局勇粮薪可从水师粮台支领,但李鹤章所定名额仅600余人,而徐佩瑈等又不愿将其余局勇尽数遣散,故而赔累日多。从《双鲤编》收录信件来看,徐氏在同治二年已陷入经济危机。徐佩瑈在给吴煦幕僚李璜②的求助信中写道:

> 所难告慰者,内而家事则被难之余家产荡然,刻下有出无入,随带川资,亦仅敷目前之用;外而公事则带出局勇一千余名,汰存七百余名,加以文案支放各友、存储军火粮米各船及额外民团枪船,统计八百余名。而应支薪粮,奉宪额设六百三十五员名,每月除将营官薪水、公费银二百两贴用外,尚须赔垫五百余金。支绌情形,笔难罄述。去腊在沪,曾奉面谕,此项局勇断宜自行管带,庶数年办团名目,尚得留存什一,从此勉图功绩,并可稍振坠绪。……惟现在势处万难,并未稍展片长。半途中止,固无是理。而长此敷衍,空空妙手,无米何炊。③

同治二年十月二十五日,苏州克复,徐佩瑈等得知兄长徐佩瑗已被慕王枪决。十一月初十,在娄门内姚家角湖畔捞获徐佩瑗尸体,"两足尚练铁镣,惟首

---

① 程希孟:《从征隙驹集》,第113—114页。
② 李璜,字友琴,监生,宜兴人。一生为幕客师爷"垂五十年。咸丰庚申之乱,璜客苏松太道署",即为吴煦之幕僚。徐佩瑈作此信时,吴煦已卸苏松太道及署布政使职,李璜亦赋闲。参见光绪《宜兴荆溪县新志》卷八《人物·义行》,《中国地方志集成·江苏府县志辑》第40册,凤凰出版社2008年版,第269页。
③ 《致李友琴(三月初五日)》,徐佩瑈:《双鲤编》卷一,第51页。

级业已无存"。① 李鸿章同意请旨议叙。十一月四日奉上谕,徐佩瑗着赏加按察使衔。②

正如徐佩瑗幕僚程希孟所设想的那样,通过一年多随军作战,徐氏背负的12.5万两奏销案有了转机。同治三年(1864年)二月,李鸿章与徐佩瑗等达成协议,徐佩瑷"办团时所领十二万五千两饷银,抚宪令戍卿捐田一千亩,由本营具禀长洲县何实甫公祖转禀营务处,详明奏销"。徐氏兄弟欣喜不已,二月二十三日,徐佩瑛等即由永昌到苏州,"送到报捐田亩却〔坿〕图清册一本"。③

同治三年四月朔,巡湖营水师被遣散。徐氏兄弟回到永昌,修葺旧居,接回寄居在沪的家眷,重新当起乡居地主。自咸丰十年(1860年)四月团练,至此已四载。在此过程中,永昌徐氏既付出了生命与财产的代价,也获得了军功与议叙;既受到种种非议与质疑,也与地方官绅建立起私人关系。那么这些"战功"与"资本",对徐氏家族战后的命运有何种影响呢?

三、浩劫之后

战争结束后,徐昇一房,即徐氏西宅,仍拥有6000多亩土地。此外还有市房及其他产业,如位于苏州城内与元和县三图的两处酱园,以及相城的一处典当。但徐氏经济实力已大不如前。徐佩瑗自称:"所有故主分得祖父在日均析之资产,久经荡尽。而团局又于同治元年冬间,被贼冲毁,宅内封抢一空。故主又遭戕害,所遗寡妻弱息,伶仃孤苦,糊口之资,尚属艰难。"④此处虽有夸张成分,却也不尽为虚构。此外,由于战争后期为维持巡湖营与局勇开销极大,徐佩瑗等不断举债借款,导致战后"遗债四万余金,打门索逋,纷至沓来"。⑤

---

① 程希孟:《从征隙驹集》,第141页。
② 同上书,第142页。
③ 同上书,第148、149页。
④ 《禀长邑尊蒯德模(九月十五日稿)》,徐佩瑗等:《双鲤编》卷三,第83页。
⑤ 《呈复长洲县吴承潞广庵(六月廿八日)》,徐佩瑗等:《双鲤编》卷四,第106页。

而徐氏首先要处理的,还是12.5万两军费奏销事。

尽管李鸿章曾于二月间与徐佩瑗等达成口头协议,令徐家捐田千亩,由水师营具禀长洲县,转禀营务处详明奏销,徐家也及时呈缴了报捐田亩清册,但在水师营裁撤之前,相关手续并未完成。在朝廷颁发军需报销新章之前,李鸿章并不愿贸然行动。

同治三年(1864年)七月,内阁奉上谕:"所有同治三年六月以前各处办理军务未经报销之案,准将收支款目总数,分年分起开具简明清单,奏明存案,免其造册报销。"①徐氏军费一案有了正当的解决途径。此时,原长洲县令何光纶已于三年八月离任②,继任者为蒯德模。九月,徐佩瑗等向蒯德模递交禀稿,其中写道:"伏查本省防剿募勇口粮,及军火器械一切经费,向准开支。踌躇至再,惟有据实禀陈。仰恳大老爷俯赐矜全,转详各大宪,准将前领募勇经费银两,奏请免追,及免其造册报销。"③同时称"此次省城克复,得返家园,重睹天日,悉出大宪之赐也。因念现办善后事宜,需费必巨,情愿将祖遗坐落台治下田一千亩一分三毫,共额米一千一百一十二石一斗六升五合,捐充经费"。④ 两个月后,李鸿章上奏:

> 臣查徐佩瑗办团始末,众论微有异同,然当苏城初陷,贼焰四张,永昌镇去城四十里,已入虎口,徐佩瑗倾资结众且战且守,间用权宜羁縻之术,为久持自完计,附近数十里内赖以苟安。两次设计内应,卒死其事,家亦旋毁,心迹大明。……而徐佩瑗从前领款未及造销,悬案待结。究之款归公用,不应取偿于一家;功虽无成,未便勒赔于身后。合无仰恳天恩,准将徐佩瑗前领饷银十二万五千两,概免追缴。饬由前署苏藩司吴煦汇入军

---

① 赵烈文:《能静居日记》第二册,同治三年七月二十一日条,岳麓书社2013年版,第815—816页。
② 民国《吴县志》卷三《职官表二》,《中国地方志集成·江苏府县志辑》第11册,凤凰出版社2008年版,第45页。
③ 《禀长邑尊蒯德模(九月十五日稿)》,徐佩瑗等:《双鲤编》卷三,第83页。
④ 《禀长邑尊蒯德模(九月十五日稿)·又禀》,徐佩瑗等:《双鲤编》卷三,第84页。

需案内遵照新章开报,免其造销。至徐佩瑗应否议恤之处,容饬忠义局司道核明详办。所有查明练董死事,恳恩免追领款缘由,理合附片具陈,伏乞圣鉴训示。谨奏。①

值得注意的是,李鸿章并未在奏片中提及一千亩田产之事。因此,徐家交出田产究竟是"捐"还是"罚",性质始终暧昧不清。其次,徐佩瑈在早前向吴煦汇报此事时,曾认为李鸿章代为奏销之际,"得能与六家兄请恤一节并案入告,幸甚,幸甚"。② 然而李鸿章却认为"徐佩瑗应否议恤",尚需忠义局司道核明详办,这都加剧了徐氏在地方的困窘处境。

按照协议,徐氏所捐之田成为苏州善后局公产,实际仍由徐氏代管收租。苏州善后局由江苏布政使、按察使总理,下设委员、绅董。当时"苏常松太各属,每县各有善后局,局数十百人"③,善后事务涉及清粮、清田、劝农、收捐、工程、慈善等各个方面,在地方行政中扮演重要角色。然而战时积极办团、战后捐田千亩的徐氏非但未能进入这一集团,反而要面对善后局的种种压力。

同治三年(1864年)冬,徐氏首次代局收租。次年二月初九,徐佩瑈给县令蒯德模去信称:"代收之租,现尚未及二成。既蒙委办,自当极力。惟自阴雨以来,各佃心怀观望,殊恐不能报命。兹特将现收洋三百五十五元零,并垫付洋二百四十四元零,共计洋六百元,先行缴上,乞为点收,并付收条。"④四月初八日,徐氏又交租米20石,仍欠官府696.079千文。⑤ 蒯德模催促徐氏收租,要求"将代收之租,刻日清完"⑥,而徐氏却表示自己"赔垫业已不少",请求宽

---

① 李鸿章:《免追徐佩瑗前领饷银片(同治三年十一月初五日)》,顾廷龙、戴逸主编:《李鸿章全集·奏议(一)》,安徽教育出版社2008年版,第607页。
② 《禀前藩宪吴晓帆夫子(四月五日)》,徐佩瑈等:《双鲤编》卷二,第81页。
③ 薛福成:《上曾侯相书(乙丑)》,《庸庵文编·外编》卷三,《续修四库全书》第1562册,上海古籍出版社2002年版,第222页。
④ 《简长邑尊蒯子范明府(四年二月初九日)》,徐佩瑈等:《双鲤编》卷三,第86页。
⑤ 《复蒯子范(五月三日)》,徐佩瑈等:《双鲤编》卷三,第88页。
⑥ 《致蒯明府(五月二日)》,徐佩瑈等:《双鲤编》卷三,第87页。

限时日,至五月末设法交齐。① 五月十七日,徐氏缴清最后的 333.395 千文,代收租米事才得以完结。②

此次代收租米过程中,还发生了朱万丰欠租一案。佃户朱万丰租种徐氏捐田内位于长洲县十二都下九图据字圩的 9 亩田地,租米 6 石。作为田面地主,朱万丰于咸丰九年(1859 年)将田面典于郑氏。咸丰十一年,郑氏病逝,其子郑银福决定退还田面,朱万丰却以租种年限未满五年以及下契丢失为由,拒还典价和契约。同治元年(1862 年),朱万丰又将田面租于杨三和,一年后杨亦退还。此后朱万丰既不自种,也未将此田面典出,导致田地荒芜。同治三年冬收租时,朱万丰与郑银福相互扯皮,徐佩瑗无法交差。由于事关官田官租,长洲知县蒯德模对此案进行裁决,命朱万丰归还郑银福典价,再由两家分缴欠租。③

尽管朱万丰欠租案得到解决,但蒯德模的处理方式却给徐氏租栈造成不小麻烦。徐佩瑗不断向蒯德模解释,租栈收租时,"各佃鋬单,向列原佃姓名",即使佃户将田典放于他人耕种,"业主总向原佃之名,派鋬收租",只有当佃户将田面绝卖于他姓,并与催甲一同至租栈说明,才可更换佃户名字。故此案当判朱姓一人完缴欠租。④ 如今各佃户得知朱万丰一案最终"令局外代为完欠",若闻风效尤,业主收租必然掣肘。⑤ 徐佩瑗的意见不无道理,但作为地方官的蒯德模或许更在意舆情与习俗,而并未维护土豪地主的利益。

战后回到家乡的徐氏不仅要面对来自顽佃与官府的压力,其与郡绅之间也龃龉不断。正如徐氏兄弟所抱怨的:"自省垣克复以来,郡中绅士挟六先兄立局时捐饷之嫌,屡思寻衅,一是情形,不堪殚述。"⑥尽管徐家试图通过军功、捐纳提高社会地位,但这一家族始终被排除在苏州士绅群体主流之外,甚至受

---

① 《复蒯子范(五月三日)》,徐佩瑗等:《双鲤编》卷三,第 88 页。
② 《简即补直州署长洲县蒯德模(又五月十七日)》,徐佩瑗等:《双鲤编》卷三,第 89 页。
③ 同上。
④ 《呈直知州署长洲县蒯明府德模字子范(四月二十日)》,徐佩瑗等:《双鲤编》卷三,第 86 页。
⑤ 同上书,第 87 页。
⑥ 《复前浙江布政使司介公麟趾蕉园令媛元珠小姐(丁卯二月十四日)》,徐佩瑗等:《双鲤编》卷四,第 100 页。

到敌视与排挤。这在同治五六年间徐氏因减租被罚一事上体现得尤为明显。

同治四年(1865年)十一月,在冯桂芬、潘曾玮、顾文彬等苏州士绅的推动下,户部议准苏松常镇太四府一州的减赋方案,共计削减54万余石。其中苏州府减赋比重更是高达三成以上,群情振奋。"租以供赋,减赋自宜减租"①,同治五年,苏州城内士绅众议减租事宜,徐氏自然无法参与。

就在同治五年七月,徐氏西宅在母亲戈氏的主持下重新分家,徐佩璘、佩瑷、佩璋、佩瓀、佩瑛五房,"每房分受祖遗台治下各都图不等则田一千余亩",分立恒丰、萃丰、益丰、大丰、乾丰五租栈。② 其中萃丰栈管徐佩瑷长子徐源名下田产,由于徐源年仅9岁,租栈事务由徐佩瓀代为经理。

当年秋冬,萃丰栈填写租由,开仓收租。当时徐佩瓀听闻"郡绅有议减租额之说,城乡远隔,未见明文,或言每石九八减收,或言照减赋之多寡,分别减租,或言重额以一石二斗一升为则,传说不一,无所适从"。然而徐佩瓀认为根据雍正十三年上谕,"减租之事,似可听凭业户酌减",于是按照"业七佃三"的比例酌量核减,填由发出,"重额亦未过一石二斗一升之数"。③

未料郡绅所议减租章程后,经禀请江苏布政使郭柏荫出示,阖属一体遵行。其减租规则为"每亩一石以内,正数减为九七折,一石以外,零数五折",每亩最高租额不超过一石二斗。④ 按照章程,萃丰栈管田1270亩,原额租米约1361石,当减租70石。但萃丰栈所发租由只填"让限七升让灾三升",照此计算约减租50余石,比章程规定有所短少。⑤ 据徐佩瓀日后呈禀,新章颁布之时,萃丰栈已不及收回租由,于是收租时"除照泰丰栈让限七升、让灾三升之外,多让四升,每石共让一斗四升。似此权宜遵减,租由虽与各栈两歧,减数仍

---

① 冯桂芬:《江苏减赋记》,《显志堂稿》卷四,《续修四库全书》第1535册,上海古籍出版社2002年版,第546页。
② 《禀长邑尊吴承潞广庵(九月廿六日)》,徐佩瓀等:《双鲤编》卷四,第107页。
③ 《呈道衔即补府长洲县正堂蒯子范(十一月廿七日呈)》,徐佩瓀等:《双鲤编》卷四,第98—99页。
④ 冯桂芬:《江苏减赋记》,《显志堂稿》卷四,第546页。
⑤ 郡绅减租额度与徐氏减租额度的比较,详见夏井春喜《中国近代江南の地主制研究》,東京:汲古書院2001年版,第242页。

无不合"。①

然而郡绅见萃丰栈收租由单上尽填"让限七升让灾三升",认为徐氏不遵减租章程,请求冯桂芬、顾文彬、潘曾玮以及汪堃等人"函请藩宪饬县查办,责其上违宪示,下朘佃力"。② 面对责难,徐佩瑷自认并不理亏。由于开仓时每石多减 4 升,萃丰栈实际减租已达 100 余石,与章程相比有赢无绌。更令其不服的是,此次未遵章程收租的并非只有徐家,"城中多有不遵,何论合属"③,郡绅之所以针对徐氏,乃因挟徐佩瑷办团时捐资助饷之嫌,"有意欺懦"④。

对于郡绅的指控,长洲县令蒯德模并不以为然。正如徐佩瑷所言,在减租章程颁布之前已发租由的租栈必定不止其一家,而若徐家租栈实际减租额与新章确有较大出入,则不待郡绅指责,恐怕早有佃户要抗租闹事。据徐佩瑷所言,蒯德模见其供述后,在内署面谕道:"据供尽可详请藩宪销案。惟各绅有意寻衅,若不捐助二千串,未易为兄解散。"这笔"捐助"的接受者即善后局。起初,徐家以为"各房攒凑三四百千,略为点缀",此事即可过去。⑤ 然而至同治六年(1867 年)春,善后局提出定要徐佩瑷等缴罚捐 3000 洋元,若不允捐,即将徐佩瑷立局办团之事,"捏饰事端,函致都中,嘱令入告"。徐佩瑷等自忖"身处窭乡,如此巨款,势难允许。又恐衅端一开,纵可了结,仍多破耗,是以尚未决绝回复"。⑥

同治六年二、三月间,徐佩瑷等为此事焦头烂额。同治五年米价每石大约 3000 文⑦,徐家愿凑"三四百千,略为点缀",实际已合米 100 余石。当时徐家五租栈管田、租米数额相差不大。如前所述,即便按照租由计算,徐氏减租额

---

① 《呈道衔即补府长洲县正堂蒯子范(十一月廿七日呈)》,徐佩瑷等:《双鲤编》卷四,第 99 页。
② 《复绍圃三叔祖(二月二十四日丁字第一号)》,徐佩瑷等:《双鲤编》卷四,第 101 页。
③ 《寄绍圃三叔祖(三月廿三日丁字二号)》,徐佩瑷等:《双鲤编》卷四,第 103 页。
④ 《复前浙江布政使司壮介公麟趾蕉园令媛元珠小姐(丁卯二月十四日)》,徐佩瑷等:《双鲤编》卷四,第 100 页。
⑤ 《寄绍圃三叔祖(三月廿三日丁字二号)》,徐佩瑷等:《双鲤编》卷四,第 103 页。
⑥ 《复前浙江布政使司壮介公麟趾蕉园令媛元珠小姐(丁卯二月十四日)》,徐佩瑷等:《双鲤编》卷四,第 100 页。
⑦ 同治四年苏州"时价石钱三千二百";同治六年常熟白米"在三千之内"。参见冯桂芬:《江苏减赋记》,《显志堂稿》卷四,第 546 页;柯悟迟:《漏网喁鱼集》,中华书局 1959 年版,第 105 页。

的确少于新规,也不会超过 20 石,而西宅五房减租相同①,合计当为 100 石左右。这大概也是徐氏愿认罚"三四百千"的依据。而若罚捐 3000 元,则几乎是一个租栈的全部租米收入,的确令徐家无法接受。

从《双鲤编》所收信件来看,此时徐氏兄弟可以倚靠的人际资源只有两个。一是三叔祖徐炳烈,咸丰八年(1858 年)举人,九年进士,时为兵部候选郎中②;二是前浙江布政使麟趾家人。徐炳烈虽与徐佩瑈等同宗,但素无联系,直至同治四年(1865 年)才有书信往来。而徐炳烈中进士后为内阁中书,可见其名列二三甲,经吏部铨选后很可能从兵部主事上行走开始仕途。这样的人物并不足以成为徐家在京城的政治靠山。麟趾为桂良之孙,出身正红旗满洲瓜尔佳氏,由知府升杭嘉湖道,署浙江布政使。同治元年杭州被围,麟趾"随同巡抚王有龄登陴固守六十余日,城陷复督勇巷战,力竭捐躯"③,谥壮介,入祀昭忠祠④。麟趾死后,其女元珠小姐下落不明,家人四处托人找寻。后经永昌徐团之眼线与人力,将元珠小姐安全接回上海。八月廿五日,元珠小姐与麟趾太太"母女相见,如获再生,喜极生悲,一场大恸。家人回称,渠处感激异常,无可图报,须诸异日"。⑤ 从徐佩瑈称麟趾太太为"亲母宪大人"来看,后者可能认其为义子。元珠小姐亦表示,徐氏"拯拔之恩,念念不忘,将来入宫面圣见姑母",必将徐团情形"细细剖陈,一一照拂"。⑥ 麟趾家人大约是徐氏在京城最重要的人脉资源,徐佩瑈遇到烦难事时曾多次写信请求帮助。但这也无法改变徐家的命运。

同治六年(1867 年)三月十二日,新任江苏布政使丁日昌到任,徐氏减租被罚案依然未能了结。见局势再难扭转,徐佩瑈等最终在四月做出让步,向蒯德模禀复道:"仅因先不除额,郡绅即行议罚,职侄实所不甘。但公祖格于绅议,若使

---

① 《寄绍圃三叔祖(三月廿三日丁字二号)》,徐佩瑈等:《双鲤编》卷四,第 103 页。
② 《禀复绍圃三叔祖(七月初十日)》,徐佩瑈等:《双鲤编》卷三,第 89 页。
③ 左宗棠:《覆陈杭州殉难大员死事详细情形折(同治三年十月初七日)》,《左宗棠全集》第三册《奏稿》卷十一,上海书店出版社 1986 年版,第 1843 页。
④ 《清穆宗实录》卷一一九,同治三年十月丙申条,中华书局 1987 年版,第 643 页。
⑤ 《致少莲(八月廿五日第九号)》,徐佩瑈等:《双鲤编》卷一,第 26—27 页。
⑥ 《致少莲(九月十九日第十六号)》,徐佩瑈等:《双鲤编》卷一,第 38 页。

遽行详销,在郡绅不肯受访查不确之名,或转以公祖为袒护,职侄益深罪戾。惟自故兄死难以来,职侄家产荡然,所有千余田亩,系祖母养膳之田,暂行给予收租度日,安有余资议罚。再四思维,拟于职等五房内勉力凑捐钱二千串,陆续呈缴,请即拨归郡中善举经费之用,以赎不及追改之愆,并将前案即赐详销。"①

徐佩瑗担心"郡绅不肯受访查不确之名,或转以公祖为袒护",并非无端臆测。就在徐氏认罚不久,御史朱镇②即奏参蒯德模,亦提及蒯"庇护"徐佩瑗一事:

> 蒯德模又与土豪候选道徐佩瑗结盟为兄弟。上年冬间,苏城各绅富因迭荷恩旨永减漕额,有田绅富等联名公禀藩司,请永减佃户租额,以恤民力而便输将,当经该藩司批准,出示刊碑存案。乃土豪徐佩瑗家有田二万余亩,非但不遵公令,且上年加增租额,刻剥乡民,经众绅富控禀大吏罚令捐修学署。乃蒯德模挺身庇护,仅令徐佩瑗罚钱二千串,至今复分文未缴。实缘蒯德模得受徐佩瑗贿银二千两,是以为之竭力弥缝。③

事实上,不仅徐佩瑗家无田二万余亩,徐氏西宅五房合计也只有田六千余亩。若徐佩瑗能轻松拿出二千两行贿,倒不如直接认罚来得简单。徐佩瑗与蒯德模结盟为兄弟、加增租额等事,亦经不起推敲。后经曾国藩等查明,"蒯德模被参各款,毫无实据,且能尽心民事,办理漕粮,破除情面,访诸舆论,亦皆称为好官,与该御史所奏大相径庭。原参各情,实属是非倒置"。④ 蒯德模冤屈得雪,徐氏的厄运却未结束。同治六年(1867年),地方官员对太平天国占领时期的乡官进行清算,徐氏又被罚捐3000石米赎罪。⑤

---

① 《按察司衔即选道徐佩瑗禀长洲县蒯德模(四月)》,徐佩瑗等:《双鲤编》卷四,第105页。
② 朱镇,字静甫,号少远,上元县人,道光二十年钦赐举人,同治四年由刑部郎中补授陕西道御史。
③ 曾国藩:《曾国藩全集·奏稿之九》,岳麓书社2011年版,第435页。
④ 《咸丰同治两朝上谕档(同治六年)》第十七册,中国第一历史档案馆,1998年,第876号,第323页。
⑤ 陆筠:《海角续编》,中华书局1959年版,第117页。

余论:战争、家族与地方社会

  太平天国战争对县以下的基层社会究竟产生了怎样影响? 对于这一问题的探讨,当在区域史的脉络下继续深入。永昌徐氏的办团经历与家族命运,提供了一个反映江南基层社会特征的个案。

  首先,太平天国战争期间,在苏常团练组织者内部,绅士与土豪一直是壁垒分明的两个阶层。咸丰三年至十年初,各地奉檄举办团练,皆以在籍官员与地方绅士为核心。咸丰十年(1860年)初,随着苏常沦陷,前期的绅士办团被证明毫无实效。此后各地兴起的白头勇、枪船队,则多由土豪率领。永昌徐氏、周庄费氏是其中的代表。这些在地势力从未被传统士大夫所认可。正如殷兆镛言:"江、浙交界莠民之最横者,莫如枪船","各设旗号、令箭、文案、印信、衙局、关卡,除行劫开赌外,征收商税、田租,听断词讼,调停民贼,受贼王侯将相之封。然恐一旦贼平,无以自立也。时至上海结纳官长,拜认师生,求给团练札谕,为日后免罪冒功张本。"①与身处太平军占领区或交战前线的土豪势力相比,这一时期的士绅则多在各营、局或抚宪藩司麾下游幕,上海、安庆这些相对的"安全区"成为其大本营。两个阶层的处境、心态与策略完全不同,也绝少合作。就江南地方而言,在团练与地方军事化过程中,一个一体化的"精英—绅士"阶层并不存在。

  战争是否改变了地方权力关系,或造就了新的"精英阶层"呢? 孔飞力认为,"内战的混乱局势造成了地方名流权力的扩大,这种权力常在县以下政府的正式机构中行使"。但从根本上说,这是旧秩序的延续。②而郑小威则指出,太平天国战争在宁绍地区留下的遗产,是"经济资本(economic capital)"逐渐超越"文化资本(cultural capital)",成为定义"精英"的重要因素。这在杨坊

---

① 《附殷兆镛原折》,曾国藩:《曾国藩全集·奏稿之四》,第328—329页。
② 〔美〕孔飞力:《中华帝国晚期的叛乱及其敌人:1796—1864年的军事化与社会结构》,第229页。

(? —1865年)与陈政钥身上体现得尤为明显。战争之后,"经济实力在地方事务中变得愈发重要,经济资本的上升挑战着官府通过科举考试赋予社会威望的垄断权。这些变化不仅弱化了朝廷的权威,而且破坏了旧的统治结构基础"。① 那么江南地区的情形如何呢？

笔者以为,经济资本挑战文化资本的现象并未在战后立即出现。事实上,尽管杨坊、俞斌所代表的新兴买办阶级在战时的上海较为活跃,但他们依然屈服于官员与朝廷的权威。同治元年,俞斌被罚捐军饷二十万,在家产被抄后于同治二年(1863年)身故。② 李鸿章又利用白齐文事件惩罚了杨坊与吴煦,令其分赔白银四十余万两。③ 左宗棠任浙江巡抚后,勒令杨坊等浙江绅富捐米十万石办赈,杨坊捐银二万两后,左宗棠仍表示不满,上奏朝廷称"浙江之富绅杨坊、俞斌、毛象贤等十数员,身拥厚资,坐视邦族奇荒,并无拯恤之意,且有乘机贱置产业以自肥者,为富不仁,莫此为甚"。旋奉上谕:"着照左宗棠所拟,饬令富绅杨坊等力措巨款,广购米石,迅救阽危,如敢不遵,即行严办。"④可见在"精英能动性"的背后,是政治权力的强烈干预。

永昌徐氏的案例,更体现出旧的统治结构基础之牢固。功名、入仕是进入"精英阶层"的基本条件,而经由科举、仕途所建立起来的人际资源,亦能在关键时刻起到政治庇护作用。庶民地主出身的徐佩瑗等正是因为缺乏这些条件而始终处于政治弱势。正如李鸿章到上海后见内外与徐氏不合,即一针见血地指出:"徐氏夙有富名,又未出仕外间,难免索借不遂,啧有烦言。"⑤战后的

---

① Zheng Xiaowei,"Loyalty,Anxiety,and Opportunism:Local Elite Activism during the Taiping Rebellion in Eastern Zhejiang,1851 - 1864,"*Late Imperial China*,vol. 30,no. 2,2009,p. 76.
② 李鸿章:《俞斌身故免缴欠款片(同治三年七月十六日)》,顾廷龙、戴逸主编:《李鸿章全集·奏议(一)》,第537页。
③ 李鸿章:《白齐文滋事撤换片(同治元年十一月十八日)》,顾廷龙、戴逸主编:《李鸿章全集·奏议(一)》,第160页。
④ 左宗棠:《沥陈浙省残黎困敝情形片(同治二年二月初四日)》,《左宗棠全集》第二册《奏稿》卷四,上海书店出版社1986年版,第984、987页。
⑤ 《复少蓬(六月十二日)》,徐佩瑗等:《双鲤编》卷一,第12页。

徐氏始终被排除在"精英阶层"之外,"经济资本"、军功、捐衔、议叙都未能帮助徐氏完成社会上行流动。他们不断向善后局缴纳"罚捐",则更具有讽刺意味。

事实上,时人眼中的善后局绅士并非正义代表。薛福成就指出,局董"平居皆习为奸利,至无行义之辈。其中或有稍公正者,上官使主其事,亦以乡党亲故,莫能相禁。以故岁糜钜万,报销于上官,不啻以一为五,道路嗟叹,以为不如其已"。① 如苏州汪锡珪,"已故大学士潘世恩之妻侄,在籍候选道潘曾玮之妻弟,捐纳郎中,捐戴花翎,捐三品衔,包揽词讼,把持公事,横霸一方,无恶不作,苏人呼为裙带乡绅。家本巨富,贪官污吏多与结交"。② 但这些有科举世家背景的人物,却始终能跻身于"精英"队伍中。

虽然战争并未导致旧的统治结构与地方权力关系之迅速转变,但是战后农村经济的衰落却是相当明显的。在佃户抗租与官府加捐的双重压力下,土地收益日渐萎缩。而徐氏在战后仍以投资土地为家族经济基础,这是最不明智的选择。

同治十二年(1873年),曾在巡湖营中做过幕僚的程希孟给徐佩孺、徐佩瑛分别去函,劝说兄弟二人趁田价稍涨尽快脱手。事实上,同治十二年适逢大旱,对于徐氏这样的大地主原为利好。但程希孟却提醒徐佩孺,一旦米价上涨,必须尽快脱手,"断勿迟延观望,致落呆局"。因当时苏州城内积谷仓"存谷不下十万,如遇真荒,米价顿长,无有不发店砻米,平价粜卖。城中平粜,乡间岂能独贵。可知米价之贵,不能拖长日子。万一囤积居奇,又要被人说话了。……一遇荒年,又比不得从前人多米少,刻下米多人少,即使长价,亦看得见,依然是抢帽子事。可见办米一事,实无足取。近知吾兄借项,又复不少,日涨夜大,拖在身上,实属可危。据弟愚见,明年定歇手,万勿再为心活。趁现在

---

① 薛福成:《上曾侯相书(乙丑)》,《庸庵文编·外编》卷三,第222页。
② 鹤樵居士:《盛川稗乘》,《太平天国史料丛编简辑》第二册,中华书局1962年版,第186页。关于苏州潘氏在太平天国时期及战后的社会角色,参见徐茂明等著:《明清以来苏州文化世族与社会变迁》,中国社会科学出版社2011年版,第197—210页。

田价较前大长之时,将身上洗得干干净净,省俭度日,犹可以为善国"。① 程希孟给徐佩瑛的信件内容也大致相同。当时徐佩瑛家外债达六七千两白银,每年利息约一千两,"所收租籽,尽行出利",日用所需,全靠每月四十余两房租收入,内外交迫,度日艰难。故程希孟奉劝徐佩瑛:"趁现在田价起色之际,约数销售。……先将身子上洗得干干净净,然后克勤克俭,再做人家。"②

然而徐佩孺与徐佩瑛都没有接受程希孟的建议。光绪六年(1880年)冬,苏州发生抗租,郡绅向布政使请求允许比追顽佃。在潘遵祁、顾文彬、潘曾玮、吴毓滋、汪堃等16名士绅署名的《苏州公呈》中,永昌徐氏又被作为"私增额租"、"私造斗斛"、凌虐佃户的反面典型遭到指责。③ 光绪十五年(1889年),爆发了更大规模的抗租案,打抢佃农多达四千人。《永昌新文录》中写道:"岁在庚寅,月闰仲春。去秋霪雨久阴,未收租赋,今春藩宪出示,以定章程。业主收半租以办粮,佃户准五成以赴栈。是以徐氏达馀④,栈名德馨,发租票而重开仓,以顽佃而进禀单。孰意农民就邪去正,聚众同心,不顾业主之靠租营生,徒想自己之还租要命。月复一月,日复一日,以致大胆如斗,殴差毁单。"⑤此时,以上海为龙头,江南城市正越来越快地步入近代化轨道,投身于文化、技术、金融、实业的新精英阶层在城市中成长起来。而未能实现城乡转型的徐氏又一次失去了社会上行流动的机会。

[作者简介] 罗晓翔,南京大学历史学院副教授;张景瑞,南京大学历史学院硕士研究生。

---

① 《致徐戊卿观察(癸酉四月廿九日)》,徐佩孺等:《双鲤编》卷五,第109页。
② 《致徐英如》,徐佩孺等:《双鲤编》卷五,第109—110页。
③ 《续录苏州公呈》,《益闻录》101号,光绪七年四月二十四日。
④ 徐达馀即徐朝经,为徐佩孺堂侄。参见《禀复绍圃三叔祖(七月初十日)》,徐佩孺等:《双鲤编》卷三,第93页。
⑤ 《永昌新文录》,转引自吴竞:《太平天国失败后苏州东永昌农民的抗租斗争》,《苏州大学学报》1986年第1期,第116页。

江南城市

奉城老城厢的历史形态学演绎[*]

孙昌麒麟

内容提要：奉城老城厢在1912年之前一直为奉贤（今属上海）的县城，有近200年的县城史，筑城史更可追溯至洪武年间的青村中前千户所。本文利用文字与地图等多种类型史料，将奉城平面格局分为城墙、水系、桥梁、街巷和建筑五种要素，一一揭示其变化过程，演绎自建城以来城市形态的变迁，并绘制成图。奉城"街水分离"的城市形态所表现出的"厌水性"性格，昭示了同其他江南水乡原生城市迥然不同的发生与生长模式。

关键词：奉城　城市历史形态　厌水性　江南城市　历史文化风貌区

奉城老城厢是目前上海所公布的44片历史文化风貌区中，仅有的三处以完整老城厢城市景观入围的历史街区（另两处分别是南市和青浦老城厢）。[①]作为奉贤县（今奉贤区）的老县城，奉城的护城河与十字街主街系统保存近乎

---

[*] 本文获复旦大学《新编上海历史地图集》项目资助。
[①] 上海历史文化风貌区名单可见《上海市城市总体规划（2016—2040）报告（草案公示版）》中《上海市域历史风貌保护规划图》，2016年，第118页；风貌区范围见上海市政府官方微博http://weibo.com/2539961154/BhUlEydja? from＝page_1001062539961154_profile&wvr＝6&mod＝weibotime#!/2539961154/BhUlEydja? from＝page_1001062539961154_profile&wvr＝6&mod＝weibotime&type＝comment#_rnd1500566063537。

完好,是江南城市历史形态研究不可多得的实物样本。既往研究中,张驭寰、张春辉等人对奉城的城市历史形态有过涉猎,①但深入的研究和复原工作尚无人着手。近年来,康泽恩(M. G. R. Conzen)等人的西方城市历史形态学理论与方法被逐步引入到中国古代城市史地的研究中,②钟翀《上海老城厢平面格局的中尺度长期变迁探析》③一文便是利用了上述理论方法,细致地归真了江南城市历史形态的动态演绎过程。本文亦循此理路,通过地方文献、传统舆图和实测地图等材料,结合地形地貌等因素,复原奉城老城厢的城市历史形态,揭示其在长时段时间内的演化过程。

一、资料概述与城建小史

奉城,旧名青村,雍正三年(1725年)设奉贤县,县治驻此,遂习称奉城。今存奉贤旧方志有三部,分别是乾隆《奉贤县志》(以下简称《乾隆志》)、光绪《重修奉贤县志》(以下简称《光绪志》)和民国《奉贤县志稿》(以下简称《民国志》)。这三部方志是本文复原奉城历史形态的主要依据。

现存最早的《乾隆志》是知县李治灏主修,书稿成于乾隆十九年(1754年),后又由知县周隆谦"追阙补亡"④而定稿,最终于二十三年刻版。这部书是奉贤立县后首部方志,不少内容为书内首见。卷首有郁希范所绘《县城图》(以下简称《乾隆图》),该图绘法写意,图文简略,仅记载了些基本地物。

---

① 奉城城市形态的既往讨论可参见张驭寰:《中国城池史》,百花文艺出版社2002年版,第594—596页;张驭寰:《中国古代县城规划图详解》,科学出版社2007年版,第174—175页。张春辉:《上海近郊传统聚落景观形态浅析:以奉城老城厢为例》,《美与时代旬刊》2011年第2期,第98—100页。

② 西方城市历史形态学相关理论可见康泽恩:《城镇平面格局分析:诺森伯兰郡安尼克案例研究》,中国建筑工业出版社2011年版。

③ 钟翀:《上海老城厢平面格局的中尺度长期变迁探析》,《中国历史地理论丛》2015年第3期,第56—70页。

④ 周隆谦:《奉贤县志序》,李治灏:乾隆《奉贤县志》,《上海府县旧志丛书·奉贤县卷》,上海古籍出版社2009年版,第10页。

成于光绪三年(1877年)的《光绪志》是奉贤第二部方志,知县韩佩金主修,该志成于编修《江南通志》的机缘,条目清晰,内容丰富。书内卷首的《奉贤县城图》(以下简称《光绪图》)虽仍然使用传统的写意绘法,但用平面法绘图,已隐隐有近代实测地图的风格,更比《乾隆图》多了支巷、河道等地物,价值也更高。

第三部方志《民国志》,专由县文献委员会于1948年起编修,当时书未完成,后来又有散佚。1988年县志办公室整理此稿,并将另一残稿民国《增修奉贤县(志)草卷》一并抄录,合为一书,仍定名为民国《奉贤县志稿》。① 该书编纂方式远不同于旧式传统方志,编目新颖,记述更加翔实精准。今日所流行版本是余霞客于2009年整理出版的校点本,②该本以1948版为底本,"行文次序一依原书,……卷目以各册原目录所示定名",③同1988版面貌有所不同。

此外,宣统元年(1909年)出版的《乡土地理》是奉贤乡土教育课本,作者裴晃,该书虽然文辞简单,但以导游手册视角介绍地理界面情况,读之颇为有趣,且现场感十足,是复原研究的上佳材料。

奉贤上级和立县之前的方志,如金山卫、松江府和华亭县等地方志及其他材料对复原研究也同样具有重要作用。其中,正德《金山卫志》(以下简称《正德志》)是现存记录奉城筑城后的第一部方志,对城内的形态有不少记录。

复原研究的工作底图选择使用1985年实测的《奉城镇现状示意图》(以下简称《奉城镇图》),④图中可见十字主街和支巷、城内外水系和"旧城基"等地物,便于与传统舆图比较地物位置,适宜于复原工作。

奉城的历史若按政治地位来分,可分为四个时期,即:(1)明以前盐业聚落期(1386年以前);(2)明卫所制军城期(1386—1725年);(3)清县城期(1725—1912年);(4)近当代市镇期(1912年之后)。这四个时期大致可概括奉城地方

---

① 1948版的民国《奉贤县志稿》、民国《增修奉贤县(志)草卷》和1988版的民国《奉贤县志稿》三部书流传的具体过程参见陈金林《上海方志提要》相关的专条记述,上海社会科学院出版社2005年版,第70—72页。
② 民国《奉贤县志稿》,《上海府县旧志丛书·奉贤县卷》,第485—682页。
③ 余霞客:《奉贤县志稿整理说明》,前揭民国《奉贤县志稿》,第487页。
④ 该图刊于《奉城志》,内部发行,1987年版,第41页。

史的进程,而具体至奉城的城市化过程,则又略有差别。

奉城古称青村,是一处因制盐业而兴起的滨海聚落,在宋《绍熙云间志》卷上《场务》中就已见"青村盐场"的记录,则该处聚落的产生当不晚于此时。明洪武十九年(1386年)在此地筑城,为卫所制下的军事城池,沿用镇名,称青村中前千户所,属金山卫。从各方文献来看,青村所筑城之初是将青村镇包入了城内。《正德志》下卷一《镇市》:"在中前所,西为高桥,各三里。"① 历代方志记青村所城周6里,所城近正方形,即单边长约1.5里,说明筑城之时是包括了青村镇一半入城。那么,究竟是包括了青村镇的哪一半入城?按《正德志》同卷记"青村场盐课司,中前千户所西南二里"。② 又《乾隆志》卷一《官署》记"青村场盐课司署,在高桥镇"。③ 并《光绪志》卷一《市镇》:"高桥,在治西三里。"④ 可见青村所是在青村镇之东半部位置建造,而且青村镇核心区域是在镇西近高桥镇处,不在城内。

《乾隆志》卷一《建置》记"其城因青村之旧,立县署焉"。⑤ 所城建于青村镇上无误,但原镇形态今已不知。城内布局以十字街为主街,串联支巷,形成街道系统。十字街北另有一街,名为奉贤街,以县名街。相传奉贤县名由来是因孔子弟子子游曾至该地讲学,遂以崇奉贤人为名。黄之隽《浚青村城濠记》在开篇起首记述道:"吾郡诸水以泾港塘汇名者百数,奉贤者,泾之一也。华亭既分,遂以名其县。"⑥ 正德《华亭县志》卷二《水上》记奉贤泾在亭林(今属金山)一带,不在奉贤境内,但黄之隽是当地人,此文作于雍正九年(1731年),为表记知县舒慕芬疏浚城濠水道一事,当不至于出错。县名源于河名,比得自于"言子讲学"一事更为合乎常理。

---

① 张奎:正德《金山卫志》下卷一,《上海府县旧志丛书·金山县卷》,上海古籍出版社2014年版,第57页。
② 正德《金山卫志》下卷一,第57页。
③ 乾隆《奉贤县志》卷一,第31页。
④ 韩佩金:光绪《重修奉贤县志》卷一,《上海府县旧志丛书·奉贤县卷》,上海古籍出版社2009年版,第233页。
⑤ 乾隆《奉贤县志》卷一,第24页。
⑥ 黄之隽:《浚青村城濠记》,乾隆《奉贤县志》卷一,第25页。

洪武筑城是该城的始兴之刻，大量建筑应运而生，其中以军事管理机构和兵营为主的建筑构成城内街区主要景观。而后随着明中后期卫所制渐趋糜烂，城内也是逐步荒废。即使雍正三年(1725年)立县，定青村所为县治，也未能立刻给奉城老城厢的城市景观带来多大改观。众多作为县治所必须的衙署都未及时兴建，其他城市要素的兴造则更谈不上了。黄之隽在《浚青村城濠记》中明确说到官员"皆僦南桥民居以视事"，[①]又如，作为科举教育管理机构的县学训导署也是一直寄居在松江府城内。[②]如此尴尬的情况直至雍正九年(1731年)第三任知县舒慕芬在奉城浚濠建屋之后，才逐步有所改变，奉城迎来了成为县治之后的又一次发展机遇。

咸丰十一年(1861年)，受太平天国之乱波及，城内几遭覆灭，平定后不少建筑未能恢复。至民国元年(1912年)，县治迁南桥，遂衰落；"八一三"淞沪抗战时更遭战火，局面进一步恶化。沦落为普通市镇后的奉城失去发展机遇，缺乏管理规划。在生齿日繁的情况下，城内空地被逐步占据，城市景观向街道狭窄局促，低矮私房丛生杂乱的状态变化。今日城内所能见到的情形即是以这类窄巷杂屋为主，昔日城市要素仅有十字街、护城河等尚可辨认。

上述即奉城老城厢城市形态演绎的简要过程，可以看出奉城的城市化历程经历了两个波段(见图1)，即洪武十九年(1386年)筑城始兴到明中后期的衰落，再经雍正九年(1731年)县城兴建，到咸丰十一年(1861年)至1937年"八一三"因战乱而衰败。

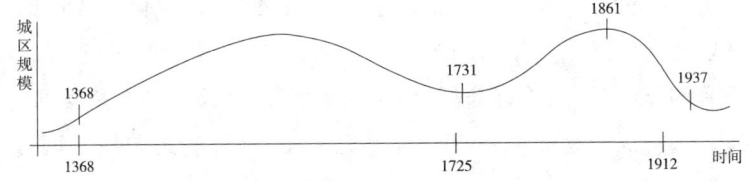

图1　各时期奉城老城厢城区规模示意图

---

① 黄之隽：《浚青村城濠记》，第25页。
② 见乾隆《奉贤县志》卷一，第31页。

二、城市平面格局的复原

一座城市的平面格局往往会对城市形态产生重要甚至是决定性的影响,若欲追溯一座城市的历史形态变迁,那么对它的平面格局变化过程的复原是必不可少的研究步骤,本节即试图探究奉城老城厢明清两个历史时期内的平面格局的变化过程。而城市平面格局一般是由街道、地块和建筑基底三者组成,街道划分出地块,建筑基底是地块的组成细胞,三者的分布排列形成了城市的形态。

奉城老城厢的史料较为匮乏,各部方志间隔时间长,记述内容详略不一,地图资料也不丰富,不少时段的演变难以推证,因而下文拟采取概述式的方法对明清时期奉城老城厢的平面格局进行讨论。文中结合江南水乡地貌特征,将城市形态要素拆分出城墙、水系、桥梁、街巷和建筑等五大要素,一一分析复原,确定其在今日城市平面上的位置。

1. 城墙复原

城墙作为固结线,即用来框定城市边界的一条界线,是一个无论在外观视界中,还是在心理层面上,都具有象征意义的巨大建筑物。虽然很多例子表明,明清中国城市的街区常有溢出城墙情形出现,城墙并不能完全限定城市平面格局的规模,但是,奉城的前身——明代青村所城是一座军事城池,城墙对于其来说,不仅具有象征意义,更具有实用价值,因而以城墙为奉城的固结线来决定其城市边界,具有一定的合理性。

换言之,确定城墙位置,就确定了奉城平面格局的规模。按《正德志》载,青村所城墙建于洪武十九年(1386年),初为土城,永乐十五年(1417年)改为砖城。城有四座陆门,门外有瓮城,门上有城楼,无水关,另有角楼四座,箭楼二十八座。最初周长是5里89步,高1丈9尺,永乐改筑砖城时城高2丈5尺。《乾隆志》卷一《城池》中的记载则是"周回六里,高二丈五尺"。[①] 这个高度是改砖城后的数值,所以永乐修城时扩展过城墙基址,从5里89步扩展到

---

① 乾隆《奉贤县志》卷一,第25页。

6里,城墙的位置和形制一直到民国拆城时都基本没有变动。上书同卷还记载了四座城门的名字,东西南北分别是"朝阳"、"阜成"、"镇海"、"拱辰"。

民国十九年(1930年)起,当地开始拆城,①至今仅存北瓮城一段作为万佛阁墙面,"另在西北角高土墩下,埋有城墙约40米长"。② 笔者在实地访查中,还发现位于城西南角的南街176弄99号院内有小段城墙夯土遗留。城外,环城的护城河保存完好,北城河道因挖浦南运河而略有外移。

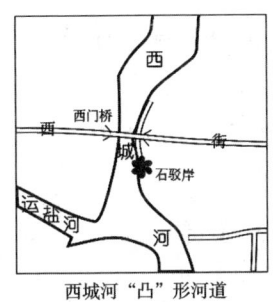  

西城河"凸"形河道　　南城河"凸"形河道　　东城河"凸"形河道

图 2　奉城护城河河道

《奉城镇图》中,绘有残留的旧城基。其中,城南大部分城基仍然存留,城西北尚留有小段,将其连缀成线,并根据护城河走向,可知奉城是一座方形城池,并能确定城墙的走向。东、南、西城河各有一处外"凸"形河道(见图2),这是由于城门外瓮城所致,因而该处是原城门位置。北城河因河道外移而无此类微地貌。

2.水系、桥梁和街道的复原

平面格局中的"街道"实是指划分地块的线状交通通道,根据江南水乡的特性,不只是街巷,水系和桥梁同样是划分地块的重要地理界线,属于"街道系统"的一部分。本节旨在复原上述三个要素的演变过程,以及它们所划分出的地块情况。

奉城城小地僻,城内水系并不发达。《乡土地理》言:"惟水泉无多,仓河、庙河,皆不甚广,且不与外通。"③《光绪志》卷十八《古迹》:"仙人潭,在邑庙西北,

---

① 民国《奉贤县志稿》,第503页。
② 《奉贤县志》卷二十六第三章第二节,上海人民出版社1987年版。
③ 裴晃:《乡土地理》,《上海府县旧志丛书·奉贤县卷》,上海古籍出版社2009年版,第693页。

大旱不涸。"①从中可知城内主要水系是仓、庙两条河道及名为仙人潭的水塘。

"仙人潭"、"仓河"两个地名在《光绪图》中皆有标绘。惟"庙河"未标,但在城隍庙前绘有一条河道。《民国志》描述此段河道"……为庙河沟,沟东为长圆形,西至庙桥为止,渐形狭小,状如琵琶",②因此该河道是"庙河"无疑。并且这段材料直接称此河为沟,又恰能证述城内水系狭小,与《乡土地理》中"不甚广"相呼应。《光绪图》中仓、庙两河从城西向东,在东城墙南北两侧出城,通东城河。历代方志都记青村城无水门,《光绪图》之"图说"又记:"旧图所载甚略,今仿前规补入内街、支河、水窦及名迹。"③所以青村城墙无水门这点是明确的,两河应是以城墙下"水窦"形式出城。另在城东有南北向水道一条,连接仓、庙两河,未知河名。

庙河得名不出于城隍庙,奉城城隍庙建于筑城不久后的洪武二十五年(1392年)。仓河之名则未知从何而来。城内仓廪以《正德志》记有广积仓,洪武二十年(1387年)建,未记方位,之后方志都没有该仓的记录。《光绪志》则载有社仓和丰备义仓,两仓都在县署内,远离仓河。社仓后来废弃,同治八年(1869年)又重建,俗称城仓,并于光绪二年(1876年)在城东南学署东建总仓。总仓在《光绪图》中已绘,然而与图中仓河在城东延伸的河道有些距离,不可能与得名相关。《民国志》记关帝庙"庙北负仓河",④《光绪图》也将"仓河"二字标于"武庙"之北的河段,推考此处应是明广积仓之址,仓河得名应来源于明广积仓。由此,仓、庙两河出现的时间不会晚于筑城初期,其存在一直延续到晚清之后。

按《光绪图》,仓河源于城西南武庙北的水塘,向西走出一个C型弯后,向东跨越南街至城东南。今日城西南有一条C型弯小巷(南街108弄),起点处是空旷农田,在2003年卫星图片中,这块农田仍有水塘残留,《奉城镇图》也印证此处为水塘(见图3)。从而确证这条小巷为仓河故道,并以此为参照点,可

---

① 光绪《重修奉贤县志》卷十八,第438页。
② 民国《奉贤县志稿》,第640页。
③ 光绪《重修奉贤县志》卷首,第223页。
④ 民国《奉贤县志稿》,第641页。

推证城内其他河道与桥梁的相对位置。《光绪图》中庙河在北街西侧转北流，后再转东过北街东流，据《奉城镇图》，与《光绪图》中庙河走向对应的位置有三处水塘，应是庙河水道残留。按此，庙河的走向也大致可定。

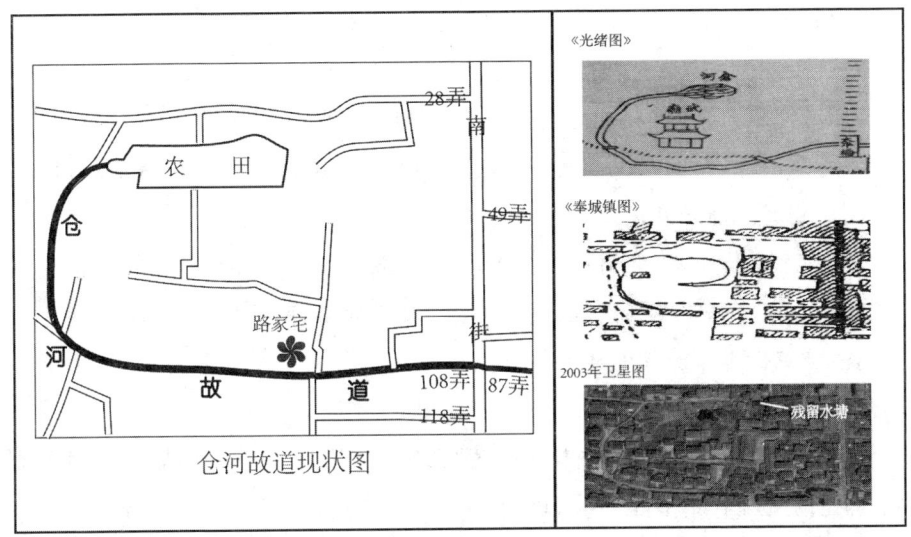

图 3　仓河变迁图

昔日奉城近海，城外东南两侧因临海塘，而无水系。《乾隆图》和《光绪志》卷首《奉贤县东北水利图》中在城西、北和东北角都绘有河流接入护城河。今日城外联通护城河的水系则有城西的运盐河，城北奉新港、城东东门港和城东南角接出的南门港。

《乾隆志》记南桥塘"自屠家湾东至城濠，名青村港。此河为盐艘往来所必经"，①《光绪志》记载与《乾隆志》相同，并在卷首的《奉贤县东南水利图》标绘接入西城河一段名为东长浜。《民国志》仍记为青村港"东流经青村港镇、高桥镇直通城濠"。② 根据各方志文字所记青村港流向，应就是东长浜无误。查按今日地图，东长浜位置与运盐河相同，今运盐河向西流至高桥镇，之后的河道

---

① 乾隆《奉贤县志》卷一，第 26 页。
② 民国《奉贤县志稿》，第 509 页。

已淤塞难寻。

城北河道为奉新港。《乾隆志》卷一《山川》即记有"头桥港",①《光绪志》记其旧名为头二三桥港。奉新港一名,始于民国,按《民国志》载:"该河原名无查考,按旧志浑称头二三桥港。奉新港之名,系采用县政府印制之奉贤县地形图所载。"②

旧城河东北角河道今已无迹,光绪《奉贤县东北水利图》记为一团港。

另,东门港始见于《民国志》。南门港出现则更晚,1985年的《奉城镇图》标为"规划河",尚未开挖。

城内水系狭小,因此对桥梁需求也不多,历代方志对城内桥的文字记载也是甚为粗疏。《光绪图》绘城内桥10座,其中庙河5座,仓河4座,城东南北向无名河跨东街1座。除处在十字街上连通城门的三座桥都名为"太平桥"外,其他桥梁都不记名称。

《光绪志》卷首《城隍庙图》中庙河最西段两座桥分处于城隍庙正门左右两侧,即是前文所引《民国志》中所称的"庙桥"。由西而东的第三座桥处于奉贤街与北街的交汇口,第四座桥是位于北街的太平桥,第五座桥在真武庙南支巷上。

仓河最西段两桥位于是C型弯下弧北侧的沿河街两端,易于定位。向东是南街太平桥,再东的桥处于文庙正门右边的育才坊下,《光绪志》卷首《文庙学宫图》中,此桥为简易石板桥(见图4),符合文献中河系不广的记载。

图4 《文庙学宫图》中的石板桥(圈中)

---

① 乾隆《奉贤县志》卷一,第29页。
② 民国《奉贤县志稿》,第511页。

另,《光绪图》将城外四门吊桥直接标名为"吊桥"。但《光绪志》又记西门外为"宝成桥"、北门外为"万福桥"。宝成桥最早见于《乾隆志》,《光绪志》记同治十三年(1874年)改为宝荣桥。民国改称为王家桥,《民国志》记先农坛"在奉城西门外王家桥西"。① 先农坛位于西门外北,《乾隆图》《光绪图》皆绘出,位置确证,所以王家桥是西门吊桥的别名。同理,宝荣桥、宝成桥也当是西门吊桥。按记述习惯,《光绪志》中记"在拱宸门外"的"万福桥"也就应是北门吊桥,其原名为周家桥。东、南两门的吊桥名称则未见记载。

奉城内的街巷以十字街为主构,另外在城北还有一条奉贤街,五条街道共同组成了城内街巷的框架体系。

十字街即是通向四城门的街道,街心有楼,筑城时所建,今日四街仍存,北街北段因万佛阁扩建而消失。东、南、西三街都连通上节所述城门处,故而可确证十字街位置未发生过变化。

奉贤街,又名古游里,始见《乾隆志》,以《民国志》记载最为详细:"自奉城庙徙东北行,经城隍庙、同善总堂、节孝总坊、言子祠、奉城初小、交北街,过奉城师范、吕祖庙、至林家弄入东街。道光十三年杨本初修。今节孝、言子及奉初小均毁。"②又"奉贤街于道光十五年,由杨本初修建,自西街城隍弄北行至城隍庙、折而东,越同善总堂、节孝祠、言子祠而与北街交,再东行即潘公祠与吕祖禅院,再折而南行由林家弄入东街"。③ 按《奉城志》记"城隍庙":"该庙坐落在城西门内(今粮管所址)。"④粮管所即今奉城粮库,粮库南侧临北街39弄处是一"凹"形支巷,疑即因城隍庙前照墙影响而形成的走向(见图5),同样在城东南文庙所处范围也有类似"凹"形支巷,所以推定北街39弄即是奉贤街。

---

① 民国《奉贤县志稿》,第599页。
② 同上书,第627页。
③ 同上书,第639页。
④ 《奉城志》,第302页。

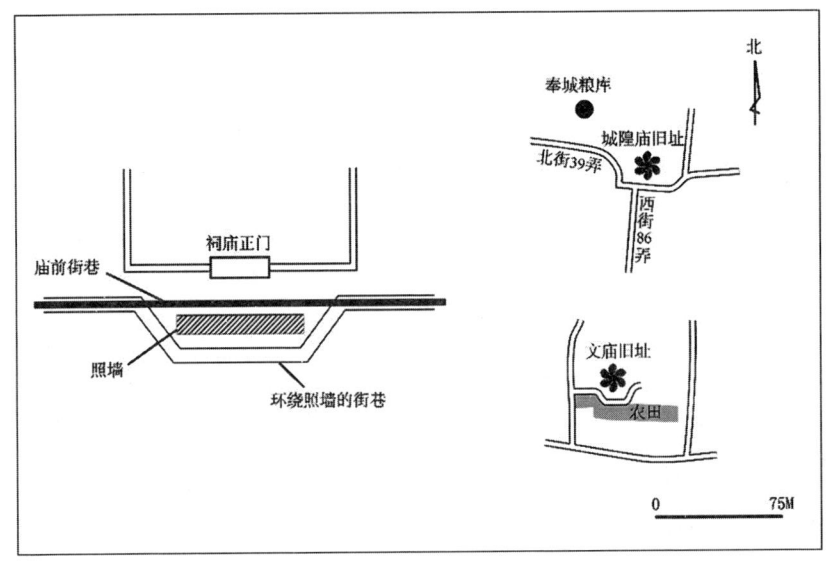

图 5 庙前照墙影响的街巷走向示意图

查考各方志上述两条史料所提及的奉贤街建筑中(见图6),城隍庙建于洪武二十五年(1392年),同善总堂建于道光十四年(1834年)春。节孝祠不知始建年代,但《乾隆志》已记述,祠前的节孝总坊建于道光十五年(1835年)。言子祠建于道光十五年(1835年),奉城初小在祠内,初为光绪三十一年(1905年)所设的道南学堂,后迁言子祠东侧,民国十七年(1928年)更名。潘公祠是为纪念同治二年(1863年)从太平天国手中克复奉城的潘鼎新,祠当建于此后。吕祖庙即真武庙,《民国志》记其建于乾隆四十三年(1778年)。这之中,同善总堂、节孝总坊和言子祠等都是由时任知县杨本初倡建,所以两条史料中称道光十三(1833年)至十五年杨本初修奉贤街是指此事,这个时间并非奉贤街的修筑时间。《乾隆图》已绘奉贤街,是图中十字街外唯一绘出的街巷,可知奉贤街最晚出现不会晚于乾隆年间,并且已成为同十字街地位相当的主街。街内最早的建筑——城隍庙建于洪武二十五年(1392年),则奉贤街筑建的最早年代当定于此年。街名的由来当是建县之后以县为名。

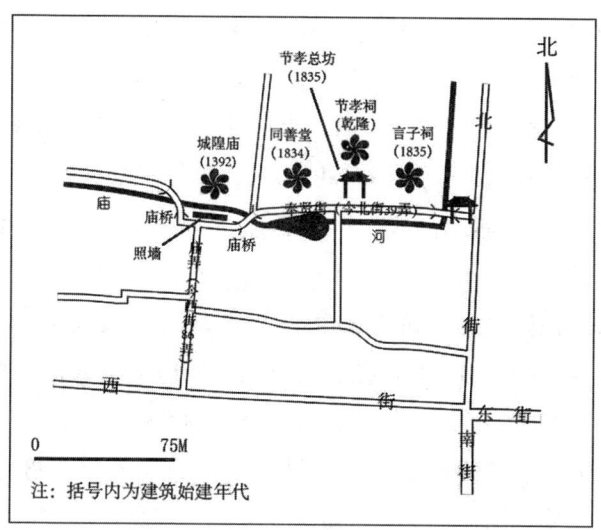

图 6　奉贤街复原图

《乾隆图》《光绪图》都仅绘奉贤街在北街以西一段,又《乡土地理》指潘公祠位置是"出古游里北行,过太平桥,距佛阁庙甚近,……折而东行,至潘公祠",[①]此处太平桥位于北街上,显见潘公祠前道路不与北街西的奉贤街相接。潘公祠东即是真武庙,该庙在《乾隆图》中已有,被标绘在远离奉贤街的城东北处,而《光绪图》中则有《乡土地理》所言的这条街巷,与奉贤街也不相连。因此可证《民国志》对奉贤街的记述有误,奉贤街应仅是北街之西至城隍庙前的一段道路。

上文论及奉城筑城之初将青村镇东半部包入城内,按理市镇应至少发育出一条主街,但后世资料不见此街记载。有明一代史料匮乏,目前难以探知这条街对奉城初期街巷格局的影响。

城内支巷各志多不载,《正德志》记东西两街各有 3 条,南北两街各有 4 条,具体位置、名称等信息都不记。奉贤街或可能是明代北街的一条支巷,后逐步发展为主街,但具体仍难确证。

---

① 裴晁:《乡土地理》,《上海府县旧志丛书·奉贤县卷》,第 693 页。

至清末民初,支巷信息仍不全,仅在《民国志》中散见有东街林家弄(册六之一)、东街蒋家弄(册七之一)、马家弄(册九之五)、庙弄(册九之二)4条。《乡土地理》有记"学堂东偏为文昌阁。由阁前东角门出,顺砖路南行,经一长弄,左为积谷总仓,右为学署"。① 总共5条。《光绪图》也绘有数条支巷。

庙弄,旧作庙衖、城隍弄,直通城隍庙前,从城隍面的建筑年代推测,该弄就是明代西街的一条支巷,应当无误。今为西街86弄。

林家弄,即《民国志》误记的奉贤街东端巷弄,由东街延伸出,向北直至真武庙,《光绪图》标其北端跨庙河城东段,有桥,即庙河由西向东数第五座桥。《奉城志》记"真武庙":"光绪末年于旧址改建祖师殿和潘公祠。……潘公祠为曙光中学和中共奉贤县委所在地。"②则林家弄今址为奉粮路曙光中学旧址与东街奉贤刑侦十支队之间的无名道路。

根据潘公祠所处位置,原被误认为奉贤街东段的街巷,其位置也可被确认。《光绪图》中,这段支巷西起北街太平桥北,东止真武庙南小桥,按今位置是奉粮路东段。

蒋家弄和马家弄两条支巷暂无考。

据《光绪志》记,奉贤文庙建于乾隆二十五年(1760年),则《光绪图》中从南街延至文庙的支巷及《乡土地理》所称的"长弄"都应形成于此后时期。

《光绪图》于武庙前,仓河C型弯下弧北侧绘有一条从南街延伸出的支巷。《正德志》记武庙建于洪武三十年(1397年),这条支巷当也形成于此时段前后,是明代南街4巷中的一条。该巷在武庙东西侧,两跨仓河,即前文所证C型弯下弧两座无名桥。按《光绪图》所绘,之后此巷北折在西门附近接西街。

上述分析显示,文献记载最为明确的十字街主街系统自建城以来,一直延续至今,有长达600多年的历史。支巷资料留存不多,难以揭示其完整面貌,

---

① 裴晃:《乡土地理》,《上海府县旧志丛书·奉贤县卷》,第692页。
② 《奉城志》,第302页。

明清之间可能存在较大差异。另一方面,个别可复原的明代支巷一直延续至晚清仍然存在。晚清民初的水系,根据资料倒推,大多可推证至明代,说明水系状况变化并不剧烈。综而述之,对城市内部平面格局有重大影响的主街和水系,在筑城以来的600多年时间内,保持长期稳定的状态。因此,根据它们所划分的地块状况也是处于一个长期稳定状态。

3. 建筑复原

建筑基底是地块的有机组成,建筑是城市形态的重要表现。一般说来,非居住性建筑密度与地块繁荣度息息相关,城市核心地带往往是非居住性建筑密集区。在没有地契等宗地资料的情况下,建筑基底的复原研究是依靠文献中对重要和特定用途建筑的记录来了解城市内建成区的状况。

统计各部方志中所有与建筑相关的条目,就可发现奉城老城厢内大量见载于《正德志》的建筑在后世的方志都找不到痕迹。想必是卫所制糜烂之后,城内日渐凋敝,这些建筑也逐渐塌毁。奉贤立县之初的几年,城内无处办公,官员寄居南桥似乎也证明了这点。立县之后掀起的官衙兴建高潮也的确是该城再次发展,或说是重生的机遇。考《乾隆图》因信息简略,对复原帮助不大,而《光绪图》中则可清晰看出城内以东北县署、东南文庙和西北奉贤街为中心的三个建筑密集区。

县署处于东街北侧靠近十字街心,今东街13弄16号。始建于雍正十年(1732年),太平天国时被毁,后重建,内有大量附属机构。民国迁治后改为司法署,民国二十六年(1937年)年被侵华日军炸毁。

县署东有社仓五间,乾隆十七年(1752年)建,《光绪志》记其废弃,同治八年(1869年)重建于县署内。

县署东北有潘公祠,今曙光中学旧址,奉粮路70号,是为纪念同治二年(1863年)从太平军手上收复奉城的潘鼎新。

潘公祠东西是真武庙,乾隆四十三年(1778年)建,道光十年(1830年)重建,咸丰十一年(1861年)再次遭毁,后又断续重建。宣统时,其东侧为震东学堂,民国改为奉城师范学校。

万佛阁在北瓮城内,今仍在,并有扩建。《光绪志》引《修建万佛阁碑记》①称其建于明,已有400余年。

东南处的文庙周边有学署、文昌阁、肇文书院、魁星阁、三官堂等建筑。

文庙,始建于乾隆二十五年(1760年),咸丰十一年(1861年)毁于战乱,同治四年(1865年)移建原址西北30多米处的圆通寺旧址,后毁于日军战火。文庙内乡贤名宦祠、忠义孝弟祠等建筑。今城东南有"凹"字形支巷(见图5),疑与城隍面旧址前同类支巷形成的原因相同,是为规避文庙前照壁所致,所以考定文庙即在该处。

学署,与文庙同于咸丰十一年(1861年)被毁,同治六年(1867年)在文庙新址东侧重建。

魁星阁,在文庙东南,南城墙上,乾隆五十八年(1793年)建,同毁于咸丰十一年(1861年)。

肇文书院,嘉庆十年(1805年)建,在文庙西北,后改奉城小学校。书院东侧是文昌阁。

圆通庵,《正德志》即已载,《光绪志》:"有圆通寺,当城南正位,相传为宋时古刹,亦被贼毁。"②毁于咸丰十一年(1861年),后地被新文庙占。

三官堂,在学署东北,《光绪志》记建于明代,内附火神庙。

据《光绪图》,城西北奉贤街(见图6)有城隍庙、同善堂、节孝祠、言子祠等,都位于街北,街南有河,街东与北街交汇口有牌坊。《乡土地理》叙述奉贤街景为:"复由西门大街,入庙弄,迤东荒地,相传即都司衙署旧址也。北行数十步,至城隍庙。"又"由城隍庙东行,历同善总堂至节孝祠","节孝祠之东,为言子祠"。③ 这是宣统时的街景。

都司署,即青村营都司署,始见于《乾隆志》,建筑年代不可考,咸丰十一年

---

① 李大源:《修建万佛阁碑记》,光绪《重修奉贤县志》卷二十,第461页。
② 光绪《重修奉贤县志》卷五,第291页。
③ 裴晁:《乡土地理》,《上海府县旧志丛书·奉贤县卷》,第693页。

(1861年)遭毁。《光绪图》显示都司署西侧有演武场。

城隍庙,洪武二十五年(1392年)建。

同善总堂,道光十四年(1834年)建,同治三年(1864年)修复太平天国的破坏时将堂后三神庙并入。

节孝祠,始见于《乾隆志》,民国二十六年(1937年)毁于日军。

言子祠,道光十五年(1835年)建,宣统改为劝学所教育会,民国二十七年(1938年)遭毁。

先农坛,都在西门外。《民国志》记先农坛雍正四年(1726年)建,"在奉城西门外王家桥西,即奉城至高桥中途公路之北侧"。风云雷雨山川城隍坛和厉坛同在西门。社稷坛在北门。

以上是奉城城内可大体确定今日所在位置的建筑,明代建筑位置多已不可考。总体而言,奉城规模狭小,城建不足,从山川、城隍两坛合祀即可看出。以史料对建筑的记载时段来看,城内建筑存续状况可用洪武建城、雍正立县和太平天国之乱三个时间节点划分,前两次是建筑建设的热潮期,太平天国之乱之后,一直延续到"八一三"抗战,奉城的建筑处于一个衰退期中,并且在战乱之后没有得到系统的复建。

三、结语:厌水之城,江南城市另类

城市平面格局的复原结果表明,明清奉城老城厢的城市形态是一座方形城池,外环城河,共有四座城门,城市内部与筑城同时规划建造的十字街主导了城内街巷格局,覆盖了筑城前青村盐镇的市镇基底,完全改变了此地市镇聚落的原生形态。

这一方形城濠加十字街的"田"字形格局,是奉城城市形态的最主要特征,其在600多年的时间里显示出强大的生命力,经历了数场战乱,仍异常稳定,并残存至今。若以存续状态的稳定性作为标准,在这个"田"字形结构之下的,水系、桥梁和多数支巷作为奉城城市形态第二层,延续的时间略微短少,在进入 20 世纪中后期以后逐步消失,至今已难寻踪迹,但总体仍趋稳定。以建筑为代表的第三层形态则比较脆弱,历经明中后期和晚清至抗战的两次毁坏,建筑基底已是经过两次更换,完全不复之前的建筑景观。今日城内以低矮私房为主的城市景观是因战乱破坏,加上失去县城地位而无力进行战后复建等原因所致。

在奉城的三级城市形态中,第一层级的十字街主街结构主导了老城厢的城市平面格局,至今未有改变,表现了该城与一般江南水乡原生城市"亲水性"截然不同的城市性格。以苏州、绍兴两座江南最古老城市为典型,"河街相邻,水陆并行"的"亲水"性格是江南各级聚落最为显著的特征。江南城市内部的水系不仅是表面上的繁多密集,往往还决定了街巷的走向,主导城市生长的空间格局。这是由于在多水的地理环境中,水系成为交通网格主要的组成部分,在这套网格的各个节点上发育出的大小聚落的本身自然是因水而生,沿水而长。

奉城周边的江南原生水乡城市也无不如此,以同为十字街格局的嘉定城为例,构成城市格局主架构的是"横沥—练祁河"组成的十字形水系,沿河街巷只是附生品,而非主导者。奉城则不然,首先,如前文所证城内水系都是狭小短浅河道,不具备航运功能,甚至不能满足城市供水功能。《乡土地理》言及城内水系狭小时即有言"故居民有出城远汲以供饮者"。① 其次,奉城没有水门,说明城内与城外的联络不依靠水路。在船行为主的江南,无水路出城,说明城市内部活动"向陆性"为主,与城市外部的江南水乡社会存在差异。再次,城内水系不存在"相邻并行"关系,分布格局是不相干的两套系统。

以上诸种提示了奉城老城厢具有独特的城市性格,这种性格本文归纳为"厌水性"。所谓"厌水性"城市是相对于江南水乡原生城市而言,指在江南区域内城市形态与水乡自然环境不相适应的城市。具体而言,"厌水性"的定义基于两点。第一点是城内水系与街巷关系疏离,城市格局的发展不由水系主导;城内水系同主街不亲密,甚至是城墙之内成熟街区的边界标志。第二点是城内外水系处于阻隔状态,城内通往城外的交通不以水路为主。

---

① 裘晃:《乡土地理》,《上海府县旧志丛书·奉贤县卷》,第 693 页。

产生"厌水性"城市的原因,应当看城市诞生的模式。普通的江南城市多是因社会经济活动,自然生发演变而来,需适应周边水乡的自然环境才能"生长",所以带有亲水性格的基因。奉城老城厢的出现则完全是另一种模式,其前身是青村中前千户所,是明代卫所制下的军事城池,在筑城之初就有人为规划营造的城墙和街巷系统,水系对城市格局影响微乎其微。整座城市形态体现出了强烈的人为性和规划性,是国家意志的具象化载体。明代军事资料汇编《武备志》中讲筑城之法提到:"如筑于闲时,须稍宽阔,作四门,二关二闭,门外筑瓮城。城外凿壕,去大城约十步,上施钓桥。"[1]青村所的形态几乎是完全从中搬运过来,这就解释了奉城"厌水"性格产生的原因。

不仅是奉城如此,江南其他卫所城市大多具有"厌水性"的性格,如金山卫、南汇嘴所和吴淞江所等,都是"田"字形格局城市,城内水系对城市格局没有产生主导因素。分析这些"厌水性"城市的街水关系,便可发现其城市发展规律。当卫所制消失,这些城市脱去军事功能后,其发展向普通江南水乡城市的模式靠拢。以南汇嘴所为例,成为县城以后,城内多条河道边延展出沿河街巷。又如吴淞江所,在康熙年间,沿西门外老市河生长出长达一里多的西关市街区,"早市颇盛,为贸易荟萃处",[2]繁华度不输于城内。这两座城自南汇、宝山立县后一直为县城所在。反观,未能成功发育出沿河街区的青村所和金山卫,在之后的时间里都失去了县城的地位。

因此,本文认为"厌水性"城市同周边自然环境产生隔阂,其独立于世的存在模式,不利于城市经济发展,限制了城市规模生长。

[作者简介] 孙昌麒麟,上海师范大学博士生。

---

[1] 茅元仪:《武备志》卷一百一十,《中国兵书集成》,解放军出版社1987年版。
[2] 张允高:民国《宝山县续志》,《上海府县旧志丛书·宝山县卷》,上海古籍出版社2012年版,第791页。

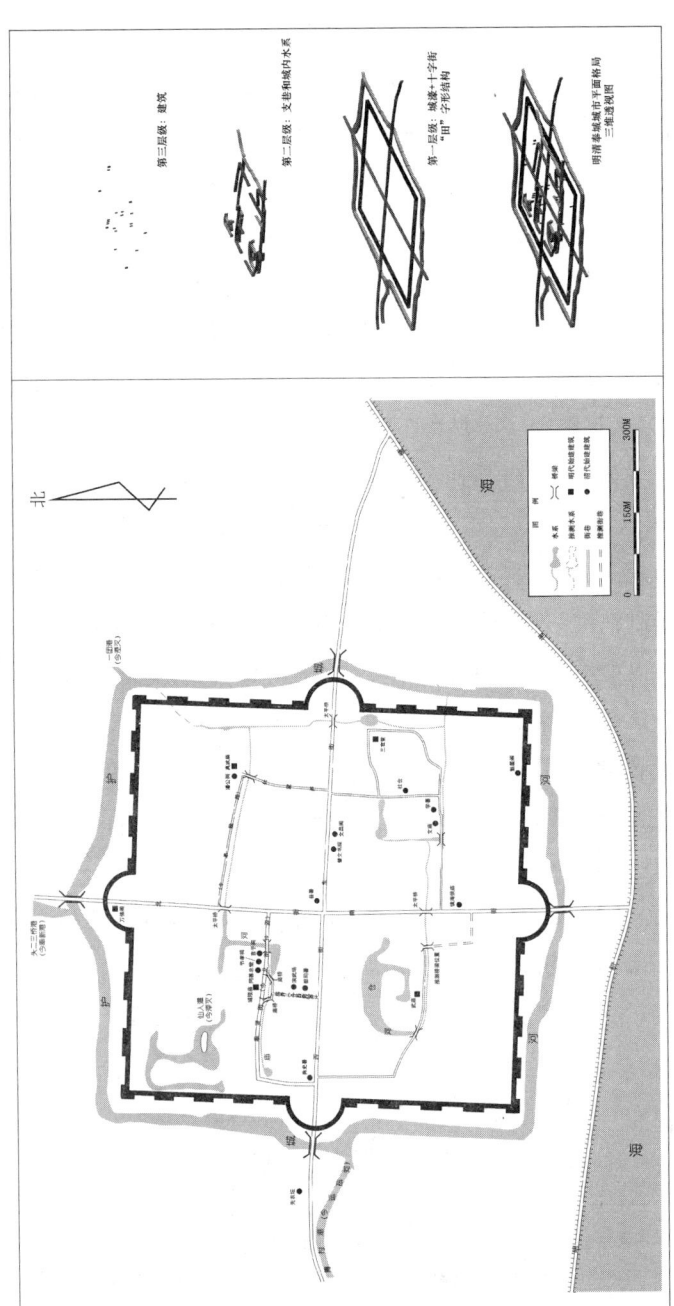

图7 明清奉城老城厢平面格局复原简图

清代苏州城中"啚"的平面格局与社会职能初探[*]

徐新源　钟　翀

内容提要："啚"又作"图",是我国明清时期最重要的社会基层管理单位之一。本文通过文献梳理和实地考察,运用近代实测地图,详细复原了清代苏州城中"啚"的平面格局,并在此基础上探讨了它的社会职能与形成渊源。本文的研究表明,苏州城中的啚源自明代的里甲制度,从明中期到清后期,城中啚的数量以及啚与里的联系保持了相当的稳定。而在清代的苏州府,啚的划区分界这一地域性特点不仅得到强化,甚至还取代了里的赋役征派职能,成为赋役征派的主体和城内基层社区的基本单元。

关键词：苏州城　啚　基层组织　城市历史形态学研究

引　言

近年来,古代城市基层组织的探讨逐渐成为城市史研究的热点,一般认为,里甲制是我国明清时期乡村的基层管理制度,而在古代城市之中,实际上也存在

---

[*] 本文为国家自然科学基金项目"基于早期近代城市地图的我国城郭都市空间结构复原及比较形态学研究"(41271154)的研究成果。

大量赋役征派的业务，不过，对于里甲制在城市中的实施情况与运作方式，尤其是城市之中"图"的空间形态与社会职能等，目前尚缺乏细致深入的个案研究。

苏州是我国历史文化名城，在政经、文化与古城的形态等方面都具有相当的稳定性和典型性。清代的苏州城，是江苏巡抚、江苏布政使、苏州府治和吴县、长洲县、元和县的县治所在地，毫无疑问，其在江南地区拥有重要的政治地位与经济、文化影响。"图"又作"图"[①]，是清代苏州城内重要的基层组织单位。苏州现存有明清以来多种地方志和数量可观的近代实测城市地图，其中不少方志与地图都明确记录了城内"图"这一基层管理组织的具体分布与社会功能，因此，图颇具个案研究价值。若以地图资料而言，本文所使用的同治十一年（1872年）至光绪七年（1881年）的《姑苏城图》（为本文研究的基本用图）、光绪六年（1880年）的《苏州城图》、光绪二十二年（1896年）至三十二年（1906年）《苏城全图》、光绪三十四年（1908年）的《苏州巡警分区全图》[②]，这4种地图年代相近，且都标注了苏州城中各图的位置。又以文字史料来说，本文主要参考了乾隆《吴县志》、乾隆《长洲县志》、乾隆《元和县志》、同治《苏州府志》、美国国会图书馆藏冯林一（冯桂芬字）原藏清写本《长元吴阊邑都图》、日本京都大学文学部藏清写本《元和县阊邑都图字圩村庄土名细数》[③]。这些材料或多

---

① 本文为区别地图之"图"，统一作"图"。

② 这4种地图资料均收录于《苏州古城地图》（古吴轩出版社2004年版）。《姑苏城图》，石印，图版高105厘米，宽62厘米，相关成图年代考证参见该书所附"图版说明"（张英霖作，后3种图成图年代考证同）。图中所绘地物较详细，但缺乏精确比例。图中标有注明方向和编有序号的许多"图"，是这一基层组织在地图中最早的体现。《苏州城图》，本无名，石印，图版高120厘米，宽74厘米，城中图名为木活字加印。《苏城全图》，石印，图版高115厘米，宽62厘米，地物详细，是清末运用传统方法绘制地图中较好的一幅。《苏州巡警分区全图》，石印，套色，图版高144厘米，宽110厘米，是清末第一张经实测后绘制的苏州古城地图。

③ 乾隆《吴县志》（1745年刊本）和乾隆《长洲县志》（1753年刊本）仅有图名记载，无图下所属地物记载。乾隆《元和县志》（1761年刊本）、同治《苏州府志》（1883年刊本）、《长元吴阊邑都图》和《元和县阊邑都图字圩村庄土名细数》载有图名，且其下列出各图所属的具体地物。《长元吴阊邑都图》因系冯桂芬生前所藏，且长洲县、元和县已分治，可知成书年代不早于雍正二年（1724年），不晚于同治十三年（1874年），或为冯桂芬编纂府志时所用资料；《元和县阊邑都图字圩村庄土名细数》所载地物与前者相似度极高，当为同时期文献。此两种写本分别由暨南大学黄忠鑫老师和京都大学潘艺心博士提供，谨致谢忱。

或少记载了苏州城中图的名称和下属地物，十分有利于平面格局复原。由于资料的相对集中，笔者将对图的考察年代设置在同光之际，从下文的实际分析可知，乾隆年间刊行的县志虽与此相隔百年，但这一时期苏州城内图几无变化，故仍可作为同时期的史料加以参考。

一、清代苏州城中图的平面格局

在苏州地方志中，"图"首见于正德《姑苏志》卷十八《乡都》，该文献载苏州城内的吴县、长洲县所辖之图，数量分别为27和22个，且全部位于城内，而城外的基层组织均记载为"都"。清代苏州地方志中常常可见图的记录，由此可知图广泛分布于城内外。如同治《苏州府志》载吴县、长洲县、元和县（雍正二年从长洲县析出）所辖图数量分别为465、337、397个，虽说数量较明代显著增加，但这主要是由于算上了城外部分所致。根据笔者的初步核对，从明中期到清后期，苏州城内图变化不大，且这些变化都发生在吴县，如对比正德《姑苏志》[①]和同治《苏州府志》[②]，前者吴县城中有图27，后者则有图26，唯一的变化是大云乡庆云里下增加了北利四图，而减少了北亨四图和北亨五图。

同治《苏州府志》卷二十九至三十《乡都图圩村镇》和《长元吴阊邑都图》记载了吴县、长洲县和元和县内图的名称及下辖地物，《元和县阊邑都图字圩村庄土名细数》仅记元和县内图的名称及下辖地物，乾隆《元和县志》卷二《疆域》则记载了元和县内图的名称、下辖地物和部分地物与图的相对位置。表1、2为各种文献所载城内图以及图下所属地物的具体内容。

[①] 王鏊等纂：正德《姑苏志》卷十八《乡都》，中国国家图书馆藏明正德元年刻本，第1页。
[②] 李铭皖、谭钧培修，冯桂芬纂：同治《苏州府志》卷十三《田赋二》，"中国地方志集成江苏府县志集"第7册，凤凰出版社1991年版，第708页。

表 1 同治《苏州府志》等文献所载苏州城内吴县、长洲县的"啚"

县名	啚名	同治《苏州府志》	《长元吴阊邑都啚》
吴县	南元一啚	毛家弄	东憩桥巷 紫郎巷 东美巷 谷树桥 北镇抚司前 乐桥 铁瓶巷 市雀桥 护龙街 大石头巷 毛家弄 西升平桥 仓米巷
	南元二啚	卫前府前	大卫弄 莲花巷 西郭家巷 银安桥 饮马桥 郭家巷 衙前 东米巷 小卫弄 金狮巷 东河沿 东郭家巷 三板桥 水卫前 府前
	北元一啚	永定寺前 康王庙前 集福庵前	东铁瓶巷 小市桥 尚书巷 韩家巷 私杏桥 永定寺前 谭子巷 康王庙前 嘉余坊 西小市桥 宜多宾巷 定阳芝巷 广聚坊 大井巷 北马医科 查先生巷 仁德坊 谷树桥 郎巷 集福寺前
	北元二啚	马医科 郡庙前（南岸）火神庙前	东马医科 班竹巷 九胜巷 长安弄 北状元桥 曾家弄 郡庙前 修仙巷 海宏坊巷 大关帝庙前 清嘉坊 南麒麟巷 状元坊 道堂巷 庆元坊 马坊弄 西水泼粉桥 神道街 火神庙前 吴苑西桥
	北元三啚	珠明寺前 火神庙前	东禅兴寺桥 北方广桥 芝草灵桥 祭祀巷 方广桥 南状元桥 义桥 马大篆巷 挨河沿 王天井巷 坭巷 中街路 拾家巷 西普济桥 范庄前 仰家桥 东百花巷 花驳岸 石芝弄
	大南亨一啚	三山街 镇抚司前（南岸）	东集辕前 混堂巷 前铁局弄 后铁局弄 招财弄 孙衙弄 歌童桥 北升平桥 西胥越城桥 财帛司堂 太平巷 莲花弄巷 南侍其巷 西察院前 太平弄
	小南亨一啚	孙衙前 前铁局弄 后铁局弄 财帛司堂 西察院前	（该书列啚名，但具体地物记载空白）
	北亨一啚（上）	镇抚司前（北岸）	东谷树桥 北麒麟巷 西慈悲桥 镇抚司前 南太平桥 桂河坊 官宰弄 长春巷 吴殿尊巷 海恩坊 神堂巷
	北亨一啚（下）		东接驾桥 蒲菱巷 河皮巷 安民桥 北三条桥 合村坊巷 间邱坊巷 双林巷 西定善桥 邱武坊巷 南普济桥 道堂巷 祥符寺前
	北亨二啚	中街路	东都亭桥 崇真宫桥 北过军桥 周哑子巷 定善桥 锣鼓巷 三条桥 灵芝巷 南大篆巷 桑叶巷 开甲巷 曹家巷 天师巷

续表

吴县	北亭三图（上）	都亭桥大街 河沿街 承天寺前	东接驾桥 盛家街 北园 官库巷 大营门 教场 单家桥 更接弄 骆驼桥 官弄口 河沿街 同仁街 长弄口 河西巷 小石晖桥 东接入马桥 都亭桥大街 西寥家巷 南过军桥 桃花坞 宝苏局前 北城垣
	北亭三图（下）		东铁局弄 西郎三房 南新桥 新街 退居里 北退居 承天寺 大铁局
	南利一图	百花洲 学士街 胥门阙城 头条营 二条营	胥越城 歌董桥 学士街 渡子桥 来远桥 富郎中巷 剪金桥 头条营 二条营 百花洲 石岩桥 侍其巷 太监府弄
	南利二图	养育巷	养育巷 东支家巷 打线巷 办莲巷 太平桥 舒巷 更楼弄
	南利三图	太平桥	太平桥 洙泗巷 盛家浜桥 天灯巷 庙堂巷 富郎中巷 游麻皮巷
	北利一图	包衙前	东中街路 横街 九曲湾 宋仙洲巷 乌龙桥 西包衙前 王洗马巷 汤家巷 西皋桥头 中街路 南仰家桥 凤凰街
	北利二图	官宰弄 仓桥弄 小五泾巷 大五泾巷 浒溪仓	东中街路 小五泾巷 板桥 杨家院子巷 官宰弄 水关桥 张广桥 北仓后板桥 浒溪仓 混堂巷 虹桥 西里水关桥 汪家坟 大五泾巷 南太伯庙桥 西街 大街 仓桥头
	北利三图（上）	文山寺前 宝苏局 北寺前	东寥家巷 南虹桥 西街 沈家弄 禾嘉弄 紫粉弄 新桥街 戈家弄 太平巷 同仁街 桃花桥 小园上 猛将弄 鸡毛场 新善桥 打铁弄 文山寺前 北施衙庄 西宝城桥 桃花坞 宝苏局 宝城桥
	北利三图（下）		东石塘桥 南香花桥 西骆驼桥 北太平桥 北寺桥
	北利四图	棒粉场 四亩田头 老和尚堂 三元堂	南施衙弄 石幢弄 老和尚堂 宝城水弄 北城垣 西横桥 桃花桥弄 四亩田头 三元堂 贵弄 棒粉场 尚书桥 后板场 南宝城桥
	南贞一图	密蜂洞	泮环巷 琵琶桥 杨家巷 蜜蜂洞 平安桥 三多桥 朝服桥 查家桥
	南贞二图	泗洲寺前 密蜂洞	东泮环巷 三多桥 朝服桥 杨家巷 蜜蜂洞 查家桥 泗州寺前
	南贞三图	开元寺后 孙家园 船厂头	南盘门越城 东杨家巷 北新桥 杨家桥 西泮环巷 西百花洲城墙 开元寺前 船厂头 新桥 孙家园 安安弄 归塔桥 琵琶桥

续表

吴县	南贞四啚	抚院前	抚宪辕前 司前街 采莲巷 平安弄 三多桥 东龙门 学街口 书院巷 吉利桥 吕公桥 侍其巷 石皮弄 状元坟 福民桥 东船场巷 南塔儿巷 北朝服巷 西陈千户桥 中采莲巷 道堂巷
	南贞五啚	朱家园 伍相国祠	东陈千户桥 伍相国祠 西善长巷 北吉利桥 寿宁巷 新桥巷 南新桥 侍其巷 司监弄 朱家园 园弄 小仓口 大仓口 西来远桥
	北贞一啚	十庙前 萧家园 王衙前 回龙阁 八角井	刘家浜 王衙弄 北石塔头 南升平桥 杨衙前 石子街 香场弄 十亩头 周五龙巷 八角井 梵门桥弄 萧家园 回龙阁 西沿城脚 王枢密巷 东黄鹂坊桥 天官坊
	北贞二啚	宝林寺前 三官堂 天库前 周王庙前 小关帝庙	周王庙桥弄 宝林寺前 穿珠巷 吴趋坊 赛儿巷 高墩头 天库前 横街 北天库前 蒋家桥弄 郑思स 三官堂 东蒋家桥 小关帝庙前 石塔头 西关帝庙 王枢密巷
	北贞三啚	中市 天库前 关帝阁 沿城脚	东吴趋坊 下穿珠巷 书巷 北水关桥 南穿珠巷 西阊门 水关桥 沿城脚 关帝庙 天库前
	北贞四啚	吴趋坊 水潭头	东黄鹂坊桥 汤家巷 芝苓巷 西中市街 南升平桥 北驸马桥 吴趋坊 西城桥 小日晖桥 水潭巷
	北贞五啚	包衙前 申衙前 直街 梁抚司前 慕家花园 休休庵前 珠明寺前	东永宁桥 杨家桥 北包衙前 大九思巷 乘马避巷 包衙前 珠明寺前 五福弄 西西城桥 女冠子桥 蒿吉巷 水泼粉桥 慈悲桥 西百花巷 南通和坊 镇抚司前 申衙前 慕家花园 直街 太平桥 学前街 永宁桥 小九思巷 杨山珠弄 休休庵前
长洲县	文一啚	言桥	梗子巷 念珠弄 东茶亭 元署前 双井巷 言桥 草桥 书巷 王废基 胡麻子巷
	文二啚	皇宫前	万寿宫前 井仪坊巷 枪架桥 西小桥 十梓街 槐树巷 转鱼墩
	仁二啚	孔副使巷	慧珠弄 南宫坊 燕家巷 马济良巷 南园 大太平巷 石家湾 庞耆巷 新造桥下塘 十全街 孔副使巷 南头街 船家巷 织署前 张思良巷
	地一啚	十全街	十全街 羊王庙前 乌鹊桥弄 高墩弄 南园 五龙堂巷
	元一啚	富仁坊巷 调丰巷	干将坊 书巷 樟木钟巷 阔巷 书由巷 富仁坊巷 调丰巷 大井巷 塔尔巷
	元二啚	大关帝庙前 乐桥 大市	大关帝庙 护龙街 因果巷 间邱坊巷

续表

长洲县	亨一上啚	北局	北局 太监巷	
	亨一下啚	皮市街	观前街西 旧学前 史家巷 西花桥巷 皮市街 西白塔子巷 察院场 大成坊巷 太监弄 北仓桥 九胜巷 塔儿巷	
	亨二啚	元妙观前	颜家巷 元妙观前 井巷 萧家巷 大郎桥巷 临顿路(南至过驾桥北至兵马司桥) 丁家巷 濂溪坊 钮家巷	
	亨三啚	香花桥南	铁局弄 大王家巷 装驾桥巷 谢衙前	
	利二啚	天后桥上岸	北街 皮市街 砂皮巷 祥符寺前 天宫前	
	贞二啚	北街	北街 周通桥 潘儒巷 迎春坊	

表2 同治《苏州府志》等文献所载苏州城内元和县的"啚"

啚名	同治《苏州府志》	《长元吴阊邑都啚》	《元和县阊邑都啚字圩村庄土名细数》	乾隆《元和县志》
仁一啚	南园	红杏子桥 新造桥 相王巷 城桥 东烧香桥 十泉街 二郎桥 砖桥 西烧香桥 吴家巷 苏家巷 南园	砖桥 上塘 新造桥 上塘东 东南园 东西烧香桥 葑门城桥	红杏子桥 西长桥(俗名西烧香桥) 东长桥(俗名东烧香桥) 善教桥(俗名新造桥,北属仁三啚) 吴家巷(一名南白塔子巷) 十泉街(东元西长) 相王巷 苏家巷 春和桥(旧名砖桥,北属仁三啚) 二郎巷 程桥
仁三啚	吴衙场 盛家带 龙潜嘴	新造桥巷 盛家带 龙潜嘴 孔夫子巷 吴衙场 望信桥 李王庙巷 卢师桥 红桥 东小桥	盛家带 吴衙场 龙船嘴 新造桥弄	新造桥巷 孔夫子巷(东元西长) 李王庙巷 吴衙场 盛家带 庵桥(一名卢师桥) 望门桥 清安桥 龙潜嘴
地二啚	长署前	福民桥 马军巷 醋库巷 乌鹊桥 木杏桥 滚绣坊 长邑署 公孙巷 吉祥巷 船坊巷 采真坊巷 网丝巷 洛水仓桥 西小桥 带城桥 王卖柴桥 平桥 朱进土巷 泗井巷 混堂巷 润街头巷 水仙巷	长洲县衙门 前草桥 滚绣坊 网丝巷 醋库巷 带城桥 木杏桥 阔家头巷 水仙巷	福民桥(南堍北堍东元西长) 长邑署(东元西长) 义役仓桥(东元西长) 四酒务巷(今名泗酒巷) 平桥(南元北长) 永定桥(今名西子桥,南元北长) 马军巷 公孙巷 醋库巷(东属地四啚) 吉祥弄 朱进士巷 混堂巷 乌鹊桥(北元南长) 衮绣坊巷 锦绣桥 水仙巷 带城桥(南元北长) 带城桥巷 船舫桥 船舫巷 采真坊巷(东元西长) 王卖柴巷 木杏桥(东元西长) 阔街头巷 网师巷(西元东长) 绿水仓桥

续表

地三啚	天赐庄	东小桥 天赐庄 吴王桥 百狮子桥 汤家桥 石匠巷 早桥 张家巷 望信桥 寿星桥 王孟子桥 泰明桥 唐家巷 叶家巷 折桂桥 佐家桥 吴承议桥 顾亭桥 夹城巷 迎莘桥 蟾宫桥 仙境桥 官太尉桥 张公桥 兴市桥	东小桥 天师庄 官太尉桥 望信桥 左家桥 菜家弄	清道桥(今名东小桥,西属地四啚)积庆寺后巷(今名张家巷,西属地四啚)叶家巷(西属地四啚)迎莘桥 早桥(南属仁三啚)天赐庄 望信桥 蟾宫桥 折桂桥 百狮子桥 寿星桥 黄卖子桥 佐家桥 仙境桥 石匠巷 吴承议桥 吴王桥 汤家桥 张公桥 官太尉桥 泰明桥 唐家巷 夹城巷 顾亭桥(北属贞三啚) 尽市桥(今名兴市桥) 尽市桥巷
地四啚	长署前	金雀巷 严衙前 多贵桥 司马巷 草桥 南仓桥 钱衙前 胡书记桥 十郎巷 西街 王场河头 沈衙巷 金鼓桥 竹簖桥	金雀弄 南仓桥 严衙前 西街 十郎巷 草桥	金雀巷 南仓桥 沈衙巷(东元西长)积庆寺前巷(今名严衙前) 七塔寺前巷(今名钱衙前) 王场河头 西街 胡书记桥(东元西长) 金鼓桥(东元西长) 十郎巷(东属利一啚) 多贵桥(东属利一啚) 司马巷(东属利一啚) 簖桥(俗名竹簖桥,南元北长) 草桥(南元北长)
亨四啚	齐门内下塘临顿路(南至任蒋桥止)皮市街上岸 北园 花溪	中路桥 任蒋桥 沙河塘 赒带桥 北园 马场头 善耕桥 跨塘桥 新桥 花溪 碎银巷 俞家浜 新桥巷 碎金巷 七姬庙	中路桥 马厂头 跨塘桥 北园 沙河塘 俞家浜 赒带桥	中路桥(南塊东元西长北塊长) 马场头 碎金巷 碎银巷(今名谢衙前,北元中长) 善耕桥(东属贞三啚) 任蒋桥(西元南长) 定跨桥(俗名跨塘桥,东塊长西塊南长北元) 花溪(南元北长) 北园(东元西长) 沙河塘(北元南长) 俞家浜(东元西长) 新街桥 新街桥巷 北仙桥(俗名赒带桥)

续表

利一啚（上）	临顿路 新学前	双塔寺前 思婆桥 儒达桥 寿安桥 积庆桥 石子街 篆葭巷 南显子巷 莲通桥 新学前 水门桥 庙堂桥 临顿路 悬桥巷 五圣阁下 北显子巷 色婆桥	悬桥巷 甫桥 西街 双塔田	马津桥（南元北长）甫桥（南元北长）逍遥巷 洞桥 儒达巷 道堂巷 寿宁寺巷（今名双塔寺前）胭脂桥（东属地三啚）白蚬桥 濂溪坊（东元西长）苑桥 新学前 玉带桥（俗名水门桥）寿安桥（东属贞三啚）通利桥（东属贞三啚）资福桥 庙堂桥（西块长东块北元南长）雪糕桥 熙宁桥 萧家巷 兵马使桥（北元南长）临顿路（北元南长）大儒巷 报恩桥 斜路桥 百石桥 石皮弄（今名石子街）南显子巷 北显子巷 五圣阁下 县桥巷 天宫寺桥 陆家巷 包婆巷 运通巷
利一啚（下）		胭脂桥 濂溪坊 雪糕桥 萧家巷 斜桥 天宫寺巷 洞桥 甫桥 逍遥桥 白蚬桥 资福桥 大儒巷 百石桥 兵马司桥 苑桥 马津桥 道堂巷 通利桥 熙宁桥 报恩桥	临顿路	
利三啚	南寨 北寨	临顿路 南寨巷 道观前 过军桥 周通桥 百家巷 油车巷 吴郎巷 百口桥 寺桥 华阳桥 平家巷	北街 仓街 杨家田 临顿桥	临顿路（南元北长）迎春桥（俗名周通桥，南块长北块东元西长）华阳桥 百口桥 百家巷（东元长）南寨巷 北寨巷（即道观弄）崇甫巷（即油车弄）平家巷（北元南长）过军桥 吴郎桥 寺桥
利四啚（上）	石人巷 连家园 管家园	新桥 石人巷 胡想思巷 水浮香桥 连家园 塔影浜 新桥巷 丁香巷 朱马高桥 西斜桥 钗伞桥 德庆庵前	北街 新桥 朱马高桥 保吉利桥	新桥 新桥巷（东属贞三啚）斛子巷（东属贞三啚）朱马交桥 流真巷（东属贞三啚）石人巷（东属贞三啚）丁香巷（东属贞三啚）胡厢使桥 胡厢使桥巷（东属贞三啚）唐家桥 棋杆巷（东属贞三啚）打急路桥（俗更倒吉利桥，西属贞一啚）魏家桥（北属贞三啚）连家园 德庆庵桥 西斜桥 塔影浜 东斜桥 六庙场 十庙桥 管家园 做伞桥（南元北长）程桥（今名水浮香桥）归乐桥（贞三啚）
利四啚（下）		斛子巷 唐家桥 归乐桥 东斜桥 六庙场 流其巷 棋杆巷 保利吉桥 魏家桥 管家桥 十庙桥	魏家桥 北正三界 管家角 醋坊桥	

续表

贞一啚（上）	临顿路（至善耕桥止）苹花桥上岸 旧学前 温家下岸	因果巷 史家巷 旧学前 孔过桥 温家下岸 曹胡徐巷 东花桥巷 四通桥 光福寺桥 金狮子桥 花桥 日晖桥 苹花桥 东白塔子巷 苑桥 狮林寺桥 白塔子桥 皮市街 桐芳巷	百花巷 广化寺桥 孔过桥 悬桥	四通桥（东元西长）乘鲤坊巷（俗名鹦哥巷，东元西长）广化寺桥（南塊长北塊东元西长）金狮子桥（南元北长）史家巷（南元北长）旧学前 温家下岸 县桥 可过桥 曹胡徐巷（东元西长）花桥（东元西长）东花桥巷 白塔子桥（东元西长）东白塔子巷 同芳巷 狮林寺巷 日辉弄（南元北长）
贞一啚（下）			花桥 白塔子桥 狮林寺桥	
贞三啚	仓街 卫道观前	卫道观前 徐鲤鱼桥 朱巷 兴隆巷 九庙场 韩家浜 混堂弄 北张家巷 葛百户巷 张家巷 周太保桥 青石桥 罗家桥 东虹桥 东道桥 北开明桥 通济桥 三家村 姚家阁 南开明桥 北传芳巷 虹桥浜 庆林桥 张香桥 芦荻巷 李基巷 兴隆桥	中张家巷 混堂巷 张香桥 北仓桥 姚家角 徐鲤鱼桥	朱巷 张家桥（西属利一啚）南张家巷 众善桥（俗名青石桥）卫道观巷 罗家桥 混堂巷 庆历桥 传芳巷 富孙桥 兴隆巷 奚家桥 骑龙巷 三家村 葛百户巷 北张家巷 芦荻巷 张香桥（北属利四啚）张香桥巷 东虹桥 虹桥浜 九庙场 东道桥 李基巷 韩家浜 通济桥 兴隆桥 南开明桥 北开明桥 东周太保桥 北仓桥 徐鲤鱼桥 姚家角

综合表 1、2 和上述地图资料，就可以复原苏州城内啚的分布格局。需要指出的是，在写本资料和地图中，某啚往往分"上""下"，如元和县有"利一上啚""利一下啚"，不过同样的情况，在历代地方志却一律合称为"利一啚"，其下辖区域也等于上、下二啚之和。实际上，上、下二啚之间存在清晰的分界，应该是互相并列独立而非同一啚之下位单位，本文为准确显示其平面格局，仍予以区分。而在地图中，却又将吴县的"南元一啚""南元二啚""南利二啚""南利三啚"等合称为"南元一二啚""南利二三啚"，由于仅凭表 1 所示的文字记载尚不足以划分界线，本文以地图为准，暂不予区分。对于具体的啚界考证，下面以元、长二县各举一例作为案例：

清代苏州城中"啚"的平面格局与社会职能初探　175

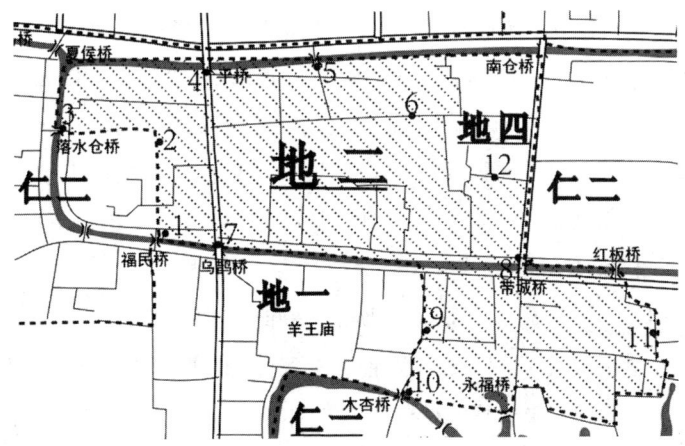

图 1　元和县"地二啚"平面图

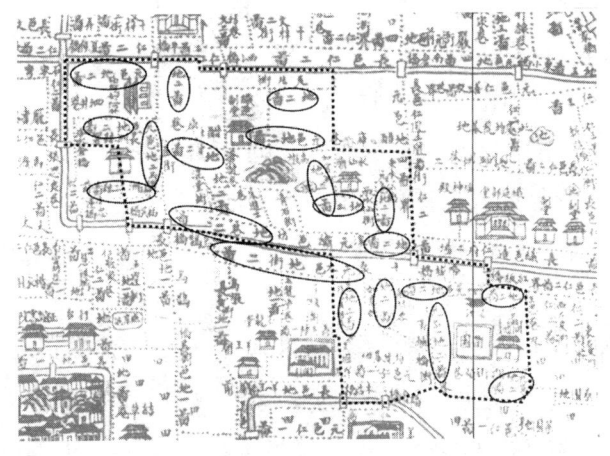

图 2　《姑苏城图》(1872—1881)中的元和县"地二啚"

（1）元和县"地二啚"：该啚位于城南，东、北、西为长洲县仁二啚所围，南接元和县仁一啚和长洲县地一啚，东北部嵌入元和县地四啚的一块飞地（图 1）。乾隆《元和县志》记载的啚所属地物与啚的相对位置给确定啚界带来极大便利，图 1 中的数字编号 1—11 分别对应 11 个相对位置记录：

1→福民桥（南堍北堍东元西长）2→长邑署（东元西长）3→义役仓桥

（东元西长）4→平桥（南元北长）5→永定桥（南元北长）6→醋库巷（东属地四图）7→乌鹊桥（北元南长）8→带城桥（南元北长）9→采真坊巷（东元西长）10→木杏桥（东元西长）11→网师巷（西元东长），以上元和县地二啚。

数字编号12对应"金雀巷"，属元和县"地四啚"。根据以上位点的啚的边界描述，同时配合上述1872至1881年的《姑苏城图》等地图资料所显示"地二啚"的范围（图2），便可准确勾勒出"地二啚"的平面格局。

（2）长洲县"亨三啚"：该啚位于城北，东接元和县亨四啚、长洲县亨一下啚，南邻长洲县元二下啚，西交吴县北亨三下啚，北毗吴县北利三下啚、长洲县利二啚（图3）。数字编号1—10分别对应本文表一、二中4种文献有关各啚所辖地物的描述：

1→香花桥南 2→大王家巷 3→装驾桥巷 4→谢衙前，以上长洲县亨三啚；

5→退居里 6→承天寺 7→大铁局，以上吴县北亨三下啚；

8→天后宫前，以上长洲县利二啚；

9→中路桥（南块东元西长北块长），以上元和县亨四啚；

10→西白塔子巷，以上长洲县亨一下啚。

通过这些相关啚内所属地物的定位，再结合几种地图资料（图3、图4），便可准确划出这一"亨三啚"的界线。

就苏州而言，从笔者的实际整理结果来看，在绝大多数情况下，有关城内啚界的古旧地图与文字史料均能吻合，但也有地图与文字史料或几种地图之间出现矛盾的情况，现从元、吴二县举例示之：

（1）元和县"利一下啚"：该啚位于城东。据4种地图显示，利一下啚呈曲尺形，东南部、西北部分别与元和县地三啚、长洲县亨二啚接壤，西南与正北分别连接元和县地四啚、元和县正三上啚（图5）。数字编号1—12对应4种文献中关于各啚所辖地物的描述：

1→甫桥（南元北长），2→濂溪坊（东元西长），以上元和县利一下啚；

3→大郎桥巷，4→丁家巷，5→钮家巷，以上长洲县亨二啚；

6→多贵桥（东属利一啚），以上元和县地四啚；

清代苏州城中"啚"的平面格局与社会职能初探　177

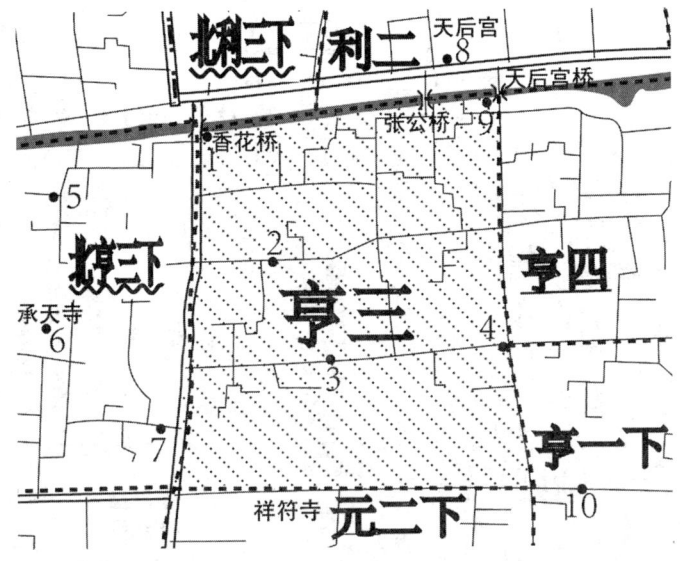

图 3　长洲县"亨三啚"平面图

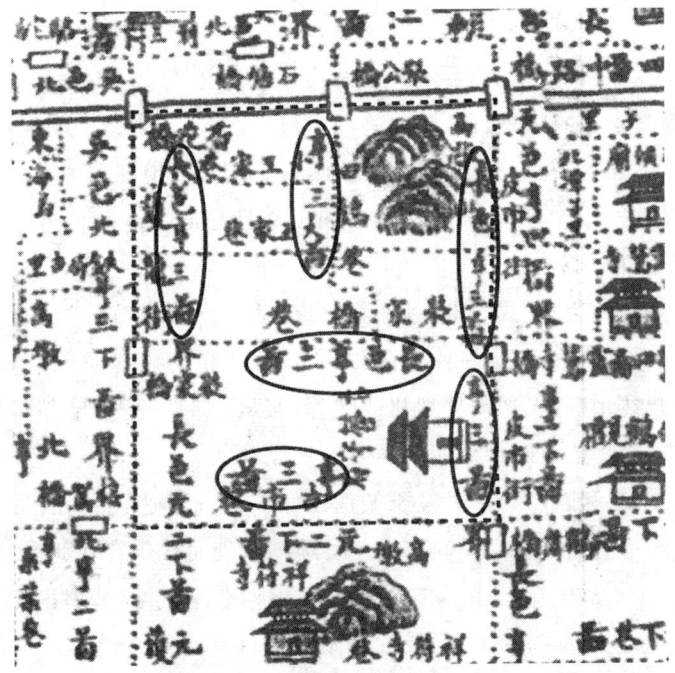

图 4　《姑苏城图》中的长洲县"亨三啚"

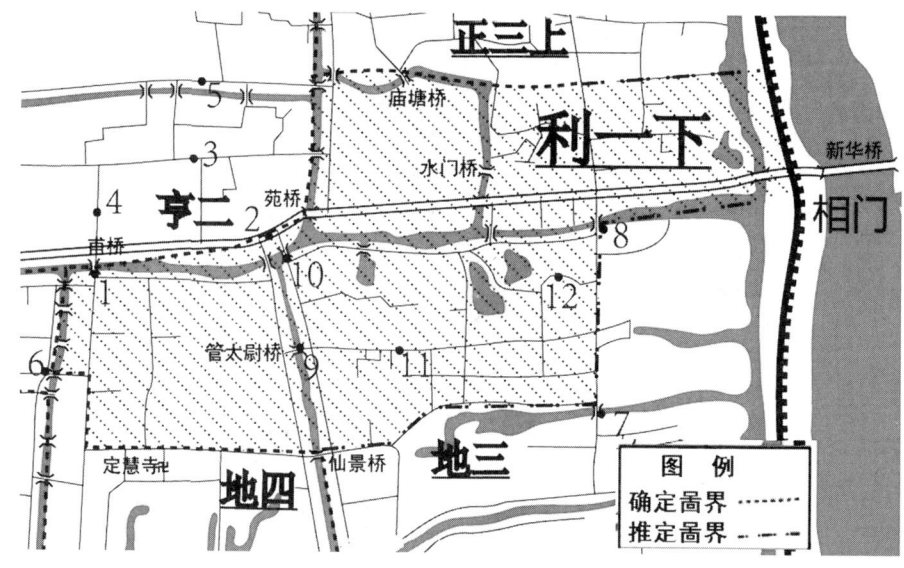

图 5 元和县"利一下啚"平面图

7→张公桥,8→顾亭桥(北属贞三啚),9→官太尉桥,10→兴市桥,11→唐家巷,12→夹城巷,以上元和县地三啚。

方志等文字记述中地三啚的地物(9—11)大量进入地图中的利一下啚,两者冲突明显。并且,经笔者多方比照可知,方志与古旧地图这两类文献系统内部一致性很高,因此这种冲突或许可以同类文献趋向于承袭传抄这一文献形成过程来作解释。

(2) 吴县"北亨三上啚"与"北利三上啚":二啚位于城西北。从地图上来看,北亨三上啚从北、东、南三面包围北利三啚,其北至城垣,东、南与吴县北利三下啚、长洲县北亨三下啚、吴县北亨二啚、吴县北利一啚接壤。《姑苏城图》中无吴县北利四啚,而两啚之西都比邻吴县北利二啚。

(3) 吴县"北利四啚":该啚位于城西北角。如前所述,北利四啚不见于正德《姑苏志》,乃清代新增之啚。前述 4 种地图所处时代已存在此啚,却都不见描绘,只有 1896 至 1906 年的《苏城全图》在城西北标了两处,但据此不能确定其边界。这也进一步提示了方志、古地图这两种文献体系内存在各自的传承关系。数字编号 1—33 对应 4 种文献中关于各啚所辖地物的描述:

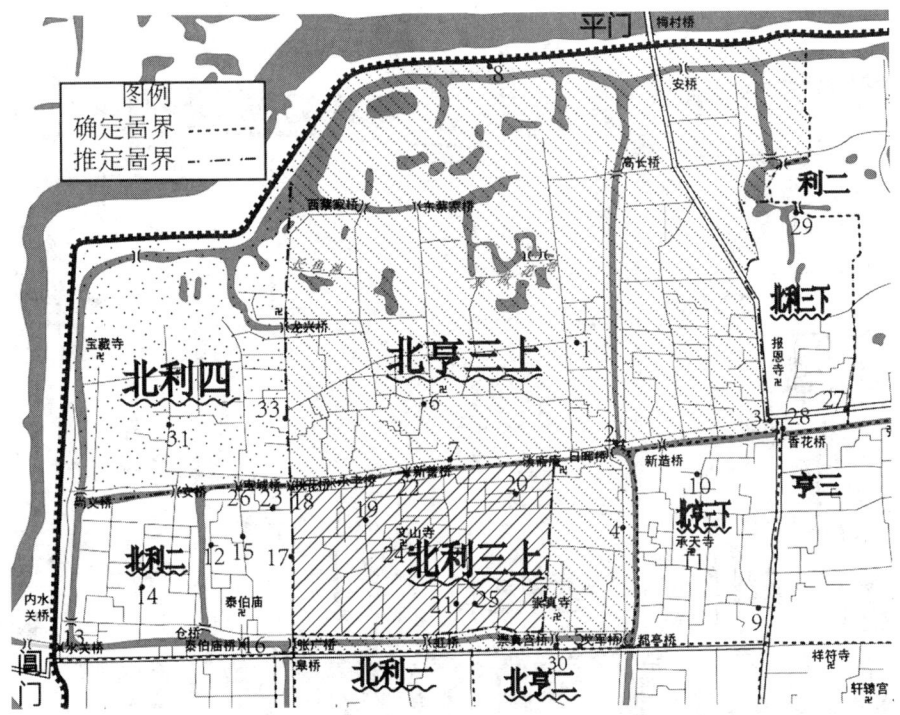

图 6　吴县"北亨三上啚""北利三上啚""北利四啚"平面图

1→大营门,2→单家桥 3→骆驼桥,4→河沿街,5→都亭桥大街,6→西寥家巷,7→桃花坞,8→北城垣,以上吴县北亨三上啚;

9→东铁局弄,10→退居里,11→承天寺,以上长洲县北亨三下啚;

12→官宰弄,13→水关桥,14→浒溪仓,15→混堂弄,16→南太伯庙桥,17→西街,以上吴县北利二啚;

18→紫粉弄,19→戈家弄,20→同仁街,21→桃花桥,22→新善桥,23→打铁弄,24→文山寺前,25→宝苏局,26→宝城桥,以上吴县北利三上啚;

27→东石塘桥,28→南香花桥,29→北太平桥,以上吴县北利三下啚;

30→崇真宫桥,以上吴县北亨二啚;

31→石幢弄,32→北城垣,33→桃花桥弄,以上吴县北利四啚。

据 30—33 推测吴县北利四啚,是地图中吴县北利二啚的宝城桥所跨河道以北部分,西、北至城垣,东接吴县北亨三上啚、南交吴县北利二啚(图 6)。

180 江南社会历史评论

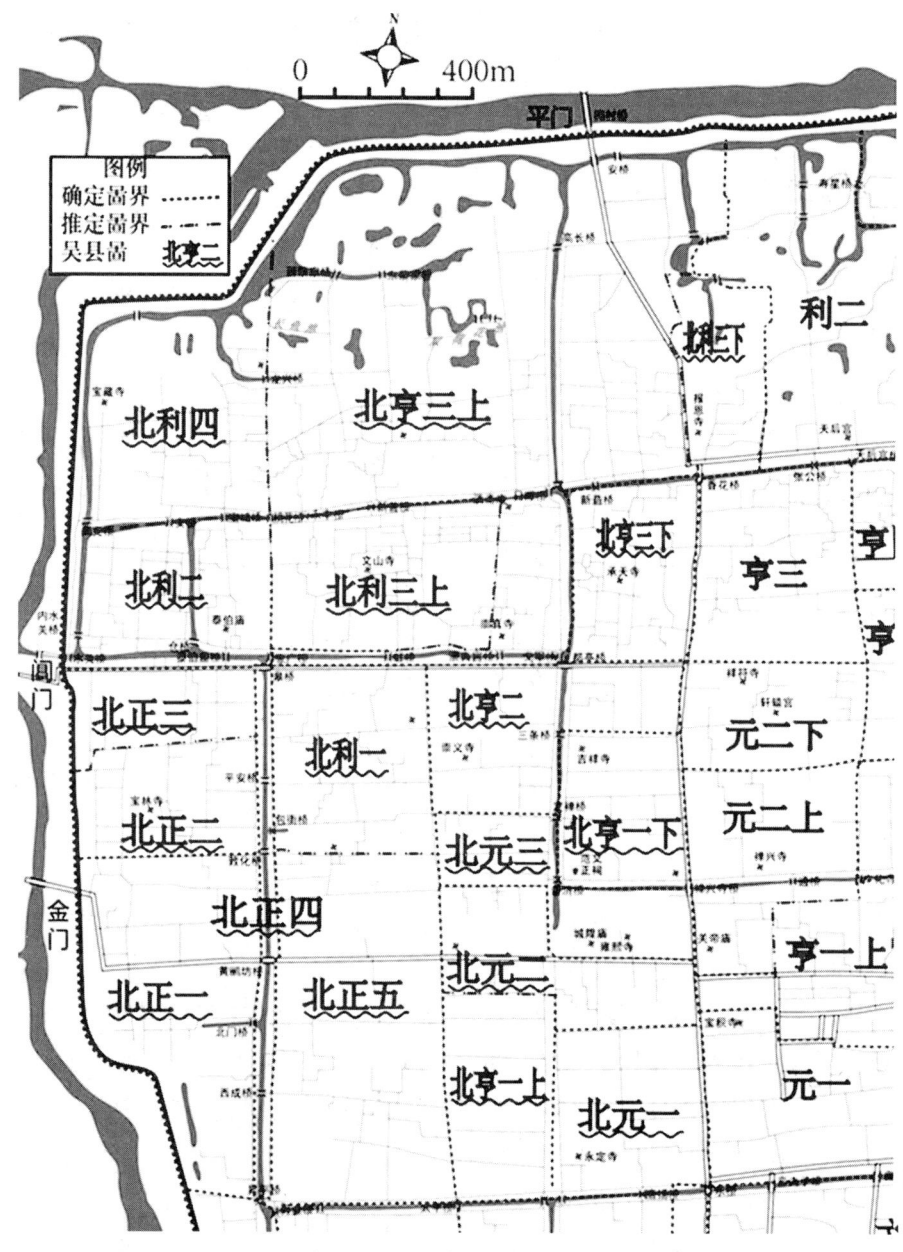

图 7 清代苏州城中各图空间分布总图之一

清代苏州城中"圕"的平面格局与社会职能初探　181

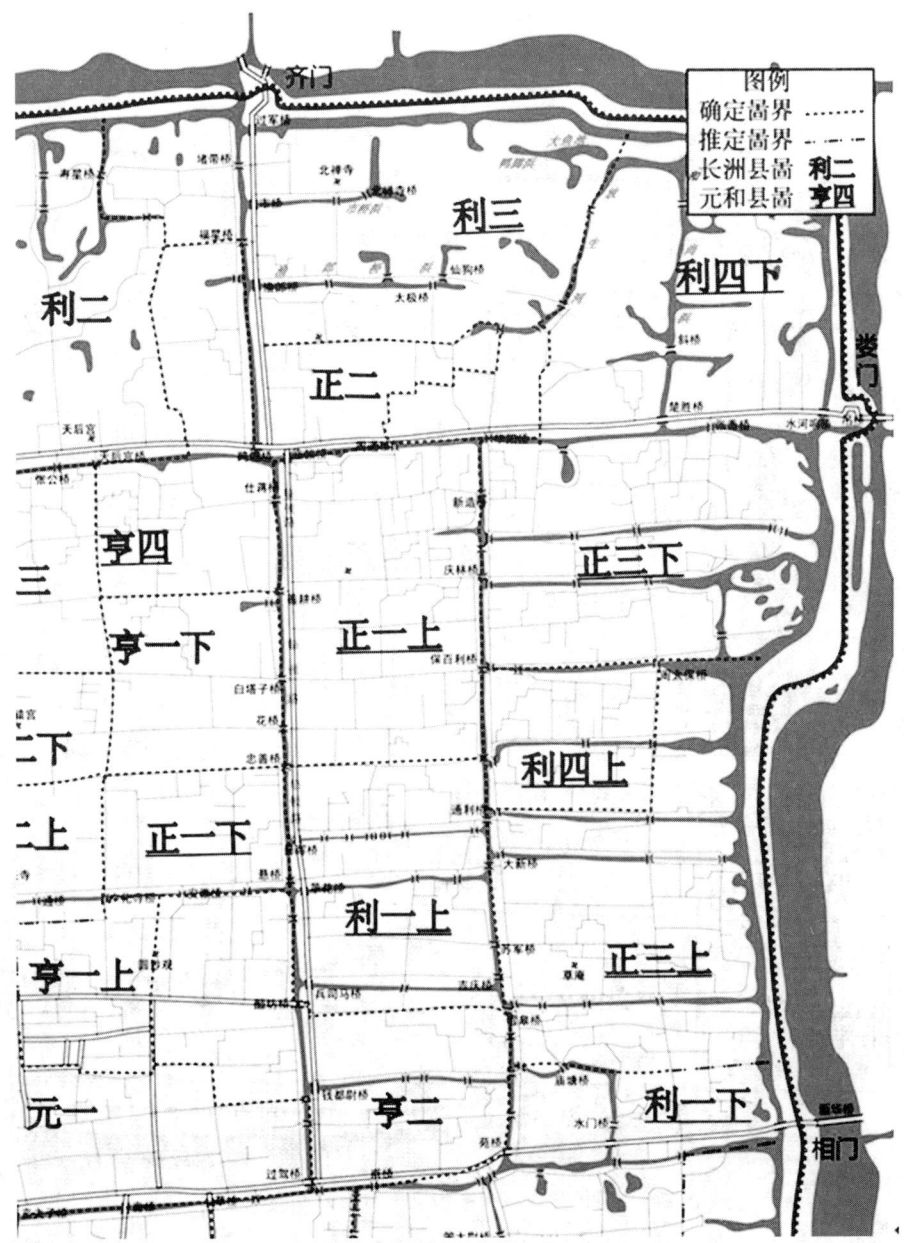

图8　清代苏州城中各圕空间分布总图之二

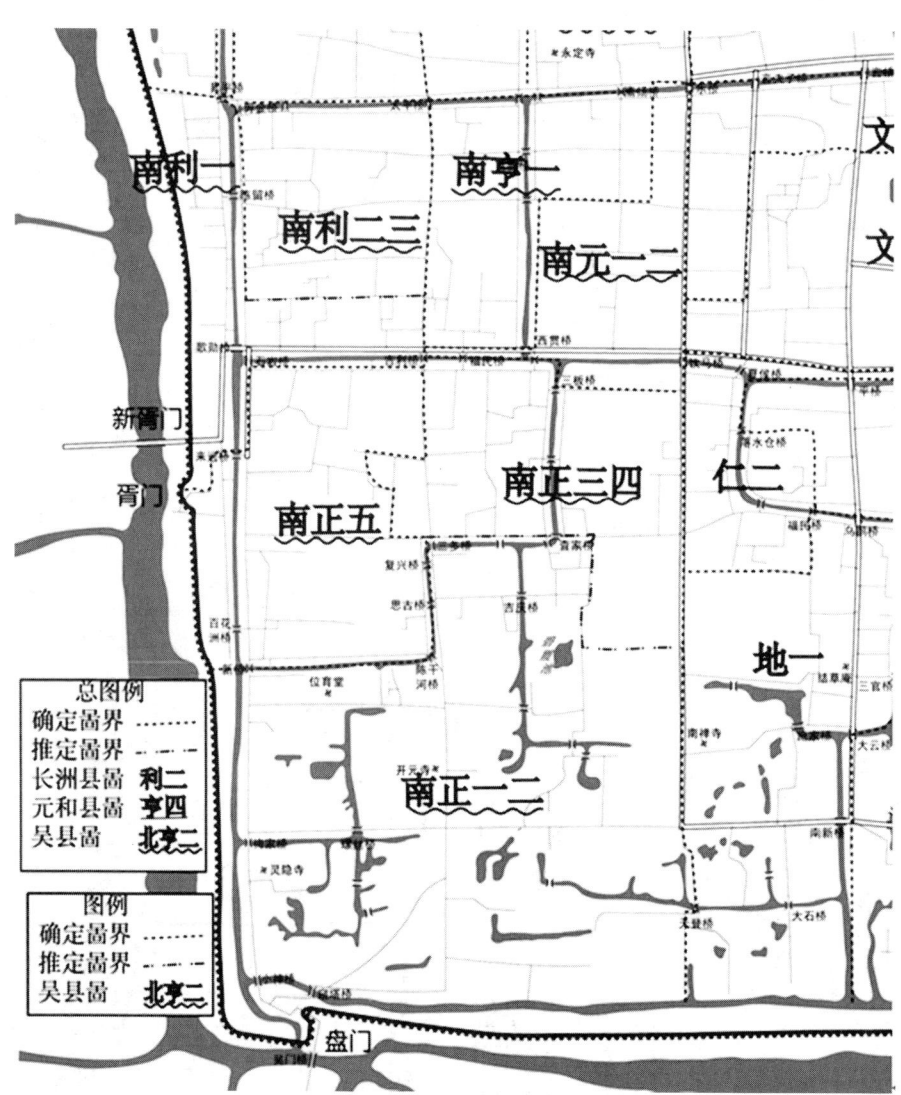

图 9 清代苏州城中各图空间分布总图之三

清代苏州城中"啚"的平面格局与社会职能初探 183

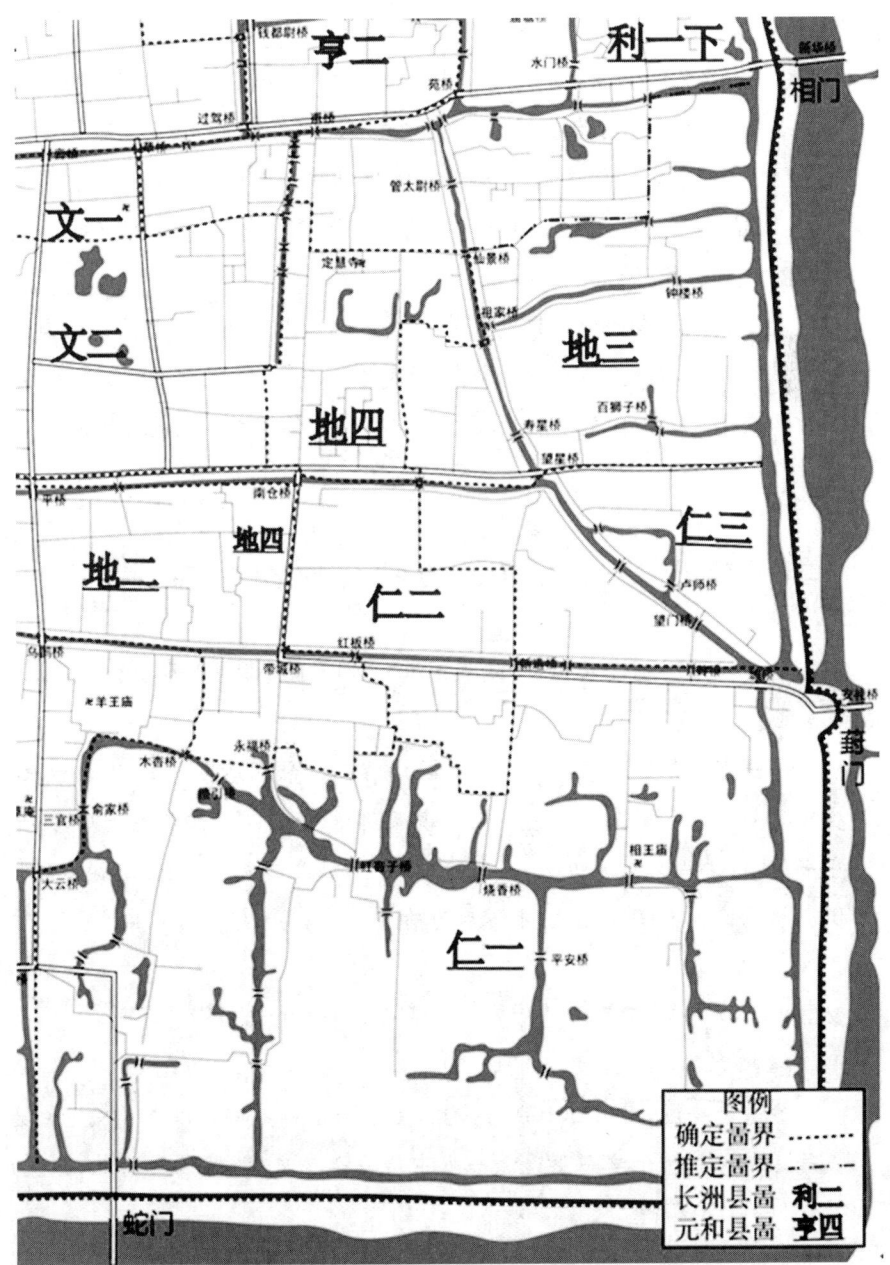

图 10 清代苏州城中各啚空间分布总图之四

而其他的古旧地图对这一区域的界线描绘也略有差异,如在 1880 年的《苏州城图》中,北利三上啚把北亨三上啚分割成南北两部分,1908 年的《苏州巡警分区全图》把北利三上啚的北界一直划到了北城垣。

吴县因缺少乾隆《元和县志》记载的啚所属地物与啚的相对位置那样的详细信息,比较依赖古旧地图与写本资料,而此二者在传抄过程中难免出现讹误,以致互相矛盾,故吴县内不能确定的啚界最多。

通过上述文献与古地图记录的图上比对,并运用现代实测地图为绘制底图,笔者将苏州城内各啚一一定位,得出清代苏州城中各啚空间分布总图,由于该图地物众多,为便于读者清晰阅图,笔者将其分切为 4 幅加以展现(图7—图 10)①。

二、清代苏州城中啚的社会职能及其渊源

啚源自明代里甲制度,《明史》载明初洪武十四年编赋役黄册:

> 以一百十户为一里,推丁粮多者十户为长,余百户为十甲,甲凡十人。岁役里长一人,甲首一人,董一里一甲之事。先后以丁粮多寡为序,凡十年一周,曰排年。在城曰坊,近城曰厢,乡都曰里。里编为册,册首总为一图。鳏寡孤独不任役者,附十甲后为畸零。②

又载:

> 迨造黄册成,以一百十户为一里,里分十甲曰里甲。以上、中、下户为三等,五岁均役,十岁一更造。一岁中诸岁杂目应役者,编第均之,银、力

---

① 韦荣越、丁文豪同学亦参与了该图的部分考证与绘制,在此谨致谢意。
② 张廷玉:《明史》卷七十七《食货志一》,中华书局 1977 年版。

从所便,曰均徭。他杂役,杂泛。凡祗应、禁子、弓兵,悉佥市民,毋役粮户。额外科一钱、役一夫者,罪流徙。①

按此记载,就是把一百一十户编排为一"里",以"里"中丁粮多的十户为"里长",剩下的一百户,每十户为一"甲",分成十甲。每年由里长一人,甲首一人,监管一里一甲之事务,十年为一轮。还要把编入里甲的一百一十户信息造成黄册,每十年更新一次。所以,唐文基认为,里甲最主要的职能是作为一个服役单位,向官府提供徭役。②

不过,前人已指出明代地方文献中"里""图"通用的现象③,顾炎武《日知录》卷二十二《图》引《嘉定县志》:"图,即里也,不曰里而曰图者,以每里州籍首例一图,故名曰图是矣。"④此处"每里州籍首例一图",即《明史》所谓"册首总为一图"。对此,李洵也持有相似的看法。⑤

在清代苏州的地方文献中,同治《苏州府志》⑥及乾隆《吴县志》⑦都提到编赋役黄册之事。而乾隆《长洲县志》述及此事时,称"每一图十甲",可见至迟到清代中晚期,苏州也已经通行"里""图"通用了。乾隆《长洲县志》云:

> 洪武十四年编造赋役黄册,每一图十甲,每甲编里长一名,田多者居首,少者次之。每甲攒造通甲人户老幼岁年及田房生产,进贮后湖,岁命

---

① 张廷玉:《明史》卷七十八《食货志二》。
② 唐文基:《明代赋役制度史》,中国社会科学出版社1991年版,第40页。
③ 韦庆远:"在明人的公文或地契、合同等文件中,'里'和'图'往往是通用的。"见韦庆远:《明代黄册制度》,第23页注①。
④ 顾炎武:《日知录》,浙江古籍出版社2013年版,第1282页。
⑤ 李洵:"图,指黄册首页列每里户口税粮总数的图表,后遂对某里亦称某图。"参见李洵:《明史食货志校注》,中华书局1979年版,第4页注⑥。
⑥ 同治《苏州府志》卷十三《田赋二》,第347页。
⑦ 姜顺蛟、叶长扬修:乾隆《吴县志》卷十《役法》,乾隆十年刻本,第11页。

太学生检之①。

对此,徐茂明认为,明初建立里(啚)甲制时江南的所谓啚,就是指一里100户所拥有的土地。但后来随着人口的流动与变化,其所拥有的土地亦随之迁转。明永乐以后,里甲与都啚的对应关系逐渐破坏,里甲重在户口编审,都啚重在划分地界②。在苏州地方志中,直到《正德姑苏志》卷十八《乡都》中,啚作为一个具有地域性的基层组织,才第一次出现于苏州城内③。且由《正德姑苏志》"乐安下乡仁寿里管啚三:元字二,亨字三、四""凤池乡澄胥里管啚三:亨字一、二,利字一"④等例可知,明中后期苏州城中的"里"与"啚"已非一一对应的关系了。

到了清代,苏州城中啚的数量发生少许变化,且这些变化都发生在吴县。此点对比《正德姑苏志》和同治《苏州府志》可知(详见本文第一节说明),但啚与里的对应关系自明正德至清同治始终没有改变。与此同时,清代苏州府啚的地域性特点得到了固化与重视,通过文献资料可以看出其明显具有实在的地理边界,同治《苏州府志》载:

> 乡都村镇重在联民,称谓虽古今各殊而旧名要不可废,至各都啚所辖区保,互萦交错,跨越纷歧,然有挡册可稽,自宜分著明晰而每都每啚之下即以所领圩名村镇编入焉。⑤

乾隆《元和县志》更是批评前代地方志不记录都啚所辖的街巷、桥梁、村镇,使读者茫然不知所以。

---

① 李光祚修,顾诒禄等纂:乾隆《长洲县志》卷十四《徭役》,《中国地方志集成·江苏府县志集》第13册,凤凰出版社1991年版,第160页。
② 徐茂明:《明清时期江南社会基层组织演变述论》,《社会科学》2003年第4期,第93页。
③ 正德《姑苏志》卷十八《乡都》,第1页。
④ 同上书,第16页。
⑤ 同治《苏州府志》卷二十九《乡都啚圩村镇一》,第708页。

> 向之为志者,往往不统于疆域,而分类以书之,志都啚则不知所辖为何街巷、何桥梁、何屯镇,而志街巷、桥梁、村镇又不知属于何都何啚,阅者茫然如也。兹合数者暨归疆域,以乡统里、里统都、都统啚,啚则注街巷、桥梁、村镇于其下,若网在纲,有条而不紊,岂不开卷如指掌哉!①

事实上,这样的说法虽然某种程度上忽略了啚的社会职能的历史性变化,但也明确显示出清代苏州城内之啚是具有地域性的基层组织,这已成为常识。

另一方面,清代苏州的啚还具有户籍编制及赋役征收单位的社会职能。乾隆《长洲县志》载,早在明万历三十八年实行均役时,役种有五年一轮和十年一轮两种,其中十年一轮的役种就包括经催、见年总甲、塘长、总书、啚书、啚长等,其中"啚书"的职责为"攒造一啚人丁、户口、条银、仓粮册并轮造推收田地、增减人丁等册籍"。可见此时"啚"已作为管理户籍和赋役的单位。②

康熙元年苏、松两府实行均田均役法,均田即将一里一甲所属田亩数额大致均平,均役即使里甲正役和杂役按里甲组织均摊,此举意在应对"人户消长不同,田亩盈缩亦异"造成的赋役不均现象。③ 赵锡孝在其《徭役议》中对江南实行的"均田均役"法做过解释:

> 何谓均田,统计一县之田,分为若干啚,啚分十甲,每甲均入田若干是也。何谓均役,统一县之田使各自编甲,或类聚编甲,以啚中第一甲当本啚一年之役,至十年而周,或以本啚一、六甲当本啚上、下半年之役,至五年而周是也。④

---

① 沈德潜纂修:乾隆《元和县志》,《中国地方志集成·江苏府县志集》第14册,凤凰出版社1991年版,第22页。
② 乾隆《长洲县志》卷十四《徭役》,第161页。
③ 《清朝文献通考》卷二十二《职役考二》。
④ 同治《苏州府志》卷十三《田赋二》,第353页。

除此之外，清政府曾多次对苏州的土地和人口进行重新分析造册，如顺治十八年"以江南苏松等府地粮荒熟混淆莫辨，令州县官履亩踏勘，分析畾户，造册申报上司严核"。① 及雍正十二年"严革畾书，勒碑永禁，民累悉除；设立清书，缮造征册，分给易知滚单；保正，任畾中一应役务"。② 在这些史料中，显示政府都以畾为单位征派赋役。

同治《苏州府志》还记载了两则实例，一为康熙年间开浚刘河之际，向周边的畾借水车、征屚水夫要求"每畾出屚水夫二人"：

> 于近湖畾分平借办水车，惟计足用，不得借端多派累民，仍将借田水车确数开查考其不近刘河里分每畾出屚水夫二人，其余不足酌量于附近邻邑出，夫照开浚事例每日给工食银五。③

另一为乾隆四十年浚福山塘时，向附近各畾分配任务：

> 四十年浚福山塘，详准动用公积商捐本息银九千二百馀两，估计工料银八千六百十三两九钱四分，常邑沿塘四十五畾专浚，其余通县各畾俱系协浚减半领银，挑办共挑土方八万二千一百五方，每方连屚水夫工银九分五厘，共用银七千七百九十九两九钱零，昭邑专浚九畾协浚八十一畾，共挑土方七千五百八十三方，共用银七百二十二两四钱④。

此外，民间的一些自发活动也是以畾为社区单位来开展。如苏州城居民彭氏两代三人不止一次在遭遇旱涝灾害时，就其所居住的仁一畾推行平粜以赈灾，并推广到仁三畾：

---

① 同治《苏州府志》卷十二《田赋一》，第 316 页。
② 同治《苏州府志》卷十三《田赋二》，第 352 页引道光《苏州府志》卷一《田赋考》。
③ 同治《苏州府志》卷十一《水利三》，第 293 页。
④ 同上书，第 301 页。

彭蕴章《平粜记》曰：从祖二林公之举平粜也，就所居仁一啚之籴米为炊者，先期给票，按家口多寡，自一升至三升而止，其值较市每升减钱十文，邻人日持票来籴，门外收钱，门内给米，于票上印日期为记，使不得重籴，故米贵之年每岁行之而无喧哗拥挤之弊。嘉庆甲子大水，伯父简缘公踵行之，至乙丑亦然，甲戌大旱，己卯小旱，癸未大水，伯父秋岳公复踵行之，或仍以仁一啚为限，或推广至仁三啚，则视其米之多寡，一遵二林公成法亦卒事无哗。①

总而言之，从明中期到清后期，苏州城中的啚、里联系保持了相当的稳定性。而在清代的苏州府，啚的地位更加重要，不仅强化了划区分界的地域性特点，甚至还取代了里的赋役征派职能，成为赋役征派的主体，并具有一定的社区组织功能。

余　论

本文讨论的清代苏州城中之啚，是与该地里甲制密切相关的城市基层管理组织与社区单位。本文通过对相关文献较为系统的梳理、实地勘察与实测地图的比定作业，上溯复原了清代苏州城内啚的平面格局，并在此基础上，对这一清代苏州城内最重要的基层组织做了概括性的梳理。本项研究尚属初步，关于明代以来"啚"在苏州城内分布的空间特点与形成及固化的原因，及其具体的变迁历程，该种基层组织与前代苏州城内基层单位（如坊、里等）的关系诸问题，尚有待今后的深入探究来加以解决。

［作者简介］徐新源，上海师范大学人文与传播学院文化典籍系学生。钟翀，上海师范大学人文与传播学院教授。

---

① 同治《苏州府志》卷一百四十九《杂记六》，第 778 页。

江南文化

《铁画歌》与18世纪的江南想象：
顺从之音与不平之鸣？

〔美〕房　琴

内容提要：本文讨论了18世纪《铁画歌》中江南、铁画、汤鹏等意象，并分析了《铁画歌》与翰林院机制之间的关系。作者认为，18世纪帝国与江南的政治与文化想象并非单纯的满汉两分建构，即帝国与江南的文化与政治冲突；相反，作者认为，江南的想象是建立在江南与帝国对翰林制度的相互认同与意义攫取上的。

关键词：铁画　江南　南巡召诗　翰林院

引　子

1754年，大学士梁诗正之子、翰林院庶吉士梁同书①在府中味初斋，与好友吴烺、钱载、韦谦恒、陈鸿宝②、谢墉、王又曾等人同观彼时在京城王公贵卿

---

① 梁同书，字元颖，号山舟，又自署不翁，新吾长翁。梁同书是乾隆朝重臣、大学士梁诗正之长子。
② 据《湖海诗传》卷十四，5a—7b。陈鸿宝，字未叔，号宝所，仁和人，1751年召试钦赐举人，官至给事中。

间名震一时的芜湖铁画,一时兴起,写下著名七古长诗《铁画歌》①:

> 石炭千年鬼斧截,阳炉夜锻飞星裂。
> 谁教幻作绕指柔,巧夺江南钩锁笔。
> 花枝婀娜花璁珑,并州快剪生春风。
> 芙丛蓼穗各有态,络丝细卷金须重。
> 云匡钿束垂虚壁,茧纸新糊烂银白。
> 装成面面光青荧,桦烬兰烟铺不得。
> 豪家一笑倾金赀,曲屏十二珊瑚奇。
> 前身定是郭铁子,近代那数缑冶师。
> 釆绘易化丹青改,此画铮铮长不毁。
> 可惜扬锤柳下人,不见模山与范水。②

梁同书的《铁画歌》主要围绕三点:一,江南的铁画"铮铮长不毁",远胜水墨丹青;二,"鬼斧神工"铁画出自江南铁匠汤鹏之手;三,来自江南的铁画名噪京师,但"鬼斧神工"的铁匠汤鹏却无人知晓。梁不久亦作《芜湖后汤鹏铁画歌》(本文称《后铁画歌》),并再邀好友倡和。自1754年至1780年前后,梁的诸多好友或主动倡和,或遵梁同书所嘱而作《铁画歌》,或因听说梁同书的《铁画歌》而自作。这些后来的《铁画歌》延续梁同书《铁画歌》中的"江南"、"丹青易改"、"铁画铮铮"、"汤鹏"等意象③,并将之强化,成为今天铁画历史叙述的重要资源。

梁同书及其江南好友与铁匠并无交集。自古以来,铁匠与文人属于两个

---

① 吴烺:《铁画歌和梁侍读》,《杉亭集》卷六,第208页。
② 梁同书:《汤鹏铁画歌》,《频罗庵遗集》卷一,24a—b。
③ 见本文表1及表2。表1为1754年至1757年间《铁画歌》主要倡和者(包括佚诗作者),这些人有的是江南召试成功者,有的并非江南召试成功者;表2为1751年至1757南巡召试入京的翰林庶吉士,他们同来自江南,有些曾写过《铁画歌》,有些并未写过《铁画歌》,只是与《铁画歌》主要倡和者在此期间于京城翰林院共事,笔者希望通过他们的翰林生涯沉浮,说明18世纪来自翰林院的江南士子在京城所经历的不安、焦虑同江南政治与文化想象之间的联系。

阶层,平时碰面的机会都很少。士子们的生活多围着学堂、科举、山水转,而铁匠的生活多围着铁炉、市井、谋生转。为什么士子们会对他们不熟悉的铁匠们及其铁画如此上心?其次,铁画会生锈,江南潮湿,如保存不当,一年下来铁画都会生锈;保存得当的话,百年后,亦会尘归尘、土归土。相反,丹青墨迹,稍稍在意,五百年以上的书画,亦处处可见。铁画"铮铮不毁"之意象,文人的诗性想象多于事实。为什么梁及其好友在诗中反复固化这些意象?此外,《铁画歌》中提及的"江南"是什么意思?"江南"对梁同书及好友们意味着什么?为什么他们会反复吟咏、强化、固化这些意象?本文将对这些问题进行探讨。

历史背景与问题的提出

铁画,是一种以铁为原料、锤打出类似中国传统山水、花鸟、亭榭水墨画风格的手工艺术。当代美术史及文化史研究者总把芜湖铁画历史追溯至明清交替的 17 世纪,地方志记录如此[①],笔记杂记逸闻如此,各类艺术史教材亦如此[②]。中文文献如此,英文转述也是如此[③]。1911 年前后,汤鹏及芜湖铁画的起源总是隐隐约约与明清易代及江南士子的抗清反满情绪联系起来[④]。

细察之下可知,最早有关芜湖铁画的文献记录始于梁同书的《铁画歌》。从空间上看,铁画是在北京而非铁画的故乡芜湖广为人知的;从时间上看,铁

---

① 参见乾隆年间朱肇基编纂的《太平府志》(1758 年);嘉庆年间陈春华编纂的《芜湖县志》(1803 年);民国年间余谊密、鲍实所编《芜湖县志》(1919 年)中的物产及方伎类词条。

② 郑午昌:《中国画学全史》,中国社会科学出版社 2009 年版;陈少丰、张同霞:《中国美术史教程》,陕西美术出版社 2000 年版,第 376 页。

③ Benjamin March, Detriot Institute of Arts, "Iron in Art" in *Chinese Art: A Selection of Articles from the new 14th edition of the Encyclopedia Britanniaca*, Britanica Boolet No. 1, 1932.

④ 刘声木:《苌楚斋续笔》卷八,"芜湖汤鹏铁画";郑午昌称铁画用火锤成,称之为火绘,见《中国画学全史》;另见杨光辉《铁画艺术》,人民出版社 2001 年版;俞樾:《春在堂全集》,"小园壁上观明季汤鹏铁画"。1958 年娄良鸿、张华(执笔)的越剧《汤天池》及 20 世纪 80 年代的电视连续剧《铁画传奇》更是将铁画的产生置于明清易代的背景之下,运用"铁"的比喻与修辞映衬铁画先人汤鹏与萧尺木在明清易代后的异族统治下,为延续中华传统文化——铁画所做的努力。这些叙述,将铁画的历史起源置于满汉冲突的历史背景下。

画始于17世纪芜湖铁匠汤鹏之说法,源于18世纪翰林院庶吉士梁同书及其好友倡和的《铁画歌》,而非17世纪的芜湖文人。令人感到不可思议的是,18世纪中期,铁画在京城名震王卿贵族圈子,梁同书及其好友以《铁画歌》大书特书来自江南的铁画、来自江南的"鬼斧神工"铁匠汤鹏,而在铁画的故乡——江南,却没多少人知道铁画,更没多少人知道汤鹏①。余姚陈梓(1683—1759年)移居海宁峡石后,亦做《铁画歌》,称铁画乃是"常州冶工梁氏所作"②,可知他并不知晓芜湖铁画及汤鹏。芜湖地方志亦是在《铁画歌》在北京与江南流传开后,始有铁画与汤鹏的记录③。

芜湖铁画是否始于17世纪,是否源于汤鹏,并非本文要探究的问题④,从某种意义上说,限于资料,这是"不可完成之任务";其次,本文也并非要探究口头叙述与文本叙述的差异,这应是另一篇论文的内容。本文追问的是,为什么18世纪对于铁画历史如此重要?换句话说,为什么18世纪铁画进入了江南文人书写视野并创造出"鬼斧神工"汤鹏、铁画"铮铮不毁",及"江南钩锁笔"等意象?铁画的诗意想象与18世纪的帝国政治、社会文化有何关系?通过探究《铁画歌》内容、隐喻及其流变,特别是诗歌中汤鹏、江南、铮铮不毁的铁画等意象,本文意在讨论下列问题:(1)18世纪的文人的时代焦虑如何通过《铁画歌》展开?(2)18世纪的《铁画歌》如何勾画出江南与帝国之间的关系?

---

① 汤鹏来自江苏镇江溧水,镇江地区的方志亦无铁画记载。
② 陈梓:《删后诗存》。梁氏当指安徽省东至县梁应达,见《建德县志》。
③ 地方志第一次记录铁画是在1758年的《太平府志》,而铁画名噪京师约在1751至1754年之间。随着1754年《铁画歌》的众人倡和,铁画与汤鹏的名声回传至芜湖,地方史志中开始出现铁画与汤鹏的词条。
④ 明末金陵画家魏之璜的《铁画歌》证明17世纪铁画在南京及芜湖的存在。魏氏诗中提及铁画来自芜湖,但并未提及汤鹏,亦未提及铁画始于17世纪。笔者亦相信铁画始于17世纪或者更早,18世纪的铁画书写正是基于17世纪口头及文字之书写传统;但很难据此得出铁画始于17世纪芜湖铁匠汤鹏的结论。青浦人金浚《像生志》,介绍建德县(今安徽东至)梁应达自己设计画稿自己打铁画,全文无一字提及汤鹏。梁大约为汤鹏同时代人,建德离芜湖约半日水程,而金与梁均不提及汤鹏,出人意外;但亦说明,基于现有材料,很难证明铁画起于17世纪芜湖汤鹏。金浚:《建德县志·像生志》。

材料、方法及研究

18世纪铁画文献材料来自两部分。一是地方志中的铁画记载,如《太平府志》与《芜湖县志》内的铁画条目;二是18世纪文人的《铁画歌》,约为50余篇①。前者记录简单扼要,百字左右言明铁画的形式及起源。后者以诗文为主,追忆铁画起源,叙述铁画超越传统中国水墨传统的独特艺术之美,盛赞汤鹏的传奇经历。这些诗大多为古体长诗,重在叙事,传唱性较强,加上文人相互诵咏,成为内化铁画起源的固化叙述。两类材料,体裁各异,内容有限,无法提供铁画历史的精确叙述,而梁同书发起的《铁画歌》倡和从北京波及江南地区(杭州、南京、太仓、海宁、武进、绍兴、芜湖等地),为了解铁画兴起与帝国政治、文人社会之间关系提供了另一空间及时间维度②。

江南与帝国之间的政治与身份冲突是新清史的重要内容,Philip A. Kuhn(孔飞力)、Palema Crossley(柯娇燕)、Michael Chang(张勉治)③等人的研究表明清帝国统治者,特别是乾隆皇帝对江南的富庶经济、优越文化既艳羡又嫉妒的矛盾心情,对江南士子的文化优越感既担心又反感的复杂心理④。这些研究从帝国的视角来理解江南,帝国对江南的态度可理解为征服与文化控制。但反过来,江南的文人们是否意识到帝王的艳羡、嫉妒及反感呢?他们是如何

---

① 笔者查阅到1754至1929年,以《铁画歌》为题,或称应和梁同书,或受梁同书影响而作《铁画歌》,共约百首。本文仅以1754—1757年间的《铁画歌》及1772—1780年间的《铁画诗》作为研究文本。

② 1751—1757年间及1772—1780年间,是18世纪《铁画歌》集中出现的两个时期,两个时段均与乾隆南巡有关。

③ Pamela Kyle Crossly, "Introduction" in *A Translucent Mirror: History and Identity in Qing Imperial Ideology*, Berkeley: University of California Press, 1999. Michael Chang, *A Court on Horseback: Imperial Touring and the Construction of Qing Rule, 1680—1785*, Harvard University Press, 2007. Philip Kuhn, *Soulstealer: The Chinese Sorcery Scare of 1768*, Harvard University Press, 1992.

④ Philip A. Kuhn, *Soul Stealers: The Chinese Sorcery Scare of 1768*, Cambridge: Harvard University Press, 1990, pp. 70—72.

理解江南与清帝国之间的关系呢？铁画来自江南的芜湖，铁画的诗作亦多为江南文人所做，诗作中亦多次盛赞江南铁匠之巧夺天工、勇气及聪明才智。《铁画歌》中的江南意象，多为江南士子对于江南的想象，这种诗性想象与帝国的江南想象是否重合？除了江南与帝国之间因为民族或者明清易代而形成的紧张关系，江南对帝国政治想象中是否还另有维度呢？从空间上看，江南士子对帝国的想象，不仅存在于江南，亦存在于北京，这种空间上的位移，是否会影响江南士子对帝国想象的具体内容？这样江南的想象是否一成不变？或因不同的人群，因为不同的政治境遇、生存状态、文化环境变化，充满不同变数，并进而影响江南对帝国的想象？

本文拟对铁画史进行反历史叙述，即不纠缠于 17 世纪铁画的起源与历史①，而将 18 世纪《铁画歌》诗性叙述及隐喻作为研究重点：谁写了《铁画歌》？《铁画歌》如何流传？其江南、铁画及汤鹏的意象又是如何被反复重构的？通过对《铁画诗》的文本细读，本文意在考察江南与帝国之间的复杂关系。《铁画歌》是文人的自我困境之呈现？是对帝国控制的从顺之音？还是鸣不平的情绪影射？

南巡召试与文翰之觅：
天恩的困境（1751—1757 年）

1754 年，入京三年的翰林院庶吉士梁同书邀请翰林院好友全椒吴烺、嘉善谢墉、仁和陈鸿宝、秀水钱载及王又曾等京中江南旧识相聚家中味初斋②。聚饮联诗之余，梁以家中所藏小幅铁画见示，彼时京中王公贵族皆以收藏铁画为盛事，常以千金倾购，但无人知晓铁画来历。来自芜湖的韦谦恒，称铁画乃

---

① 铁画研究并不多见，主要为研究铁画起源的研究。如刘伯璜、姚永森：《芜湖铁画溯源》，《安徽师范大学学报（人文社科版）》1983 年第 2 期。
② 韦谦恒：《传经堂诗钞》卷四。

芜湖铁匠汤鹏之作①。有感于铁画在北京的"名震公卿"相对于芜湖铁匠汤鹏无人知晓的潦倒生涯,梁同书作《铁画歌》,并邀在座好友倡和。1754年前后,约有十余首《铁画歌》倡和在北京完成②。

倡和诗作者有以下几个特点。其一,应和者多为1751及1757年乾隆南巡召举钦赐举人③。钱大昕、吴烺是1751年乾隆南巡招举江南省一等第二名及第三名,谢墉、陈鸿宝、王又曾为浙省南巡召试前三名,韦谦恒是1757年南巡招举举人,邵嗣宗是1757年会试第一,皆为江南才俊,"授官中书,赐之文绮",在翰林院学习行走,主要任务为抄缮公文、解经讲授,类似今天实习生位置。④ 其二,倡和者多为梁同书来自江南的同乡,吴烺来自江南省江宁府全椒;韦谦恒来自距南京只有半日水程的芜湖,旧属江南省江宁府;邵嗣宗来自江南省太仓;钱大昕来自上海青浦;他们与1747年举人太仓王凤仪同为三吴子弟。陈鸿宝来自仁和,谢墉来自嘉善,王又曾来自秀水,与仁和的梁同书同为两浙士子。其三,他们大约都是在1751年前后入京,而在功成名就之后,约有超过半数的人选择回归江南(表2)。

就地缘及身份、文化与社会资本、人生选择而言,1754年《铁画歌》的作者及倡和者身份趋同。同来自江南,同为南巡召举及科举应试的成功者,从江南来到北京,从翰林院庶吉士起,谋求仕途的晋升,但最后有一半在功成名就后,

---

① 1754年芜湖的韦谦恒虽还未取得任何功名,却在入京前,随父宦游杭州、江宁、嘉兴、徽州、广德等地,在江南时已与京中诸位翰林侍读、讲读、给谏相熟。1757年获南巡召试钦赐举人,1763年获会试探花。

② 见梁同书《铁画歌》序。

③ 乾隆十六年(1751年),乾隆南巡,令江南士子进献诗赋,加以甄录,分别考试,派大臣阅卷进呈,取中人员准作举人,授为内阁中书学习行走,浙江士子前往杭州府应召,考中的有梁同书、谢墉、王又曾、陈鸿宝等人;江苏、安徽士子去江宁府应召,考中的有蒋雍植、钱大昕、吴烺、吴智鸿、褚寅亮等人,授内阁中书。此次钦命阅卷大臣是大学士、河道总督高斌,兵部右侍郎汪由敦,刑部左侍郎钱陈群。江南省取了一等5名,一等第一名是怀宁县拔贡生蒋雍植,一等第二名是嘉定县附学生钱大昕,一等第三名是全椒县增生吴烺,一等第四名是长州人褚寅亮,一等第五名是吴志鸿。浙江前三名为谢墉、陈鸿宝、王又曾三人。乾隆帝谕授谢墉等人功名官职称:"此次(浙江)考中之谢墉、陈鸿宝、王又曾,皆取其最精者,且人数亦不多,着加恩特赐举人,授为内阁中书。"朱诚如:《清朝通史·乾隆卷》卷七,第377—378页。

④ 《钦定南巡盛典》卷七十五。

主动选择离开帝国政治中心，归隐故乡江南。是什么让他们做出趋同的决定？什么让他们离开花费大半生心血而获得的仕途？他们借《铁画歌》想表达一种什么样的声音？下文将通过对他们江南、北京两地生活的讨论，特别是他们进京后翰林生涯的分析，来认识他们行动趋同性的形成。

翰林院行走地位不高，授庶吉士衔，为从六品，是翰林院最底层的工作人员，类似今天国家部委"实习生"。但翰林院历来为帝国储才之地，清代翰林院一直左右着帝国的学术流变、诗风文风及政治意识形态①。1751年乾隆第一次南巡召试，以诗赋选才贤，中举者，授中书内阁衔②。在乾隆的眼里，这些举子来自江南，是士子中的"最精者"，理应召至北京，充实帝国之最高学术机构。1751年首次南巡时，乾隆一入江南境，就指出江南在帝国地方文化等级中优先级别：

> 袅袅东风拂面春，乘春銮辂举时巡。
> 江南至矣犹江北，我地同兮总我民。
> 祗承观方怀保切，岂难解泽惠鲜频。
> 更欣余事寻文翰，秀丽山河发藻新。③

乾隆眼中的江南之景，有如春天东风拂面，秀丽风光惹人怜爱，但也具有政治性，江南是与江北一样的大清帝国一部分，充满政治色彩的"观方"、"解泽"是南巡的重要内容。"观方"之余，亲身领略江南"文翰"、见识江南才俊，是乾隆南巡之要务。此处的"文翰"即指以诗赋召试，挑选江南士子一事。通过诗赋，挑选翰林人才，以示君恩。换而言之，通过诗赋召试，翰林院授衔，乾隆意在将江南及其士子整合至帝国政治及文化版图上。

用诗赋召考江南才子，为翰林院选才，并非意味着乾隆完全认同江南才子

---

① 见潘务正：《清代翰林院与文学研究》，人民出版社2014年版。
② 《钦定南巡盛典》卷七十五。
③ 《钦定南巡盛典》卷一"过江南境"。

的文翰之才。在训示江苏学政庄有恭一诗中,乾隆说得直接且明白:

> 从来庠序储才地,观国之光利用宾。
> 所贵清真兼雅正,莫容牛鬼及蛇神。
> 春华秋实崇经术,廷献家修重大伦。
> 自是此邦文胜质,丁宁致勖务还淳。

首先,并非所有江南诗赋文翰都会得到乾隆青睐,只有"贵清"与"雅正"之音才会深得乾隆之心;其次,乾隆批评江南的文赋修饰胜过质朴,当务之急是回归淳朴[①]。乾隆期待的江南文翰是认同并可融入清帝国秩序的江南文翰,是"廷献家修"、"崇经术"、"重大伦"的文翰;而与此相背的文翰,则被视为"牛鬼神蛇"。乾隆皇帝南巡一系列的诗歌中都曾揶揄性地将江南风景之柔弱与漠北之刚劲、江南之奢华与漠北之质朴相比较[②]。乾隆的心目中所期待的"江南文翰"既反映了多民族帝国内部政治的紧张[③],亦影射出帝国中心与江南士子之间的潜在冲突。

被选中的江南才子呢,是否也有类似的既认同又不认同帝国的心理呢?首先,不经历常规考试而得君恩,进入词林,南巡召试士子,得到的不仅是去京城翰林院学习实习的机会,更有乾隆皇帝钦点翰林之荣耀。如此天恩,颇让其他江南士子羡慕,而愿意跃跃欲试。而一些以诗才鸣于时的江南才俊更视南巡召试重于常规科举。青浦人王昶(1724—1806年),早年以诗文结交海内,1754年已中进士,等待挑选入仕;但得知乾隆1757年进行第二次南巡召试,呈上诗赋,幸运地被乾隆钦点为江南省召试第一名,可见翰林院对江南士子之

---

① 见乾隆《致江苏政庄有恭》(1751年),《钦定南巡盛典》卷一。
② Michael Chang, *A Court on the Horseback*, Chapter 7, pp. 305—365.
③ 张勉治认为乾隆利用江南文人圈内部冲突,即沈德潜"格调说"与袁枚诗"性灵说"之争,为马背王朝的合法性背书,强调江南"文翰"之"温柔敦厚",讲究文字与政治、历史相结合的文字,即文以载道之"文翰"。见 Michael Chang, *A Court on the Horseback*. pp. 305—306。

诱惑力①。

江南举子通过诗文如愿获得乾隆钦点与天恩,但这并不代表他们认同乾隆对江南淳朴诗风及文翰的号召。1751年召试第三名王又曾与第一名谢墉、第二名陈鸿宝赴京,从大运河顺北上镇江、扬州,一路上见到船篷、桨篙,王联想到的是吴娘船、桃叶渡等江南固化意象②,而吴娘船、桃叶渡正是乾隆所揶揄的江南柔弱及文风,南巡召试点了翰林的江南士子继续着原有的江南文饰之风,乾隆所期待的"经术"、"重大伦"、淳纯、质朴的之风并未出现在这些江南士子身上。

进京的南巡召试特授举子们,延续着他们在江南游学、雅聚、登高、秋游、春赏、联句、斗诗的文化习惯,帝京附近的古寺、名胜均留下了他们的身影与足迹,更留下他们流连之后的诗文倡和,由此形成了以南巡召试举子为核心的朋友圈。梁同书、吴烺、谢墉、王又曾、陈鸿宝、钱载、钱大昕、王铭盛、褚寅亮、吴志鸿、蒋雍植、周天度、王鸣盛、韦谦恒等人均是此圈中人。早在召试之前,他们都已认识并有交游,1743年梁同书与王又曾有长江姑孰(芜湖)之行③;吴烺随父亲多次去芜湖游学、访学、探友,游览大小姑山、翠螺书院;芜湖人韦谦恒④曾多次在翠螺书院接待过梁同书、吴烺、王又曾、周天度、谢墉、陈鸿宝、钱大昕等人,诸人亦留下游玩太白楼(李白)、蛟矶庙(孙尚香)、吉祥寺诸景胜之诗作⑤。召试入京后,这些江南文人们又聚到一起,繁忙公务之余,一起临书

---

① Adam Yuen-Chung Lui: *Hanlin Academy: Training Ground for the Ambitious*, 1644—1850 Archon Books, 1981. Benjamin A. Elman, "The Hanlin Academy and the Court" in *A Cultural History of Civil Examinations in Late Imperial China*, Harvard University Press, 2004.

② 王又曾:"舟中杂咏同谢金圃陈宝所四首",《丁辛老屋集》卷七,4b。

③ 王又曾:《辛未老屋诗集》卷三,3a—6b。王又曾(1706—1762年),名右曾,字受铭,号谷原,秀水人,其诗专仿宋人,轻倩爽利,颇多生趣,与厉鹗、钱载、袁枚、吴锡麟、严遂成并称清诗"浙西六家"。

④ 芜湖的韦谦恒亦是此圈中人,韦此前曾多次前往南京、杭州、苏州等地访友、讲学,并以诗歌互为倡和。

⑤ 芜湖古属东吴,有"吴头楚尾"之称,虽非乾隆南巡必经之地,但明清以来,行政区划上属江南行省江宁府。1751年,安徽布政司从江宁府移至安庆府,芜湖士子就试之地亦从江宁府转至安庆府。芜湖距乾隆南巡必经之镇江、扬州、南京等地,约为半日至一日水程;芜湖士子童试之后,多选择南京的书院读书,为科举做准备;南京为江南三大都会之一,是江南士子进学、社交枢纽之地。

摹画、赏石鉴珍、诗文唱和,既是文人风流,亦是同乡之聚①。

梁同书为此江南士子圈的核心人物之一,梁与吴、谢、陈、钱年龄相仿,又是1751年召试同年,梁府知味斋是众人集会之所②。韦谦恒虽非1751年召举同年,但亦尾随众好友入京,想以诗文在京城寻找机会③。1757年乾隆再次南巡,韦的诗文获乾隆青睐,钦授中书职,至翰林院行走,因而得以与当年的江南师友们相聚翰林。1757年江南省召试主考考官梁诗正,即梁同书之父,成为韦的老师④。韦的人生轨迹之转移,离不开与三吴两浙旧友交往。其早年在京的社交网络圈,几乎是其江南社交圈的地理位移而已。

入京不久的翰林们,很快感受到京城生活压力的沉重。18世纪的北京是帝国政治中心,各地士子、贾商、小商小贩纷纷来京谋生,络绎不绝。但是,天子脚下,居大不易。初来京都的江南士子们,感受到了种种困难和压力。首先是生活不适应、饮食不习惯。其次是经济窘迫,薪俸微薄,让江南士子们左支右绌。翰林院表面风光,是清廷储才之地,新晋翰林有六品官阶⑤。但事实上,新晋翰林普遍低俸、普遍贫困,有"穷翰林"之称。幸运者,可通过外派成主考官,增加收入,但这种机会极少⑥。梁同书好友、秀水王又曾及仁和周天度⑦先后在翰林院供职,因薪俸过低,不胜房租,多次移居,或与他人合住,或下榻

---

① 梁同书:《频罗庵遗集》卷五。
② 韦谦恒:《传经堂诗钞》卷三,15b—16a。
③ 韦谦恒在京与诸人相交经历,见梁同书之《频罗庵遗集》、吴烺《杉亭集》、钱大昕《潜研堂集》、王昶《清海诗传》、韦谦恒《传经堂诗钞》等。
④ 韦谦恒:《传经堂诗钞》卷四。1757年,梁同书在北京六年刚满之际,称因身体原因,决定离京移居故乡钱塘,谢、陈、吴、韦等人齐聚梁府为梁同书送行,韦将聚会上所成诗文拟集,并交给自己的恩师梁诗正指正。
⑤ 关于清代翰林院与政治及文化之关系,见潘务正:《清代翰林院与文学研究》;邸永君:《清代翰林院制度》,社会科学文献出版社2007年版。
⑥ 袁枚曾嘲弄外放穷翰林借外放主考官之机改善生活之窘况:"穷翰林,任试差,遽买南妾一人,日日食鲜鱼活虾,瓦鸭火腿,绍兴酒,龙井茶。"见袁枚:《随园诗话》。
⑦ 周天度,字让谷,一字西隰,号心罗,钱塘人。乾隆十五年(1750年)庚午科举人,乾隆十七年(1752年)壬申进士,历官许州知州。有《十诵斋集》,见《湖海诗传》卷十四"周天度"条;又见《国朝两浙科名录》,庚午科条。

朋友处,或帮朋友看房节省开支①。他们南巡召试同年、才子钱大昕亦有"五年光景七移居"之叹②。京城之寒冬,亦让初来北方的江南人难以抵挡,梁同书嗣子梁玉绳多年之后回忆王又曾初到京城,寄寓梁府,一到冬天,不耐北方低寒,"涕长一尺"、衣不抵寒、家徒四壁,唯见青苔之艰辛③。1757年南巡召试钦赐举人韦谦恒、王昶等初入京时亦是东搬西移,居无定所④。梁同书大约是这些江南士子中,少数不为经济所困,居有定所的江南士子,故而其书斋亦渐渐成为江南旧友入京时暂居之所。

新晋翰林庶吉士所遇最大挑战,是每三年进行的散馆考核。通过考核,才能改变"实习生"身份⑤,晋升为侍读、编修、待诏、给谏。但通过考核,并非易事。首先,翰林院历来有定额,粥少僧多,通过南巡召试特招进入翰林院的士子们,也必须通过考核,才算转正⑥;根据定例,不过者,或离开翰林院,或降职以用,考核勉强过关的,或留下等待下次机会。此外,为保持翰林中满蒙人的比例,经皇帝特准,科甲出身的满蒙官员中可直接进翰林,而翰林院的额定人员约为119—123人,满蒙与汉约各为一半⑦,进一步挤压江南士子晋升空间;当然反过来说,特招的南巡召试士子挤压了正途翰林的晋升空间,"翰林怕大

---

① 梁同书:《频罗庵遗集》卷一,2a—b。
② 钱大昕:《潜研堂诗集》卷四,2a。
③ 梁玉绳:《读王谷原比部遗稿》。
④ 1751年南巡召试举人钱大昕,入中书,此后两年,三次搬家。钱大昕:《潜研堂诗集》卷二,"移寓"。
⑤ 据《钦定吏部铨选则例·汉官则例》卷四:"各省选拔贡生朝考录取一二等引见以部员用者,令其赴吏部掣签,分派各部,在七品小京官上学习行走,给予正俸。以到部行走之日起,扣满三年,该堂官确加考核,如果行走勤慎,留心部务,准其奏明留部,授为七品小京官,食俸办事。"转引自董洪利、金玲:《褚寅亮生平事迹考》,《古籍整理研究学刊》2011年第4期。南巡召举成功者进入仕途之标准,亦与此同,新科选举者,虽授"内阁中书",任职翰林,亦需通过大考,才有晋升仕途之可能。亦见邸永君:《清代翰林院制度》;潘务正:《清代翰林院与文学研究》。
⑥ 1751年,留馆考核通过例为53%,1754年为68%。
⑦ 清代翰林院掌院学士满、汉各一人,侍读学士、侍讲学士、侍读、侍讲,满二人,汉三人,修撰、编修、检讨,都没有定额。以下尚有待诏满、汉各二人,笔帖式满四十人,汉军四人,典薄满、汉各一人,孔目满、汉各一人,五经博士二十七人,堂供事四人,供事十四人,额定的总人数是一百十九人。王文治:《王文治纪闻录》。

考"之说并非空穴来风。1751年乾隆南巡召举成功者苏州褚寅亮,为一等第四名,37岁风风光光入翰林院,却因多次通不过大考,1762年48岁时仍无仕途之晋升,"不得不沉沦下僚"①。

未通过考核的庶吉士们亦要面对外放的意外。梁同书好友仁和周天度出身贫寒,多年蛰居京都,生活困窘。但以1750年解元及1752年进士身份入翰林。1754年因未通过翰林院散馆之考,外放到贫瘠的直隶州许州(即今天河南许昌)任知州,失意之际,周要称疾归隐,梁特寄诗相慰:

岂因身世隐蓬菅,谢病端知是爱闲。
久客卖文空荐马,长饥乞米更书颜。
由来造物偏儿戏,笑说求官亦老悭。
萍聚天涯浑不易,长歌痛饮定能娴。②

梁形象地写出初受天恩之荣的翰林庶吉士,期待以文才服务于帝王,却终以经济之困顿、仕途之蹇困,最后变成了"穷翰林"。从江南来到京都寻找出路的士子们,即使身登翰林,也并不能保证仕途之晋升。"萍聚"一词既道出了来自江南的士子们聚集京城、远离家乡、无依无靠之态,更道出盛世之下,江南士子们对前途莫测的不安③、不荐于时的失意,及天恩失落后的感伤与失望。

---

① 董洪利、金玲:《褚寅亮生平事迹考》,《古籍整理研究学刊》2011年第4期。
② 梁同书:《频罗庵遗集》,卷1,2a—2b,58—62。
③ 潘务正:《清代翰林院与文学研究》。此外,乾隆朝的诗风、学风的变化,亦给新晋翰林们带来巨大心理压力;亦让三年一次庶吉士散馆之考核,变得不可预测。以诗风而言,清代翰林诗风康熙朝尊唐诗,乾隆朝仍以宗唐为主,沈德潜以"格调说"强化了宗唐之风,并得到乾隆的支持;"格调说"强调诗之"温柔敦厚"、诗教文化对帝国秩序的意义,强调艳情诗之祸害人心。这对崇尚宋诗的江南士子挑战极大。乾隆朝的宋学汉学之争,汉学成为显学,亦让理学之士进入翰林的数量减少,而汉学之士通过考核数量增加。因本文以《铁画歌》为重点,此处不多讨论。

怀才不遇：《铁画歌》中汤鹏与李白意象（1754—1757年）

第一批《铁画歌》出现于1754年翰林院散馆考核之时，折射了两者之间的隐秘联系。1754年，第一批乾隆朝南巡召试士子迎来翰林院生涯的第一次大考，三年前感受过天恩的举子们，突然意识到三年翰林生涯，除了经济困塞之外，还要经受大考不过、仕途无望的心理折磨。梁同书《铁画歌》一出，其南巡召举同年谢墉、陈鸿宝、王又曾、吴烺、钱载、钱大昕、王鸣盛等人，立为之倡和。借铁画抒发三年翰林之感受。

梁同书前后两首《铁画歌》叙述铁画制作中的三种紧张关系：(1)铁匠想学画与文人画师不想教的紧张阶级关系；(2)纸画易逝与铁画铮铮诗意的对比；(3)汤鹏名声不彰与铁画名噪公卿之间的巨大差异。并通过三种紧张关系将读者阅读的注意力引到了铁匠汤鹏身上。明清时期的铁匠，地位本是在士农之下，打铁是技而非艺，不登大雅之堂，这可能导致早期地方志不见汤鹏与铁画记录。汤因铁匠身份，属于匠户，社会地位低，受画师呵斥，不仅反映了紧张的阶级关系，更反映了对技与艺的不同理解与阐述。六艺包括礼乐射御书数，为"养国之道"，是促进个人礼仪修养及自我约束，亦为修身齐家治国平天下之道；而铁匠谋生的铁制作，为谋生之道，既不养心，又不弘义，与治国治家之道并不相关，即使铁匠能打出样式好看的铁画，亦不关文人的修身养性或者治理国家，最多是"雕虫小技"。而书画则不同，文人一直认为书画与修身之道、治国之术相关。

然而，梁同书《铁画歌》完全颠覆了书画高于铁画、艺高于技的士人预设。"意匠直欲貌水墨，人间不许夸丹青"，这等于赤裸裸地宣称，铁画出现后，水墨丹青的不复存在；"采绘易化丹青改，此画铮铮长不毁"，水墨丹青易逝，铁画却能长久不毁，这里诗意颂赞显然多于事实，且将"技"的价值等同于"艺"的地位。梁如此诗意夸张，意在突出铁画的打制者汤鹏技艺非凡。梁的两首《铁画歌》重点均是铁匠汤鹏。梁在前《铁画歌》序中称,汤鹏"炉锤之巧,前代所未有也。汤亡十余年,其法不传,今间有效之者,已如张铜黄锡之,失其真矣"。他亦在后《铁画歌》中写道,"至今画手排浮萍,铁画独有汤鹏名"①。

梁同书为何要大书特书汤鹏这样一个与他自己身份地位相差甚远且全无交集的铁匠?答案是梁从汤鹏身上看到了自己及其他士子的影子。江南士子以笔为文,犹如汤鹏以锤锻铁;江南士子以笔赋诗表现自己的才能,犹如汤鹏用铁为画,表现他的"鬼斧神工";江南士子以诗赋及才学实现文名的不朽,如同汤鹏用铁画获不朽之名。梁同书借用《铁画歌》道出了包括他自己在内的江南士子的类似"汤鹏"的困境——才高八斗无人识。

梁的前《铁画歌》得到其南巡召举同年的热烈倡和。吴烺与梁同书同年入翰林学习行走,其倡和诗亦反复强化汤鹏"怀才不遇"的主题:

鸠兹铁工汤天池,锻铁作画无不为。
味初斋中见小幅,草虫趯趯蟠花枝。
坐间韦郎为余说,此技天池擅奇绝。
昔日欧湖老画史,茅屋与汤切邻里。
闭门泼墨皴染工,万里烟云浮素纸。
天池暇日常往观,负手却立生长叹。
主人呦呦咤怪事,匠心已入秋毫端。
临来凿石炭,鼓风吹洪炉。
一水一石供点缀,山亭涧壑相扶流。
忽然心思诣神妙,不写山川写花鸟。
活火能飞比翼禽,金丹铸就长生草。
尤工兰竹称逸品,水国江洪攒碎锦。
断芦折苇何离披,只在扬锤细端审。

---

① 梁同书:《频罗斋遗稿》卷一。

《铁画歌》与 18 世纪的江南想象:顺从之音与不平之鸣？ 205

  豪家范以青丝障,银烛高烧画堂上。
  七宝琉璃未足珍,巧工厂缓都应让。
  交游落魄多博徒,得钱聊可偿摴蒱。
  似兹杰作世亦少,死后声名传上都。
  坐客闻言生百感,绝艺由来遭坎壈。
  君不见采石矶前太白楼,画壁云山空黯淡。

  吴的《铁画歌》记录了一心想学画的汤鹏与邻室"画师"之间的冲突、"豪家"的一掷千金与汤鹏的"得钱聊可偿摴蒱"的怪异生涯、生前无人知晓与"死后声名传上都"的反差,"绝艺由来遭坎壈"则强化了梁同书《铁画诗》中提及的三大紧张关系。

  对汤鹏人生的解读,让吴烺看到自己与汤鹏类似的人生轨迹。吴更从汤鹏的故事中看到李白的影子,"君不见采石矶前太白楼,画壁云山空黯淡",吴借李白写出自己对翰林生活的不安与失意。李白是唐代最具才情的诗人,以诗鸣于世,有"诗仙"、"诗侠"、"谪仙人"之称,早年因诗才入翰林院,成为翰林待诏,是中国最早的翰林。但因其桀骜不驯的性格,不容于时,在翰林院两年后就离开京城。安史之乱后,李流落至江南地区,晚年主要在当涂、宣城、南陵(即今天芜湖附近)等地生活,逝后葬于当涂之青山。后人建太白楼于当地翠螺书院,希望本地士子们亦能成为李白一样的诗才。吴烺、梁同书、王又曾等 1751 年南巡召试点中翰林的江南士子们,年轻时都曾多次前往太白楼凭吊,希望有朝一日能成为李白,像他一样以诗才进入翰林。但三年翰林院生涯,吴烺眼见的是如同太白楼画壁云山般的黯淡前景。吴烺从铁画中看到有天才、勤奋、坚韧的汤鹏所遭遇的"落魄",从汤鹏的人生轨迹,吴看到了自己及其他江南士子们难以言说、难以预测的翰林生涯。

  这种怀才不遇的不安、焦虑与失落,也出现在韦谦恒倡和的《铁画歌》中:

  汤鹏字天池,吾邑人。少工铁,与画室为邻,日窥其泼墨势。画师叱之,鹏发愤,因锻铁为山水障,寒汀孤屿,生趣宛然,传至日下,可值数十缗。然性颓放,不受促迫,故卒以技穷云。梁山舟为作长歌,因与谢金圃、吴杉亭、陈宝所和之。

> 荆关一去倪黄死,无人能写真山水。
> 谁从铁冶施神工,万里居然生尺咫。
> 匠心独出古无初,扬锤柳下乐何如。
> 肯作两钱锥补履,直教六法归烘炉。
> 想见解衣任盘礴,烟树天然谢雕凿。
> 百炼化为绕指柔,始信人间免毫弱。
> 当年作贡来梁州,越人枉解求纯钩。
> 巨识乌金写生态,寒松怪石皴清秋。
> 唐宋画手纷于叶,素丝转眼飞蝴蝶。
> 何以铮铮不坏身,安用金题与玉躞。
> 独怜奇技坐天穷,江天日暮酒钱空。
> 不见程郑与曹邴,冶铸竟至千人僮。
> 胡为鼓谯营邱壑,空聚六州铸大错。
> 夜阑莫更弹哀弦,窃恐蕤宾一片跃。

与梁同书、吴烺一样,韦谦恒亦从汤鹏及铁画的故事中看到天才反遭生活戏弄的反讽。同样是打铁,程郑和曹邴氏打铁生财致富;而能打出荆浩、关仝山水的汤鹏,却只能"独怜奇技坐天穷,江天日暮酒钱空",每天为打酒钱心生煎熬。"胡为鼓谯营邱壑,空聚六州铸大错",既为汤鹏惋惜,亦自嘲错走上类似汤鹏的"文翰"生涯。

颓放、宿命、苦行:《铁画歌》中的顺从之音?

韦谦恒看到了汤鹏的天分与勤奋,并将汤鹏比之于荆浩、关仝,开辟了山水的新技法、新境界。韦对汤鹏的遭遇更有着同病相怜的移情。但在汤鹏窘状原因上，韦谦恒采取了与梁同书与吴烺等人不同的立场。韦在诗序中称汤"性颓放，不受促迫"，暗示汤的命运多舛在于汤之性格，不能自律，又不能协调与外界的矛盾，"故卒以技穷云"。

韦谦恒对汤及其铁画生涯的看法亦是他自己对文人命运的看法，一方面他看到命运对天才的作弄与嘲讽；另一方面，他又暗示，命运最终还是要靠自己把握，由着性子的"颓放"，只能"卒技穷"。韦早年生活与汤很类似，自小聪慧，致力于举业，也颇得师友相赞。钱大昕曾将在翠螺书院读书的韦谦恒比作谪仙人李白①。但韦多年努力，未有成效，举业一无进展。1751年南巡召试落选，1752—1754年随梁同书等好友在京中寻找机会，亦一无所成。1755年回乡，再登翠螺书院，称"人生游迹不能遍江海也，须向此栖息数寒暑，聊以消胃中之烦忧"，颇有步李白之迹，绝意科举，终老大青山之意。年近四十的韦，称自己"两眼昏眩"，"马焉几莫判"，仕途无望，但韦在诗中仍鼓励自己"愿亟乘余明，努力事书卷"②。

梦想很美丽，现实很残酷。到底何去何从？韦自己亦无把握。其矛盾心理亦见于《归里》一诗："忆昔趋庭闱，长枕梦酣适，奈何乔木凋，治生竟无策，饥驱向四方，飘零讵足惜。"此诗道出韦经年羁旅而一事未成的自我怀疑。其实，韦在《铁画诗》中亦有类似自我怀疑，诗中对汤鹏为何不能放弃铁画而以打铁生财的诘问，亦是韦对自己多年举业不成而又不能放弃的诘问。另一方面，韦在《归里》一诗中也袒露厌倦经年漂泊，向往回归安宁生活的念头："安得二顷田，兼之五亩宅，出入长与偕，耕读任所择。"③这既是韦谦恒对安定生活的向往，亦是因举业与安定生活相背离而发出的无奈感慨。

尽管看到举业的残酷，尽管知道举业的不合理，尽管有抽离举业的念头，

---

① 钱大昕：《潜研堂诗集》卷五，25b。
② 韦谦恒：《传经堂诗集》卷二，3a—3b。
③ 同上书，5a—7b。

韦谦恒还是选择回归举业。吃得苦中苦,方为人上人,18世纪上半叶的举子,受颜李学派影响,大多有此想法。颜李学派的"苦行"之说在南京附近影响颇大,一直在芜湖、江宁等地奔走求学的韦谦恒也受此影响。1757年南巡召试,韦终于以诗赋打了翻身仗,获钦赐举人衔,前往北京翰林院学习行走,并因此改变了人生轨迹。1763年再获会试探花,此后仕途顺畅,终获三品大吏之衔。韦的前半生境遇与汤鹏相似,但后半生的转折亦从"颓放"的汤鹏身上汲取了教训。

与韦谦恒不同,吴烺在《铁画歌》中对汤鹏的"颓放"及"卒穷于技"的人生做出了宿命般的解释。吴是《儒林外史》作者吴敬梓之长子,早年随父亲从家乡全椒移居南京,衣食艰难,多年随父奔波多地。15岁左右,便开始出外独自谋生①。1751年吴烺获江南召诗钦点第三名,是其读而优则仕的生涯顶点。吴的表兄金兆燕称其召试成功为"参天碑立中郎篆,拔地文成吏部才",这既是家人,亦是吴烺自己对京城翰林生涯的期待。

期待越高,失望越多。举业的成功,并未能带来吴氏家族经济状况的改善。翰林中书内阁,薪俸低微,生活清苦,吴在南京的家人生活愈发艰难,1752年,吴敬梓病重,1753年吴烺妻子病故,1754年吴敬梓病故,在京三年,吴烺年年回南方。南巡召举第三名、翰林生涯并未能阻止吴的家族的下沉。1754年,吴烺将幼女接回京城,三年前天之骄子,三年后一事无成,吴经历了生命的低点。其应和《铁画歌》之时正是家庭发生巨变之时。吴眼中的汤鹏有才,却"交游落魄多博徒,得钱聊可偿挎蒲"。在汤鹏"落魄"问题上,吴与韦谦恒的看法类似。但对于如何改变此种状态,吴的态度是宿命的,"坐客闻言生百感,绝艺由来遭坎壈。君不见采石矶前太白楼,画壁云山空黯淡",绝艺之人遭遇坎壈在吴看来是宿命,谪仙人李白都避免不了,更何况汤鹏与自己。

---

① 吴敬梓:《吴长木文集》。1749年吴敬梓在《除夕宁国旅店忆儿烺》序中写道:"儿年最幼,已自力于衣食。其东道主皆长者也,故篇未及之。"

吴烺的宿命态度反映了18世纪文人普遍失范状态①。虽无完整记录,但吴烺在翰林院始终未有晋升。而其南巡召诗同年们梁同书、谢墉、陈鸿宝等人却先后在1754每三年一次的考核之年晋升为侍读、侍讲、给谏等职,而吴却一无所获②,依旧被以"舍人"相称。吴此后一直在修仙与继续官宦生涯两个选择间挣扎,1754年散馆考核之后,梁同书曾寄诗相劝:

怜君独抱岁寒姿,一跌终嫌在井眉【湄】。
可许鞭鸾仙是散,果然磨蝎命多奇。
塞翁骏【失】马浑闲事,商妇琵琶总费词。
赢得东坡春睡美,多生解脱裹蚕丝。③

在另一首诗中,梁写道,"读书事业青山在,选佛情怀白昼清",以"读书"与"佛道"并不悖行宽慰失落的吴烺。或许是梁同书等友人的解劝,亦可能是生活的逼迫,吴烺意识到辞官修道的成本不会低。本着宿命的想法,吴一直待在翰林院,并将兴趣从诗赋、仕途转向算学与音韵学,虽一直未有晋升,但亦从未离开翰林院。1769年,以"俸满"引见,外放山西宁开同知。俸满外放,说明吴在翰林院所能待上的最长年限已到,他再也无法继续以庶吉士身份留在翰林。转至山西的吴烺,不久病逝。

承受如此压力,士子们会对自己服务的王朝帝国有着什么样的政治感受与

---

① 吴烺的宿命态度亦可见其父吴敬梓的《儒林外史》。其父吴敬梓一生在向往儒林生涯及避开儒林生涯之间徘徊,1750年后才完全抛弃科举之念。吴敬梓的《儒林外史》以圈外人的身份写圈内的儒林世界。1803年的闲斋老人版《儒林外史》序中称:"其书以功名富贵为一篇之骨:有心艳功名富贵而媚人下人者;有倚仗功名富贵而骄人傲人者;有假托无意功名富贵自以为高,被人看破耻笑者;终乃以辞却功名富贵,品地最上一层为中流砥柱。篇中所载之人,不可枚举,而其人之性情心术,一一活现纸上,读之者无论是何人品,无不可取以自镜。"见《儒林外史会校会评本》序跋,上海古籍出版社1984年版,第9页。

② 钱大昕:《潜研堂文集》卷十,"二十二日吴杉亭舍人招同褚鹤侣刑部蒋渔邨编修陈宝所给谏小饮叠前韵"。

③ 梁同书:《四友诗次吴杉亭》,见《频罗庵遗稿》卷一,35b—36a。

态度？最近的研究称,科举重压确实令士子对异族王朝产生怀疑①,但更多承受仕途重压的江南士子利用新兴出版业,在编书修志校刊中找到新空间。18 世纪江南常州经学、浙西诗派、娄东画派的兴起为科举重压、仕途不顺的士子找到了发挥才华的新领地,出版业的兴旺让士子们发现了科举之外的谋生手段②。仕途不顺、归隐江南,在诗歌、学术、经学领域中找到属于自己的一方空间,既被理解成 18 世纪文人的必然选择,亦被理解成江南文人对帝国政治不满的归隐。

而从《铁画歌》中,我们可以看到江南士子的另外一个选择,即士子们将在翰林院的成功看成归隐江南的前提。至少在 1754 年前后,江南士子仍将服务朝廷、留任翰林院,仕途晋升当成优先于回归江南的选项,尽管梁同书、韦谦恒、吴烺等人均感受到盛世之下的科举压力、南人在北方的生活习惯上的压力、通过诗文进入仕途的巨大压力,但他们并不鼓励士子们放弃举业,归隐江南;相反,梁、吴、韦通过汤鹏与李白的意象来坚定自己在翰林院作为清廷储备之才的决心。梁同书在后《铁画歌》中有意将铁画与汤鹏的故事引向"放弃"还是"苦行"的"为学"讨论:

> 君不见芜湖有汤鹏,一生不晓画家画,但能驱使铁汁镂铁英。
> 从来顽物出神妙,妙处只在炉锤精。
> 阴阳造化一大冶,山川草木同流型。
> 鼋脂烧汞现火树,鸾血胶缀成金茎。
> 意匠直欲貌水墨,人间不许夸丹青。
> 呜呼,胡不铸鼎图写神奸形,又胡不鼓剑去斩蛟龙腥。

---

① Jonathan Spencer, *Treason by the Book: Traitors, Conspirators and Guardians of an Emperor*, Pengain books, 2001, Chapter 10—15.

② Benjamin Elman, *From Philosophy to Philology: Intellectual and Social Aspects of Change in Late Imperial China*, Cambridge: Harvard University Press, 1984. Susan Mann, *Precious Records: Women in the Long Eighteenth Century*, Stanford University Press, 1997. Kai-wing Chou, *The Rise of Confucianism Ritualism in Late Imperial China: Ethics, Classics, and Lineage Discourse*, Stanford University Press, 1994. Martin Huang, *Literati and Self-Re/Presentation: Autobiographical Sensibility in the Eighteeth-Century Novel*, Stanford University press, 1995.

却穷岁月事摹绘,百炼要与九朽争。
传闻锻灶邻画室,画师激之意不平。
闭门落想敲铿铮,妙枝一出千缙轻。
至今画手排浮萍,铁画独有汤鹏名。
仙人化去神龙迎,三十六冶皆不灵。
此技亦可喻至学,研穿铁杵吾儒硎。
我今顽钝不受点,乃欲白战辄共诗人鸣。
举似铁君足一笑,具与它日好事供讥评。

平庸的"画手"多如牛毛,而"仙人化去神龙迎"的汤鹏只有一人。很显然,梁将士子分成"排浮萍"的平庸之辈与类似李白、汤鹏的天才两类。即使是天才如李白、汤鹏亦需铁杵磨成针之恒心与毅力,更何况翰林士子?梁以"为学"之道,将怀才不遇而失落的讨论引至天才是否需要苦行的讨论。如果天才亦需经受铁杵磨针之劫难,那么江南士子们在翰林院的苦行也可以说理所应当,无所谓失落与不平了。

细察《铁画歌》作者在翰林院及归隐江南的选择上(表2),可以看出1751—1763年间,只有王又曾一人未获任何功名选择回归江南;梁同书是在两次晋升后,选择回归江南,王鸣盛与钱大昕在晋升数次后回归江南,回归江南的《铁画歌》作者约在一半左右,若以考核与晋升来衡量,梁、王、钱等人的成绩反而好于留京的吴烺、陈鸿宝等人。考核成绩稍差,仍回归江南的为王又曾。但回归江南的召试士子们仍然以京城翰林院所获头衔及文化资本行走于江南。王又曾回到江南,以其诗名及翰林院的工作生涯受邀于扬州等地书院,从事教学及学术活动。梁同书虽以书画润笔谋生,但人们仍以其翰林院侍讲头衔相称,至于钱大昕及王鸣盛,均以其在翰林院修书著作的成就鸣于江南,受邀进行各种学术活动。京中翰林院的成功生涯相应地增加了回归江南的士子的文化资本,并进而使他们在江南士子圈处于一个较高的文化及社会地位。

梁、韦、吴的《铁画诗》借汤鹏与李白,暗喻18世纪初翰林院内部的暗流涌动。仕途不易,压力深重。是放弃仕途,回归本性?还是相信宿命,随波逐流,任命运做主?抑或天分之外,如韦谦恒一样做苦行僧式的仕途挣扎?不管何种想象,梁、韦、吴等人在1754年前后,翰林散馆考核之年,仍将留任翰林、服务帝国当成优先选项,努力成为清廷储备之才,而这正是乾隆南巡召选的目标,亦是南巡召试举子们的愿望。《铁画歌》中可以清楚地听到南巡召试士子们对帝国、对乾隆的顺从之音(submissive voice)。

"至今画手排浮萍,铁画独有汤鹏名":《铁画歌》中的不平之鸣?

尽管有意顺从天恩,《铁画歌》作者们亦借李白、汤鹏等意象鸣不平(subversive voice)。作者们一面渲染李白与汤鹏之天分,借怜惜汤鹏及李白的生不逢时,浇自己怀才不遇之垒块;一面在笔端留下对多如浮萍的画手的不敬之意,将他们暗示成汤鹏的对手,看成对天才的威胁。如果说李白与汤鹏的意象是作者们的自我指涉,《铁画歌》中多如浮萍之画手又具体指代谁呢?仅从《铁画歌》文字,很难意会所指。但《铁画歌》倡和者的南巡召试士子身份及钦赐翰林庶吉士身份(表1,表2),暗示出作者们心目中多如浮萍的画手所指为谁。在南巡召试钦赐举人、翰林庶吉士的眼中,他们自己就是天才汤鹏、李白,世上少见①;而通过常规科举途入翰林者,则是多如浮萍之画手。与以诗赋之才特招入翰林的少数南巡召试举子相比,这些人虽已进入翰林,但永远无法领略"文翰"与诗意,因而也无法超越来自江南的士子。

在前《铁画歌》中,梁同书以"江南钩锁笔"意象,反复驳斥画手。他笔下的画手,或为傲慢的画师邻居,不相信铁匠汤鹏能挥笔作画;或为依靠"金题与玉躞",提高身价的画手;或满腹经纶,却以经济利益追求为重。在梁等人眼里,这些画师多如树叶或浮萍,其画作是转眼即逝的蝴蝶,无法长存。正如前文所论,梁同书对于铁画的想象,并非事实。铁画看上去铮铮不毁,但实际上保存不易。

---

① 据邸永君统计,清一代特授庶吉士共110人。参见邸永君:《清代翰林院制度》,第59页。

铁画防腐防锈手段，直至 20 世纪 70 年代，才算解决。梁同书诗意化铁画"铮铮不毁"，意在为南巡召试士子辩诬。南巡召试是乾隆皇帝对江南读书人的特别照顾，士子们亦视特授钦赐翰林院庶吉士为天恩。但庶吉士为翰林院最底层，且南巡召试特授士子在翰林院中为极少数，一直不受正途翰林，特别是正途进士出身的"外班"翰林正眼相待。从正途翰林角度看，南巡召试举子，从生员或举人身份一步登天，进入翰林，不过是"斗字翰林"，即识字少的翰林[①]。

翰林院内部的暗流涌动，是 1754 年南巡召试士子《铁画歌》倡和之重要背景。《铁画歌》倡和者通过铁画引出对天才汤鹏的同情与对多如树叶的庸才之不屑，隐喻翰林院内部因地域、出身、理念不同引发的矛盾与冲突。借汤鹏与铁画的意象，《铁画歌》作者们为自己怀才不遇鸣不平。梁等人的《铁画歌》不仅为汤鹏、更为自己掬一捧泪；诗人们口口声声称铁画高于丹青水墨，既是内在化江南与铁画、汤鹏的关系，亦是为暗流涌动的翰林院中来自江南的士子们打气。通过诗意化与他们生活并无交集的汤鹏，梁同书等南巡召试士子们将汤鹏与多如树叶的画手、自己与多如浮萍的正途翰林们区分开来。"我今顽钝不受点，乃欲白战辄共诗人鸣"，即使得罪人，哪怕遭受嘲笑，诗人梁同书也要为自己及其他来自江南以诗赋之才进入翰林的朋友们鸣不平。这种不平之音在《铁画歌》中随处可见，且被反复倡和。

《铁画歌》：清中期的江南想象与历史

如何理解《铁画歌》同时存在的"不平之鸣"及"顺从之音"？张勉治在《马背王朝》一书中借沈德潜个案，证明清帝乾隆南巡对江南士人的天恩与青睐是有条件的，一旦乾隆意识到自己的满族身份受到江南士子文字及历史记忆的挑战时，他会随时收回对江南的天恩[②]。从清廷的角度看，满族的民族想象与民族身份一直存在，即使清政权已经稳定下来，只要稍有风吹草动，潜伏之民

[①] 邸永君：《清代翰林院制度》，第 94—95 页。
[②] Michael Chang, *A Court on the Horseback*, pp. 302—304.

族身份会随时醒来，引发政治及文化事件。

"江南"一词在有清一代既具地理事实，亦含政治及文化想象。事实上，乾隆的江南想象与江南士子的江南想象都与笔，即文人的"文翰"（civility）能力相关。如前文所述，乾隆江南召试的逻辑基础是要为帝国搜罗来自帝国最优秀的江南的"文翰"之才，可见江南士子"文翰"能力在帝国的江南文化想象中的重要性。江南士子的身份认同亦是建立在"笔"力上。梁同书的《铁画歌》借"江南钩锁笔"一语建构或者强化江南的文化特有属性。"笔"历来是文人士子自我身份认同之符号，文人用笔诗赋书画，汤鹏以锤为笔做铁画。通过"笔"的意象，梁同书将身处两个阶级的文人与铁匠的命运联系起来。梁同书在《铁画歌》中又用"江南钩笔"一词进一步将汤鹏与江南士子锁在一起。赞美汤鹏"匠心独出古无初"、其铁画"铮铮不毁"，只因汤鹏"巧夺江南钩锁笔"，借用此意象，梁同书将汤鹏铁画归之于江南的钩锁技法。事实上，钩锁技法是传统山水画中常用技法，不存在只属于江南的钩锁技法。借汤鹏的故事，梁暗示只有独特的江南，才会造就独特的汤鹏及铁画。《铁画歌》的作者借"江南钩锁笔"构建出江南与铁画之间的重要关联，笔或运用笔的能力是江南士子梁同书等人对江南的文化想象，而汤鹏只有在夺过江南士子手中的"笔"之后，才可以打制出无人能比的铁画。

令人感到反讽的是，铁画独特，但在江南不闻、不鸣、不售，直至铁画从江南带到北京，名噪于王公贵卿之间时，才能价值千金，并被江南文人重新估值。汤鹏虽独有其名，但只有当江南士子从江南来到北京，才突然发现了汤鹏，并赋予其新的江南文化想象。汤鹏及铁画的价值，只有通过从江南位移至北京后，才获得认同。

同样，无论江南士子的"文翰"多么精妙无双，但只有得到帝王青睐，或者进入科举体系，才会获得认可。没去过北京翰林的江南"文翰"与去过北京并在翰林院工作过的翰林相比，前者没办法得到认同。换言之，士子们只有进入帝国的政治与文化系统，才会强化他们的江南身份。此处，江南士子与帝国及江南的关系处于一种微妙的矛盾状态。江南士子越强化江南地方独特性的文化想象，就越需要帝国的文化及政治机制的支持，只有进入帝国文化系统，江南的独特文化想象才会得到认同,这需要江南士子更加认同帝国的政治与文化机制。矛盾的是,越是得到国家文化及政治机制背书的江南士子,却愈加认同或者强化江南的文化想象,认为自己之所以能得到帝国或者乾隆的认同,是因为江南独特的文化机制。正如江南独特文化会造就铁画与汤鹏,士子们相信自己亦是江南独特地理及文化机制的产物。

有趣的是,这两套背反逻辑同时存在于18世纪的江南士子身上。此处,我们看到了一个不常见的江南与帝国之间的认同关系,不是帝国认同强江南认同就弱,或者江南认同强帝国认同就弱这样的国家与社会两分认识逻辑;相反,在江南士子身上看到了江南认同与帝国认同同时相当强的身份认同,即认同帝国又认同江南的微妙关系。这是《铁画诗》倡和者对于自己"怀才不遇"状态,既能顺从又能发不平之音的原因之一。

事实上,在乾隆皇帝1751年召试后成为翰林院行走的江南士子们都清楚认识到翰林院对于自己的学术、仕途的重要性,尽管生活习惯不同,翰林考核不易,官场政治残酷,士子们还常有不平之鸣,但1754年倡和《铁画歌》之时,他们留在翰林院生活与工作的意愿超过归隐江南。留在翰林院工作、留在北京生活并非像他们诗中所言,是无奈之举,而是他们比较之后所作的选择。要想在江南获得更多的认可,士子必须要有京城的翰林之行。不售于帝国,遑论售于江南?江南的文化想象是内嵌于帝国的文化与政治机制中的,江南的身份认同与帝国的身份认同相互纠缠与内嵌,并非截然分开,如同江南士子的顺从之音与不平之鸣,同时存在同时缠结而无法分开一样。《铁画歌》借士子们给熟悉的陌生人汤鹏著写诗传的机会,让士子们吐露出自己与江南及帝国纠缠不清的关系。

结　论

江南的文化想象和江南与帝国相互纠缠的关系,又将如何影响铁画呢?随着《铁画诗》的倡和与盛行,铁画在北京获得的盛名回传至江南。不仅士子们成为铁画的欣赏者,古董商、商人、官员也都成为铁画的消费者。与此同时,江南士子的《铁画歌》的倡和传统持续至 19 世纪末。汤鹏越来越多地被人提及,市场上铁画均需署上汤鹏的字号才能出售,即使铁画制作者是民国年间的京津人士。

江南的文化想象和江南与帝国的相互纠缠关系,又是如何影响南巡召试士子的呢?1754 年前后,江南士子们不管有无通过考核,都尽力留在翰林院工作;而 1763 年后,梁同书、钱大昕、王鸣盛,尽管通过翰林院考核与晋升,但仍选择了相继离开北京及翰林院,回到江南或以书法售字为生,或以学术编纂谋业。回到江南的梁同书、王鸣盛、钱大昕,人们依旧以翰林或翰林院侍讲相称,因为北京的翰林生涯,梁同书等人在江南获得了更多的认可;而留在北京的谢墉、陈鸿宝、吴烺、韦谦恒、钱载等人却不断地用诗歌,追溯自己的江南情结。江南的想象将北京与江南用笔墨文翰钩锁在一起,打破了士子与铁匠之间的界限,也打破了江南与北京的分野。换言之,《铁画歌》江南的意象,是建立在江南地理位置上的想象,是建立在北京与江南地理联系上的政治与文化的想象,亦是翰林生涯取舍的想象。

表 1 《铁画歌》(1754—1757 年)

作者	题名及出处	注
梁同书(山舟,1723—1815 年),1751 年南巡召试钦赐举人,1755 年升侍读,1758 年离职回乡。	《频罗庵遗集》卷一:"铁画并序"。	序:芜湖铁工汤鹏,字天池。锻铁作草虫花竹及山水屏障,精妙不减图画。山水大幅,非积岁月不能成。其流传者不过径尺小景。以木范之若琉璃屏状。或合四面以成一灯,亦名铁灯。每幅数金,一时争购之。炉锤之巧,前代所未有也。汤亡十余年,其法不传,今间有效之者,已如张铜黄锡之,失其真矣。
	《频罗庵遗集》卷一,"后铁画歌"。	
吴烺(杉亭,1718— ?),1751 年南巡召试浙省第三名,一直未有晋升。1767 年,俸满外放。	《杉亭集》卷六,"铁画歌和梁侍读"。	

续表

韦谦恒（约轩，1715—1792年），1757年南巡召试，钦赐举人。	《传经堂诗钞》卷四，"汤鹏铁画歌并序"。	序：汤鹏字天池，吾邑人。少攻铁，与画家邻，日窥其泼墨势。画师叱之。鹏发愤，因锻铁为山水障。寒汀孤屿，生趣宛然。传至日下可十缙。然性颇放，不受促迫，故卒以技穷云。梁山舟为作长歌，因与钱箨石等和之。
太仓邵嗣宗（鸿箴，1710—1767年），1757年会试第一，官至翰林院编修。	《湖海诗传》卷十四。	芜湖铁工汤鹏，能揉铁作画，凡花、竹、虫、鸟，曲尽生致，又能作山水屏障。
王凤仪（廷和，号审渊），1747年举人。江苏太仓人，王原祁曾孙。	《娄东诗派》卷二十五，"铁画歌"。	芜湖铁工汤鹏，能锻铁作画，凡花卉草木无不精妙，其山水大幅，必旷年乃成，世不多见，见者皆径尺小景耳。汤既没，他工为之，终不能逮。盖炉锤之巧，前后所无也，同年梁山舟编修作诗见示，因赋此篇。
清浦王鸣盛（西庄，1732—1794年）。	《西沚居士集》卷八，"汤鹏铁画兰花歌，为梁同书所赋"。	序：芜湖人汤鹏镕铁作画，山水花木无不酷肖。梁山舟家有丛兰一架，属赋。①
余姚陈梓（古民，1683—1759年），侨寓秀水，从张履祥弟子姚瑚游。后迁居海宁碛石。	《删后诗存》卷六，"铁画歌"。	与秀水诗人王又曾等人有交往，但对铁画了解不多。存《铁画诗》一首，与其他《铁画歌》立意不同，当另为一篇。
仁和陈鸿宝（宝所，生卒年不详），1751年南巡召试钦赐举人，授内阁中书。	佚	
嘉善谢墉（金圃，1719—1795年），1751年南巡召试钦赐举人，授内阁中书。	佚	
秀水钱载（箨石，1708—1793年），1751年南巡召试钦赐举人，授内阁中书。	佚	

---

① 此序见于《西庄始存稿》，不见于《西沚居士集》。

表2　南巡召试举人之仕途(1751—1757年)①

姓名	官场仕途	回乡时间	注及其他
梁同书	1751年浙江召试特赐举人,授内阁中书,1752年入翰林院学习行走,为庶吉士,1758年升为侍讲,正六品。	1758年退隐杭州鬻字为生。《频罗庵遗集》。首倡前后《铁画歌》。	梁同书升为侍讲的1758年,翰林院三等25人,降调6人,休致1人,约四分之一未通过考核。四等17人,降调2人,降知县1人,休致8人,四分之三考核不过。
王又曾	1751年浙江召试特赐举人,授内阁中书。1754年进士。	1755年前后以病辞归,笔耕自给。《丁辛老屋集》。《铁画歌》,佚。	未见有关王又曾翰林院任职资料,但1755年王又曾告诉梁同书"此次羁留殊出意外",似为考核未过之语。回到江南后,羁留多地,后为浙西诗派领袖。
吴烺	1751年江南省召试,特赐举人,内授内阁中书,庶吉士。1770年俸满引见,外放山西宁开同知,从七品。	1757年前后,吴在江南与北京两地游荡。《杉亭集》,有《铁画歌》。	梁、陈等人一直以舍人相称吴烺。亦未见其翰林院晋升。俸满指官吏任职满一定年限后,依例升调,称为"俸满",说明吴可能从未通过考核。
陈鸿宝	1751年特赐举人,授内阁中书,与考取候补人员一体补用,并准其会试。后由中书历官工科掌印给事中,正五品。	1763年后,很少见陈鸿宝的记录,其南巡同年诗中亦不见与陈鸿宝之往来。未见诗集与文集。有《铁画歌》,已佚。	梁、王、吴、钱与陈鸿宝之倡和多在1754—1763年前后。之后,少见提及陈鸿宝。
钱大昕	1751年江南省召试一等第三名,特赐举人,未去翰林院;1754年中进士,选翰林院庶吉士,前往北京;1758年散馆升赞善;后升任编修,少詹事,侍讲学士。后为广东学政,正三品。	1775年,47岁时归隐故乡嘉定。以考据学为业。《潜研堂全集》。	

---

① 清代朝廷高官在三品之上,可以参与朝廷内政外交要务。庶吉士经过考核或晋升为地方官,主要为知县、同知,为从七品。关于南巡召试,见陈伟:《清代召试探析》,中国人民大学硕士论文,2008年;霍聘:《康熙乾隆南巡召试研究》,苏州大学硕士论文,2014年。

续表

王鸣盛	1754年一甲二名晋升翰林院编修,正七品。1758年再升为侍读学士,从五品。38岁即官至内阁学士兼礼部侍郎,正二品。不久任福建乡试考宫。途中与一女子相识,纳其为小妾,被御史罗典参奏,左迁光禄寺卿,后为袁枚奚落。	1763年归隐嘉定。以考据学为业。《西沚居士集》。有《铁画歌》。	袁枚曾讥讽王娶妾之事。"穷翰林,任试差,遽买南妾一人,日日食鲜鱼活虾,瓦鸭火腿,绍兴酒,龙井茶",见《随园诗话》。
周天度	1754年外放许州知州。	《十诵斋集》。	
褚寅亮	1751年钦赐举人,内阁中书,后外放至刑部员外郎,从五品。1775年,以病辞归,主讲常州龙城书院。以治礼学为主。	未见诗集。有《仪礼管见》三卷。	散馆考核未见晋升,但留在北京至1775年。
邵嗣宗	1752年会试第一,改庶吉士,授编修,《续文献通考》纂修官。后任顺天乡试及会试同考官。擢右春坊,右中允,转升侍读,正六品。	1766年以疾乞归,未及一载卒。有《铁画歌》。	
钱载	1751年钦赐举人,内阁中书,1752年恩科进士,改庶吉士,1754年散馆授编修,正六品。升授内阁学士,上书房行走,充《四库全书》馆总阅。提督山东学政。升礼部侍郎,从二品。	1783年,以原品休致。归田后,钱载生活渐贫,以卖画为生。《石斋诗文集》,有《铁画歌》,已佚。	秀水诗派代表,以在朝身份发在野之音。
韦谦恒	1757年南巡召试,钦赐举人,庶吉士。1763年一甲二名,授编修,为正六品。后为广西学政,正三品。	1792年以病告归,奉旨准其原品休致,回籍就医。未及束装,终老邸舍。《传经堂文集》,有《铁画歌》,已佚。	

续表

谢墉	1751年钦赐举人，授内阁中书。隔年成壬申（1752年）恩科进士，南书房行走，乾隆三十八年由内阁学士升工部右侍郎。乾隆四十三年改礼部左侍郎。官至内阁学士兼吏部左侍郎。	1795年，谢墉病重，不久在北京去世。《安雅堂诗文集》《听钟山房诗集》，有《铁画歌》，已佚。	
陆锡熊	1762年南巡召试举子，钦赐举人。授内阁中书。	《篁村集》。有《铁画歌》。	
孙构逵	1751年南巡召试举子，钦赐举人，内阁中书。		

［作者简介］房琴，美国麦克丹尼尔大学历史系副教授。

江南"书业奇才"与民国出版史上的世界书局

邹振环

内容提要：世界书局曾经是民国出版史上三大出版社之一，与商务印书馆、中华书局并驾齐驱。但迄今关于世界书局，既无一本图书书目，亦无专门讨论世界书局的学术论著。本文通过善变的江南"书业奇才"、"红屋"规模、民国教科书市场的三家鼎足之一、世界书局的世界名著译刊、世界学典的编刊等专题，讨论江南书业奇才沈知方及其经营的世界书局在民国出版史上的地位。

关键词：沈知方　世界书局　"红屋"　世界名著翻译　世界学典

世界书局曾经是民国出版史上与商务印书馆、中华书局并驾齐驱的出版社之一。但是这些年来我们研究出版史的重点大多集中在商务印书馆、中华书局和生活书店（三联书店）上，而曾经风云一时的世界书局则淡出了民国出版史研究者的视线。据笔者眼界所及，迄今关于世界书局，既无一本完整的图书书目，亦无专门讨论世界书局的学术专著。早期《全国文史资料》上刊有十余篇世界书局老职工，如朱翊新、刘廷枚、胡山源、程小青、邱中和、刘季康的回忆文章，①据说朱联保编有《世界书局资料汇编》，②但至今似下落不明。真正

---

① 重要的回忆文章已被收入新闻出版博物馆（筹）编，祝君波主编的《世界书局文献史料汇编》，2017年9月《新闻出版博物馆·特刊》。本文下面凡引用该书，均简称《世界书局文献史料汇编》，仅注页码。
② 朱联保编撰：《近现代上海出版界印象记》，学林出版社1993年版，第142页。

属于研究论文的少之又少,从1987年朱联保在《出版发行研究》杂志上刊出的《上海世界书局历年大事记》到《中国出版史研究》杂志2016年第1期上刊出范军等所撰的《论民营出版企业资本结构的演变及其对经营的影响——以上海世界书局和大东书局为考察中心》,中国知网上目前能查到的近30年来以"世界书局"为题的论文,还不到20篇,其中硕士论文仅2篇,即彭丽熔的《世界书局文学出版情况研究(1917—1949)》(华东师范大学,2009年)和凌励的《世界书局研究》(上海师范大学,2016年),博士论文则是0篇。我读到的较有分量的关于世界书局的研究论著,有吴永贵的《民国出版史》中第四章的第三小节,前后仅有四页(第127—130页),目前网络上"世界书局"词条资料主要来源,即上述研究成果。

同样,以世界书局创办人"沈知方"一名在中国知网检索,2000年以来期刊上发表的论文仅4篇,且均属非专门性的研究论文,如吕蓓蕾的《洋场书业经营怪才沈知方》(《上海档案》2001年第5期)、王建辉的《沈知方:冒险和投机兼备的出版家》(《出版广角》2001年第6期)、邓咏秋的《"才气宏阔"的出版家沈知方》(《编辑学刊》2003年第6期);硕士论文2011年至2016年有4篇,即陈楠的《沈知方的出版理念与策略研究》(河南大学,2011年)、周李的《沈知方的出版理念及其践履》(湖南师范大学,2011年)、石树华的《沈知方的出版理念研究》(河北大学,2014年)、黄佳娜的《沈知方〈粹芬阁珍藏善本书目〉研究》(云南大学,2016年);博士论文则是0篇。

虽然上述这些信息不能说完整,但大致反映了学界研究世界书局及其创办人的一般状况。可以说,世界书局及其创办人,正在淡出民国出版史研究。本文将在前此世界书局史料研究座谈会发言的基础上,进一步讨论江南书业奇才沈知方及其经营的世界书局在民国出版史上的地位。

一、善变的江南"书业奇才"

沈知方(1882—1938年)一向在出版界被认为是既"善于看风使舵",又有"创业精神"的"书业奇才",①沈知方原名芝芳,别署粹芬阁主人,浙江绍兴人,是清代著名藏书家沈复粲(1779—1850年,字霞西)的后裔,祖上世代书香,筑有鸣野山房,数十年来积得数万卷藏书。② 沈知方自述:"家本世儒,有声士林,世鸣野山房所藏,在嘉道间已流誉东南,而霞西公三昆季,藏书之富,尤冠吾越。"但到了其父沈锡禹一代,家道中落,仅有薄田数亩,沈锡禹靠在绍兴县城仓桥头摆书摊卖书来维持全家的生计。③ 少年时期的沈知方没有机会多读书,但贫寒的岁月让他切实地感受到了人情冷暖、世态炎凉。1897年,15岁的沈知方到绍兴奎照楼书坊当起了学徒,一年后又转入余姚玉海楼书坊。17岁时,他离开家乡进入上海滩谋生。先在广益书局任职,其间结识了商务印书馆的总经理夏瑞芳。1900年被聘为商务印书馆的营业干事。所谓干事,就是奔走于上海大街小巷的跑街。他的足迹几乎遍及全国的大小城市,跑街生涯锻炼出了沈知方敏锐的市场嗅觉,处处留心皆学问,深入民间的生活也练就了他一生的书商经营之道。

1900年还在商务印书馆当跑街的同时,他就与王均卿创办了国学扶轮社,该社1911年出版的黄人编的《普通百科新大词典》,具有相当高的学术价值。1901年他又与广东人合办了乐群书局,和当时的文化人杨千里等人出版教科书,但因侵权败诉,不得不重回商务印书馆,并且升任发行所所长,沈知方对此似乎并不满足,一心在寻找机会大显身手。他郁郁寡欢,经常不按时上班,商务的股东们对其非常不满,但夏瑞芳却对其非常器重,每月拨给他50元车马费,还请其担任业务顾问。当时流传有夏氏的一句名言:"我不是不知道他有点懒散,但他的才气宏阔,我们非留用他不可,假使一旦他离去,将来必定是个商务劲敌。"④此番预言不幸言中。辛亥革命成功后,沈知方与陆费逵脱离商务印书馆,成立了中华书局,推出新的民国教科书,一度曾使商务印书馆措手不及。第

---

① 刘廷枚:《我所知道的沈知方和世界书局》,载《世界书局文献史料汇编》,第91—108页。
② 樊东伟:《鸣野山房、粹芬阁和研易楼》,载《世界书局文献史料汇编》,第278—280页。
③ 刘冰:《沈知方与世界书局的历史及轶闻》,载《世界书局文献史料汇编》,第45—79页。
④ 应文婵:《文化事业中的一段掌故——忆述世界书局出版人沈知方》,载《世界书局文献史料汇编》,第118—120页。

一次世界大战期间,作为中华书局副经理的沈知方由于挪用公款过多订购纸张,造成经济周转不灵,遭到董事的指责。他为了躲避洋行的索款,被迫离开中华书局,隐居苏州,甚至诓称已经病逝。1917年他又偷偷地以中国第一书局的名义和世界书局的名义出版书籍,实践证明,用世界书局的名义出书销路较好。

随着社会上知道世界书局的人越来越多,沈知方觉得"世界"这一名称有全球之意,比中华只是一国的名词范围更大,于是之后出书只用世界书局的名义了。① 世界书局的商标也非常别致,圆形的地球象征着"世界",地球四周彩云环绕,正中竖写有"世界"二字,这是沈知方所追求的一种宏大境界。而在自己生意获得成功时,沈知方也"雅好藏书,孤本精刊,尤为神往;访觅搜罗,不遗余力"。二十余年间,曾经先后收进秀水王氏信芳阁、会稽徐氏铸学斋,以及小李山房、述史楼、读易楼等各家旧藏,数量达万余卷。② 这种对于藏书文化的追求,可能也是沈知方追慕家族前贤鸣野山房的一种境界吧!

二、"红屋"规模

世界书局最初是沈知方个人非正式使用的,最早以"世界书局"名义推出的书籍可能是1916年私自刊印的向恺然(平江不肖生)《留东外史》,③所以也有若干研究论著是将1916年至1921年作为其创立期,1917至1920年之间,营业逐年增加,共计出书200余种。④ 目前能查到的书目有1917年陆士谔的《剑声花影》,1918年聂醉仁的《琵琶记演义》、史香文的《情之素》、喻血轮的《西厢记演义》和《惠芳日记》,1919年陆士谔的《叶天士幼科医案》和《薛生白

---

① 朱联保:《关于世界书局的回忆》,载《出版史料》1987年第2期。
② 樊东伟:《鸣野山房、粹芬阁和研易楼》,载《世界书局文献史料汇编》,第278—280页。
③ 参见陈鸣树主编:《二十世纪中国文学大典(1897—1929)》,上海教育出版社1994年版,第414页;〔日〕樽本照雄编:《新编增补清末民初小说目录》,齐鲁书社1998年版,第424页;《留东外史》1916年初版应为民权社版,沈知方这一版有可能属盗版,参见彭丽熔:《世界书局文学出版情况研究(1917—1949)》,华东师范大学硕士论文,2009年,第59页。
④ 彭丽熔:《世界书局文学出版情况研究(1917—1949)》,华东师范大学硕士论文,2009年,第8页。

医案》、沈莲侬的《中国侦探全集》等。大约在1920年5月,世界书局正式建立,开始发行图书。① 1921年7月沈知方将之改组为股份有限公司,1922年正式以"上海四马路中市世界书局股份有限公司"名义发布广告,称"优待全国学界,新书只售对折"。② 世界书局最初的社址在上海四马路昼锦里口对门萃秀里,1920年8月27日起迁往福州路山东路西首怀远里内,③并在怀远里口租得店面,漆成红色,自称"四马路红屋世界书局",时人简称"红屋",④与该局推出的严独鹤创办的《红杂志》,以及在此基础上面世的《红玫瑰》杂志等,遥相呼应,颇受世人瞩目。初期设有营业部、信托部、会计部、分局事务部、门市部、批发部、函购部等,可谓规模初具,在闸北香山路及虬江路还设有编辑所、印刷厂,又设分局于广州、北京、汉口、奉天等处,全局共有职工百余人。抗战胜利后的1946年,李石曾到上海接管世界书局,并招收新股,改选董事会,由杜月笙为董事长,李石曾担任总经理。1949年上海解放,世界书局因涉及官僚资本被人民政府军管,直至1950年停业。世界书局前后延续了约30年,前后共出书约5580余种。⑤

初期经营的岁月里,由沈知方任总经理。起始以出版通俗小说为主,之后也出版了一批文白对照的《古文观止》、《论语》和《孟子》,以及学生作文、尺牍范本、商业所用的公文程式等书,适应了五四运动后提倡白话文的需要,颇受学生的欢迎。此外还出版了一些名人传记,如《孙中山全传》、《模范军人冯玉祥》、《当代名人轶事》等。20世纪20年代末,经新文化运动洗礼的中国读者,已深感科学知识于现实人生的重要性。沈知方也看到了这种现实阅读需要,特约徐蔚南主编了一套ABC普及小丛书,于1928年6月陆续出版,ABC是

---

① 《申报》1920年5月20日,第19版。
② 《申报》1922年2月19日,第20版。
③ 《申报》1920年8月27日,第1版。
④ 《申报》1921年7月15日,第19版;这个称呼一直使用到1930年10月,参见《申报》1930年10月12日,第17版。
⑤ 参见朱联保:《关于世界书局的回忆》,载《出版史料》1987年第2期。有关迁徙到台湾的世界书局的一系,需另文讨论。

"起初"的意思,也有"最基本"之意,可谓别出心裁,令人耳目一新。丛书分文学(含中国文学和西洋文学)、童话神话、艺术、哲学、心理学、政治学、法律学、社会学、经济学、工商、教育、历史、地理、数学、科学、工程、路政、市政、演说、卫生、体育、军事共 24 个门类。著者有茅盾、谢六逸、傅东华、曹聚仁、丰子恺、胡怀琛、胡朴安、瞿世英、夏丏尊、谢颂羔、张若谷等,均属当时各个文化领域的精英、知名学者及作家。① 徐蔚南在丛书发刊旨趣中写道:"西文 ABC 一语的解释,就是各种学术的阶梯和纲要。……我们现在刊行这部'ABC 丛书'有两种目的:第一,正如西洋 ABC 书籍一样,就是我们要把各种学术通俗起来,普遍起来,使人人都有获得各种学术的机会,使人人都能找到各种学术的门径。""第二,我们要使中学生得到一部有系统的优良的教科书或参考书。……这部'ABC 丛书',每册都写得非常浅显而且有味,青年们看时,绝不会感到一点疲倦,所以不特可以启发他们的知识欲,并且可以使他们于极经济的时间内收到很大的效果。"其中有《人口论》、《人文地理》、《文艺论》、《文艺批评》、《心理学》、《中国神话》、《市政管理》、《都市论》、《市政组织》、《英国文学》、《构图法》等。茅盾日本避难后,继续从事他的神话、童话研究,署玄珠等笔名为世界书局的"ABC 丛书"撰写了 5 部作品,计有《小说研究 ABC》(1928 年 8 月初版)、《中国神话研究 ABC》(1929 年 1 月初版,上下)、《骑士文学 ABC》(1929 年 4 月初版)、《希腊文学 ABC》(1930 年 9 月初版)、《北欧神话 ABC》(1930 年 10 月初版,上下)。该丛书前后共计出版有 153 种 164 册,以其学科范围综合、内容通俗浅显、作者阵容强大、适合读者需要,获得巨大商业成功。该丛书较之商务印书馆的《万有文库》为早,甚至激发了后者开发出一套空前绝后的百科丛书。②

除"ABC 丛书"外,世界书局还推出数十种丛书,至 20 世纪 30 年代,前后

---

① "ABC 丛书"书目可参见上海图书馆编《中国近代现代丛书目录》(上海图书馆,1979 年 9 月),第 1—5 页。
② 樊东伟:《ABC 丛书略谈》,载《藏书报》2011 年第 14 期,第 5 版。

已经推出丛书多达35种，有"文化科学丛书"、"文化史丛书"、"汉译世界名著丛书"、"学艺丛书"、"国学丛书"、"社会学丛书"、"经济学丛书"、"农村生活丛书"、"新教育丛书"、"教育丛书"、"国语注音符号丛书"、"国语会话丛书"、"中国历代文粹"、"现代新文库"、"世界百科全书"、"新国民丛书"、"生活丛书"、"成功丛书"、"实习指导书"、"实用技术丛书"、"研究丛书"、"提要丛书"、"考试准备丛书"、"畜牧丛书"、"写真国术丛书"、"警务丛书"、"实用宝鉴"、"民众万有丛书"、"烂熳派丛书"、"文艺丛书"、"玫瑰丛刊"、"红皮小丛书"、"唯爱丛书"、"儿童文艺丛书"等。① 这些有质量的丛书，一改世界书局过去在读者心目中专出鸳鸯蝴蝶派书刊的低级通俗书局形象。和近代不少具有规模的出版机构类似，世界书局初期也附设杂志，除著名的由严独鹤主编的《红杂志》（周刊）及之后的《红玫瑰》（周刊）外，还有李涵秋主编的《快活》（旬刊），江红蕉主编的《家庭杂志》（月刊），张济群、程小青主编的《侦探世界》（半月刊）等。与其他出版社不同，世界书局还设有专为书局融资的世界商业储蓄银行，1930年左右成立，沈知方借此银行吸收社会游资，用于书局需要之余，还以多出的存款购置房地产，期望获利，但因时局动荡，房地产业不景气，不赚反亏，连带也影响了世界书局的发展。

三、民国教科书市场的三家鼎足之一

世界书局曾经是中国近代出版史上全国三大出版社之一，与商务印书馆、中华书局并驾齐驱，这主要体现在其教科书的出版上。民国初年，教科书市场以商务印书馆和中华书局为巨擘，沈知方也极力想从中切一块蛋糕。1924年世界书局开始推出小学教科书。而出版教科书需要当时北洋政府教育部的审定，才能获得发行推销上的合法性。为此，沈知方聘请曾任北京大学校长的胡仁源担任教科书的审订人，在教科书上刊用其姓名，并获得当时北京教育界知

---

① 《申报》1932年12月26日，第4版。

名人士如马邻翼、黎锦熙等人的襄助,因此在向北洋政府教育部送审时,得到了许多方便。据1930年上海特别市教育局编的《上海教育》月刊第12期内《市校教科用书统计》一文,上海市立小学各年级用书的调查数据如下:

科目	商务印书馆	中华书局	世界书局	国民书局	共计
小学国语	304	143	283	113	843
小学算术	140	194	187	148	669
小学常识	178	65	198	86	527
小学自然	69	32	78	47	256
小学卫生	36	10	21	5	72
小学公民	20	26	13	7	66
小学社会	46	16	34	13	109
小学历史	43	28	33	7	111
小学地理	45	32	27	7	111
合计	881	546	874	433	2734
百分比	32.2%	20%	32%	15.8%	100%

由上表可见,在民国教科书出版竞争激烈的竞技场上,世界书局仅稍弱于商务印书馆,仍能占有三分之一的市场,改变了商务、中华两家的垄断局面,甚至在小学教科书出版方面一度还大大超过了中华书局,以成三家鼎足之势。世界书局还推出以林汉达主编的英文文学读本,如《华文详注英文文学读本》、《世界近代英文名著集》两套,其中有金仲华注释的《安徒生童话选》、《漫琅兰斯科》等。林汉达等主编的《英汉汉英两用辞典》、《世界标准英汉辞典》等工具书也由世界书局推出,畅销一时,为推动民国外语教育起了重要的作用。

四、世界书局的世界名著译刊

抗战以前,世界书局出版了大量经史子集古书,影印的《十三经注疏》、《经籍纂诂》、《说文解字段注》、《资治通鉴》、《诸子集成》等,选用善本加圈点,或加校勘记,或加评述,变线装为平装普及本,大受欢迎,同时也以译刊世界名著而名闻遐迩。① 如1929年9月至1933年3月世界书局推出有"世界名著丛书",收入有张竞生译《卢骚忏悔录》,傅东华译 Upton Sinclair 的《人生鉴》,徐蔚南译法国法兰西著的《女优泰伊思》,钟兆麟译美国爱尔乌德的《文化进化论》,马复、李溶译美国鲍特的《近代教育学说》,李浩吾译美国史坦利·荷尔的《青年期的心理与教育》。其中以张竞生的《卢骚忏悔录》最为出名。《忏悔录》是卢梭以第一人称所写的他自己从出生到1766年被迫离开圣皮尔岛共50余年经历的自传体小说。他第一次以惊世骇俗的大胆,真实地展示了一个充满资产阶级个性的"我"有时像天空一样纯净高远,有时又像阴沟一般的肮脏污浊的全部的内心生活;第一次深入和赤裸裸地挖掘了自己的灵魂。早在1908年8月创刊的《法政介闻》月刊上,就连载有留法法政学生马德润节译的《忏悔录》,题为《卢索忏状》。而第一次较完整地将《忏悔录》译成中文的是张竞生。1928年张译本由上海美的书店初版,1500本很快售罄,1929年9月美的书店关闭,该书版权移让世界书局。1929年该书编入"世界名著丛书"初版,1931年2月再版,1932年11月出了第4版,可见销路颇好。虽然张竞生后来因"性博士"等而名声不佳,但初传卢梭这本"良心的历史"之功,总不可没。他说自己译介此书的目的,不仅在文学,也希望卢梭之魂降临于中国,"在我们这个无聊的古典派的假社会,与腐臭的人心中,确要卢梭这个大胆的浪漫派,来掀劫推翻和从新改造。故我们承认这本《忏悔录》是革命式的最有势力的作物,其间确实有极大的炸弹力,请读者大胆接收去炸破这个古典的世界"。② 《申报》刊载的"世界名著丛书"《卢骚忏悔录》的广告称:"卢骚原著,张竞生翻译,美装一厚册,二元四角(九折)。卢骚是世界的大文学家,大哲学家,也是一位革命家,他的《忏悔录》,尤其是他的文学与哲理兼长的巨著,同时是他在文学上哲学上集情感派大

---

① 世界书局与民国时期世界名著出版的关系,参见邹振环:《20世纪上海翻译出版与文化变迁》,广西教育出版社2000年版,第183—186页。
② 〔法〕卢骚著,张竞生译:《忏悔录》"编后记",美的书店1928年版。

成的名著。他的好处,世界已有定论。今由张竞生博士译出,以饷国人。内容除文学上哲学上及革命思想的伟大处足以使我们醉心外,还有许多人情世故,可使我们知道处世之方。至于十八世纪法国的奇事逸致,更是趣味横溢,本书照原著译全,并不缺少,加以张先生译笔流利,装订考究,均与众不同。"另外还介绍了"《女优泰倚思》,法兰西原著,徐蔚南翻译,美装一厚册,定价二元(九折)。这是法兰西的描写灵肉冲突的一本杰作。内容叙述一个庄严的高僧与一个淫荡的女优的纠葛,庄严与淫荡,高僧和女优,黑白对照,这是多么动人的题材。高僧从信仰堕落到淫秽,女优从淫秽上进到信仰,字字句句,都写灵肉冲突,这是多么动人的手笔。西文原本已重印至二百版以上。本书译笔流畅美丽,人人都得快读。附木版名画十余幅。精装极美本。各省世界书局发行"。① 同年世界书局还推出了"世界名著丛书续出二种",一种是辛克莱博士著,傅东华译的《人生鉴》:"本书为美国新兴文学的大家辛克莱所著,他把他的伟大的学问,著成本书,是解决一切人生困难问题的名著。内容包含生活、健康、幸福、成功、工作、游戏、饮食、商业、政治、社会等一切问题。作者的思想是最现代的,也最适合青年们受用的。青年们,你们一定有你们的烦闷,而要求安稳的出路的,快来读这部可以为你们解决一切的大著吧!"另一种是李浩吾翻译的荷尔博士著《青年的心理与教育》:"本书为美国心理学界泰斗荷尔博士杰作青年期的缩本。是一部心理学与教育学综合研究的名著,在儿童教育及青年教育上,供给很多的资料。"② 该丛书较有名的还有《人类在自然界的位置》,赫胥黎著,华汝成译,全书分三大编,第一编"类人猿的自然史";第二编"人类和下等动物的关系";第三编"人数的几种化石"。广告称"本书是英国大科学家赫胥黎氏生平唯一杰作。……出版以后,即得全科华界极端之注意,轰动全世界科学界与学术界。……学说新颖,立言正确,研究人

---

① 《申报》1929年11月1日,第7版。
② 《申报》1929年12月8日,第4版。

类学者不可不读,译笔亦极畅达。"①

1931年10月至1937年3月间,世界书局还推出了有影响的"世界少年文库",收入各种少年名著译本47种,其中有柯蓬洲译意大利亚米契斯的《爱的学校》、法国雨果的《少年哀史》,远生译的凡尔纳的《十五少年》、《西藏故事集》,彭兆良译的《格林童话集》、《鲁滨孙漂流记》,谢六逸译的《日本故事集》和《罗马故事集》,杨镇华译的英国金斯莱的《水婴孩》、英国吉卜林的《原来如此》,董枢译的法国缪塞的《风先生和雨太太》、美国奥斯汀的《浦劳小姐》,徐蔚南译的《印度故事集》、海克督马六的《孤零少年》,吴景新译的《小人国游记》和《大人国游记》等,不少译本多次再版。

1939年世界书局推出了由郑振铎、王任叔、孔另境主编的"大时代文艺丛书",颇引人注目。全套丛书共11种,被认为是上海"孤岛"时期少有的一套有质量的文艺丛书。其中有文艺随笔,也有翻译作品,如容庐《繁辞集》,孔另境、王任叔等《横眉集》,巴人《扪虱谈》,白曙、石灵等《松涛集》,郭源新(郑振铎)、韦佩(王统照)等《十人集》,柯灵《掠影集》,王行岩《突围》和石灵《当他们梦醒的时候》等,译作有署名屈轶(即王任叔)翻译德国作家格莱塞(今译恩斯特·格勒泽尔,Ernst Glaeser,1902—1963年)著《和平》,世界书局1939年7月初版。20世纪20年代末,战争文学如洪水般泛滥于全世界,一些作者描写了他们所经历的第一次世界大战所带来的天翻地覆的社会震荡,这种现象在战争全面失败、经济崩溃和通货膨胀的德国,显得尤为突出。最有代表性的是雷马克的《西线无战事》、路易·林的《战争》、格莱塞的《一九〇二年出生》三书。《和平》是格莱塞另一部反战的代表作,作者曾是德国共产党和无产阶级革命的同情者,1930年他游历苏联,在哈尔科夫参加了国际革命作家代表大会的工作,并与弗兰茨·魏斯科普夫合著《没有失业的国家》(1931年)一书。希特勒政变后,格莱塞的作品在1933年5月10日的焚书运动中被烧毁,他被迫流亡瑞士。在那里他以其作品获得了国际声誉,其反法西斯长篇小说《最后的平

---

① 《世界书局最新贡献》,《申报》1931年5月29日,第4版。

民》(1935年)被译成 24 种文字。后来他却向戈培尔写了悔过信,并回国充当第二次世界大战中德国西西里战线军队报纸《南方之鹰》的编辑,二战后其内心充满了矛盾,晚年所写的长篇小说《德国人的光辉和贫困》(1960年)对西德现实进行了尖锐的批评。长篇小说《和平》1930 年开始在 A·I·Z 杂志第 40 号起连载,初名《和平与面包》,单行本时改为《和平》(*Frieden*)。小说试图通过对共产主义者阿特尔巴特·凯尼希、德国社会民主党人霍尔曼等人的刻画,来展示整个德国革命的画面,指出其失败的原因。作者认为凯尼希代表的是革命和面包,霍尔曼代表的是和平与秩序,两者尖锐对立,由于德国社会民主党的小资产阶级意识,使这场斗争终归失败。作者后来修改时加入的人物马兹克恩·夫拉,在这些斗争的剧烈展开中,时时表现出不坚定性,忽而兴起,忽而没落,终于在他极左的观念下,暴露了虚无主义的实质。作者没有把决定革命过程和结局的那些社会力量纳入故事叙述者的视野,而把反复无常、动摇不定的小资产阶级文化人放在突出地位,旨在让读者看出第一次世界大战后这部分人心理的趋向。译者巴人称自己翻译此书最初"完全是为了阿特尔巴特·凯尼希的英勇斗争精神所陶醉。……我是不能不动于一个因主义而信仰牺牲一切的革命者表示他的敬仰"。他说自己译完这一小说后明白了希特勒今天的"成功"并非出自偶然。他指出《和平》采取的形式非常独特,"不是像自然主义一般,光把自然人生之外面的事实复制一下就行,还必得把潜伏其中的神秘也给报告出来"。原作者巧妙地把报告者混在一极其混乱的场面里,而报告者又能走出这场面并指出其混乱中的机构,从而予以正确的批判,因此"作品的感人力量,十分强大"。德国格莱塞的《和平》中译本,是巴人据清野季吉和大野英敏的两种日译本译出的,世界书局出版的该译本单行本凡 322 页,共计 211000 字,巴人旨在通过这部小说对德国资产阶级和德国社会的描绘,揭示出希特勒在当时何以"成功"的秘密,他在译序中指出:"德国的资产阶级,是较之英法为更无耻更卑鄙的,在他没有完成资产阶级革命任务之际,老早就和封建贵族洽妥了,接着,在世界大战以后,它更向反动的法西斯主义转变,实行武装弹压。而德国的无产阶级,又由于社会民主党的出卖,削弱了他武装斗争的力量,虽然,在今天,德国的无产阶级依然没有失却他的战斗力,但还不能团结全国人民大众的力量,来推翻法西斯政权,总不能不说是一种悲剧。《和平》的结局是这一悲剧的开始。"①反法西斯、反战在20世纪30年代已成为一个世界性的课题,这一主题的选择不仅代表了巴人这一代翻译家对中国走向世界的历史期待,也反映出世界书局所具有的强烈的世界意识。

其他还有苏信译《俄国名剧丛刊》一套、贺之才译《罗曼罗兰戏剧丛书》一套、朱生豪译《莎士比亚戏剧全集》等。1947年世界书局出版了朱生豪译的《莎士比亚戏剧全集》3辑共27种,这是中国第一次较全面地译介莎翁的作品,在全世界引起轰动,而朱生豪本人就是世界书局的职员,由于抗战,回老家从事翻译工作,靠世界书局按时支付的稿酬维持生活。当时日伪统治区物价暴涨,区区稿酬难以维持生活,条件极其艰苦,朱生豪不顾贫病的煎熬,直到病逝之前,始终专心致志,坚持译作,为世人留下莎剧译本31种,仅余历史剧6种未译。②

五、世界学典的编刊

1931年世界书局因业务扩大,增添了大批印刷机器、照相制版设备和铜模、雕刻工具。特别是进行了房地产投资,结果却是房价下跌,加之出版物销售下降,资金周转不灵,所以被迫抵押房地产给金城银行,又由于押款到期,只能向当时在金城银行有资金又对出版事业颇有兴趣的李石曾③求救。

---

① 屈轶:《和平·译者序》,〔德〕格莱塞著,屈轶译:《和平》,"大时代文艺丛书",上海世界书局1939年版。屈轶即巴人(王任叔)。全书已收入《巴人全集》卷十六"译著",清华大学出版社、宁波出版社2017年版。
② 有关朱生豪的译述生平,详见吴洁敏:《朱生豪传》,上海外语教育出版社1989年版。
③ 李煜瀛(1881—1973年),字石曾,以字行,河北高阳人,为清同治年间曾任军机大臣的李鸿藻的第三子。1902年从驻法使臣孙宝琦赴法,1906年和张静江、吴稚晖等人在巴黎组织了"世界社",出版《新世纪》,宣扬无政府主义。同年,经张静江介绍,李石曾加入同盟会巴黎分会,1911年李石曾回国参加辛亥革命,系国民党四大元老之一。1912年李石曾和吴稚晖等人在北京创立留法俭学会,发起和组织赴法勤工俭学运动,为中法文化交流做出了很大贡献。回国后任北平大学、北平师范大学校长,他还是故宫博物院创建人之一。著有《大豆》,译有波兰廖抗夫《夜未央》等。参见陈玉堂编纂:《中国近现代人物名号大辞典》,浙江古籍出版社1993年版,第338页。

李石曾当时正计划开展"世界学典运动",继续刊行《世界》杂志和推出《世界百科全书》(*World Encyclopedia*,后改称《世界学典》),1934年,李石曾同意用世界社预备投资代表团名义,与世界书局签定了投资50万元的合同,但只答应先交一成5万元,并要求占有董事、监察席位半数以上,从而控制了世界书局。在世界书局的股东大会上,推举投资代表团张静江为董事长,李石曾、吴稚晖为董监事,并要求沈知方辞去经理一职,改由陆高谊(1899—1984年)担任。为了世界书局的生存,沈知方忍痛接受了这些条件,改任监理。①

1942年李石曾在美国用英文发表了《世界学典引言》,计划筹设"世界学典合作社",聘请世界一流学者充当学典的撰稿人,并以世界书局为印刷机构,中国学典包括《永乐大典》、《图书集成》、《四库全书》等;并计划编撰《民众学典》、《妇女学典》、《青年学典》、《儿童学典》等。② 谈及"世界学典运动",就不能不提南京学者杨家骆(1912—1991年),杨氏幼从舅父张夔卿习经史,治目录学。16岁毕业于东南大学附中高中部,后入国学专修馆肄业。少年时代即随祖父杨星桥编纂《国史通纂》。1930年春,他创办中国辞典馆和中国学术百科全书编辑馆。后参与李石曾发起的"世界学典运动",改中国辞典馆为世界学院中国学典,迁往上海。1940年把中国辞典馆和中国百科全书编辑馆已经出版的25种著作和48种定稿本以及有目录学的57种稿本,先后改编为《世界学典》中文版各分册。可惜至今我们能够看到民国时期的学典仅仅只有1946年世界书局出版的《世界学典》中文版第一册,即杨家骆所编纂的《四库全书学典》,而其中很大一部分内容并非新编,而是依据其原来所编的《四库大辞典》。1948年杨家骆去台湾,先后在世界书局和鼎文书局任职,主编出版有《古今图书集成学典》、《续四库全书学典》、《先秦著述学典》、《汉代著作学典》、《魏晋南北朝著述学典》、《清代著述学典》、《民国著述学典》、《民国以来出版新

---

① 朱联保:《关于世界书局的回忆》,载《出版史料》1987年第2期;世界社四十周年纪念会编:《世界社世界书局与世界学典》,1946年初版,第3页。

② 世界社四十周年纪念会编:《世界社世界书局与世界学典》,第6—7页。

书提要》、《中华大辞典》、《中国文学百科全书》、《丛书大辞典》、《群经大辞典》、《历代经籍志》等大型工具书。

李石曾除成立"世界学院中国学典馆"外，还与朝鲜同人合作，在上海建立了"世界学院朝鲜学典馆"，理事长为李石曾，总编辑为杨家骆和郑华岩，编辑有姜天铎、李何有、张契尼、金波等，计划待朝鲜独立自主后，将迁设于朝鲜。世界学院朝鲜学典馆的第一期的主要工作是编纂一部中文版300万字的《朝鲜学典》，该学典以朝鲜的历史与地理的知识为主，尤其侧重朝鲜文化与其国际关系的阐发，以促进朝鲜的独立运动。学典的核心部分有九个单元：一、世界中之朝鲜，论述在世界中之自然方位；在世界中之国际交通关系、政治关系、经济关系、文化关系、社会关系；韩侨之分布与职业；外人侨韩数量与性质之分析。二、朝鲜通史，分考古学对朝鲜古史的贡献，箕子与檀君传说之研究、从部落到部族、三国时代、新罗时代、高丽时代、李氏朝鲜、列强窥伺下的朝鲜、韩国时代、日本统治时代、第二次世界大战以后等若干部分。三、朝鲜文化史，分中国文化之关系、语言文字、思想与学风、美术工艺与建筑造船、文学与音乐戏剧、著作与印刷、近代学术之输入等若干部分。四、自然地理，由地质矿产、地形、水系、生物等方面组成。第五至第九部分为人文地理，人文地理一总述编，论述聚落的形成、政区的沿革、交通、人口的繁殖与流亡、姓氏之世系与分布、人才之发展比例。人文地理二政治编，论述行政与立法、财政、司法与治安。人文地理三经济编，论述民富、农林渔牧、水利、动力与工业、手工业、商业与金融、物价与生活指数。人文地理四教育编，论述学龄儿童、教育程度之分析、学校、社会教育、文化事业。人文地理五社会编，论述社会组织、社会事业、社会生活、医药卫生、宗教礼俗、社会病态、社会灾害。计划附录七种：朝鲜年表、朝鲜重要文献、朝鲜地图、朝鲜行政区域及聚落分布表、朝鲜各种统计、朝鲜机关社团名录、朝鲜名人录及参考文献。之后还计划继续编纂朝鲜文版、英文版和其他文字版。利用《朝鲜学典》内较长的条文，在全书尚未完成前，先在编刊的《朝鲜月刊》上连载，并以丛书的方式先行发表。筹设"朝鲜通讯社"，一方面为《朝鲜日报》收集资料，一方面提供朝鲜各地的消息；编刊《朝鲜日报》，以日报的方式陆续收集和发表关于学典的资料,同时刊登有关朝鲜的新闻。其他工作还有组建朝鲜社会考察团、地质考古团、生物标本采集集团、科学用品供应社、文化广播电台和教育电影制片厂。①

六、小　结

在民国出版史上,世界书局在教科书市场上与商务和中华鼎足而三,是毋庸置疑的事实,但作为世界书局创办人的沈知方却是一个出版史上有争议的人物。世界书局先后出版的三本伪作《当代明人轶事大观》、《石达开日记》和《足本浮生六记》,一直使沈知方被指责违反出版人的职业道德,是昧着良心赚钱的典型。② 但是我们还是不要忘记,世界书局是民国时期世界名著翻译的重要推动者,1927 年在沈知方主持世界书局期间,曾经率先出版了抗日御侮反侵略的著述:如支恒贵所著记述甲午战争起日本对中国东北、内蒙古侵略的《日本侵略满蒙史》;陈彬和所著记述 19 世纪帝国主义侵华的《帝国主义侵略中国史》;程中行的介绍中国与英、俄、德、法、日等国签订的不平等条约的《各国对中国之不平等条约》等书。1931 年东北沦陷,国难当头,进步文化界人士为抗日御侮奋力疾呼,世界书局也发出了自己的声音。1931 年世界书局在出版的《世界杂志》第 2 卷第 5 期上,刊登了马伯相所写《为日祸敬告国人:痛改前非、共赴国难、自赎自救、复兴邦家》一文,号召共赴国难,抵抗日寇,并刊印了日军入侵的照片。

据说沈知方一生中办了近十个书局,数目之多,出版界无人堪比,或被称为书业"怪杰",③意谓其虽有魄力,但却"善变",表现出淋漓尽致的江南商人本色。但沈知方亦有自己不变的准则,沦陷时期日伪曾经找到已经退居幕后

---

① 参见邹振环:《李石曾与〈朝鲜学典〉的编纂》,载复旦大学韩国研究中心、大韩民国临时政府旧址管理处编:《二十七年血与火的战斗:纪念韩国离京市政府成立 80 周年论文集》,人民教育出版社 1999 年版,第 361—380 页。
② 余佐赞:《还原一个真实的沈知方》,载《世界书局文献史料汇编》,第 109—114 页。
③ 王震、贺越明:《出版家沈知方》,载《世界书局文献史料汇编》,第 121—132 页。

的监理沈知方,要求与其合作而被其断然拒绝,1938年已经重病缠身的沈知方立下遗嘱:"近遭国难,不为利诱,不为威胁",命后人不得与日伪妥协,保持了一个中国出版人可敬的民族气节。① 在沈知方去世后,作为李石曾"世界学典运动"的重要组成部分,世界书局除编撰《世界学典》中文版外,还首先筹划编纂《朝鲜学典》,以此作为推动朝鲜独立运动的重要文化工作之一,此举也可以认为是沈知方不畏强暴、坚持民族精神的一种延续。

综上所述,无论是从宣传民族抗战,还是推动社会文化的进步;无论从出版数量,还是出版质量而言,世界书局都不愧为民国时期一家出色的出版机构,也是一个不应为学界所遗忘的出版机构,而作为书局创办人的江南"书业奇才"沈知方,其在民国出版史上的贡献,也不应该被忽略。

附记:本文部分内容以《民国出版史视野中的世界书局》为题,曾于2017年9月21日提交上海市政协文史资料委员会、上海市出版协会、中国近现代新闻出版博物馆(筹)联合主办的世界书局史料研究座谈会,并在大会上报告,文稿后经整理发表在《文汇学人》2017年12月29日第11、12版;修订版2017年11月3—4日提交由上海师范大学中国近代社会研究中心主办的"第十一届江南社会史国际学术论坛",特此说明。

[作者简介] 邹振环,复旦大学历史系教授。

---

① 刘冰:《沈知方与世界书局的历史及轶闻》,载《世界书局文献史料汇编》,第45—79页。

近代江南文人雅集与日常生活：
以上海鸣社为例

葛金华

内容提要：上海鸣社是近代江南文人雅集的重要社团，其所具有的民主管理、近代传播、古典追求等特征，产生了深远影响，有着独特价值。通过对鸣社社史与文献梳理、成员构成与社团管理、雅集内容及其传播影响、重要雅集与主要遗存、鸣社与其他诸社关系五个方面的简要勾勒，可以获知，在近代语境中，所谓区域、血缘、功利等传统因素并未完全被取代，而是更换了新的形式，或并存，或潜藏，以新的方式与新的元素进行着互通与融合。通过研究鸣社雅集，我们可以直接触摸到近代江南文人雅集与日常生活图景的一个断面，也将借此透视这个以生活为主导的社团，以及由该社团所折射出的"近代沪上平静日常生活"的一个侧面。认知、辨析与梳理鸣社乃至近代江南人文雅集，将会使我们进一步挖掘出其"文化遗产"的研究价值。

关键词：近代江南　文人雅集　鸣社　日常生活

近代江南历经"西学东渐"、"洪杨之乱"和"民清易代"，巨大的社会和文化变迁，使得古典时代的"文人"在失去了科举支持系统后，不得不面对变革的阵痛和身份的转换。近代江南文人雅集既承续唐宋以来中国文人雅集的传统，又因时代变迁而有了新的内容、形式和风貌。南社以革命为号召，在晚清民国转换期的江南影响最为深远。而"自辛亥国变，宙合晦盲，旧名士既遯世，靡不以沪渎为归。流人所聚,乃集诗篇酬倡,遣其不可聊之岁月"①,沪上超社、希社、淞社等诗社也应时而起。这些诗社"托歌咏以寄其旧君故国之思"②,但或因复辟丑闻而归于熄灭,或因品类日杂、内讧不止、经费不支而趋于涣散。与此同时或稍后,江南地方诗社如武进的苕岑吟社、常熟的虞社、江阴的陶社也纷纷兴起,这些地方诗社既是地方文士以诗词吟咏为形式构建文化上"想象的共同体"以"保存国粹"的一种方式,也是推动地方文教、出版事业发展的重要力量。而在沪上,稍晚于南社③,与各地方社有着广泛关联,影响极为深远的则是鸣社。

  学界对鸣社的研究,受到文献和学科归属的限制,基本处于空白状态。虽有对鸣社成员如夏敬观、朱大可、陈诗等人诗歌、诗集的零星研究,但综合研究则尚付阙如。民间研究中,虽有鸣社骨干之子弟涉及鸣社雅集的回忆,但因其占有文献有限,且对文献解读不够深入,所以对鸣社的理解也仅处于就事论事的介绍阶段。且其不管是对鸣社成员的构成、社团社章的解读还是对雅集形式、鸣社与其他诸社的介绍等,也均含混不清、真假不辨。

  鸣社雅集的宗旨不具有革命、建设方面的功利追求,所以在学界研究中很难直接与近代革命、地方建设、区域治理等相关联,也就很难进入近代史研究的视野。鸣社雅集因其以旧体诗词为形式,成员大多又有旧式文人背景,不管在诗词还是在书画领域,均不属于"白话运动"、"文学革命"和"艺术教育"等范畴,所以也很难嵌入或关联至文学、艺术、教育等研究的热点话题。另外,即便开展研究,鸣社雅集因其成员的复杂性,尤其是其成员身份确定的现实困难,在文献不足的情况下,相关统计也有相当难度。

  为此,本文拟立足一手文献,从鸣社社史与文献梳理、成员构成与社团管理、雅集内容及其传播影响、重要雅集与主要遗存、鸣社与其他诸社关系等五

---

① 《鸣社二十年话旧集严序》,鸣社:《鸣社二十年话旧集》,鸣社民国二十四年铅印本,第1—2页。
② 同上。
③ 南社虽在苏州成立,但主要活动于上海。

个方面对鸣社进行简要勾勒。并通过这一勾勒,实现我们对近代江南文人雅集与日常生活图景的直接触摸,以一个更合适的角度去透视这个以生活为主导的社团,以及由该社团所折射出的"近代沪上平静日常生活"的一个侧面。同时,对这一社团的活动乃至近代江南文人在雅集过程中所遗留下的"文化遗产"进行必要的考察、辨析与梳理,以方便学者们开展进一步的研究。

一、鸣社社史与文献梳理

鸣社创建于1916年,创建时初定名为"求声社",成员最初仅十人,即杨吟庐、方骏乎、胡淡如、蔡养平、武樗瘿、孙玉声、郁葆青、陈秋水、胡寄凡及质庵①,推武樗瘿为社长。后因社员品类日杂,雅集层次日低,于1920年由"孙玉声、武樗瘿、贾粟香、刘山农、金南国等重行集会,改为鸣社,订立章程"。②将"求声社"更名为"鸣社",所订章程规定了入会要求、雅集形式和管理方式等。1921年,武樗瘿去世,公推孙玉声为新任社长。从1921年到1936年,社团得到了蓬勃发展,诸多海上名家、文人纷纷入社。到了1935年举办"鸣社二十年话旧"活动时,整个社团已经有了很好的发展,成员中有影响者也日益增加。每月一次雅集,二十年来几乎未曾中断。编订社刊《鸣社杂志》,每年还有各类固定选刊和专题选刊。社团活动、作品还通过《大世界》、《金刚钻》、《申报》、《小说月报》、《五云日升楼》周报、《鸣社杂志》、《虞社》等媒体进行介绍、刊发。由此,鸣社已经成为规模仅次于南社,影响则同样深远的沪上大社。同时,鸣社成员中的骨干还邀集社内外同好成立了文虎社"萍社",以及更为活跃的"变风社"。鸣社成员众多,据不完全统计,经常参与雅集者就有200多人。而且,鸣社不仅以其社员众多,更因其影响深广而成为沪上大社。抗战期间,鸣社雅集一度停顿,中间曾有重启,后因经济窘迫,诗

---

① 郑逸梅:《记鸣社》,《申报》民国三十七年六月二十八日,第8版,"质庵"即"郑质庵"。
② 同上。

酒之会改成了茶话会，依旧每月雅集，每月有诗题，但终迫于形势而遭停顿。抗战胜利后，雅集重新恢复。此时，社长郁葆青已经去世，由其子郁元英担任社长。郁元英重新收拾社务、整理社作，恢复了于昧园为亡故社友举行公祭等活动。1948年，郁元英在昧园组织了最后一次雅集，之后鸣社因内战而最终停止了雅集活动。从1916年至1948年，鸣社前后一共持续了33年，雅集次数初步统计不少于300次。其中还不包括因远赴各地游历、协助地方社团成立等原因举办的临时雅集。鸣社因其人数之众多、成员影响之大、持续时间之久、雅集活动之频繁和对其他地方社团的辐射支持之深广等，成为沪上人文雅集第一大社。难怪郑逸梅会在《记鸣社》中说，沪上人文雅集，影响最胜者，莫过于鸣社。①

鸣社雅集在经历了抗战，至1948年最后一次雅集之时，由于郁元英的努力，仍然保存着10多本同人诗歌作品集。当然，这些作品集也随着郁氏的迁台而流失。好在鸣社有别于比他更早的南社、超社、松社和一元社等，已基本完成了社团的所谓"近代化"，其雅集传播手段颇为多元，围绕雅集和社团活动的文献意识、历史意识和传播意识也有所增强。所以，我们今日仍能通过《漱石生六十唱和集》（1922年）、《鸣社杂志》（1924年）、《鸣社乙丑选刊》（1925年）、《鸣社丙寅选刊》（1926年）、《兰襟集》（1927年）、《胜游图咏（第一、二集）》（1928年、1931年）、《鸣社丁卯选刊》（1929年）、《暮春唱和集》（1933年）、《沪渎同声集》（1934年）、《鸣社二十年话旧集》（1935年）、《沪渎同声续集》（1936年）、《黄山纪游集》（1936年）、《硕果亭重九酬唱集》（1939年）、《四十唱酬集》（1940年）等雅集年度选刊、每月杂志、专题酬唱、同人小集、诗画纪游等文献，以及散见于《大世界》、《金刚钻》、《申报》、《小说月报》、《虞社》、《五云日升楼》周报等报刊的雅集启事、活动报道、社友题名录、诗词选登等前后相对连贯的史料，窥见雅集成员之构成、活动之规模及特征等。另外，还可以通过孙玉声、

---

① 郑逸梅：《记鸣社》，《申报》民国三十七年六月二十八日，第8版。

郁葆青、姚劲秋等社长，朱大可、陈诗、钱名山等骨干的个人诗文集，严昌玉、徐鋆等核心成员的个人纪游诗文集，以及邓春树、郑逸梅、朱大可、刘山农等对社员、社史、社事和雅集园林等的回忆、记述等，以及数量众多、散见于各处的鸣社成员往来手札、征稿启事、诗书画润例等，了解鸣社活动的内容和细节。

二、成员构成与社团管理

根据初步统计（详见表1），鸣社前后33年参与雅集的成员中能够确定名字、籍贯等信息的人数为195人。其中，上海占35%、江苏占25%、浙江占21%，江浙沪三地占81%。[①] 所以，鸣社是一个名副其实的江南文人雅集社团。当然，其社员也不仅限于江浙沪三地，其他各省也占19%，总体社员遍及全国13个省份。另外，尚有《鸣社杂志》、相关报章中记述的20多人因无法明确其籍贯、姓名而未统计入内。所以，综合来看，经常参与雅集的鸣社成员总数已超过200人。

另外，根据名录、小引和小传等资料可知，鸣社成员主要由有功名的官僚士绅、报界闻人、书画艺术家，以及少量文人出身的商人构成，甚至还有个别曾经留学欧美、日本的官绅或教育家。总体而言，这些成员基本可分为上海本地人、寓居或旅经上海之人、上海周边江南地区之人和与上海有联系的外省人五大类。其中，主要成员是上海本地、寓居上海和上海周边江南地区的人。社员基本属于有一定社会地位的，能在当时多元环境中于精神和物质上保障其旧体诗词唱和能力、兴趣与追求的文人。可以说，鸣社雅集是民国沪上文人保守而典雅的日常生活的重要组成部分。

---

① 上海、江苏成员的籍贯是按现在诸县区隶属关系来划分，虽不符合当时历史实际，但意在初步获得鸣社成员以江南为主的概貌，在后续研究中将进一步按当时具体隶属关系来进行更准确的划分。

表1 鸣社成员分布统计表

籍贯	鸣社社员名单(195人)	占比
上海(69)	孙玉声 郁葆青 郁元英 沈文浩 郑永诒 胡祥翰 严昌埁 庄羲 顾宪融 康年 庄毅 赵蕴安 顾景炎 郁慕洁 王燮功 邱心培 季望畴 朱敦艮 项寰 徐公修 叶寿祺 顾汝澂 贾丰云 吴济 朱家驹 顾渔 王平格 雷以丰 陈邦机 凌鉴冰 沈健 黄元浩 王铨运 陈福萃 金祥勋 张尔鼎 沈其光 雷元熙 周偁 龚鼎彝 周绣虎 顾望溪 黄梦畹 张近鸥 任钟骏 刘山农 闲僧 王颂平 沈云梯 顾视高 胡瑜如 庄慧因 沈瘦若 姚伯鸿 方骏乎 郑逸梅 朱诚斋 周锦堂 蔡其谨 杨吟庐 武樗瘿 胡淡如 蔡养平 陈秋水 戴克宽 毛子坚 孙雪泥 胡砚锄 周基成	35%
江苏(49)	吴鸣麒 戴振声 叶玉森 陈直 谢玉岑 唐鼎元 蒋国榜 钱振锽 钱小山 冒广生 汤滌 邓春树 张培荣 邹尊莹 徐鋆 刘汇清 尤绮 朱润生 荆凤冈 张人鉴 陆天放 张景仁 吴楚 李联珪 顾彦聪 曹毓钧 杨尊路 陈定康 赵恩寿 彭慰曾 荆棚 贺季衡 何羡榕 孙秩千 杨少芝 谢介子 顾怀冰 庄同伯 李左民 汤澹如 唐肯 蒋莲舫 周企言 陈道行 吴桐 杨仲倬 金荫祖 周瘦鹃 刘道周	25%
浙江(40)	周庆云 姚洪淦 袁天庚 周大封 陈闵慧 陈道量 洪完 朱大可 王仁溥 胡颖之 徐行恭 姚景瀛 竺大炘 冯冀云 许德厚 袁潜 朱锡柜 陈其谦 胡福培 朱霞 蔡之宜 葛洛 陆端 费有容 鲁邦瞻 朱铠 汪蓉第 田礽祺 孙笙白 许月旦 刘山农 潘清 沈永昌 陈宝焕 郑功懋 陈小蝶 顾鼎梅 朱铎民 顾言行 赵宗孟	21%
安徽(13)	徐识耕 刘体蕃 张启后 程演生 李国榛 李从衍 陈诗 王源翰 金恩灏 刘增龄 章纪鹤 史慕山 潘琴轩	19%
湖北(6)	徐英 孙镜 张光裕 汪染青 查仲燡 黄剑荙	
广东(6)	何冀 林鹤年 盛鸿焘 郑雪耘 陈岛岚 陈韵篁	
湖南(3)	陈家庆 陈家英 杨逢辰	
江西(3)	夏敬观 萧炳章 李约	
福建(2)	李宣龚 黄孝纾	
广西(1)	陈福荫	
山东(1)	张元祥	
山西(1)	董寿平	
北京(1)	庄清逸	

资料来源：《鸣社杂志》、《鸣社乙丑选刊》等鸣社月刊、年刊和选刊，《暮春唱和集》、《沪渎同声集》、《鸣社二十年话旧集》、《沪渎同声续集》等鸣社专集，以及《大世界》、《申报》、《小说月报》等报刊。

1920年，沪上鸣社由于人数增加、成员日杂，社团性质、规模和方向均发生了变化。主要成员遂举行集会，改组更名，并订立了社团章程。（详见图1）

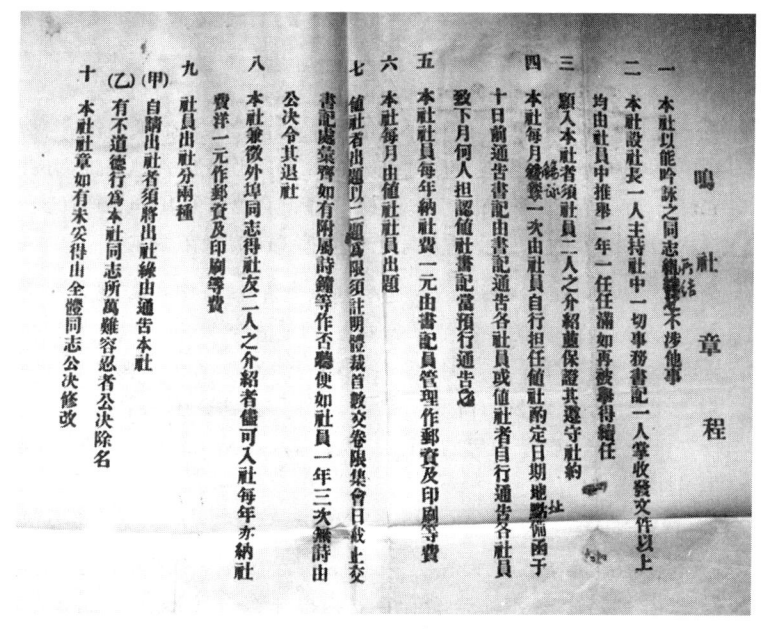

图1　鸣社骨干严昌堉手批的《鸣社章程》

《鸣社章程》全文如下："一、本社以能吟咏之同志所结，不涉他事；二、本社设社长一人，主持社中一切事务；书记一人，掌收发文件，以上均由社员中推举，一年一任，任满如再被举得续任；三、愿入本社者须社员二人之介绍，并保证其遵守社约；四、本社每月觞咏一次，由社员自行担任值社，酌定日期、地址，备函于十日前通告书记，由书记通告各社员，或值社者自行通告各社员，致下月何人担任值社，书记当预行通告；五、本社社员每年纳社费一元，由书记员管理，作邮资及印刷等费；六、本社每月由值社社员出题；七、值社者出题以二题为限，须注明体裁、首数，交卷限集会日截止，交书记处汇齐，如有附属诗钟等作否听便，如社员一年三次无诗由公决令其退社；八、本社兼征外埠同志得社友二人之介绍者尽可入社，每年亦纳社费洋一元，作邮资及印刷等费；九、社员出社分两种，（甲）自请出社者须将出社缘由通告本社。（乙）有不道德行为本社同志所万难容忍者公决除名;十、本社社章如有未妥,得由全体同志公决修改。"

由章程可知,鸣社雅集的宗旨即为"吟咏",不涉他事。在33年的鸣社雅集活动中,这一宗旨始终得以贯彻。雅集中除了诗文书画往来外,确实未曾有或"革命",或"建设",或"公论"等其他志趣、追求和行动。社长一年一任,到期须要重新推选,前后分别有"求声社"时期的武樗瘿,鸣社时期的孙玉声、姚劲秋、郁葆青、郁元英等五位社长。其中,姚劲秋由于身体原因,虽被推为社长但实际还未履职就已去世。① 另外,郑质庵也曾被目为鸣社"祭酒",则可视其为社团之核心骨干。鸣社因郁葆青的持续支持和郁氏昧园作为长期雅集场所而得以持续。郁葆青既是任职时间最长、影响最大的社长孙玉声的女婿,又是最后一任社长郁元英的父亲。所以,郁葆青是整个鸣社的灵魂和实际赞助人、主持人。根据章程,社员入社必须得到两名社员推荐,并缴纳每年一元社费作为邮资和印刷等费用。必须有两名社员介绍,目的就在于摒弃闲杂和不入流者混入社团,造成人员芜杂。至于一元社费,当时沪上几乎所有社团均需缴纳社费,鸣社社费相对较少。而仅靠每个社员一元社费是难以维持社团日常活动、刊物印行的。所以,鸣社有郁葆青的支持相当重要。按照章程,社团每月雅集一次,雅集地点、时间、课题均有值社社员确定,相关信息均由值社社员或书记通过函件、报刊公告等形式通知社员。课题以二题为限,具体诗歌体裁形式、具体首数等均由值社社员确定,交稿截止日即雅集当日。社员退社一般分两类,一类为开除出社,原因有二,首先是"一年三次无诗作",即失去了社员以"能吟咏之同志所结"的同志实质,其次是"有不道德行为本社同志万难容忍者",即道德人品低劣导致开除;另一类则是社员主动退社,那么社员必须告知其主动退社的原因。这一章程在具体实施过程中,亦并未严格执行,例如朱大可诗才颇高但亦有参与雅集"交白卷"的情况,但值社社员和社长亦并未因此苛责。所以,鸣社管理方针尤其最基本的准则,虽在具体实施过程中亦较松散,但其却始终保持了以"吟咏"为核心宗旨的方向,以及更为生活化的路线。并且,鸣社社团管理较为民主,由社员轮番主持雅集,充分发挥了社员的

---

① 许月旦:《鸣社聚餐记》,《五云日升楼》周报,1939年第1卷第13期,第20页。

主体性。所以，在经济充盈、管理民主、社员自主的环境中，鸣社才能持续33年。且在33年之久的时间内，从未发生过如南社、虞社等文人团体常有的争斗或内讧。

三、雅集内容及其传播影响

鸣社雅集就其雅集内容来说，并没有如南社那种相对固定的程序，而是相对自由、灵活和多元。大体而言，鸣社雅集的主题是对同题诗作的分享、品鉴和交流，同时也是一个诗酒聚会。鸣社雅集亦常是社内主要成员的书画展览会，或主要成员书画作品、画集的交流、流通会，这方面以常州云溪雅集、二十年话旧雅集、昧园雅集最为典型。以常州云溪雅集为例，邓春树将其多年所画徜徉于江浙山水之间的画作、鸣社社员雅集的画作——张贴于他所居住的"四韵草堂"之内，展览房间达十个之多[1]，参与雅集的社员观后纷纷赞叹，均称犹如参与了一场邓春树的专题山水画展。二十年话旧雅集亦然，参与社员也纷纷将自己的书画作品带来，张贴于会场，供大家观赏点评。而昧园雅集人气也很旺，有一次虽然天气不佳，但冒雨前来的社员却很多，热情不减，他们都想取一册邓春树委托西泠印社所印的《胜游图咏》。没有拿到的社员还通过各种形式或向社长，或直接向邓春树索要。这亦是社内书画艺术传播的一个典型案例。当然，鸣社雅集同时也是社内诸诗文名家诗文别集、书法作品的流通会，例如钱振锽的《名山诗文集》就在雅集时得到了传颂，甚至未能与会的社友亦竞相函购。[2] 另外，作为资本与文化结合的一个焦点，雅集亦是文人培养其文化人脉的一个平台，而在鸣社这亦是一项重要的内容。那就是诗书画艺术品的直接流通，以及需求信息的交换与中介。当然，鸣社雅集中最重要的一项内容即是游览各地名胜山水，这是所有会员都津津乐道并踊跃参与的活动。仅从邓春树《胜游景图》第一、二两集所绘的图画上看，雅集举办的活动就有"兰

---

[1] 邓春树：《云溪觞咏记》，《申报》民国十八年十一月十四日，第8版。
[2] 见严昌埛信札。

亭修禊"、"西湖泛舟"、"鸳湖樵棹"、"耐园钟聚"、"邓蔚探梅"、"愚园周览"、"海宁观潮"、"北固望江"、"焦山问鼎"、"瘦湖联吟"、"扬村画航"、"五湖春泛"、"灵岩觅馆"、"澄江问劫"、"嶛城秋泛"、"莲洋午渡"等十多次，加上黄山、庐山、富春江、虞山、太湖、玄武湖、莫愁湖、梅园、善卷洞等地，至少有近三十处活动场所，还不包括上海近郊、城内胜迹。鸣社社员于此期间常常多日泛舟、反复流连、唱和不断，而以游览为内容的雅集次数当不会少于五十次，占整体雅集总数的四分之一以上。另外，由于外埠社员在所在地的影响，鸣社又常常成为地方社团的大力支持者。所以一如陶社之成立、虞社之复兴都有鸣社雅集的助力。另外，社员四十、五十、六十为寿，亦成为鸣社专题雅集的重要内容。还有就是如社员所筑别墅、园林之落成，亦为鸣社雅集酬唱之内容。如有社友亡故，则追思哀悼亦是雅集重要内容。当然，"元夜观灯"、"春闺杂咏"、"重阳杂感"、"消寒杂咏"、"雨困"、"春郊"、"探梅"、"牡丹曲"、"暖锅"、"踏地菘"、"田家"、"妓家"、"米贵谣"、"吴市"、"嘲樱花"等日常生活、世事变迁、都市娱乐、园林徜徉则是鸣社雅集最为多见的内容。

鸣社雅集与南社，以及稍早于鸣社的其他社团有所不同。鸣社是近代诗社中拥有较多报界闻人、报社主笔的社团，例如社长孙玉声即为报界闻人，《鸣社杂志》主编黄协埙原为《申报》主笔，许月旦、顾怀冰等社员为《五云日升楼》周报主笔、主编，邓春树等人亦是常为《申报》副刊撰文之人。所以，鸣社雅集的传播，不管是其雅集的组织、号召还是报道、记述，都有着近代传播媒介与方式的助力。鸣社雅集，早期主要以《大世界》、《金刚钻》为其主要传播媒体，中期及以后则主要依靠自办的《鸣社杂志》，以及《申报》、《小说月报》等为传播渠道，并常利用《虞社》、《苔岑丛书》、《苔岑丛编》等区域社所办刊物广加传播。另外，除了以报纸、杂志为媒介外，鸣社还利用每年一期的年度选刊，以及重要节点的集刊如《鸣社二十年话旧集》、《沪渎同声集》、《沪渎同声续集》等，以及《黄山纪游集》等专集来扩大传播、培育社团文化和增进凝聚力。当然，鸣社传播除了这些方式，还有所谓的口耳相传者。通过对鸣社成员如严昌堉等信札的研究，发现鸣社成员还常乐于通过私人信札在师友、亲朋中宣传和推广鸣社。当然,鸣社以参与地方社团活动如陶社成立,以及社员祝寿、迁居等活动来增加影响,亦是很好的传播方式。另外,以邓春树为首的书画家社员以鸣社雅集为内容的书画作品,也通过报纸刊登、出版发行等有效地宣传了鸣社,培育和传播了社团的文化。

四、重要雅集与主要遗存

鸣社雅集当以在郁葆青之郁氏庄园举办的"昧园雅集"为最重要的雅集。"昧园雅集"前后举办过几十次,其中重要者亦有多次。尤其以芜园醉菊、昧园小集、郁庄诗会、昧园春禊四次为一个整体而最值得深入研究。

邓春树在其所绘的"郁庄诗会"图上写有题咏,全文如下:"十亩山庄属郁家,入门水木信清善。堂开立本绵先泽,祠旁名贤驻客车。疏柳数行隔场圃,清溪三面绕篱笆。花香鸟语韶光丽,觞咏流连到日斜。上海郁氏庄在沪西,邻丞相祠堂,为郁平翰先生妥灵之所。地占数十亩,中曰立本堂,左面圃,东向者曰乐获榭,迤北小轩两间环翠山房。岁乙丑首夏,郁君葆青主觞政,集骚人于是。平畴绿野,丽日和风,新柳环溪,杂花满树。命题曰昧园即景。云间名士杨了公首成减兰词一阙,余即席赋七律如右。流光荏苒,又是一年,晴窗作此,恍在目前也。"①(详见图2)郁氏庄园本是郁氏家族停灵之所,后经修葺,成为郁氏退隐居所,命名为昧园。数十年间,其已成为鸣社沪上雅集的主要地点。每到昧园菊花盛开之时,鸣社定会于此举行专题雅集,诸外埠社员也会应时而来,参与各种范围或大或小的赏菊雅集。另外,因郁葆青曾邀鸣社社友蔡之宜、龚鼎彝坐馆郁家课徒。期间,郁葆青、郁元英和蔡、龚四人连日联句。之后又邀集戴振声、姚洪淦、胡祥翰、严昌埒、顾景炎、郑质庵等社友由联吟到分咏、由分咏到唱和,成诗两百多首,一时传为佳话。为此,郁葆青专门刻有一册《兰襟集》,以传播、留存"昧园小集"的情景和诗作(详见图3)。

---

① 邓春树:《郁庄诗会》,《胜游图咏》(第二集),西泠印社民国二十年版,第7页。

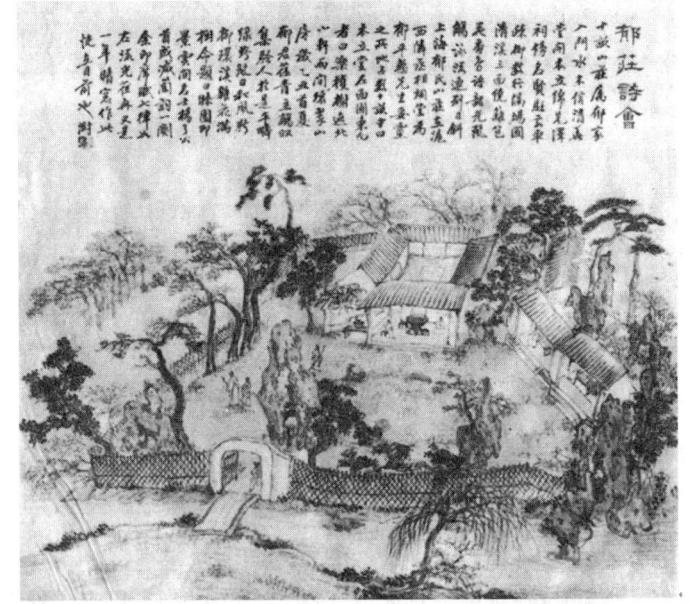

图 2　邓春澍《胜游图咏》中的"郁庄诗会"

图 3　《兰襟集》所载"昧园小集"留影

另外，如前文所述，在诸多昧园雅集中，有一次是专为邓春树所绘的《胜游景图（第二集）》举办的。其时虽值阴雨，与会者兴致不减，未能与会者还专门致函郁葆青和邓春树等索要画册。而此画册中恰恰就有"郁庄诗会"和"昧园醉菊"两图，正可谓实景、画意与想象三重叠合与强化，此中的审美意蕴异常浓郁。当然，最令人难忘的则是1948年举办的最后一次昧园雅集。此时，曾任鸣社社长的孙玉声、姚劲秋、郁葆青已先后在1939至1941年间去世。新社长已是郁葆青的儿子郁元英。此时雅集主要内容是恢复社团活动、收集整理社团社友作品。另外，就是恢复春祭亡故社友的活动。郁氏庄园辟有专门的祭堂，夏敬观绘有《春禊感旧图》，邓春树画有《鸣社诗龛图》，将已故社员列名其中，鸣社在此举办春祭，纪念亡故社友。于此，文人雅集的共同体、诗词唱和的共同体，已然成为了真正意义上的想象的共同体和精神的共同体。鸣社雅集，也从一种社团活动变成了一种生活、一种文化。

除了郁氏昧园，鸣社在沪上的重要雅集当属在龙门书院旧址举办的二十年话旧雅集。此时，虽已有不少社中元老过世，但大部分鸣社骨干尚存，正是鸣社发展最鼎盛的时期。此次雅集不仅是一次同题诗词唱和的盛会，还将社员诗画作品作了专题展览，并专门举办了诗谜、诗钟等活动，餐后还共同游览了豫园。第二年还编印出版了《鸣社二十年话旧集》。另外，郁葆青也在前一年和后一年分别编订了《沪渎同声集》和《沪渎同声续集》，将鸣社成员的主要诗作尽收其中，成为后世研究鸣社的主要文献。外埠雅集中，浙江一地重要者如西湖畔之春润庐雅集，南湖上的鸳湖樵棹和耐园钟聚，以及兰亭修禊等。其中，西湖春润庐雅集留有专门的《暮春唱和集》。江苏重要者如常州云溪雅集、江阴怡园雅集、常熟虞山胜游、苏州邓尉探梅、南京愚园周览、扬州瘦湖联吟等。其中，常州云溪雅集，邓春树曾撰专文刊于《申报》副刊，详细记述了雅集的全过程。其他还有如更远的黄山雅集也留有《黄山纪游集》和《黄山唫》等专门诗文集（详见图4）。另外，孙玉声的《漱石生六十唱和集》、朱润生《四十唱酬集》等所记述的雅集、收录诗作，亦为鸣社重要雅集和文献。

图 4 《黄山唫》所载鸣社骨干黄山留影

鸣社雅集除了其重要的历史价值外,也因其所留下的物质和非物质遗存而作为一种文化遗产具有其特殊的价值。以邓春树的雅集系列书画作品为例,其不仅仅是雅集历史的真实记录,也是重要的艺术创作,更是许多已经不复存在的园林胜迹保护、修缮,乃至重建、复建的重要图文参考史料。而众多鸣社雅集的酬唱诗歌,亦有不少是江南人文、自然山水胜迹修缮、建设不可或缺的人文积淀、文化记忆和重要文献。

五、鸣社与其他诸社关系

鸣社与其他地方或专业诗社之间既是分层、分组、分类的交叉关系,亦是独特的良性互动、开放双赢的关系。

以分层来看,鸣社是一个以上海为中心,江浙沪三地社员为核心,辐射及于全国十多个省份的全国性、综合性诗社。其与江南地区的常熟虞山社、常州苔岑吟社、江阴陶社等有着社员上的部分交叉重合,以及松散的文化上的总分关系,即其对区域地方社团有着一定的辐射影响乃至指导作用。以陶社为例,其成立即以邀请鸣社雅集为其成立活动的内容之一,并以有鸣社成员加入该社而感到自豪。其他社团也多少以有鸣社成员作为本社领袖或骨干为荣。这既是区域地方社团为能够获得更大平台与影响所做的一种努力,也是鸣社获得区域支持、认可的一种方式。

从分组角度来看,鸣社与其内部更小的如"变风社"等的关系,又是更为直接的总分关系。"变风社"本就是鸣社成员中较为年轻的成员因认为"鸣社"的社名不够文雅,而另外同样以鸣社年轻成员为主组织的小范围诗歌团体。鸣社成员中的部分成员也积极加入其雅集活动。另外,则是以区域、核心人物、血缘关系而组建的更小、更为临时的诗社和雅集活动,如硕果亭雅集等,也吸引了不少鸣社成员的加入。

从分类角度来看,鸣社与那些以诗谜、诗钟,以及书画艺术为主的专业社团或细分社团之间也有着社员、活动的某些重叠与交叉,可以说存在着一种社团之间的交集关系。以沪上"萍社"为例,其主要成员中有很大一部分都是鸣社成员,甚至包括几位鸣社社长和诸多骨干。萍社以诗谜、诗钟为其主要活动内容与形式,组织上较鸣社更为专业和狭窄,但也因其专业性和娱乐性,也更能引起文人的兴趣,鸣社成员也多有欣然加入者。鸣社与这些社团是一种相互为用、互相提升、相互促进的关系。例如"鸣社二十年话旧雅集",亦引入"萍社"所擅长的诗谜、诗钟等活动,且萍社中非鸣社成员亦有加入此次话旧活动者。

综合而言,鸣社是一个相对开放、松散的旧体诗词社团,其雅集和活动并不仅限于固定的本社成员之间。其所确立的值社制度,使得不管是上海还是外埠的雅集活动都有可能吸引社外文人或其他区域地方社、专业社成员的加入。另外,雅集过程中,这种互动关系,使得鸣社成员可以特邀社员的身份加入各区域地方社,地方社成员、地方文人也因参与若干鸣社雅集而了解鸣社,进而也因此加入鸣社。可以说,鸣社与其他社团之间的这种开放互动的关系,使得鸣社在雅集中逐步扩大影响而收获了更多优秀的地方文人。同时,反过来,地方社也借助鸣社成员的加入而获得了活动层次、影响力的提升。所以,鸣社与地方社、专业社之间的关系是良性互动、开放双赢的关系,他们既相互倚重、又相互促进。正因为如此,这些社团常能在地方、区域文化变革与创建中得到不只一地文人的支持,尤其在书画艺术、园林修缮和地方教育等方面更是如此。

总之,鸣社作为近代江南人文雅集的重要社团,有着深远的影响和独特的价值。这些价值主要体现在其社团组织以社员为主体的民主性、雅集文化传播的近代方式以及文人在新的世界中保有古典追求的有效实践上等。当然,鸣社雅集的实践与史实也真实地展现了在新的近代语境中,所谓区域、血缘、功利的传统因素,其实并未完全被近代、陌生、城市的因素所取代,而是更换了新的形式与面貌,或者并存,或者潜藏。并且,以更开放的姿态实现着与新元素的互通与融合。鸣社雅集,在形式和内容上或更能与同期西方文艺沙龙作比较,但其自身的独特性、创造性亦是显而易见的。鸣社雅集作为古典文化的近代传递,更作为都市文化的尝试探索,其存在有着独特的近代意义和特殊的融合特征,值得我们做更进一步的深入研究。

[作者简介]葛金华,常州大学(常州社科院)历史文化研究所副所长、研究员。

本文参考文献:

孙玉声:《漱石生六十唱和集》,民国十一年,木刻本。
鸣社:《鸣社杂志》,民国十三年,铅印本。
孙玉声:《退醒庐笔记》,民国十四年,铅印本。
鸣社:《鸣社乙丑选刊》,民国十四年,铅印本。
鸣社:《鸣社丙寅选刊》,民国十五年,铅印本。
郁葆青:《兰襟集》,民国十六年,铅印本。
邓春树:《胜游图咏(第一集)》,西泠印社民国十七年版。
鸣社:《鸣社丁卯选刊》,民国十八年,铅印本。
邓春树:《胜游图咏(第二集)》,西泠印社民国二十年版。
朱润生:《暮春唱和集》,民国二十二年,铅印本。
郁葆青:《沪渎同声集》,民国二十三年,铅印本。
鸣社:《鸣社二十年话旧集》,民国二十四年,铅印本。
郁葆青:《沪渎同声续集》,民国二十五年,铅印本。
严昌埛:《黄山纪游集》,民国二十五年,铅印本。

徐鋆:《黄山唫》,民国二十五年,铅印本。
李宣龚:《硕果亭重九酬唱集》,民国二十八年,铅印本。
朱润生:《四十唱酬集》,民国二十九年,铅印本。
郁葆青:《餐霞集》,民国三十一年,铅印本。
孙玉声:《退醒庐诗钞》,民国三十二年,铅印本。
朱夏、朱大可:《朱夏诗词选集 附耽宧诗选》,地质出版社1993年版。
郑逸梅:《郑逸梅选集》,黑龙江人民出版社2001年版。
陈曾寿:《苍虬阁诗集》,上海古籍出版社2009年版。
陈诗:《陈诗诗集》,黄山书社2010年版。
南江涛:《清末民国旧体诗词结社文献汇编》,国家图书馆出版社2013年版。
曹辛华:《清末民国旧体诗词结社文献续编》,国家图书馆出版社2015年版。
陈国安:《南社旧体文学著述叙录初编》,上海古籍出版社2016年版。
金波:《文人结社与地方社会——以常熟虞社为个案的研究(1920—1937)》,上海师范大学硕士论文,2012年。
花宏艳:《早期〈申报〉文人唱酬与交际网络之建构》,《华南师范大学学报》(社会科学版)2013年第4期。
吴强华:《近代江南士人社群交往网络的营建与运作——以南社为中心》,《史林》2014年第4期。
潘静如:《从中心到边缘:民初"上海流人"的结社或雅集新论》,《中国韵文学刊》2016年第30卷第1期。

苏州吴氏家学与吴湖帆"海派"绘画艺术的融汇创新*

汪颖奇

内容提要：吴湖帆作为苏州文化世族皋庑吴氏之族裔，自幼饱览家藏书画珍品，积累了良好的画学根基。1920年代他迁居上海，广泛参与沪上书画活动，遍览名家画作，其画风与技巧既不固守国画传统，亦未媚俗迎合社会需求，而是上溯传统之源，兼顾时代审美之变，在继承中加以变革，在雅俗共赏中追求平衡。吴湖帆之画作，贯通古今，自出新意，终成"海派"画坛盟主。

关键词：吴氏家学　吴湖帆　上海生活　海派画坛

近代上海开埠后迅速发展为国际化大都市，从而为各种人群提供了发展的机遇，以致"橐笔而游，闻风而趋者，必于上海"。① 时人云："沪上近当南北要冲，为人文渊薮。书画名家，多星聚于此间。"②这些不同风格与流派的艺术精英，接受商品经济的洗礼与挑战，在经济上成为自由职业者；在生活中结交各界友人，充分利用上海资源，开阔视野，从而得以融汇古今中西，开创全新的局面。

---

* 本文为上海市浦江人才计划项目"清末民初苏沪地区的士人流动与世族演变"（15PJC077）之阶段性成果。

① 杨逸：《海上墨林》"叙"，华东师范大学出版社2009年版，序，第1页。
② 王韬著，沈恒春、杨其民标点：《瀛壖杂志》，上海古籍出版社1989年版，第93页。

出身于苏州文化世家的吴湖帆(1894—1968年),自幼习画,成为职业画家。1924年迁居上海后,他坚持传统山水画创作,并致力于向上追溯古代绘画传统,融汇古代不同流派技巧,终于在中国传统画艺术领域实现了创新与突破。20世纪30年代,他与张大千并称"北张南吴",又与吴子深、吴待秋和冯超然并称"三吴一冯",名列"海派"绘画名家之榜首。以往学界对吴湖帆的研究,大多立足于艺术史的视角,着力分析其书画、收藏、鉴定等方面艺术成就,包括其绘画风格、作品价格、特色、辨伪等,[①]而对吴湖帆的社会生活研究则略显不足。事实上,吴湖帆之所以能在民国时期成为"海派"画坛盟主,与他的家学传承、海派文化的影响,以及上海都市生活及机遇都是息息相关的,对这些因素进行深入分析考察,将有助于深化对"海派"画家群体的认识。基于此,本文拟以吴湖帆的生活环境与画学成就之关系为线索,着重分析皋庑吴氏的家学渊源和上海大都市生活方式对吴湖帆"海派"画坛盟主地位的形成所产生的影响。

一、苏州皋庑吴氏"信而好古"的家学渊源

作为传统文化世族,吴氏家学底蕴深厚,在文学、绘画、金石、鉴赏、收藏等领域成就卓著,并以"好古"为显著特征。吴氏家学旨趣与明清时期苏州文人的喜好是一脉相承的。明代陈继儒对江南好古之风有如下记载:"黄五岳云,自顾阿瑛好蓄玩器书画,亦南渡遗风也。至今吴俗权豪家,好聚三代铜器,唐宋玉窑器书画,至有发掘古墓而求者。"[②]到了清代,文人对金石书画等古董的

---

① 刘清篁:《中国画名家作品真伪·吴湖帆》,上海书画出版社2000年版;江宏,邵琦编著:《吴湖帆词典》,上海古籍出版社2001年版;吴湖帆绘:《吴湖帆山水册》,上海画报出版社2002年版;戴小京:《画坛圣手·吴湖帆传》,上海书画出版社2002年版;顾音海,佘彦焱:《吴湖帆的艺术世界》,文汇出版社2004年版;张春记:《吴湖帆》,西泠印社出版社2005年版;史树青主编:《现代书画投资·吴湖帆卷》,北京出版社2005年版;黄玉清:《吴湖帆青绿山水研究》,南京艺术学院2009年博士论文;Clarissa Von spee, *Wu Hufan: A Twentieth Century art Connoisseur in Shanghai*, Dietrich Reimer Verlag GmbH, 2009 等。

② 陈继儒:《妮古录》卷之四,中华书局1985年版,第45页。

收藏风气更为兴盛,而世家大族因其资金雄厚以及子孙数代积累,渐成收藏大家。清代中后期苏州潘氏、顾氏、吴氏都是著名的收藏世家。

吴湖帆第14世祖吴经堃(1794—1838年),字厚安,生而"好古",喜爱宋代米芾书画,本人亦擅绘事,"花草虫鱼写生必肖,又能蝶,颉颃上下,栩栩欲活"①,"前贤遗迹,多所购藏,其以气节文章著者,尤加重焉"。② 其子吴立信(1816—1858年),字敦甫,"喜习书,抒发欧阳率更(即唐代著名书法家欧阳询)笔力清挺,唐人碑版名贤手迹,临摹无虚日。然自视欿然,不自以书名,所得多辄弃去。尤究心先儒语录,若《自省录》、吕子《呻吟语》、陈文恭公《训俗遗规》,尝手自抄录成帙,而培远堂手札一册,蝇头小楷尤为精绝"。③

严迪昌指出,文化世族在特定文化氛围熏陶下的积累,包含着文化素质、精神以至各门类技艺能力的积累,且随着时间的推移而渐积丰厚,愈显优势。④ 因而家族在某一领域的成就不仅绵延长久,而且会因量变积累而产生质的飞跃。吴立信的兄长吴立纲(1814—1857年),字康甫,"虽出入阛阓间,雅志不屑,仍治书如故,折阅多矣"。吴立纲有三子,分别是:吴大根、吴大澂、吴大衡。兄弟三人"幼秉庭训,互相砥砺,文誉鹊起,一时有三凤之名"。⑤ 吴大澂兄弟先后中进士,其中吴大澂(1835—1902年,字清卿)不仅政绩斐然,且文化成就卓越。

吴大澂"笃嗜古文,童而习之,积三十年,搜罗不倦,丰岐京洛之野,足迹所经,地不爱宝;又获交当代博物君子,扩我见闻,相与折衷,以求其是。师友所遗,拓墨片纸,珍若球图,研精究微,辨及瘢肘"。⑥ 其著作《说文古籀补》是以"六书"为中心来分析阐释汉字的文字学开山之作,为古文字字书的编纂立下

---

① 《慎庵公小影序》,《皋庑吴氏家乘》卷9,第12页。
② 《慎庵公米庵图记》,《皋庑吴氏家乘》卷9,第11页。
③ 《听蕉公行略》,《皋庑吴氏家乘》卷9,第23—24页。
④ 严迪昌:《文化世族与吴中文苑》,《严迪昌论文自选集》,中国书店2005年版,第282页。
⑤ 汪鸣銮:《清故封光禄大夫候选郎中吴君墓志铭》,吴大澂撰,印晓峰点校:《愙斋诗存》,华东师范大学出版社2009年版,第183—186页。
⑥ 张鸣珂著,丁羲元校点:《寒松阁谈艺琐录》,上海人民美术出版社1988年版,第70页。

了范本。① 吴大澂在书法、刻印、绘画方面也有所涉猎,他尤擅人物、山水、花鸟,画风多追求"生动古雅"。咸丰八年(1858年),他与倪小圃、周存伯、黄秋士等人在虎丘结画社。庚申之乱,他避难上海,入萍花社书画会,与江浙名家陶绍原(锥庵)、秦炳文(谊亭)等切磋雅集,开中国美术社团和海上画派之先声。② 光绪十五年(1889年),吴大澂丁忧返苏家居,又与费念慈、王同愈、陆恢等好友在怡园集书画社,并任社长。

吴氏家族素喜收藏,据吴大澂自述:"府君虽弃儒业贾,不废书卷,好访求古人气节事,手录成帙,见名人尺牍,必宝而收之,所购书画碑版不与较贵贱,或岁暮函而求售,或贫病无以为炊,则必丰其值而给之曰:'我既好古亦何靳此区区,藉以济人之急,不亦两快乎!'"到吴大澂这一代,他已成为清末收藏最为宏富的收藏家之一。因其独子早夭,遂过继其兄吴大根之孙吴湖帆承嗣。1895年吴大澂被贬归乡,临终前将生平所藏大量钟鼎彝器、名人字画悉数赠予吴湖帆。近代画家郑午昌有诗赞吴氏家族的文化传承:"风流文采焕前贤,野树江山比巨然,一代艺宗孙若祖,平添家宝累幅传。"③

吴湖帆的丰富收藏,除了嗣祖的遗赠外,有些则来自吴氏姻亲家族。吴湖帆生父吴本善(1868—1921年),字讷士,喜临池,行草书为当地之冠。生母沈静初出自川沙名门望族,幼承庭训,琴棋书画样样精通。外祖父沈树镛(1832—1873年),字韵初,官至内阁中书,他博学能文、工书善画,平时收藏书画、秘笈、金石甚丰,精品亦众,如五代董源《夏山图》、宋李成《晴峦萧寺图》、董其昌之书画尤多。④ 沈树镛"英年早逝,良可痛惜。身后遗物,并藏吴清卿太史家"。⑤

1915年,吴湖帆迎娶苏州名门望族潘家闺秀潘静淑。潘静淑曾祖潘世恩

---

① 俞绍宏:《〈说文古籀补〉研究》,安徽大学博士论文,2006年,第12、44页。
② 安然:《略论吴大澂的传古之功》,东北师范大学硕士论文,2007年,第7页。
③ 孔令凤:《吴湖帆的收藏与鉴赏》,《山东艺术学院学报》2007年第3期。
④ 何绍基撰,汪政点校:《东洲草堂金石跋》,浙江人民美术出版社2012年版,第4页。
⑤ 金梁辑:《近世人物志》,北京图书馆出版社2007年版,第227页。

为道光首辅,伯父潘祖荫(1830—1890 年)是光绪年间军机大臣,并与吴大澂同朝为官,两家素有姻亲关系。潘祖荫幼弟潘祖年(1870—1925 年)娶吴大澂胞弟吴大衡(1837—1896 年)之女,其女潘静淑嫁给吴湖帆,俩人既是夫妻,亦是表兄妹。潘家也喜收藏,潘祖荫是晚清著名的藏书家和金石收藏家,其"攀古楼"藏品多为稀世珍宝。潘祖年在潘祖荫去世后继承了兄长的收藏,在潘静淑的嫁妆中,有不少珍贵书法、绘画文物,如宋拓欧阳询《化度寺塔铭》、《九成宫醴泉铭》、《皇甫诞碑》三帖,因吴湖帆已有吴大澂所赠的宋拓欧阳询《虞恭公碑》,所以他将自己的书房名为"四欧堂"。1921 年,潘祖年又将宋景定刻《梅花喜神谱》赠予女儿,此后名扬海内外的"梅景书屋"即由此得名。

深厚的家学传承及门当户对的家族联姻,使得吴氏、沈氏、潘氏等家族形成关系密切的文化世族群,这个文化世族群所积聚的文化资源,为吴湖帆在书法、绘画、收藏、鉴赏等领域的卓越成就奠定了良好基础。

吴湖帆自小就跟随吴大澂的幕僚兼好友陆恢(1851—1920 年)学习字画。陆恢,字廉夫,擅绘花果,他手把手地教吴湖帆在自己的画上印着摹写。吴湖帆坦言:"陆先生这种绘画教导方法并不足为训,但我是受启蒙于他的。由于他的引导,我在受小学之前,已认识了许多花果之名,并初初解得调笔弄墨之法。使我在书画上的发展,得到了先飞之助。"①

1901 年清末新政开始,朝廷下令各县设立小学堂。7 岁的吴湖帆进入新式的长元吴公立第一高等小学堂(后改为吴县县立第四高等小学校,今名草桥小学)读书。在清末教育改革的大潮中,上海已逐渐成为全国文化之中心,曾任上海龙门书院山长的吴大澂对此颇有了解,"曾多次言及上海近数十年来人文荟萃,概揽江左风流,意属他日当使湖帆游学其地"。② 在吴大澂故人介绍下,吴湖帆小学毕业后进入上海中国公学,初识上海。后因该校迁徙,吴湖帆中途辍学,与同学共赴日本游览。回国后,吴湖帆于 1907—1911 年就读于其

---

① 戴小京:《画坛圣手:吴湖帆传》,第 2 页。
② 同上书,第 4 页。

祖父吴大根主持过的苏州公立第一中学堂(又名"草桥中学")①,在著名画家胡石予、罗树敏等老师的引导下,吴湖帆学习了中国画的传统技法。这一时期,他还结识了许多吴中大姓子弟,如顾颉刚、范烟桥、叶圣陶、江小鹣、郑逸梅、陈子清等,他们诗文唱和、畅谈古今,切磋画作,相互砥砺。

吴氏家族和姻亲的丰富藏品为吴湖帆研习绘画提供了重要的借鉴,当时江南收藏家的收藏热点,多为"吴门四家"、"画中九友"、"清初六大家",②这在一定程度上也影响了吴湖帆的画风。他早期遍临家藏真迹,得窥山水门径,先以临摹和效仿清初"四王"(王时敏、王鉴、王翚、王原祁)为主。后受王翚"以元人笔墨,运以宋人丘壑,而泽以唐人气韵,乃为大成"画论的启迪,他将目光不断延伸拓展,继而恽寿平、吴历以及"明四家"(沈周、文徵明、唐寅、仇英),在经过反复练习、思考和融汇之后,又开始研习董其昌的画作。同时频繁出入怡园画社,与顾鹤逸等名流俊彦习画论艺。③ 吴氏先祖的思想品格影响着吴湖帆的心性,前人累积的资源与人脉培育了吴湖帆的才情。此时,吴湖帆画作的整体风格体现了吴氏家族藏品以及正统文人画的审美取向。1918年,25岁的吴湖帆开始悬格鬻画,逐渐名动乡里。

二、沪上画家的生活环境与艺术取向

1924年江浙战争爆发,吴湖帆携家从苏州迁往上海,定居于上海法租界葛罗路(今嵩山路)88号,此处后来成为上海书画界无人不知的"梅景书屋",其住宅对面就是后来与其并称为"三吴一冯"("三吴"即吴湖帆、吴待秋、吴子深)中的著名画家冯超然(1882—1954年)的嵩山草堂。住宅共分三层,楼上用作画室和卧室,楼下则是吴湖帆与表兄陈子清(1895—1946年)合办的书画

---

① 因学校校址在草桥南堍,学生上学出校均需走过一座名为"草桥"的平桥,因此当时师生、校友皆爱称其为草桥中学。文人雅士又称其为"草桥学舍"。
② 战国栋:《晚清苏州潘家书画鉴藏研究》,中央美术学院硕士论文,2009年,第21页。
③ 顾音海、余彦焱:《吴湖帆的艺术世界》,文汇出版社2004年版,第238页。

事务所。

初到上海，吴湖帆即崭露头角，1925年《申报》登载蕙风的《餐樱庑漫笔》一文，提到"吴县吴湖帆为愙斋中丞文孙，翰墨自娱，尤工丹青"①，这一"愙斋孙"的名号为他在上海的立足与发展提供了优于常人的机遇。

吴湖帆在上海的生活来源，主要依靠润例（润笔、润格）。葛元煦在《沪游杂记》中即有关于书画家收取润笔的记载：

> 上海为商贾之区，畸人墨客往往萃集于此。书画家来游求教者每苦户限欲折，不得不收润笔。其最著者，书家如吴鞠潭（淦）、汤埙伯（经常），画家如张子祥（熊）、胡公寿（远）、任伯年（颐）、杨伯润（璐）、朱梦庐（偁）诸君。润笔皆有仿帖，以视雍、乾时之津门、袁浦、建业、维扬，局面虽微有不同，风气所趋，莫能相挽，要不失风雅本色云。②

20世纪20年代，在吴湖帆正式定居上海之前，他已经和上海的书画市场有所往来，彼时上海书画市场已经相当成熟，市场需求也出现分化，一些艺术水准高的书画作品成为大家竞相收藏的对象，因此，书画名家的润例也日渐上涨。1920年吴湖帆即在《申报》登载鬻画助赈广告：扇每页四元，屏轴每尺方四元，册卷另议，点景金笺劣纸不画。这对当时年仅26岁的青年画家来说，已属高价。到了1930年，吴湖帆的润例为：立幅三尺九十元；屏条三尺八十四元；横卷每尺四十元；册页每页二十四元；纨扇十六元，折扇三十二元。③ 吴湖帆的润例起点甚高，且逐年增加，但依然订者踊跃，其书斋"梅景书屋"内时常求者盈门。④ 此外，招收学生也是吴湖帆的生活来源之一，1939年，他与陈小

---

① 蕙风：《餐樱庑漫笔》，《申报》1925年12月29日，第13版。
② 葛元煦撰，郑祖安标点：《沪游杂记》，上海书店出版社2006年版，第75页。
③ 《附印书画篆刻名家润例》，《墨海潮美术月刊》1930年第3期，第27页。
④ 王琪森：《海派书画：百年辉煌背后的人文精神和经济形态》，文汇出版社2007年版，第188页。

蝶合作讲授诗文书画，招收学生，每人月费十元。①

就当时文化人的收入来说，鲁迅文章一般稿酬千字 3 元，有时千字 5 元，郭沫若千字 4 元，胡适千字 5 元。20 世纪 20 年代，上海一个典型市民 5 口之家生活水平，以每月 200 银元为中上等之分界线。② 由于家庭出身的渊源及较高的绘画水平，吴湖帆在同期海派书画家中，其润例是执牛耳的。当时海派书画家，尤其像"三吴一冯"这样的名家，月收入都在千元以上。③ 从消费水平看，吴湖帆素喜收藏书画，遇到喜爱的作品，他都不惜重资购买，如 1931 年 4 月 20 日，他花费一百元购买明拓《颜家庙碑》；24 日，又以二百金购买王石谷《写唐六如诗意》；5 月 7 日，以一百六十番购入陈孝宽《兰荪图》；1934 年，他又以九百元购得王烟客山水轴。④

诚然，作为自由职业者，吴湖帆没有固定的薪金，他的收入受到沪上市场经济的影响。1933 年，他就体会了收支不平衡的困窘，1 月 24 日，在购买了一幅书联、一张扇面后记道："二物费八十四元，不为贵，然岁暮涩囊，亦可为癖好之深矣。囊中仅余百番度岁，此去其八十四，仅余十余羊而已，可笑可笑，可怜可怜。忆赌徒嗜樗蒲，登徒好女色，或亦若是耳。"⑤1937 年，因抗日战争波及书画市场，吴湖帆不得不通过出卖或抵押自己嗜爱的书画作品赖以度日，感到"心绪之恶，实四十余年来所未有者也"。⑥ 在《大公报》上，也曾见到吴湖帆售卖《吴仲圭渔父图卷》和《董香光山水册》的广告。⑦ 但从总体上说，作为生活在上海的自由职业者，吴湖帆的经济条件超过许多大学教授、报馆主编乃至高

---

① 《吴湖帆陈小蝶招收诗画弟子》，《申报》1939 年 5 月 9 日，第 10 版。梅景书屋培养出数位书画俊才，桃李天下，如徐邦达、王季迁精山水，陆抑非、张守成擅花鸟，陆沁范、朱梅邨工人物，都十分出众，其子吴孟欧亦工山水。
② 陈明远：《文化人与钱》，百花文艺出版社 2001 年版，第 56、76 页。
③ 王琪森：《海派书画：百年辉煌背后的人文精神和经济形态》，第 190 页。
④ 吴湖帆著，梁颖编校：《吴湖帆文稿》，中国美术学院出版社 2004 年版，第 4、5、6、48 页。
⑤ 同上书，第 18 页。
⑥ 同上书，第 173 页。
⑦ 《商务印书馆特价书》，《大公报上海版》1937 年 8 月 1 日，第 1 版；《商务印书馆本周新书》，《大公报香港版》1940 年 5 月 2 日，第 6 版。

级职员,①还是相当可观的。

在经济不断发展,文化市场日臻成熟的上海,画家开始逐渐成为现代社会分工意义上的自由职业者,他们以绘画为社会职业,按劳取酬。将自己的文化资本通过市场传播的方式,谋取生活资料、彰显个人价值,是传统书画家近代转型的推动力。然而市场经济是一把双刃剑,在艺术作品商品化的过程中,上海书画购藏者除了对"阳春白雪"的收藏外,也有对"下里巴人"的需求。在此情形下,不可避免会出现一些一味迎合市场需求的画家,他们"以生计所迫,不得不稍投时好,以博润资,画品遂不免日流于俗浊,或柔媚华丽,或剑拔弩张"。②胡金人在《略谈上海洋画界》中说:"在都市里一切都是商品化的今日,艺术品自然不会例外,于是这里有一班应运而生的'挂羊头卖狗肉'的画家们,他们是无需研究如何作画,也好像不必探讨更深的艺术,用全力研究迎合一班缺乏鉴赏知识的人们的好恶而作一些的花呀,月呀,人呀,街道呀,及格调轻松底水彩作,或千篇一律的油画,粉画,甚至中西合璧的毛笔画,这是画家精神的堕落,也是艺术界的遗憾,这种现象是可悲的。"③

吴湖帆虽然也鬻画为生,但他从未降低对自己的要求。1926 年,吴湖帆的好友范烟桥(含凉生)在《申报》刊载《宾朋小志》,提及"海上市侩夷奴之好美术也,往往以市道相绳,今日致酬,明日得画,则大喜悦,以为信人,于是趋之乃若鹜,否则逡巡不入,以为此公狷狷,恐穷年累月,雁杳鱼沈也,因是君(指吴湖帆)画乃不敌续月份牌者之风行。然而君殊弗以为意,尝言'今日作画要使后世传称,一涉酬应便无真趣'"。④

吴湖帆怀着"把中国的好山水,和好画,黏成一片,普及到民众去"⑤的宏愿,经常在日记中表达对海上画坛鉴赏水平的批判。1931 年 5 月 14 日,他在

---

① 王琪森:《海派书画:百年辉煌背后的人文精神和经济形态》,文汇出版社 2007 年版,第 190 页。
② 俞剑华:《中国绘画史》下,商务印书馆 1937 年版,第 196 页。
③ 胡金人:《略谈上海洋画界》,《上海艺术月刊》1941 年第 1 期,第 6 页。
④ 含凉生:《宾朋小志》,《申报》1926 年 3 月 13 日,第 11 版。
⑤ 范烟桥:《浙西三瀑布》,《申报》1934 年 5 月 5 日,第 13 版。

日记中写道:"近日海上诸大收藏家津津乐道印章多寡,自夸鉴别之精,问以如何好处,古书古话何从可贵,皆瞠目不能语,皆凭得价之贵贱为标准,直可玩钞票为愈耳。大腹贾好谈风雅,其实目不识丁,何足以语书画妙处。"①这并非他性格苛刻,而是坚守自己的原则与标准,不因亲近而放低要求,也不因同行而妄加贬低,他曾批评孙伯绳"此君实一些不懂也"②,也不吝称赞汪亚农能"衔破古之藩篱,而得古人之神髓"。③ 这其中既有画家内心的孤傲和强烈的自信心,也有忠于艺术、发扬国粹的使命感。

20世纪初,传统山水的另一困境来源于西方写实主义冲击。康有为首先对传统文人画发难,陈独秀、徐悲鸿等相继倡言美术革命,主张用西方写实主义,改造中国画。面对此社会风潮,1935年,吴湖帆在《正论》特刊上发表对国画的看法:

> 其最足令国画失去真面目者,一为以沟通中西画学自命之作家,一为墨守成法专事描写之作家,前者大都从学习西画入手,惟以好奇立异之故,遂不惜以西画中用笔设色之法强移于中画。虽彼辈动以折中派改革派等名目自矜,而就其非驴非马之结果观之,只可称之为混杂派。盖中西绘画,各有短长,不能强合,亦不必强合,被优孟衣冠而行于市,亦徒见其不伦不类耳。

> 绘画之事,贵下真实功夫,如欲侥幸成名,便是根本错误。今人动称画师,涉笔便云创作,亦适彰其浅薄而已。至于墨守成法,专事描写之画家,其作品纵极工细逼真,要不过如文衡山所云,只能与髹采圬墁之工争其巧拙。盖绘画为作者个性之表现,若拘牵迹象,取貌遗神,则既缺乏个性,自无艺术价值之可言矣。④

---

① 吴湖帆著,梁颖编校:《吴湖帆文稿》,第7页。
② 同上书,第29页。
③ 《汪亚尘画展第二日》,《申报》1935年6月23日,第14版。
④ 吴湖帆:《对于现代中国画之感想》,《正论》1935年特刊,第8页。

在传统山水画江河日下之际,吴湖帆依然坚持青绿山水作为主攻方向,这一方面是家学渊源的影响,另一方面,也是他不愿盲从于上海的世俗需求而降低自己的艺术追求。当然,这并不意味着他无视时代潮流,抱残守缺。他认为:"事无巨细,学无深浅,苟能上下贯通,坚守系统,而无或紊乱,自有蓬勃发展之可能,否则即不免于退化。"① 这是他对水墨山水画坛陈陈相因的有力回复、对艺术史发展的正确判断,也体现了画家致力于挽救当时中国画坛颓势的文化责任感。②

三、融汇百家与吴湖帆的书画创新

传统山水画在宋代因文人介入而异军突起,到元代几成垄断之势,然而到明清时期,作品徒具躯壳而无内容,代不如前,逐渐走向穷途末路。究其原因,"正统派末流最大弊端在于师承前人时,局限于门户之见,或未能做到追本溯源"。③ 绘画艺术既要"师古人"、"师造化",又不能亦步亦趋,落于门户窠臼,而应突破门户之见,追本溯源,学习各家笔墨之所长,兼收并蓄,形成自己的风格。这就要求画家尽可能多地观摩、研究古人真迹,采铜于山,悟出绘画的真谛。

吴湖帆早期画作主要以南宗正统派为主,自1924年去上海前后,他开始表现出对画史、画论的自觉认识。上海是一个由各类异质人群组成的移民城市,联络同道、寻觅知音、排遣孤独、重建文人网络更显迫切。④ 吴湖帆生活在苏沪两地,既承接了祖父辈结识的人际圈,与苏州大族彭氏、潘氏,洞泾吴氏乃至翁氏后人都关系密切,又基于上海的广阔舞台充分延伸了自己的交往半径。自从他寓居上海后,他的"梅景书屋,书画盈壁,每天下午,总是座客常满,彼此

---

① 吴湖帆:《对于现代中国画之感想》,《正论》1935年特刊,第7页。
② 黄玉清:《吴湖帆青绿山水研究》,南京艺术学院博士论文,2009年,第78页。
③ 张春记:《吴湖帆》,第17页。
④ 叶中强:《晚清民初上海文人的经济生活与身份转型——以王韬、包天笑为例》,《上海财经大学学报》2007年第6期。

谈笑品评，引以为乐"。①

在吴湖帆日记中，频繁出现的友人，主要有书画收藏家庞元济(1864—1949年)、何亚农(1880—1946年)、蒋谷孙(1902—1973年)、潘博山(1904—1943年)、潘景郑(1907—2003年)、邹百耐(生卒年不详)；书画家王同愈(1856—1941年)、赵叔儒(1874—1945年)、叶恭绰(1881—1968年)、冯超然(1882—1954年)、彭恭甫(1897—1963年)、张大千(1899—1983年)；装裱篆刻家刘定之(1888—1964年)、孙伯渊(1898—1984年)、陈巨来(1904—1984年)；以及"汲古阁"古董店老板曹友卿(生卒年不详)，工商界名流穆藕初(1876—1943年)，诗词曲作家吴梅(1884—1939年)，京剧艺术家梅兰芳(1894—1961年)，小说家包天笑(1876—1973年)、范烟桥(1894—1967年)等。作为画家，其往来密切的朋友，自然也多是志同道合者。

吴湖帆与书画界同仁的交游活动，主要包括共赏书画，交流藏品，合作绘画，互赠画作等。

以1933年1月吴湖帆和张大千的交往为例：

3日，晤大千、玉岑，观王觉斯画一件。"大千、亚农合作仿石涛画，大千画水仙及瓶座，亚农画松，玉岑画梅，子清画柏，恭甫画竹，吾画兰及瓶。"15日，"叶誉虎、何亚农、陈淮生、张大千来，假张大千董香光仿荆关山水，临一角。"17日，"访大千，获见邹臣虎书、画各一帧，绝佳。"25日，"张大千携杨龙友《水村图》卷来，喜形于色，曰此卷为其旧物，昔年已渡海至日本矣，今忽购归，且岁底穷于应付，东拉西扯而来，故更喜也。噫，余与大千，真可谓同病者矣。"29日，"张大千来，谈论观古画海上几无可谈之人，收藏家之眼光以名之大小为标准，一画以题跋之多寡、著录之家数为断，往往重纸轻绢，画之好坏不论也。古董伙之眼光以纸本之洁白、名字之时否为标准，画之有意义无意义不懂也。书画家之眼光以合己意为标准，附和买画者以耳熟习闻为标准，此画之有无价值不识也。"30日，大千处观新罗《白猿》轴，精绝。31日，大千携示郭河阳《幽谷图》

---

① 郑逸梅：《艺苑琐闻》，四川人民出版社1992年版，第66页。

绢本真迹,笔墨生动,百读不厌。"吴仲圭《渔父图》卷,仿荆浩本,笔墨极雅,有吴瓘、陆子临、黄韛、辛敬、释如藋诸跋,皆元季明初人。去年在庞虚斋丈处见一卷,与此相同,题跋则不同,庞卷精神较佳,但余则疑之。今见此本,益信庞本非真迹矣。人咸以画不及庞氏本,然其秀在骨,雅俗迥异,余定为真迹,大千亦以为然。甚矣,鉴画之难也。"①

吴湖帆与张大千并称"南吴北张",虽师承、画风乃至个性都有不同,但一见如故,相逢恨晚。张大千对吴湖帆评价极高,在上海方面,张大千最推重吴湖帆与谢玉岑(谢稚柳兄)两人的画,而谢玉岑又最佩服张大千与吴湖帆的画。② 张大千曾言"吾昔日游京师,见溥心畬,作画出入古今,以为生平所见一人。及至上海,识湖帆先生,其人渊博宏肆,作画熔铸宋元而自成一家,甚服我心,乃知天下画人未易量也"。③ 数十年后,吴湖帆因政治和历史原因,声望日衰,张大千则成为举世闻名的画坛巨擘,但他仍毫不讳言:"山水石竹,清周绝尘,吾仰吴湖帆"。④

吴湖帆"深幸眼福",在广泛鉴赏名家藏品的过程中,画艺大进。同时,友人间对画坛流俗的臧否与彼此欣赏,又给予吴湖帆极大的精神支持,如冯超然所言:"值此扰攘之秋,吾侪犹能日夕证艺,以古物自娱,至足乐也。"⑤

1928年,吴湖帆结识叶恭绰,他博取百家之长,峭拔刚劲、跌宕丰韵的书法对吴湖帆启发很大,⑥在他的影响和帮助下,吴湖帆始而研读诗词,并继而向朱孝臧(1857—1931年)、吴梅等学习填词。

中国传统文人画与诗词的关系向来密切,在诸位师友的指点下,吴湖帆的词学水平日益精进,词学的修养又进一步丰富了画作的内涵与内容。他喜爱

---

① 吴湖帆著,梁颖编校:《吴湖帆文稿》,第15—20页。
② 蕴清:《略谈张大千吴湖帆溥心畬》,《新希望》1949年第2期,第8—9页。
③ 戴小京:《画坛圣手吴湖帆》,上海书画出版社2012年版,第59页。
④ 张大千著,李永翘编选:《张大千艺术随笔》,上海文艺出版社2001年版,第56页。
⑤ 吴湖帆著,梁颖编校:《吴湖帆文稿》,第417页。
⑥ 江宏、邵琦编著:《吴湖帆词典》,上海古籍出版社2001年版,第34页。

婉约派词人周邦彦、吴文英,将他们典雅含蓄、富丽精工的风格锤炼入青绿山水的画作中,他的《风娇雨秀》《清真词意》《雾障青罗》等作品就是以词句为画题的作品,以婉约的词意,展现了风云嫣然的娴静美,体现了"画中有词,词中有画"的美好境界。其艺术语言本身也具有了独立的审美特征,又丰富了画面婉约流转的文人气息。① 他以文学赋予画作更生动的表现力,词与画融会贯通、互为表里、相得益彰,一扫山水画徒具形式而内容空泛的低靡之风,极大地提高了绘画意趣。

此外,画家结社、创办艺术刊物也是吴湖帆与书画界友人的主要交往活动。1927 年,江小鹣、张石泳、张伯展等人发起成立"上海艺苑研究所",吴湖帆、张大千、王一亭等人为会员。1928 年,吴湖帆参加王济远等发起组织的"艺苑绘画研究所",终日与友人讨论金石书画,交流心得。1930 年,吴湖帆和郑孝胥、程子大、狄平子、杨杏佛、王一亭、赵叔雍等人创办观海艺社,以研究国画、西画、书法、篆刻、诗文、辞章为宗旨,参加活动的均为上海知名书画家和诗人,还出版有《观海艺刊》。1931 年,中国画会成立,该会是当时国内唯一向政府备案并获准的美术团体,吴湖帆为委员。1933 年,吴湖帆与彭恭甫倡议创立"正社书画会",切实研究艺术,振兴苏州文物,正社每年都举办规模盛大的会员展览会,在当时发挥了很大的影响,直到抗日战争全面爆发才停止活动。1934 年,《美术生活》月刊创刊,吴湖帆、钱瘦铁、江小鹣、张大千、张善子、王亚尘等人为特约编辑。1939 年,吴湖帆和冒鹤亭、夏映庵、林忍光、林铁铮等人共同组织词社。② 1948 年,吴湖帆与冯超然、黄宾虹等发起组织"艺舟社","阐扬中国固有艺术,间介西土菁华";又与丰子恺等人组织"乐天诗社"。③

清末民初旅沪文人的交往与结社,乃传统士人脱离乡土中国的血缘、地

---

① 黄玉清:《吴湖帆青绿山水研究》,南京艺术学院博士论文,2009 年,第 87 页。
② 《东南词学界近况》,《申报》1939 年 7 月 14 日,第 8 版。
③ 黄玉清:《吴湖帆青绿山水研究》,南京艺术学院博士论文,2009 年,第 110 页。

缘、政缘关系,进入一个由异质人群组成的移民城市时,寻求群体认同和个体归属的一种重要方式。① 在民国上海的异质都市空间中,吴湖帆超越政治、年龄、籍贯、城乡、阶层、贵贱的差异,建立了广泛的交游网络,这些社交活动,对吴湖帆的成功起到了重大作用。通过与艺术界同好的品鉴交往、切磋砥砺、探讨风尚、互换藏品、分享渠道,吴湖帆收藏渐丰,眼光日趋独到,不仅成为收藏大家,还在三四十年代的鉴定界获"一只眼"的美誉。②

吴湖帆还积极参加书画界举办的各种官方和民间活动。1926年,他与李达之、惠尚同、王小山、庞莱臣等人赴日本参加中日联合美术展览会,该会规模宏大,展有溥仪、徐世昌等珍贵藏画,及中日名流金绍城、周肇祥、大观、栖凤、春举等人的作品几百件,极大增长了他的见识。③ 1929年,他将主要精力投入了教育部主办的旨在"汇集全国美术出品陈列,提倡美术兴趣"的全国美术展览会中,作为总务委员赴中央研究院参与十余次会议,该画展取得了巨大的成功。此后,画家本人及其画作频繁出现在上海及各地的展览会中。

据不完全统计,吴湖帆在1931—1949年间共参加了61次美术展览会,其中既有官方、民间举办的书画展,也有书画界同仁的展览等。在这些活动中,他或担任会务委员,或参与筹备、征集工作,或展出画作、捐赠作品。④ 诸多筹备及参会的经历,扩大了吴湖帆作品的知名度,使其声名日盛,更便利了画家与数以千计名贵画作的"密切接触",极大地增加了他的见闻,开阔了他的视野,推动着他进入新的领悟和摸索期。

此前,吴湖帆已着力于上溯画史,除明清名家外,他又上窥古人,研习元代赵孟頫、黄公望的画作,其对《富春山居图》残卷的鉴赏收藏即是画坛佳话。但通过后人的作品去学习前人,依然难窥全貌。直到1934年,吴湖帆

---

① 叶中强:《上海社会与文人生活(1843—1945)》"引言",上海辞书出版社2010年版,第9—10页。
② 斯舜威:《海上画派》,东方出版中心2010年版,第170页。
③ 《游艺消息》,《申报》1926年6月23日,第17版。
④ 本数据主要根据《申报》1929—1949年间登载的有关吴湖帆及其作品参与书画展览会的报道统计而成。

担任伦敦"中国艺术国际展览会"审查委员,参加故宫书画鉴定、审查字画立轴,这一经历,成为直接推动吴湖帆摆脱流派束缚,形成自己笔墨风格的重要契机。

该次展览会展览之古物,"率皆我国历代古物之最精贵者,且足表扬我国固有文化"①,这些大量秘藏于深宫的古画名作,包括五代宋元名贵作品、明清二代杰作、楚时文物等。可谓上下千年,南北二宗,汇聚一堂,尽收眼底。在鉴定与品味如此多经典的过程中,吴湖帆眼界大开,他得以了解"北宗"之真实面貌,大有守得云开见月明之感。他仔细观察,刻苦钻研,广采博取,反复推敲、琢磨自己的绘画风格。在此之后,他自出新意,创作了《云表奇峰》,发表于1936年的《美术生活》上,从这幅被誉为吴湖帆创作巅峰的代表作中,"可以看出吴湖帆对传统山水画南北二宗、青绿水墨的兼收并蓄,已经摆脱了流派的束缚,从而形成了自己的笔墨风格。"②好友叶恭绰观题云:"此为湖帆成名之作,精力弥漫,万象在旁,所谓初写《黄庭》,他日重书皆不及也。"

自幼饱受江南画派熏沐的吴湖帆,从浸淫"四王",追摹前人,到饱览宋元真迹,终于冲破了画坛长期分派的南宗、北宗壁垒。他的创作风格,逐渐"将李思训、杨昇、赵千里、赵大年、赵孟頫、黄公望、文徵明、唐寅、董其昌、王翚、王原祁熔于一炉,呈现构思新颖、立意巧妙、风格缜丽丰润、层次井然、云气缥缈的面貌而自成一家。"③此后,吴湖帆更坚定了重振青绿山水的决心,他又相继创作了《晓云碧障》、《海野云冈》、《秋岭横云》等名作,在新的审美境界中独树一帜,得以成就海上画坛盟主的地位,并开创了中国山水画创作的新道路。

民国时期"正统"山水画日趋式微,山水画家集体无所适从,究竟中国山水画该朝着哪个方向发展,甚至中国画该如何发展,成为长期萦绕在当时国内画坛的最大问题。吴湖帆在青绿山水领域持续耕耘,不仅捍卫了"吴门"山水画

---

① 《艺展预展:古物陈列竣事》,《申报》1935 年 3 月 28 日,第 9 版。
② 张春记:《吴湖帆》,第 28 页。
③ 顾音海、佘彦焱:《吴湖帆的艺术世界》,第 88 页。

的领袖地位,带动了"海上画派"山水画创作走向鼎盛,还为后学指出了一条学习山水画必须从传统入手,而后参以己意成自家面貌的正确道路。①

谢稚柳评价吴湖帆这一时期的艺术变化及成就时说:"他不被'四王'风格所囿,窥破'四王'的弊端,画坛的陋习,机敏地跳出圈子,上溯明唐、沈等,涉猎宋诸家,他居然还能把人为设置的南北两宗的壁障冲破,不带偏见,多方汲取养料,对我国上下千年的灿烂传统广采博取,积蓄生发,使他突破当时笼罩画坛的浓重阴霾,以清逸明丽、雅腴灵秀、似古实新的面貌,独树一帜,成为那个时代最发光华的画家。"②其学生也自豪地说:"当今国粹陵替,异说纷陈,不有宣扬,孰垂圭臬?继往昭来之责,非吾党而谁欤?"③

结 语

"姑苏为东南名郡,文物蔚盛,证之历史,特为美术发达之区。"④苏州深厚的文化底蕴,培养了众多名流俊彦,风流雅士,近代上海开埠后,他们来到上海,滋养、催生了海派文化的繁荣,并成为上海多元文化的组成部分。可以说,近代上海的成长是借助、利用、调集了全国特别是江南地区的各种资源(包括资金、人力、市场乃至人文资源)。然而,这些资源在以往的社会环境中是构筑"农业文明的基础",直至近代被组合到上海后,才发生了根本变化。⑤

上海书画界的经济结构和丰厚润例为吴湖帆提供了优渥的生活,独立的经济基础为画家坚持自由之思想及选择提供了有力支持。尽管市场经济冲击在一定程度上给书画创作及艺术家带来了损害,但吴湖帆和其同时代人以精湛的画艺和不懈的追求,抵制了部分海派画家媚俗的倾向,焕发出巨大的艺术

---

① 黄玉清:《吴湖帆青山绿水研究》,南京艺术学院博士论文,2009年,第91页。
② 谢稚柳:《吴湖帆的眼力》,《文汇报》1981年8月8日,第4版。
③ 戴小京:《画坛圣手:吴湖帆传》,第62页。
④ 《纪正术渡边游苏》,《申报》1931年2月9日,第14版。
⑤ 马学强:《近代上海成长中的江南因素》,《史林》2003年第3期。

活力和社会影响力,提升了海派书画受众群体的品味。

近现代的上海不仅是引入西方派画家的大本营,也是保持国粹,发扬传统的诸画家的云集之地。吴湖帆坚持传统山水画作,但其成功也离不开上海这座兼收并蓄、雅俗共赏、趋时务新,带有浓郁的商业气息的城市所提供的支持。

一方面,上海画坛开放而活跃的艺术环境拓展了吴湖帆的眼界,帮助他找到超越早期"四王"画路的途径。吴湖帆的艺术思想、创作观念,无疑根植于家学传承及苏州文化因子,他热爱传统,精通书画、鉴赏,喜好收藏,三位一体,相得益彰。而吴湖帆在上海广泛的艺术交游,对于他开阔视野,丰富收藏,提高鉴赏能力,并突破狭隘的正统观念,形成独立的创新意识无疑是大有裨益的。

另一方面,身为职业画家,吴湖帆不可能回避市场和受众的因素,这成为他吸收海派的另一种可能。他以文人学养、文人气息融入绘画,但又不囿于前人,而是将传统融入海纳百川的海派潮流,化为自己的语言,表达符合时代的情感、意趣与精神境界。因而能够逐渐摆脱"吴门"、"南宗"、宋元诸家的藩篱,逐渐融汇南北、包容各家之长,形成自己清逸明丽、雅腴灵秀的风格。①

阮荣春等将吴湖帆归为名盛一时的海派画家。"自孩提时代就深受家庭的熏染,终日耳闻目睹于金石书画之中,遍览历代名家真迹,从古人书画中撷取精华。"②事实上,"海派"并非实指一种画派,而是对中国近现代绘画中出现的趋时务新、兼容并蓄的文化现象的概括。③ 吴湖帆不为某一家、某一时代所限,而是对正统文人画在沿袭中加以改造,对海派绘画在吸纳中加以融汇,寻求了一种雅俗观念之前的度量与平衡。披沙拣金,吸取众家精髓而自出机杼,形成自己独特的笔墨特征,这是画家在艺术创作过程中自主选择的个人风格,也与海派文化的内在特征不谋而合。

[作者简介]汪颖奇,上海师范大学历史系2017级博士生。

---

① 顾音海、斋彦焱:《吴湖帆的艺术世界》,第103—104页。
② 阮荣春、胡光华:《中华民国美术史》,四川美术出版社1991年版,第163页。
③ 潘公凯等著:《中国绘画史》,上海古籍出版社2001年版,第463页。

"除旧推新"中的困境：吴县茶馆书场业抗捐案（1932—1935年）

陈琪伟

内容提要：南京国民政府成立初期，百废待兴，"除旧推新"便尤为急迫和重要。在经济层面，"裁厘改税"即是一项较为重大的行政措施。然而在政策实际推行中，"推新"的速度远跟不上"除旧"的速度，中国地方社会的复杂性使得新规在落实中遭到了强大的阻力。如吴县茶馆书场业即在"裁厘改税"中出现了"新旧捐税累加"的情况，并就此问题与吴县商会一起向政府提出了抗议。而地方政府行政素养的不足使其无法合理解决矛盾，随着政商实力的消长，政府开始更为强硬地推动新制，这在一定程度上为其自身统治埋下了隐患。

关键词：同业公会 营业税 商会 茶馆书场

茶馆、书场是以苏州为中心的江南地区的文化符号。茶馆售茶，书场听评弹，两者天然互补，饮茶之余能听上一段"吴侬软语"，恰是钟情于"构筑私家园林，寄情于诗书歌吟"[①]的江南文化生态圈之需要。自19世纪起，茶馆书场已是江南地区社会生活的重要组成部分，"20世纪30年代初期，苏州市区经常演出的茶馆书场数量保持在30余家，每逢生意旺季，有些茶馆还临时加设书场"[②]。

[①] 唐力行主编：《别梦依稀：说书人唐耿良纪念文集》，商务印书馆2015年版，总序第3页。
[②] 周巍、吴琛瑜：《清中叶以来苏州评弹书场与社会变迁》，《苏州教育学院学报》2016年第33卷第2期。

作为一个公共文化空间,茶馆书场的社会、文化功能受到了普遍的重视,相关研究成果也较为丰富。[①] 但值得注意的是,茶馆售茶、说书售票,本身即是一种商业行为,除市场这只"看不见的手"对其经营运作的影响外,其与政府之间的联系也较为密切,尤其表现在纳税方面。传统史学研究在涉及商业税收研究时主要讨论对象往往集中于实力较强、地位较重的商业形式,如绸缎业、米业、印刷出版业等,而历史研究不能仅"相信最吵闹的演员才是最可靠的——还存在着其他的比较安静的演员"[②]。茶馆书场业作为一项易被忽视的娱乐性行业,在江南民众生活中实际发挥着重要的作用,而其在商业中较"边缘"的地位也可帮助我们更全面地了解商界与政府间的妥协与博弈。本文试图以20世纪30年代前中期吴县茶馆书场业同业公会的抗捐活动为切入点,考察南京国民政府成立初期,"除旧推新"政策在实际落实中所面临的障碍及政府处理方式。

一、案件概述

根据苏州档案馆藏的苏州商会档案中同业公会与吴县商会、县政府、省厅间的公函往来,可以对此次抗捐活动形成一个大致的了解。此次抗捐活动始于1932年9月初,档案记录一直持续到1935年7月5日。主要争端在于营业税与同类型其他捐税是否存在重叠,可否废除重叠的旧捐,具体内容又可分为两阶段,以1933年5月24日为界,前一阶段为县政府做出让步,后一阶段则为县政府收回成命且表现出较为强硬的态度。以下为对档案材料进行梳理后得到的事件概述:

1932年9月,随着国民政府"裁厘改税"(裁撤厘金,实行营业税制度)政

[①] 关于茶馆书场的社会文化史研究,可参见吴琛瑜:《书台上下:晚清以来评弹书场与苏州社会》,商务印书馆2015年版;王笛:《茶馆——成都公共生活的微观世界1900—1950》,社会科学文献出版社2010年版;冯贤亮:《江南城镇的茶馆(1912—1949)》,《江南大学学报》(人文社会科学版)2016年第15卷第6期等。

[②] 〔法〕费尔南·布罗代尔著,刘北成等译:《论历史》,北京大学出版社2008年版,第41页。

策的推进,吴县政府开始对该县茶馆书场业征收营业税。而茶馆书场业原先缴纳的台子、书场二捐并非属于厘金,因而"裁厘改税"非但未减轻该业的捐税负担,反而使其在原捐基础上新增了一项营业税。茶馆书场业同业公会对此表示不满并致函吴县政府及省财政厅(非直函,由吴县商会转函),认为新旧税类型重叠,希望借此机会免除旧税,同时致函县营业税征收局,请求在旧税未废前暂缓新税的征收。① 县政府于 12 月回函,认为"性质不同,并无重复"②,否决了其请求,而县营业税征收局则一直回避新旧税是否重叠的问题,仅以"营业税为合法税款"为由拒绝缓征。③ 次年(1933 年)一月,吴县商会将此案公函代呈给省财政厅,将希望寄托于省政府。④

该案至此,由于档案资料的缺失,我们无法直接确定函至省厅之后的结果。但借助吴县营业税征收局 1933 年 5 月 24 日的一份关于浴池公会申请免除重叠之捐税的公函,可以间接了解到吴县茶馆书场业同业公会抗捐案的后续发展及结果:

> 径复者:前准……窃查吴县浴业向奉财政局按月征收浴池业捐,此项捐款数目以浴池设榻多寡为标准。……且查吴县茶馆书场业因缴付月捐,不再负担营业新税,业奉省厅完案。以原缴月捐内提出一成,拨付营业税局,与商人无关,则浴池业亦缴月捐与茶馆书场业情形相同,自可援例,要求宽典。⑤

---

① 《为吴县财政局征收茶馆书场业同业公会台子捐事致吴县茶馆书场业同业公会函(附捐各表一份)》(1932 年 9 月 21 日),苏州商会档案,I14—02—0680—048,苏州档案馆藏。

② 《为奉令茶馆书场业营业税仍照营业税规定征收请烦查照转知事致县商会函》(1932 年 12 月 21 日),苏州商会档案,I14—02—0644—118,苏州档案馆藏。

③ 《为复茶馆书场业碍难缓征请查照转知遵行事致吴县县商会启》(1933 年 1 月 6 日),苏州商会档案,I14—02—0652—087,苏州档案馆藏。

④ 《为据茶馆书场业公会续陈免苛捐代送原呈事呈财政厅(附原呈)》(1933 年 1 月 21 日),苏州商会档案,I14—02—0649—001,苏州档案馆藏。

⑤ 《函请吴县县商会转知浴堂公会请援茶馆书场业捐案划拨营业税事》(1933 年 5 月 24 日),苏州商会档案,I14—02—0649—047,苏州档案馆藏。

浴池公会在向县政府申请废止原有捐税时援引了茶馆书场业一案,可知此案结果为县政府在未废止原有捐税的前提下做出了让步,即在"原缴月捐内提出一成,拨付营业税局",从这个结果来看,茶馆书场业的捐税得以回到新税制推行前的水平,至此第一阶段结束。

第二阶段始于两年后,1935 年 3 月 6 日,江苏省吴县营业税征收局突然变卦,收回了其两年前的成命,宣布"本年三月二日奉苏州省财政厅指令……呈悉查营业税系为法定省税,旅馆业、茶馆业、娱乐场业均系列在营业税税率表内,既有营业行为,自应照章征收"。对于同业公会强调的台子、书场两捐与营业税类型重叠,征收局表示"各县对于各该业征收地方捐款,大都系由营业者代向顾客征收,两种性质截然不同,未便借词取巧希图免税",强势否定了公会据理力争之"理"。同时强调——"所称由地方捐划拨省税一节,亦非正当办法,现值整顿之际,必须照章办理。除令县政府外,仰即遵照营业税章程,直接调查征收毋任避延"。①

此令意味着 1933 年达成的营业税改为由月捐中抽调一成的征税办法成为一团废纸,茶馆书场业又一次面对"双重捐税"的困扰,只得再次致函解释新旧税之重复,请求减免。而此次县政府的态度明显变得更为强硬,其不再回复"新旧税是否重复"的问题,而是直言"茶馆书场均属消遣场所,加征捐款拨充地方经费自属正当,不得谓之苛捐。该业如认为负担过重,自可均加茶资书钱。所请免征一节,批饬不准在案"②。县营业税征收局则仍以营业税为合法税款为由拒绝缓征。③ 两个月后(6 月),同业公会援引了旅业床铺捐已停征之案,请求将情形相同之台子捐同样停征④,但依然遭到否决,值得注意的是,县

---

① 《为奉令茶旅馆业书场业应遵章征收营业税函请查照》(1935 年 3 月 6 日),苏州商会档案,I14—02—0690—056,苏州档案馆藏。
② 《令据茶馆书场业请撤销台子书场两捐遵缴省税》(1935 年 4 月 15 日),苏州商会档案,I14—02—0690—093,苏州档案馆藏。
③ 《为复以茶馆书场业未便以其它之故暂缓填报即希查照转知事复吴县商会函》(1935 年 7 月 12 日),苏州商会档案,I14—02—0654—003,苏州档案馆藏。
④ 《为茶馆书场业请援案免征台子捐呈祈核示》(1935 年 6 月 11 日),苏州商会档案,I14—02—0690—086,苏州档案馆藏。

政府在回函中并未解释此援引的"不合理之处",而是直言"已明白批示在案,免征一节,碍难照准"①。此阶段的抗捐活动以失败告终。

二、地方社会复杂性于新制之窒碍

吴县茶馆书场业同业公会抗捐案的起因,即南京国民政府成立后新确立的营业税制度在推行过程中与原地方捐税产生的冲突。营业税于1791年最早发端于法国,中国政府对营业税征收的尝试于民国初年便已出现,但由于政局动荡、军阀割据,一直未能真正落实推行。直到1927年南京国民政府成立,随着地方"裁厘改税"的实施,营业税的推行才得以正式启动。

营业税征收是南京国民政府"裁厘改税"政策的重要部分,厘金作为一项由晚清延续至民国的捐税,虽为政府带来了巨额收入,但其种种弊病亦使民怨沸腾,同时对本国工商业之发展也有阻碍作用,因此中央政府在政权基本稳定后便开始着手"裁厘"。然而在"裁厘"上政府又有着"双重考虑",既希望裁厘又不希望自身利益受损。据此,"决定裁厘成败的关键因素在于建立一个较之厘金更为科学合理的现代地方税收制度——营业税"②。

由于营业税制度的实行涉及到多方利益(中国商界、政府财政、外商),加之各地发展情况的不同,自然而然地出现了大量问题。吴县茶馆书场业所面临的便是前政府制定的地方"遗留"捐税未行废止,又新施营业税,加之茶馆书场业原本并不缴纳厘金,因而裁厘对该业而言并无任何条件的改善,反而额外增添新税,这对于该业无疑是个不小的打击。

由于裁厘太骤,营业税又无法及时抵补,许多省份地方政府都出现了财政危机。江苏省财政厅长许葆英言:"本省营业税,自筹备以来,已经一年,曾按

---

① 《令为茶馆书场业请援案免征台子捐》(1935年6月17日),苏州商会档案,I14—02—0748—020,苏州档案馆藏。
② 关于中国营业税发展历史可参见柯伟明:《抗战时期中央对地方营业税的接收与改革》,《民国档案》2014年第2期。

全年万元数目,列入省预算。但自四月一日开征后,截至现在止,仅不过受到万元,而各局经费支出及印刷票照等费,约须万元,收不敷支,所谓抵补预算者,几等于零。"①

面对危机,地方政府的应对办法多为借助中央税法中"允许地方政府根据自身实情另行酌定各自税率"的弹性法则,提高税率。查 1931 年 6 月 6 日通过的《营业税法草案》,可知茶馆书场业属于"以营业总收入额为课税标准者,征收其千分之二至千分之十"②一项,而在 1932 年 1 月,江苏省政府将该类型行业全部划入"一律暂依营业额征收千分之十"③一列,实际是将原来的分级税率改为了单一税率。此举随即引起了商民的强烈不满,经商界与政府方面的多次协商,7 月,税率最终调整为千分之五、千分之八、千分之十这三个等级,茶馆书场业属于千分之五一列④。与最初的分级税率相比,调整后的营业税税率还是有所提高。需要注意的是,千分之五的税率从数字意义来讲似乎并不高,但于茶馆书场业而言却是不小的负担。茶馆书场的主要营业收入来自茶资和书场收入,为了吸引顾客,其价格又往往维持得较为低廉,而与之相反的是繁重的支出,除水电、职工薪金、房屋维修等基础开支外,资方薪金、剧团艺人接送、评弹艺人拆账也占了很大比重,因而扣除支出后大部分茶馆书场的实际收入都不充裕⑤,加之正值国难之际,营业情况亦不乐观,如此也不难理解,为何政府眼中税率"并不高"的营业税会激起茶馆书场业的强烈抗议。

捐税的重叠与税率的提高引起了茶馆书场同业公会的不满,地方政府在同业公会和商会的"据理力争"下也做出了"抽调原捐一成缴纳营业税"的让

---

① 江苏省财政志编辑办公室编:《江苏财政史料丛书》第 2 辑第二分册,方志出版社 1999 年版,第 117 页。
② 中国第二历史档案馆编:《中华民国史档案资料汇编》第 5 辑第 1 编(2),江苏古籍出版社 1994 年版,第 426 页。
③ 江苏省中华民国工商税收史编写组、中国第二历史档案馆编:《中华民国工商税收史料选编》第 5 辑上册,南京大学出版社 1999 年版,第 959—961 页。
④ 《苏省府修订营业税率》,《申报》1932 年 7 月 29 日,第 8 版。
⑤ 关于茶馆书场业收入问题,可参见吴琛瑜:《晚清以来苏州评弹与苏州社会——以书场为中心的研究》第二章,上海人民出版社 2010 年版。

步,从此案第一阶段的结果观之,可以发现新旧税制的杂糅是新制推行中一个急需解决的问题,而政府尚能在"法理"上与商界达成一种妥协。

然而值得注意的是,地方政府在税收政策上对某一行业的让步,会激起"连带效应",使得其他行业"有案可稽",也据此纷纷效仿,若政府"一视同仁"则无疑是一项不小的损失。商人群体抵制营业税还含有某种从众的心理。一般是个别行业出于自身利益的考虑而请求政府减低税率,其他各业尽管税负较轻,但担心沉默不言将来政府会加重税率,于是也随声附和。① 在茶馆书场业抗捐案中便能找到此种情况,在江苏省财政厅决议茶馆书场业营业税征收实行原捐抽调办法后,吴县浴业公会便援引此案要求减免本业同类型捐税。江苏省政府对商界的"从众行为"表现出明显的反感:"商人以为只须耗费一角数分之邮票,即可上达中央,造奉令饬查,由省复查,一辗转间动逾旬月,无论其复查结果如何,而对于营业税之调查征收可以无形延宕,实为消极抗税之不二法门。"② 可见,政府在推行营业税制度时,新旧捐税的杂糅混乱仅是地方社会窒碍新制推行的其中一面,商人群体的特性也决定了他们必定会去利用新税制的不完善之处,以追求自身利益的最大化,这也进一步增大了新制落实的困难程度,地方政府"依法依情处理"却往往落于进退两难之地,财政的短缺也愈加严重。

三、地方行政能力于新政之窒碍

王奇生在对国民政府时期地方行政的研究中指出,南京国民政府在行政人才的使用上,有极明显的重上层、轻地方的思想倾向,高学历人才云集中央政府,而县以下则人才奇缺,"一个大学毕业生宁可做一个中央机关的科长,而

---

① 徐懋来:《营业税之税率问题》,《经济学季刊》第2卷第2期,1931年6月,第89页。
② 江苏省中华民国工商税收史编写组、中国第二历史档案馆编:《中华民国工商税收史料选编》第5辑上册,第975页。

不愿下基层当一名县长"。"这个时期县长任期短、调动繁……各省政府自掌任免更调大权,任意罢免,任意辟用,令县长多怀五日京兆之心,时作挂冠之想。"此种县政状况,使得基层吏治腐败极易滋长,同时此时期县政的繁重也是惊人的,根据国民党执政后内政部编订的《县长须知》,县长在民政、财政、建设方面的职责包括传政令、防匪患、查户口、兴水利、办公债等17项,此外,教育、卫生、司法等方面亦不能偏废。①

以此再反观抗捐案中地方政府之政令,同业公会在一阶段向省厅提出对捐税情况进行调查决议后,省厅并未一时间帮助解决,而是"因本厅无案可稽,候令行县局查复再行察夺",而至县局又"时逾二周未见饬遵"②。此外,若说1935年因于国难之际,而"茶馆书场均属消遣场所,加征捐款拨充地方经费自属正当"③,那么县政府对于商界致函中两起援引案的态度,则明显体现了其行政素养的不足。在吴县浴业公会援引茶馆书场业改税之案请求减免其捐税时,县政府的答复的不规范性明显,行政用语显得非常"主观"、"随意"——

> 查本县原征浴池捐,系按榻算,每榻月征三分一厘五毫,为数甚微,即以每榻每日营业一角计算,所收月捐不过百分之一,与茶馆书场业等之捐率相差殊远。现在各业负担省县各种经费均较浴池业为重,何得再借此式微月捐为请免营业税之托辞。④

判断捐税是否减免的依据竟不是法理而是其捐税额度之大小,这种不以

---

① 王奇生:《革命与反革命:社会文化视野下的民国政治》,社会科学文献出版社2010年版,第338—368页。
② 《为请吴县县商会转请财政厅免除台子、书场两种事致吴县县商会代电》(1932年12月9日),苏州商会档案,I14—02—0680—029,苏州档案馆藏。
③ 《令据茶馆书场业请撤销台子书场两捐遵缴省税》(1935年4月15日),苏州商会档案,I14—02—0690—093,苏州档案馆藏。
④ 《函请吴县县商会转知浴堂公会请援茶馆书场业捐案划拨营业税事》(1933年5月24日),苏州商会档案,I14—02—0649—047,苏州档案馆藏。

法理而以情理为标准的答复方式暴露出的是县公职人员职业素养与能力的不足。在此案二阶段中,同业公会援引旅业床铺卷停征一案,请求废止其台子捐。而这一次县政府的答复直接无视了"援引是否合理"的问题,而是简单地以"已明白批示在案,免征一节,碍难照准"否决了同业公会的请求。① 此处商界是否有"从众跟风"援引之嫌暂且不论,但地方政府在处理此类案件时的态度无疑对矛盾的消解毫无益处。

四、政商力量消长于新制推行之影响

同业公会与商会同为商人团体,大多数学者认为同业公会是商人团体的基层组织,但就两者的互动关系则存在不同的看法,李伯槐认为"民国时期,商会与同业公会在法律地位上是平等关系,在组织管理上是上下级隶属关系"②。吴县茶馆书场同业共会成立于 1931 年,"以维持增进同业之公共利益,及矫正营业至弊害为宗旨"③。由于同业公会级别不足,欲向政府发声往往要借助商会的力量。④ 国民政府建立后,财政问题严重,"1928 年的财政收入尚不足军费一项支出"⑤,整顿财政势在必行。而经历了北京政府时期自由资本主义的商业发展黄金时期,商人群体的力量可谓达到了鼎盛。对于一个财政吃紧、刚完成统一、急需加强控制力的政府而言,加强对经济的控制力度无疑非常重要。除建立大批的国家资本企业外,国民政府陆续颁布了《商会

---

① 《令为茶馆书场业请援案免征台子捐》(1935 年 6 月 17 日),苏州商会档案,I14—02—0748—020,苏州档案馆藏。
② 李柏槐:《民国商会与同业公会关系探析——以 1929—1949 年的成都市为例》,《四川师范大学学报》(社会科学版)2005 年第 2 期。
③ 吴琛瑜:《晚清以来苏州评弹与苏州社会——以书场为中心的研究》,第 145 页。
④ 商会与同业公会研究可参见魏文享:《近代工商同业公会的社会功能分析 1918—1937——以上海、苏州为例》,《近代史学刊》2001 年版;李柏槐:《民国商会与同业公会关系探析——以 1929—1949 年的成都市为例》,《四川师范大学学报》(社会科学版)2005 年第 2 期。
⑤ 王桧林主编:《中国现代史》,北京师范大学出版社 2004 年版,第 99 页。

法》《工商同业工会法》《工业会法》等法规规范行会组织,并改组商会,建立商民协会等等。庞大的江浙商团更是一支让新政府无法放心的地方准军事武装力量,1927年后,江苏省政府多次命令要求苏州商团改组,欲将其收归政府统一领导,商团虽极力反对,与政府展开拉锯战,但最终仍难逃消亡的命运,1936年2月苏州商团最终解散。在抗捐案中,同业公会、商会代表的商界同政府间的博弈也伴随着两者实力的消长。

  商界于案件两阶段中要求废除旧税的"所据之理"并无太大变化,皆在强调"新旧税的重叠雷同之处",而地方政府对此案的处理态度却在两年间发生了明显的转变。可见随着国民政府政权的逐渐稳固,其对商界的压制也在不断强化,吴县政府收回成命之时距离苏州商团的最终解散已不到一年时间。理论上而言,随着中央对新制的调整完善,地方窒碍力量也会随之减弱,但由于南京国民政府直至全面抗战前夕仍未能制定出一项能够解决地方财政困境的合理的税收分配政策,以至于地方政府不得不通过各种途径获取收入已解决日益严重的财政危机。在该案中,吴县政府在1935年的"变卦"实际是借助政商实力的消长推翻了自己两年前的决议,将新旧二税均列为合法税目以增加财政收入。

结　语

  国民政府建立初期,其"除旧推新"工作面临着诸多困境:在地方上不仅面对新旧捐税杂糅的乱象,同时还要应对商界对于新制的"投机";在地方政府方面,"裁厘"过快,"新税"难征也使其财政告急,加之国民政府重中央、轻地方的行政人才使用方式又在无形中提高了新制在地方落实的困难程度;而随着政商力量的消长,新制的推行逐渐伴随着"强势话语权"的渗入,"法治"色彩弱化,"党治"色彩加强,这也意味着新制推行中的矛盾更多地是被压制而非消解,无形中对国民政府的税收权力与政治权威埋下了隐患和威胁。营业税制度作为国民政府"除旧推新"中的代表性制度,其进步性是不能否认的,但同样需要注意的是，新制在实际推行过程中所能够发挥的积极效应并不总是尽如人意，吴县茶馆书场业便是其中的"特殊项"之一。新制推行的结果是旧捐未废，又添新税，而这一负担的承受者并不会仅限于茶馆书场业的从业者，茶馆的顾客、书场的听客、说书艺人（苏州评弹艺人）都会被卷入其中，这也许也是国民政府在"除旧推新"中所忽视的。

[作者简介]陈琪伟，上海师范大学人文与传播学院2017级硕士研究生。

江南研究学术前沿

唐力行序三则

《商人与中国近世社会》序

20世纪80年代初,我开始从事徽商资料的收集、整理和研究,到90年代初本书完成,其间经历了十年的时间。选择这一课题,与当时的社会变迁有着直接的联系。改革开放后,拨乱反正,明确了社会主义也可以搞市场经济,那么作为市场经济主角的商人应该怎样定位?怎样才能让居于四民之末的商人摆脱传统时代的窘迫境地?商人怎样才能在市场经济中保持独立的主体地位,而不必依附官府或是官商结合?探索商人与中国近世社会的互动关系,正是应了克罗齐所说:"一切真历史都是当代史"。

撰写《商人与中国近世社会》也与我当时的思想、兴趣、经验有着密切的关联。80年代是一个值得怀念的时代,走出文革的阴影,砸碎思想的枷锁,进入了一个新启蒙的时代。历史学界展开了关于中国封建社会长期延续问题的讨论、历史发展动力问题的讨论、中国近代社会发展基本线索的讨论等等,其热烈、深刻是1949年以来所仅见的,史学界集体思考当代中国发生"文革"这样数千年未有之大浩劫,究竟是偶然的,还是有其结构上的必然性?阶级斗争是否是历史发展的唯一动力?近代社会发展是不是以阶级斗争为基本线索的三次革命高潮所能涵盖?等等,这些问题的提出,本身就具有启蒙意义,引起我极大的兴趣,先后撰写了《论明清资本主义萌芽缓慢发展的原因》《试论中国封建社会的剩余劳动——兼论中国封建社会长期延续的原因》《清季社会经济改革刍议》《论封建统治者的经济政策对社会发展的影响》等论文,阐述了我对中国社会变迁的宏观思考。至今难忘 1986 年参加以史学方法论为主题的第二届全国史学理论研讨会,会上大多数代表对历史学应该有属于自己的理论和方法论取得了共识:认为辩证唯物主义和历史唯物主义是所有人文社会科学共有的理论和方法论,历史学科当然也要在辩证唯物主义和历史唯物主义的指导之下,但是历史唯物主义和辩证唯物主义绝不能代替历史学的专有理论和方法论。历史学作为一门成熟的学科,应该有属于自己的专有理论和方法论。此论掀开天地,拨开迷雾,开辟了延续至今三十余年的历史学科发展新路,从此西方的史学理论与方法论大规模地被引进,极大地推动着我国史学走向世界、走向现代。该会议做总结时指出:这次会议并不在于大家讨论了多少新的方法论,而在于肯定了历史研究的理论与方法论应该从一元走向多元,未来的历史将会证明本次会议的意义。会上,我作了《从系统论的角度重新探讨几个史学理论问题》的发言,较为系统地谈了我对一些理论问题的见解。此文被收入这次会议的论文集,该书也是国内第一本《历史研究方法论集》①。从 1988 年起,我开始参加中国社会史学会的学术活动。在南京大学举办的第二届年会上集中讨论了知识分子问题,在知识分子内涵的问题上展开了激烈的辩论。大多学者形成了共识:知识分子除了要有知识外,其最明显的特征是思想学术的超前性与引导性,这一特征又决定了知识分子与现实的矛盾冲突,因而知识分子总是在理想与现实的痛苦纠结中前行。此后我参加了很多学术会议,再难见到这样的学术气氛了。就是在这次会议上,中国社会史丛书主编蔡少卿教授邀我承担中国历史上商人阶层的撰写任务。80 年代是我学术起步的十年,在进行商人研究的同时,我也参加了这些史学理论的研讨,大大加强了研究的深度、广度和自觉性、前瞻性。史学理论、方法论,尤其是社会史的理论,帮助我构筑起大历史的研究平台,在这样的平台上从事微观、中观的历史

---

① 历史科学规划小组史学理论组编:《史学理论探索丛书——历史研究方法论集》,河南人民出版社 1987 年版。

耕耘,形成了我个人研究的特色,以及我的思想、兴趣和经验,而这一切无疑又在我的这本处女作中留下了深深的印记。

历史是现在跟过去之间永无穷尽的对话。商人阶层渗透于社会生活的每一角落,在社会变革的大潮中,商人的故事在不断演绎,折射着文明的尺度和时代风云。多年来我依然在本书所开辟的研究领域与商人阶层进行着对话,这些对话载入了《徽州宗族社会》[①]《苏州与徽州——16—20世纪两地互动与社会变迁的比较研究》[②]《延续与断裂:徽州乡村的超稳定结构与社会变迁》[③]等论著中。

随着商品经济的发展,农民工大量进城,农村三农问题严重。《徽州宗族社会》关注商人与乡村自治问题。徽州乡村社会素有"此间仿佛武陵溪"之说,深厚的徽文化底蕴,强大的徽州商帮,绵延千年的宗族组织,在这三大要素构成的特定区域社会生活体系中,徽商为宗族聚居、为文教科举提供物质条件;宗族组织、宗族文化强大的内聚力又是徽州商帮特别强固、富于竞争力的内在机制。区域文化水平的普遍提高,又使大多数徽商成为儒商、具有较高的商业素质。徽商源源不断输回的财富和士绅的文化权力,保障了徽州乡村宗族社会的自治、稳定和兴盛。

商品经济的发展,造成沿海与内地区域发展的巨大差异。本人的《苏州与徽州》围绕16—20世纪地处沿海平原的苏州与地处内地山区的徽州两地发展的互补与差异进行了研究。苏州是江南经济的中心,也是全国经济的中心;财力雄厚的徽商在苏州异常活跃,获得大宗商业利润。徽商的经营活动客观上推动着苏州等地的社会转型,而他们的商业利润输回徽州,却加固着徽州的旧秩序。苏州与徽州的互动,是无时无刻不在进行中的,它渗透到社会生产和生活的各个方面,甚至进入社会文化、大众心态的核心层面。由沟通而相互作用、相互竞争、相互认知,这是一个循环往复而逐渐提升的过程。正是这一历

[①] 唐力行:《徽州宗族社会》,安徽人民出版社2005年版。
[②] 唐力行:《苏州与徽州——16—20世纪两地互动与社会变迁的比较研究》,商务印书馆2007年版。
[③] 唐力行:《延续与断裂:徽州乡村的超稳定结构与社会变迁》,商务印书馆2015年版。

史进程,使这两个江南小区域不断走向繁荣,同时又保持了各自的社会发展路向,从而使江南社会呈现多元的形态。

在商品经济发展的过程中,城市与农村的二元对立日益严重,城市的繁荣与农村的衰败几乎成正相关。《延续与断裂》揭示徽州经济、文化、社会三要素的良性循环,除了有本土的内循环外,还有着超越地域疆界的外循环。徽商遍天下,尤其长三角有"无徽不成镇"之说。内外循环相互依托。太平天国时期,徽州内循环断裂;抗战时期,徽州外循环断裂,但是战乱一旦结束,依托于另一循环的支持,断裂的循环迅速恢复,乡村再现稳定与繁荣的局面。这就是徽州乡村的超稳定结构。在最为艰难的抗战时期,徽州乡村自治难以为继,但是在城市自治组织——徽州各县旅沪同乡会全方位支持下,乡村自治仍是不绝如缕,表现了顽强的生命力。从资料可知,抗战胜利后的徽州乡村仍存在着一个乡绅的文化权力网络。不过,传统的城乡自治在20世纪50年代初终结,历史翻开了新的一页。

《商人与中国近世社会》自初版至今二十余年来,社会变迁跌宕起伏,商人的两难境地依然如故。笔者与商人阶层的对话还将进行下去。雷蒙·阿隆说"历史是由活着人和为了活着的人而重建的死者的生活"。此言得之。

《唐力行徽学研究论稿》自序

我从事徽学研究已有三十余年了,从那时起一路走来,陆陆续续发表了40多篇文章,不知不觉间已年逾七十了。承商务印书馆不弃,这些论文将结集出版。借此机会,回首往事,自序如下:

一、从徽商研究入手,进入区域社会研究的学术领域

提起我与徽学结缘,不能不感谢我的老师洪焕椿教授。在选择专业方向时,我重回母校求教,先生建议我就近选择既有地方特色又有重大学术意义的

明清徽商为研究课题。但是徽商研究起步早,知名学者傅衣凌教授以及日本根岸佶教授、藤井宏教授等早在三四十年代便对徽商做了开拓性研究。因此,这一课题的起点高,有相当的难度。我感受到先生要我走的学术之途是艰难的,但惟其艰难,反而激起我浓厚的兴趣和探索的欲望,从而与徽学研究结下了不解之缘。

我所写的第一篇徽商论文是《论徽商"贾而好儒"的特色》,是与张海鹏先生合作的,发表于1984年第4期《中国史研究》杂志。美国普林斯顿大学教授余英时在撰写《士与中国文化·中国近世宗教伦理与商人精神》时曾多次引用该文的观点和资料。论文所产生的影响,无疑对我们是一个鼓舞。但实际上我从余英时教授那里学到的东西更多。我对徽州文化的研究就是受余教授关于宋代新儒家伦理中"彼世"与"此世"观念转变的启迪。"徽商特色"一文原是为1983年11月举办的明代经济史学术讨论会准备的。这是改革开放后明史学界举办的第一次重要学术会议,笔者出席这次会议是由会议主办者之一洪焕椿先生推荐的。在会上,我有机会聆听了中国社科院明史研究室主任、著名学者王毓铨教授的讲话,他提出了研究区域史的主张,指出区域史的研究是国际史学发展的新趋势。区域史的研究可以深化中国整体史的研究。过去我们的研究集中在中央王朝的兴衰和典章制度方面,很少考虑中央和地方的相互作用。其实各区域因其社会经济发展程度的不同、与中央王朝空间距离及交通难易的不同、传统与风俗的不同、地理物产与民族构成的不同等等因素,它们对中央政令的执行和变异程度会有相当大的差异。中国疆域辽阔,只有把一个个区域社会的历史研究透了,才能从中央和地方相互作用的角度出发,把整体中国史的研究推进到一个新的高度。毓铨先生的这席演讲给了我极大的启发。在研究徽商的过程中,随着史料的积累和思考的深入,我逐渐感觉到徽商不是一个孤立的现象,徽商研究的视野必须拓展。徽商能在明清时期执商界牛耳数百年,其缘由是复杂多元的,但首要的是与其生长的土壤相关。因此我将徽商研究拓展为徽州区域社会经济的研究,而这一拓展又是与当时的学术潮流即社会史的兴起相合的。20世纪80年代以来,社会史研究在我国蓬勃兴起,学者们以整体史的新视野重新审读历史。不再满足于政治史和精英史,而是将目光向下,关注长时段的文化、心态、习俗、信仰、仪式、组织、结构、区域、普通人的生活、地方社会对国家的制衡等等。而这些长期被忽略的历史要素大多是沉淀于具体的区域社会中的。因此,社会史的研究必然导向区域史研究。区域社会是整体中国的一部分,是整体中国的细胞形式,解剖某一个具有典型意义的区域社会,本身就有助于我们深化对整体中国的认识。1985年为明史国际学术研讨会撰写的《论徽商与封建宗族势力》一文中,就贯注了我的这一思考。在与会的一百多篇论文中此文是唯一为《历史研究》和《中国社会科学》(英文版)选用的论文。这一习作受到学界的好评,归根到底是预了学术潮流。

怎样解剖某一个具有典型意义的区域社会？这是需要我们在一个个具体而入微的研究中进而思考的。区域是一个相对的概念,每一个特定的区域总是有其疆界,而疆界又与区域之自然地理环境大致对应。徽州的自然地理环境是以山区为主,"本府万山中,不可舟车,田地少,户口多,土产微,贡赋薄"[1],"其险阻四塞几类蜀之剑阁矣,而僻在一隅,用武者莫之顾,中世以来兵燹鲜焉"[2]。所以,顾炎武在《天下郡国利病书·江南二十》中说徽州疆界的特征是,"徽郡保界山谷"。道光《徽州府志》卷一《地理·形势》记述了疆界的四至:"东有大鄣山之固,西有浙岭之塞,南有江滩之险,北有黄山之陀。"徽州府下辖的歙县、休宁县、婺源县、祁门县、黟县、绩溪县,便在这"险阻四塞"的疆界之内。多山的地理环境赋予徽州区域以特定的气候、物产、交通、经济乃至人文景观。徽州区域史研究是以该区域的整体历史作为自己研究对象的。因此,举凡该区域曾经出现过的人以及因人的活动而形成的经济、文化、社会等各种事物均属其研究范畴。举其大端则有经济方面的商人、土地制度等；文化方面的方言、文书、教育科举、民居园林、地方戏曲等；社会方面的宗族制度、

---

[1] 弘治《徽州府志》卷二《食货一》。
[2] 方弘静:《方氏家谱序》。

民间组织、风尚习俗、社会生活、社会分层、社会矛盾与社会冲突等。那么，是不是我们将区域内所有的人和事一一研究过来，它们的总和就是区域整体的历史呢？显然这是做不到的，即便能做到，也是与我们整体史的概念是大异其趣的。

这里，要充分注意的是系统论的一个重要思想：整体不是局部相加之和，整体大于局部相加之和。因此，当我们研究区域时，首先要将该区域的要素（即局部）提炼出来，从局部与局部以及局部与整体的互动中来揭示区域的整体特征。以徽州而言，它与一般的、以传统农业为主的区域社会不同，是一个经济、社会、文化发展相对完整的区域社会。经过多年的研究，我们发现徽州特定的自然地理环境造成了经济上的徽商、社会上的宗族组织与文化上的科举理学这三个富有特色的要素①。在经济方面，康熙《休宁县志》就徽商的兴起论说道："徽州介万山之中，地狭人稠，耕获三不赡一。即丰年亦仰食江楚，十居六七，勿论岁饥也。天下之民，寄命于农，徽民寄命于商。而商之通于徽者取道有二：一从饶州鄱、浮，一从浙省杭、严，皆壤地相邻，溪流一线，小舟如叶，鱼贯尾衔，昼夜不息。一日米船不至，民有饥色，三日不至有饿莩，五日不至有昼夺。"②在社会方面则是宗族制度最为严密。被群山封锁与外界隔绝的徽州是一个避乱的理想世界，避乱是徽州移民的第一位原因。根据我对《新安名族志》的统计，中原士族向徽州的迁徙，主要分布在两汉魏晋南北朝、隋唐和宋元，这三个时期正赶上中原地区战祸连天，社会动荡，北方人民南迁的三次高潮时期。而其中唐末五代移民人数最多，占54%。从移民的原因来看，不明原因的始迁约占29%，而因战乱和"爱山水清嘉"者达52%，占一半以上。可见，因动乱而突现的地理要素是历史上世家大族迁徙徽州的最为重要的原因。这些世家大族在群山怀抱的谷地中定居下来，将古代中原地区消失了的宗族制度保存了下来。汪道昆《太函集》云："新安多世家强盛，其居室大抵务

---

① 唐力行：《徽州宗族社会》，安徽人民出版社2005年版。
② 康熙《休宁县志》卷七《汪伟奏疏》。

壮丽,然而子孙能世守之,视四方最久远,此遵何德哉！新安自昔礼义之国,习于人伦,即布衣编氓,途巷相遇,无论期功强近、尊卑少长以齿。以其遗俗醇厚,而揖让之风行,故以久特闻贤于四方。"①在文化上,徽州宗族社会形成的过程,也是一个文化变迁的过程。宋代淳熙《新安志》的作者罗愿勾画了徽州文化变迁的大致走向:"其(新安)人自昔特多以材力保捍乡土为称,其后寝有文士。黄巢之乱,中原衣冠,避地保于此,后或去或留,俗益向文雅,宋兴则名臣辈出。"《歙风俗礼教考》中有相近的记载:"若文艺则振兴于唐宋……而元明以来,英贤辈出,则彬彬然称东南邹鲁矣。"在科举与理学上,徽州被称为"故文献国","朱子阙里"。

徽州社会以其特殊的地理、人文环境,造成了一个特有的区域社会生活体系:徽商、徽州宗族与科举理学始终处于互动互补的状态中。中原士族在徽州复制的宗族生活,是酿造程朱理学的酵母。反之,程朱理学又加固了徽州的宗族秩序。新安文化的内核就是程朱理学酿造出的宗族文化。宗族为了在山地有限的生存空间里争得生存发展的权利,必得依靠科举张大门第。徽商为宗族聚居、为文教科举提供物质条件。宗族组织、宗族文化强大的内聚力又是徽州商帮特别强固、富于竞争力的内在机制。徽商借助宗族势力,获取资金和人力上的支持;借助宗族势力,建立商业垄断,展开商业竞争;借助宗法制度,控制从商伙计;借助宗族势力,投靠封建政权。徽商投资教学、培养子弟业儒入仕,正是他们成为官商、取得商业特权的捷径②。区域文化水平的普遍提高,又使大多数徽商成为儒商、具有较高的商业素质。汪道昆曾精辟地指出徽州贾儒互动的关系:"大江以南,新都以文物著。其俗不儒则贾,相代若践更,要之良贾岂负闳儒,则其躬行彰彰矣。"③在特定的时空条件下,上述三要素构成良性循环系统。徽商在明清时代数百年间执掌中国商界之牛耳;徽州科举在

---

① 汪道昆:《太函集》卷一《黄氏建友于堂序》,黄山书社2004年版。
② 唐力行:《论徽商与封建宗族势力》,《历史研究》1996年第2期。
③ 汪道昆:《太函集》卷五十五《诰赠奉直大夫户部员外郎程公暨赠宜人闵氏合葬墓志铭》,黄山书社2004年版。

明清与苏州并驾齐驱,成为全国府一级科举之最;徽州宗族则是"千年之冢,不动一抔;千丁之族,未尝散处;千载谱系,丝毫不紊"。徽州区域社会是一个独立的方言区(语言学界将全国分为8个或10个方言区),它是一个既封闭又开放的系统,崇山峻岭把徽州与外部世界隔离开来,使徽州区域社会系统能稳定运行,新安江、阊江、青弋江又把徽州与江南联系起来,通过商人、士子与外部世界保持密切的物质与信息交流,使徽州区域社会能持续运行。这样一个社会生活系统便是徽州区域社会的整体特征。

对徽州区域社会整体特征的揭示,不仅可以大大深化对徽商乃至徽州社会其他要素(专题)的研究,而且具有方法论上的意义。虽然区域研究的方法是多元的,但对区域社会整体特征的揭示是任一区域社会研究都无法回避的。

在对徽商研究的基础上,我进而对近世中国商人进行了研究,撰成专著《商人与中国近世社会》,于1993年由浙江人民出版社初版,香港中华书局与台湾商务印书馆继之出版了修订本和繁体字本。近年北京商务印书馆又出版了新的版本。本书一版再版之际正是中国不可逆转地进入市场经济的时代,中国商人阶层正式合法登上历史舞台之时,因而受到社会各界的重视。作为第一本力图全面论述中国商人与近世社会互动关系的专著,该书先后获江苏省哲学社会科学优秀成果一等奖、华东地区优秀政治理论图书一等奖,并被海峡两岸及国外一些高校列为研究生必读参考书。

二、学术理路的坚守与变通

回高校从事学术研究三十年间工作单位凡三易,学术环境多有变迁,所研究的课题也随之有变,然而我的学术理路始终不变,对学术前沿的追求也始终不变。在安徽师范大学期间,我主要从事徽州区域社会经济研究。1994年回到故乡苏州大学工作后,我开始思考以新的课题来适应新的环境。我没有简单地另起炉灶,而是寻求变中之不变,延续乃至强化我的研究理路。在从事徽州区域史研究时,我并没有画地为牢把学术视野局限于徽州区域内,而是提出了区域社会的研究必须要超越疆界。每一个特定区域的研究,都存在一个小区域与大区域的关系。这个大区域其实就是小区域的集散效应圈。我在界定徽州区域的集散效应圈时就认为大体可分为三个层次:徽州本土是它的核心层次;中间层次涵盖沿长江、运河的市镇农村,其中心区乃是无徽不成镇的江南;外围层次则遍及全国远至海外了。三个层次互相作用,应当注意他们之间的互动关系。如果说核心层次是小徽州的话,那么中间和外围层次可称之为大徽州。这样一来,就把徽学区域研究纳入了徽州社会系统与环境互动的框架之内,把单一、静态、直观的研究变成了整体、动态的研究。在区域与其环境互动的研究中,区域比较是其中的一类。一般意义的区域比较研究,并不一定要求两个区域之间有直接的互动关系,比较它们的异同,区分区域发展的类型,也可以为我们探讨区域发展的特征和规律提供有益的思考,在这方面美国尔湾加州大学的历史学者做了很好的工作[①]。在区域比较研究中,最具难度、最有挑战性的是两个具有互动关系的区域之间的比较研究。因为研究者必须对两个区域的历史和现状以及它们之间的相互关系都有全面把握与深入研究。任何区域的发展都不可能是孤立的,必然会与其他相关区域发生人员、经济、文化等的交往与互动。一方面,各个区域的地理、物产、区位、交通、文化乃至经济社会结构都有其自身的特点。苏州与徽州虽同在江南,其地理、区位却迥然不同。苏州东有大海,西有太湖,运河傍城而过,乃长江冲积平原和太湖水网平原地区。江南大运河开通后,优越的区位和地理条件,使苏州成为唐朝江南的雄州。宋时,全国经济重心南移,"苏常(州)熟,天下足",苏州被称为"天堂",逐渐成为江南经济文化的中心以及全国财货集散、转运和信息交流的中心,有状元、优伶为苏州土产之说。徽州则由于地理闭塞、物产瘠薄,只有用当地山产竹、木、茶、漆及新安四宝笔、墨、纸、砚来换取粮食,因而徽州自古就有经商的传统。要之,宗族与徽商可以说是徽州的两大土产。另一方面区域

[①] 代表作有王国斌的《转变的中国:历史变迁与欧洲经验的局限》(江苏人民出版社1998年版)、彭慕兰的《大分流:中国、欧洲,和现代世界经济的形成》(江苏人民出版社2004年版)。

之间的互动互补也是各区域形成并保持这些特点的必要条件。区域社会经济文化的内涵与变迁规律,只有在区域比较中才能突显出来。因此区域互动关系的研究必将把区域研究引向深化。有鉴于此,我于1998年申报了国家社科规划项目"16—19世纪苏州与徽州地区经济与社会发展差异的比较研究"。选择苏州与徽州进行比较研究也是与我个人的学术积累相联系的,我曾参与编纂或主编了《明清徽商资料选编》《明清以来苏州社会史碑刻集》《江南区域研究论著目录(1900—2000)》等,这些学术积累使我有可能从事这两个区域的比较研究。经过多年的努力,《苏州与徽州——16—20世纪两地互动与社会变迁的比较研究》一书2007年由商务印书馆出版,并于次年获得上海市哲学社会科学优秀成果一等奖。

2000年初我由苏州大学调动至上海师范大学,一方面继续进行原有的区域社会经济史研究,并申请了新的国家社科基金项目"国家权力下的乡村统合——16至20世纪徽州乡村社会权力关系研究";另一方面则开始进入区域文化社会史研究的领域研究。做出这样调整的理由有二:一是自20世纪90年代开始,社会史在与社会学、人类学、后现代主义理论的结合过程中实现了"范式转换",新文化史应运而生,影响渐及欧美等地。几乎同时,中国台湾地区的史学研究也开始了"新文化史"的转向。顺应国际学术潮流这一变迁,中国大陆也已开始了文化社会史研究的探索。二是找到了江南区域文化社会史研究的切入点。我在为家父唐耿良先生整理回忆录《别梦依稀:我的评弹生涯》的过程中,深深感受到评弹与江南社会血肉相连的关系。评弹通过"走码头"联系着江南城乡每一角落,近代更由苏州走进大都会上海,成为苏州与上海这两个不同类型城市间的文化纽带。评弹是上海多元文化中显著的一元,20世纪30—40年代借助广播,更是成为上海城市的背景音乐。我希望在研究工作中能找到社会经济史与社会文化史相融通的方法。为此,我先后申请了教育部人文社科研究重点基地重大项目、上海市哲学社会科学研究项目"评弹与晚清以来上海都市文化圈"、上海市哲学社会科学重大项目"评弹资料的整理与研究"。目前已组织了研究团队,计划推出《评弹与江南社会研究丛书》,以开拓历史学研究评弹的新领域。评弹从苏州到上海,我找到了这两个城市间社会文化联系的切入点。同样的,在做"国家权力下的乡村统合——16至20世纪徽州乡村社会权力关系研究"课题时,我把对徽州乡村权力关系的研究放在大徽州的视野中,在大都会上海与山区村落之间,寻求它们的互动对乡村权力关系的影响。上海档案馆存有大量徽州旅沪同乡会的资料,这些资料披露了近代以来,当乡村自治趋于衰落时,城市自治体开始生长,同乡会便是其中之一。同乡会的经济力以及政治干预力使乡村在经济凋敝、烽火连天的艰难岁月保持了自治的格局。从徽州、苏州到上海,从社会经济史到社会文化史,我就是这样走过来的。

三、不断开拓区域社会研究的新史料

区域社会整体研究与以政治史为中心的传统史学研究有着极大的差异,这不仅表现为二者研究对象的不同,也表现为所用资料的不同。区域整体研究的资料在我们所熟悉的正史中往往所见不多,需要另辟蹊径去广为搜求。为了重现区域全面的历史,我们需要区域全面的资料,包括书面的、口述的、实物的等等。徽州保存着异常丰富的历史资料,尤其是中国传统社会后半段的资料,这是徽学得以成为一门学科的基础所在,也是徽学的价值所在。在我的学术生涯中曾经主编或参编过多本资料集,第一本就是《明清徽商资料选编》(黄山书社1985年版),这也是有关徽学的第一本资料集。

徽商研究最大的困难便在于资料的匮乏。自古以来,商为四民之末,在传统史学领域里,商贾市井之辈是没有一席之地的。有关商人的零星资讯,分散在族谱、方志、笔记、小说、文集、碑刻、文书、档案之中。族谱、方志中的资料分散开来看不易发现它的价值,集中起来分类排比,就能看出问题来。族谱中的人物志、家传、寿序、行述、行状、圹志、墓志铭,方志中的风俗、人物类下的义行、孝友、乡善、尚义、笃行、儒行、宦行、文行、质行等都收有商人的传记。省府县志外,乡镇志的记载往往更为翔实,如《岩镇志草》《丰南志》《沙溪集略》《澄阳散志》等。一些文集中商人的传记或资讯也较为集中,如汪道昆的《太函集》、李维桢的《大泌山房集》、许国的《许文穆公集》、赵吉士的《寄园寄所寄》、许承尧的《歙事闲谭》等。明清小说如《三言二拍》《型世言》《儒林外史》中有不少徽商的故事,当也是现实生活的反映。20世纪80年代初,我和研究室的同事们决定从徽商专题入手,做基础的资料工作。我们南下北上,冒寒暑、舍昼夜,到徽州及各地图书馆、博物馆搜集资料。当时条件有限,资料全凭手抄。虽谈不上风餐露宿,但住的是简易旅舍,吃的是冷饭冷菜。经过数年的努力,抄得近百万字资料,并从中摘出40万字,编纂成《明清徽商资料选编》。该资料集将徽商资料分为七个类别:明清时期的徽州社会;徽商资本的来源与积累;徽商经营的行业;徽商的活动范围和经营方式;徽商资本的出路;徽商的政治态度;徽商与学术文化。每一类别再加细分,如徽商资本的出路下又分为:购置土地,助修祠堂书院,助饷助赈、兴水利筑道路、抚孤恤贫等义举,奢侈性消费,投资产业。无须多加一字,读者从集中起来的徽商资料便可窥得徽商的概貌。这是徽学的第一本专题资料集,它为徽商乃至徽学的发展奠定了基础,被评为全国优秀图书二等奖,安徽省优秀哲学社会科学成果一等奖,受到了海内外同行的欢迎和好评。在搜集资料的同时,一批徽商研究的论文问世了。多年来我在《历史研究》发表论文和评论9篇,其中有关徽州区域社会研究的就占了6篇。

明清徽商资料选编虽然为徽商研究提供了基础性的资料,但在进行每一具体专题研究时,还必须进行专题性的民间资料的搜集。这里以徽州方氏的研究为例作一说明。徽州方氏是我重点解剖的一个宗族,我曾到徽州各县以及浙江淳安等地进行过实地民间资料的调查,访得乡民家藏的方氏族谱数十种以及祭祀簿等珍贵资料。说起这次调查的缘由也十分有意思。作为徽州望族的方氏从未引起历史学界的注意,引起人们注意的倒是方氏的一个叛逆者——北宋末年的方腊。在新中国成立后的农民战争研究热潮中,方腊起义也是热门话题之一。重提方腊是在"文化大革命"末期的1975年,毛泽东就《水浒》发表谈话,说:"《水浒》这本书好就好在投降。做反面教材,使人民都知道投降派。""宋江投降了就去打方腊。"一时方腊名声大振,成为坚持革命的典范。但方腊也有不尽如人意之处,一个农民起义领袖,居然长期以来被史学界认定为是出身于"家有漆林之饶"的"中产之家","又为里胥",这样的阶级根源,又怎能与坚定的农民革命立场相联系呢? 在血统论甚嚣尘上的时代,有必要为其正名。于是地处皖南的安徽师范大学便把为方腊正名的使命担当了起来。不仅要搞清方腊的出身,还要搞清他的籍贯。方腊究竟是皖南人还是浙江人? 这也不是小问题,在那个时代,农民起义领袖便是乡贤,一方的光荣自然不能轻易让人。要搞清方腊的身世,最有说服力的资料当推方氏族谱了。1976年,该校历史系组织数十名师生,经历数月时间,在地方政府的支持下,到方氏聚居的歙县、淳安等地乡村搜集方氏族谱,并根据调查所得的材料,撰写文章并出版了《方腊起义研究》一书。今天看来,关于方腊身世之争已是过眼烟云,孰是孰非,完全可以通过历史学的方法心平气和地加以考证,重要的是当年开展的关于方腊家世的调查和对于方氏族谱的搜集,为今天的民间资料的搜集提供了线索。我在安徽师范大学任教期间与学术前辈万绳楠、杨国宜两位教授结为忘年交。他们均是当年方腊的调查者。承他们不弃,向我提供了当年借调方氏族谱的记录,其中有族谱收藏者的地址和谱名,共计54部。重提这段往事,是想说明民间资料的搜集并非易事,是要花大力气的。即使是对一个家族的调查,靠个人的力量也是困难的。但是深入下去,由此及彼,往往可以有新的发现。古祠残壁下的一块断碑,山村野老的一席口谈,或许能帮你解除旧的疑惑,带来新的思维,从而更加贴近社会生活的实态。

在苏州大学工作期间我和王国平教授共同主编了《明清以来苏州社会史碑刻资料集》。这是苏州与徽州比较研究的中期成果,并为《苏州与徽州——16—20世纪两地互动与社会变迁的比较研究》的完成奠定了资料的基础。《明清以来苏州社会史碑刻集》是关于苏州的第三本碑刻集,收录碑文计500件。此前的《江苏省明清以来碑刻资料选集》共收碑文370件,其中苏州为322件,占全书的86%。《明清苏州工商业碑刻集》则收碑文258件(其中一百余件与《江苏省明清以来碑刻资料选集》重复)。三书共收苏州碑刻近千件。

苏州碑刻之多,是与明清以来苏州的地位相应的。苏州是历史文化名城,自古以来人文荟萃,经济繁荣。经济与文化的相互作用,使苏州的社会生活瑰丽多彩,其社会变迁往往得风气之先。遍布古老苏州大街小巷的碑刻,虽然已经斑驳陆离,字迹漫漶,但是却留给我们大量的明清以来苏州社会史的信息。回顾搜集、整理、标点、校勘的艰难过程,不禁感慨系之。我们曾顶烈日、迎朔风奔走于江南市镇,穿行于深巷古宅,查找历史的印痕;我们曾踏雪登上白鹤岭,察看天主教墓地,细辨南怀仁的墓志铭;我们曾来到浩瀚的东海边,在郑和出海处的天妃宫,寻觅当年海商留下的文字。我们这本碑刻集与先前两本碑刻集不同之处便在于取材不再囿于经济史领域,而是以更为宽广的社会史视野来审视、取舍的。这本碑刻集对于我来说还有两点特别的意义。一是第二本工商碑刻集是由我的老师洪焕椿先生主编的,我做的第三本碑刻集本身就有继承的关系;二是苏州是我的故乡,出生后我在苏州生活了5年,天命之年我回到苏州工作的时间也是5年,碑刻集是我献给故乡的一份薄礼。

转入上海师范大学后十余年来,我在资料工作方面做了二件事,一是与著名的江南史研究专家、维多利亚大学历史系教授陈忠平先生合作主编了《江南区域史论著目录(1900—2000年)》。我们认为中国史学源远流长,特别以原始资料的收集、整理和运用见长。这一学术传统也深刻影响了现代中国历史学科的发展。江南地区各类史料浩如烟海,研究江南区域史的学者不仅要对这一地区的文献口述史料继续进行深入的探索,还需要对现有的史学研究成果进行概括提炼,并进而发展出立足于本土的研究方法与理论。运用现代社会科学研究的方法研究江南地方历史的学术潮流兴起于20世纪初期。江南是魏晋至隋唐以来中国经济文化发展的重心,对全国社会政治变迁有深刻影响,因而这一地区也是近百年来国内外学者研究的焦点。20世纪的学者已对江南的政治史、社会史、经济史、文化史等进行了深入而广泛的探讨,并为我们将来在此领域的研究工作打下了坚实的基础。因此编辑江南区域史论著目录不仅是要对以往的江南地方史研究作一回顾,更希望此编能够成为未来江南学发展的一块基石。这项编辑工作早在1987年就在忠平先生的主持下开始进行,本世纪初他回国访问,商定由我们共同来完成这一浩大的工程。2007年,《江南区域史论著目录(1900—2000)》由北京图书馆出版社出版。二是编纂评弹与江南社会资料集。关于评弹的资料过去已有累积和出版,但多是从曲艺剧种或艺术史的角度来选材的。我们从历史学的角度,以评弹与江南社会互动的专题切入来搜集资料。经过5年的不懈努力,已从近代报纸、杂志、档案、方志等等中抄录得二百余万言,目前正在整理之中,拟出版《评弹与江南社会资料集》。一代新的史学需要有新的资料作为基础,而穷年累月,东搜西索,披览摘抄,爬梳剔取,更需要耐得寂寞的沉潜和学术奉献精神。在当今浮躁的学风中,以上这些资料集或目录的出版,或许超越了其本身的意义。

四、区域社会研究的理论新探索

区域社会研究除了需要新的资料外,还需要新的理论和方法。一些现成的理论是海外的学者在当地进行区域研究时总结出来的,是值得我们认真去学习和借鉴的。但是我们在进行中国区域社会研究时,也需要从具体的研究中去抽象出属于我们的理论和方法。一项优秀的研究成果,除了要给出新的知识外,还应给出研究的新理论和新方法,给其他研究者以学理上的启迪。我并不擅长理论,但数十年来出于研究工作的具体需要也做了一些探索,现撷数例于下。

(一) 对区域比较研究的思考

在区域比较方面并没有现成的理论与方法可供借鉴。我们从苏州与徽州区域互动的角度出发,将区域互动划分为区域间的相互沟通、相互作用和相互知觉三个层面,在这个相互联系的统一体里展现区域比较的历史画卷。

第一个层面:相互沟通。如果从地图上看,苏州与徽州的直线距离仅为270余公里,应该说是相邻相近的。但两个区域的互动并不便利,因陆路交通十分困难,水路就成了两地互动的主要通道。但徽州的河流与苏州不同,苏州的河流平缓、四季盈盈,而徽州的河流湍急、季节性强,从而形成难进易出之势。生存的需要是沟通的第一要义,徽州对粮食等物资的需求与寄居苏州为中心的江南核心地带的南迁望族对避难的需求,是两地沟通的大前提。千百年来徽州商人和南迁望族不避艰难,或攀行于山间鸟道,或挽舟逆水而行,将徽州与苏州沟通起来。

两个区域的沟通总是双向的。但是它们之间存在一个位势的问题,即主要由某一区域流向另一区域。从经济社会的发展来看,历史上苏州的发展总是比徽州要领先一步。从经济上来说,早在汉武帝时,苏州已成为"东南一都会"①,而当时的徽州乃是山越居住的蛮荒之地。从文化上来说,《吴郡志》载,唐肃宗时,由于官绅倡导文化,苏州一改六朝之前吴人好剑尚武之俗。而徽州文化由尚武至尚文的变化要慢一步,直至宋代才实现。两地社会经济文化发展的位差,决定了两地基本的流动趋势。

从历时性的纵向线索看,两地人员的沟通可以宋代为界分为两个阶段:宋代之前,徽州虽然经济文化落后于苏州,但是由于其封闭的地理条件及区位,适合于躲避战乱,历史上社会动荡的乱世,北方移民多由吴地或经由吴地沿新安江进入徽州②,给徽州带来中原及吴地的文化。可见,苏州、徽州最先的互动是由北向南互动的继续,是在江南范围内的东西向的互动。这种互动,主要体现为逃避战乱的中原移民对徽州的经济与文化的开发,是由苏州向徽州的流动。宋代以后,尤其是明清至民国年间,则是由徽州乡村向苏州都市的自西向东的移动。其原动力主要为经济因素。徽州商人进军江南经济、政治、文化中心——苏州,为两地密切互动创造了条件。阊门外十里街市,是苏州最繁华的商业区,也是徽商麇聚之地,苏州与徽州互动的力度前所未有地加强。苏州与徽州两地的互动,是沿海与内地的互动、平原与山地的互动、经济发达地区与经济落后地区的互动,这就决定了沟通的媒介主要是依靠内地、山地和落后

---

① 司马迁:《史记·货殖列传》。
② 曹志耘:《语言学视野下的新安文化论纲》,载《'95 国际徽学学术讨论会论文集》,安徽大学出版社1997年版。

地区的居民——主要是徽商来充任。

第二个层面:相互作用。在16—20世纪的传统社会转型期,苏州与徽州两区域之间相互作用的总趋势是:在经济上,苏州是江南的经济中心,并孕育了资本主义萌芽;财力雄厚的徽商将巨额的商业资本汇聚到苏州,大大增强了苏州的活力。在社会发展上,苏州随人口和经济发展经济结构渐渐变动,承接着传统的经济优势,自发、缓慢地发生社会转型,徽商的经营活动客观上推动着苏州等地的社会转型。徽商在苏州异常活跃,获取大宗商业利润。其商业利润输回徽州,却加固着徽州宗族社会的旧秩序,徽州由于宗族制度普遍存在,束缚了社会转型。在文化上,苏州和徽州都是儒学发达之地,清代又以吴学和皖学相对峙,教育、科举昌盛,人才辈出。徽商把苏州等大都市的经济文化信息和生活方式输入徽州,使徽州社会经济发生变动;同时,徽商把徽州深厚的宗族制度和文化带到苏州等大都市,凝入经济和社会生活之中,一些徽州的精英也在苏州定居下来。徽州、苏州两个区域的相互作用以及它们发展的不同路径,体现在一系列具体的经济、社会、文化要素的异同上,诸如苏州与徽州的家庭—宗族结构、妇女、宗族、教育科举、市镇、基层社会控制、基层社会保障、民俗风尚、民间信仰等。这是历史的主体,需要我们展开深入而细致的比较研究。

区域间相互作用的研究,也应超越两个区域的疆界,将它们放在一个更为广阔的共时性背景下加以考察。明清以来徽商在江南的中心苏州以及江南市镇造成一个由坐贾、行商与海商所构成的商业网络。汪直、许二、徐海等徽州商人,是海外贸易的核心层次;苏州和江南市镇是海外商品的生产地,属海外贸易的外围层次。徽州行商则是将核心层次与外围层次联结起来的中介层次。这一网络又使苏州与徽州的互动、平原与山地的互动,带动起江南与大海的互动。这个互动也就与16世纪形成的世界市场联系在一起了。

第三个层面:相互认知。作为苏州与徽州互动的媒介,徽商来到五方杂处、市曹繁荣的苏州后,他们希望为苏州人所认同。徽州人在苏州经商,以儒商自居,讲究以义取利的长久之道,但良莠不齐,不免有欺诈和刻薄的行为,引起苏州人的反感。在苏州流传有"徽州人往往多奸巧",甚至詈为"徽猫"、"徽狗"、"徽鳖"、"徽州厌子"、"徽州人生性十分蛮"、"徽州人喂勿饱"①等。所以徽商力图改变苏州人对徽州人的认知。士大夫是社会舆论的中心,徽商在苏州十分注意与士大夫的交游。歙县潘之恒,经商苏州,"以文名交天下士"②。婺源李贤,"乐与贤大夫亲,故随所在,吴士大夫咸愿与之游"③。徽商与文人相交而相知,这对他们融入苏州社会和经营活动是很有好处的。一些徽州望族移民苏州后,经过数代人的发展,于经商之外,在科举上也大获成功,从而融入苏州社会,例如乾隆时状元潘世恩家族。苏州文人对徽州真正深层的认知,是在亲临徽州大好山水之后。《歙事闲潭》云:"王弇州先生来游黄山时,三吴两浙诸宾客,从游者百余人,大都各擅一技,世鲜有能敌之者,欲以傲于吾歙。邑中汪南溟先生,闻其至,以黄山主人自任,儗名园数处,俾吴来者,各各散处其中,每一客必一二主人为馆伴。主悉邑人,不外求而足。大约各称其伎,以书家敌书家,以画家敌画家,以至琴、弈、篆刻、堪舆、星相、投壶、蹴鞠、剑槊、歌吹之属无不备。与之谈,则酬酢纷纷,如黄河之水,注而不竭。与之角技,宾时或屈于主。弇州大称赏而去。"苏州人与徽州人相互的认知越深,则相互吸引力越大,互动越易成功和顺畅。

苏州与徽州的互动渗透到社会生产和生活的各个方面,甚至进入社会文化、大众心态的核心层面。由沟通而相互作用、相互认知,这是一个循环往复而逐渐提升的过程。正是在这一历史过程中,使这两个江南小区域不断走向繁荣,同时又保持了各自的社会发展路向,从而使江南社会呈现多元的局面。

超越疆界的区域比较无论从理论上或是方法上都应该是多元的。我们关于苏州与徽州区域的比较只是一次尝试。超越疆界的区域比较不仅有助于我

---

① 弹词话本《描金凤》十二卷,光绪孟冬重刻本。
② 汤显祖:《汤显祖集》卷四十一《有明处士潘仲公暨吴孺人合葬志铭》。
③ 张海鹏、王廷元、唐力行、王世华:《明清徽商资料选编》,黄山书社1985年版,第168页。

们更好地把握区域的特质,而且通过揭示区域之间的内在联系,可以更为深入、全面地认识社会运动的规律、社会的结构等等,把对整体中国的研究大大向前推进。区域史的研究是推动整体史研究深入发展必由途径。

(二)区域研究要运用整体史观

在进行区域研究时,切忌就局部而局部,以免使研究变得琐碎、零乱。局部与整体的关系是相对的,区域与中国的关系是局部与整体的关系;缩小一些,区域与一县、一都、一村、一族、一人间的关系也是整体与局部之间的关系;放大一些,中国与世界之间同样存在着局部与整体的关系。区域研究必须放到纵横结合的历史坐标上去,在纵向的时间与横向的空间座标中找到它的位置。小至一人、一村、一族,我们总要看到它在一县、一区、一国的时空位置。明清时期,中国开始受到西方的冲击,有必要把区域研究放到世界的大局中去考察。惟其如此,才能真正把握区域的本质特征,才能把研究推向深入。例如在《论明代徽州海商和中国资本主义萌芽》一文中,我在对徽州海商的研究时,便是将这一行业的商人(局部)放在整体中国社会经济发展的纵向时间以及与世界市场、海外贸易相联系的横向空间坐标上加以考察的,从而得出徽州海商的经营活动促进了中国江南资本主义萌芽的产生的结论。我们通常说中国资本主义萌芽产生于16世纪,为什么呢?一般都将其归结为生产力的发展。吴承明先生的研究告诉我们,中国封建生产力早在宋代就已经成熟了,明代的改进只是量上的,并未脱离中世纪水平,远不足以动摇封建的经济结构。由于结构未变,国内市场也不可能有大的发展。我们知道,只有市场发展了,生产规模才会扩大;生产规模扩大了,生产的组织方式才会改变,新的生产方式才会萌芽。在研究中国资本主义萌芽时,应该注意16世纪世界市场的形成和中国海商的走私贸易。正是徽州海商和其他海商的走私贸易冲破了明王朝的海禁,把江南与世界市场联系起来了,从而造成了江南社会经济的一系列连锁反应。世界市场需求量最大的丝绸、瓷器等商品,恰恰是江南最先出现资本主义萌芽的生产部门的产品。嘉靖、隆庆年间,在江浙沿海最大的走私商帮正是徽商。而徽商之所以能在走私贸易中一度执得牛耳,是与徽州商帮强固的血缘、地缘纽带分不开的。"无徽不成镇"的江南坐贾、手工作坊主,"遍天下"的行商,铤而走险的海商之间形成一个从生产到流通的海外贸易网络。对于中国资本主义萌芽的产生,徽商功不可没。1990年《中国经济史研究》第3期在发表该文时加了编者按:"这篇文章(指陈春声、刘志伟的《清代经济运作的两个特点》)和下一篇文章(指拙文)围绕与中国资本主义萌芽研究的有关问题提出了一些看法。文章涉及对中国封建社会后期商品经济发展程度与性质的估计,牵涉对中国封建经济发展规律的认识,以及经济发展中生产与流通、内因与外因、经济与文化等方面的关系。我们认为这些问题是应该讨论的,欢迎大家对此发表意见。"按语所云的三个关系,实际上都涉及局部与整体的关系。由于该文在论述徽州海商(即嘉隆年间的"倭寇")时,是从流通与生产、区域市场与世界市场的视角出发,因此就有了关于中国资本主义萌芽与嘉、隆年间"倭寇海盗"的反思:(1)中国资本主义萌芽的生长并非完全是自然历史进程的产物。马克思主义经典作家在不同场合所阐述的资本主义萌芽生长的过程,可归结为一个自然历史进程,即由生产力的发展,造成社会分工的扩大、商品经济的发展、城市的兴起与独立、商品经济对农村自然经济结构的破坏、市场的扩大以至手工工场的兴起的进程。这是根据西欧中世纪后期历史演进的模式加以总结的。但是,世界各国走向资本主义的历史进程并不是遵循一个共同的模式的。中国资本主义萌芽的生长固然与生产力的发展有着至为重要的关系,但是明清时代社会生产力的水平较宋元并无一个明显的增长;中国的城市只是封建统治的中心,即便是明清江南市镇也没有摆脱封建统治而获自治;家庭手工业与农业相结合的经济结构到清季仍是异常坚固的,国内市场十分有限。所有这些历史前提条件都与西欧迥然不同,其中尤为严重的是中国的农村没有一个巨大的变化。过去,我们往往忽略这些不同之处,而把中国资本主义萌芽纳入西欧历史演进的模式,过分强调其完全是自然历史进程的产物,这就无法对资本主义萌芽何以生发于明代嘉、万年间作出科学的解释。自然,如果没有世界市场这一外部因素的刺激,我国封建社会内部也会萌发资本主义萌芽,但是这一进程将大大延缓,却是不容置疑的。内因是事物变化的根据,然而在一定的条件下,外因却能通过内因起决定的作用。正是基于这一认识,我们认为,16世纪世界市场的开拓和走私贸易的隆兴,给予中国资本主义萌芽的滋生以一个关键的契机。(2)中国资本主义萌芽的脆弱性。资本主义萌芽的兴衰受制于封建统治者的外贸政策。隆庆、万历前期海禁解除,资本主义萌芽得以生长。万历二十年后,因日本丰臣秀吉侵略朝鲜,海禁骤严,限制了资本主义萌芽的发展。明末清初连年战乱以及清初的迁海政策,使资本主义萌芽一度凋零。康熙二十三年(1684年)开放海禁,指定广州、漳州、宁波、云台山为通商口岸,不久又改为开广州一口。资本主义萌芽的生产逐渐恢复并超过明代的水平。有清一代(鸦片战争前)以闭关锁国为国策,故资本主义的生产始终处于萌芽状态。中国资本主义萌芽的脆弱性同样表现于徽州海商的身上。徽州海商借助封建的血缘、地域关系以增强其竞争力,但是封建的躯壳同时又限制了其进一步竞争的可能。徽州官僚胡宗宪正是利用血缘、地域关系欺骗一心求通商的汪直,先后剿灭汪直、徐海等海商集团。徽州海商的势力在胡宗宪的打击下一蹶不振。万历四十五年,明王朝推行纲盐制,盐商开始享有垄断盐业运销的世袭特权。徽商的资本和中坚力量转入既少风险又可稳得巨利的盐业。此后,徽州商人虽仍有从事航海业的,然其势已如强弩之末,不足以与浙、闽、粤商竞争了。徽州海商微弱的资本主义萌芽性质消退了,而徽商的封建性却大大强化。(3)"倭寇海盗"武装反明斗争的意义不能低估。被封建统治者诬为"首倭而作之乱者"[①]的海商汪直曾多次向统治者提出开放海禁、通商互市的请愿:"倭国缺丝棉,必须开市,海患乃平";"他无所望,惟愿进贡互市而已",显示了商品经济(其中包含资本主义萌芽的生产和流通)求生存、求发展的意志力。"暴力本身就是一种经济力"[②]。"倭寇海盗"的反抗是被迫的,他们的反海禁斗争是反封建的正义斗争。与明代的大大小小的农民

---

① 王世贞:《倭志·蒋陈二生传》。
② 《马克思恩格斯选集》第2卷,第256页。

起义相比较,他们在反封建上是共同的,但是"倭寇海盗"的反抗斗争与资本主义萌芽的经济力联系在一起,因而也就蕴含社会革命的成分。从这个意义上来说,"倭寇海盗"反抗斗争的意义超越于农民战争。"倭寇海盗"反海禁斗争是市民反矿监税使斗争的先声。对它们都应加以充分的肯定。4."倭寇"之争的反思。自明末直至20世纪70年代,史家众口一词地指责嘉、隆年间的海商为"倭寇海盗"。这就涉及一个如何对待传统史学的问题。不少史学工作者至今没有突破忠君爱国的正统观念,他们以是否能保持封建王朝的稳定性作为评判历史事件的标准,而不是以是否有利于历史的进步作为研究工作的着眼点。戴裔煊先生以耄耋之年推出他的开创之作《明代嘉隆间的倭寇海盗与中国资本主义萌芽》,为"倭寇"正名,其坚持实事求是的学术勇气是可钦的。"倭寇"之争留给我们的启示是,历史学家首先必须有忠实于历史的勇气;其次,必须要有敏锐的洞察力,紧紧把握住历史发展的总趋势,勿以帝王之好恶为好恶,坚持以是否有利于历史的进步作为评判历史事件或人物的客观标准。只有这样,史学才谈得上科学性,才会有不衰的生命力。

此文刊布后不久,在当时的时势下,受到有组织的批判。《中国经济史研究》1991年第3期发表《关于明代"倭寇"与中国资本主义萌芽的一些问题——与唐力行同志商榷》。某商业史学会的负责人打着杂志社的旗号到我当时任教的安徽师大煽风点火,来势汹汹。坚持说真话是会有风险的。风波过后中国经济史研究杂志社约我写一篇驳论,但我觉得"商榷"一文实在不值得一驳,她不过是重复了同类文章的陈词滥调,而我要讲的话已经讲得很清楚了。

(三)跨学科的研究方法

区域史的研究必须摆脱传统史学陈旧观念的束缚,必须从孤立的、封闭的研究转向综合的、开放的、跨学科的研究。诸如人口学、地理学、人类学、经济学、社会学、文化学、语言学、谱牒学、心理学等等,凡是能运用的方法都应拿来为我们的研究服务。当然在具体运用时,应根据对象的不同,选用适当的方法。

1. **历史地理、历史人口学的方法**。区域历史地理、人口的考察,是区域整体研究的基础工程。徽学的研究有着极为丰富的资料,而要利用这些资料却有着巨大的障碍。无论是族谱还是契约文书等民间资料,在使用时必须弄清它们的地望,以确定其空间位置。民间资料上的地望一般是县以下的,其中最关键的是都和村两级。历史地图只绘制到县一级,那么明清县以下的都的辖区是怎样的呢?村一级的地望在明清数百年间有很大的变化,那么村名的变迁又是怎样的呢?只有弄清都的分界,以及都所辖村名的变迁,才能根据族谱的地望来确定一个家族的地理位置,并进而查找出相邻几个家族的谱牒和文书等资料,对之作综合的社区研究。1987年,我和一位以徽学研究在普林斯顿大学取得博士学位的美国学者Keith Hazelton(中文名字贺杰)合作研究徽州的地理、人口。根据明代《新安名族志》(1551年)、康熙《徽州府志》(1690年)、道光《徽州府志》(1827年)所列村名,对歙县(该县统计增加了1937年的民国《歙县志》)37都1 134个村、休宁33都524个村、绩溪15都439个村的消长衍变作了全面的考索,分别制作了85张《近四百年某都村名考索表》。在这个基础上,我们精心绘制了三县的分都图,计算出了每一都的面积,并借助电脑绘制出《徽郡三邑人口相对密度分布图》和《徽郡三邑名族密度分布图》。都一级的人口与名族密度及村庄的变迁,对于历史人口学、地理学来说属于微观研究的范畴,对于区域社会经济史来说却是属于宏观研究的范畴。我们合作的成果《明清徽州地理、人口探微》,提交给在哈尔滨召开的第二届国际明史学术讨论会,并于1989年发表于《中国社会经济史研究》。

2. **文化人类学的方法**。王毓铨先生在读了我提交给首届中国明史国际学术讨论会的论文《论徽商与封建宗族势力》后,于1985年11月3日给我的一封信中说:"徽商与宗族一文,既可说的本题,也具有启发性。明清徽商的行径亦可于近代华侨中见之。盖远离乡土欲立足异乡异国者,必赖互助而后始能遂其生固其业。互助之纽带多种,宗族联系最为有力。美国之有'中国城'——'唐人街',而唐人街中至今尚保存其祖宗堂号组织,如致公堂等,各堂相结,而自治政事于是生焉。曩在美国为大使时,胡适曾于1939年在东方学会一年会上宣读论文一篇,言民族文化之传播如池水然。投一石子于其中,则波纹逐圈外传,故往往于其边缘处发现其原始中心文化教育之特点。尊论亦为佐证。"毓铨先生的来信给我以鼓舞,使我进一步认识到文化人类学在研究工作中的重要性。

群山环抱之中的徽州属于江南的边缘,容纳着、积淀着古代中国政治文化中心区域已经消失了的种种特点,因此对徽州作文化人类学的田野考察,并与地方文献相结合,是重构区域历史、重新认识中原地区原始中心文化的必要途径。我将拥有丰富地方文书资料的绩溪县镇宅坦村列为田野考察的基地。该村与胡适的故乡上庄村相接壤,位于绩溪西部的崇山峻岭之中,村域面积近七平方公里。宅坦与外界的联系十分不便,自古以来村民外出都要靠步行,翻过崇山峻岭才能抵达歙县和旌德的水码头,然后走新安江去杭州,再转水路至金华、衢州及江西的玉山、铅山,或是沿徽水(青弋江)北溯至芜湖,再经由长江去南京、苏州、上海和武汉等地。这也是宅坦的徽商外出经商的主要路线。直至1933年芜屯公路通车,宅坦人外出方可免去艰难地跋山涉水,不过从村落到绩溪县城还得靠步行。千百年来在这个与世隔绝的村落里,村民们是如何生活的?这里所保存的传统时代宗族组织的实态如何?我以新发现的村落文书——徽州绩溪宅坦村胡氏宗族的《亲逊堂宗祠会议录》(1933—1947年)为主,结合族谱和其他散件文书,并辅之以社会调查,重构抗战时期徽州农村基层社会的历史场景,探讨村民参与宗族活动的深度与广度;职业与门派、人口、世代的关系;宗族的组织和功能等。这有助于考察进入近代后中国农村在传统向现代转型中的真实态势。在抗战的艰难岁月,传统宗族仍在国统区徽州的基层社会生活中发挥着重要作用。宗族与士绅、商人以及由他们构成的地方网络使传统庞大的国家机器与民众之间形成富有弹性的政治结构。正是这一弹性结构,使徽州乡村走过了抗战的艰难岁月。

3. 计量史学的方法。《明清徽州的家庭与宗族结构》一文,运用徽州家谱所提供的明末清代家庭、人口资料进行数量统计。统计数字告诉我们,徽州宗族制度下的家庭结构是以核心家庭为主、主干家庭为次的。同时,宗族却在扩大化,徽州各地纷纷出现联宗现象。统计数字还告诉我们:徽商对徽州小家庭——大宗族结构的形成起了关键作用。徽州人"大半以贾代耕",疏散了人口,抑制了人口的增长;商业的发展促进了家庭的裂变,从而避免了大家庭中劳逸不均和利益不均所造成的矛盾;徽商因其商业合作的需要,不断给宗族血缘纽带输送营养,加固并扩大血缘群体。反之,这一构成又反作用于徽州的社会经济,使徽州的社会结构富于弹性和流动性,有利于徽州社会的稳定;有利于徽商的经营活动;造成儒家学说的昌盛;强化了对佃仆和妇女的压迫,从而维护了商人家庭的稳定。

4.社会心理学的方法。《商人与中国近世社会》一书中,从群体心理学的角度考察徽商心理的整合,揭示其基本的心理特征,探讨商帮心理与商业的关系①。徽商心理的整合与徽州商帮的形成是同步的,大约始于明代正德末、嘉靖初,完成于嘉靖末之前。嘉靖三十九年(1560年)北京歙县会馆的建立,可以看作是徽商成帮的标志,也是徽商群体心理整合完成的标志。徽商心理整合的核心是价值观的整合。徽商在心理整合的过程中,对传统的贾儒观、本末观加以改造、变通和融合,从而使以商业为"功名"的价值观为整个徽州社会所容纳和接受。徽商处世谋利的行为方式是受其特有的群体心理所制约的。徽州商人虽然因其出身、学识、专业、财富、地位不同而在个性上有着种种差异,但是在他们的个性中却寄寓着心理的共性——共同的价值观和归属感,以至于我们只要根据他们对"功名"的执着追求、贾儒两种"功名""迭相为用"、血缘与地缘的紧密结合、"以众帮众"排斥异己等行为方式,便可以轻易地把他们与其他商人区别开来。书中还有一章,专论近代商人心理整合与商会的建立。

5.动态与静态相结合、微观与宏观相结合的方法。如我对徽州望族——方氏的研究,也是把它放在地域社会与传统中国的宏观视野中加以考察的。方氏是西汉末年因王莽之乱率先迁入徽州的中原望族。我根据多部方氏族

---

① 参见朱英:《近世中国商人发展历程的新探索——评唐力行著〈商人与中国近世社会〉》,《历史研究》1994年第6期。

谱、新安名族志以及方志、笔记等珍贵地方史料对近两千年来徽州方氏之源流、迁徙、分合、演变作了考证，并以此为基础，采用动态与静态相结合、微观与宏观相结合的方法，考察方氏与地域社会的关系，以及地域社会与传统中国的关系。传统社会变迁有三个方面的内容，一是周期性的治乱兴衰，而在王朝交替时，往往伴有外族入侵、农民起义、割据战争等社会动乱；二是传统农业社会处于相对的静态；三是传统社会转型，它与周期性的治乱兴衰相交叉，变化更为复杂、深刻。全文环绕这三个方面展开：其一，方氏以"变"应"变"，以动态的迁徙来应对社会的动乱。从汉末方氏始居江南歙东乡，到唐末、五代向徽州山区的迁徙以及南宋时在徽州境内的进一步分支移徙，与中国古代北方士民三次大规模南迁大致同步。方氏等"中原衣冠"不仅使徽州经济得到开发，而且也使其成为文化繁兴之区。汉、唐、五代中原各大姓向徽州的移民是以宗族群体的形式进行的，而徽州山区也以它的怀抱使宗族制度得以长久保存。其二，相对静态的徽州农村宗族社会。说相对静态是因为随人口的自然增殖，宗族还会有新的迁徙活动，南宋后各大派继续分支，不断向人口更为稀少的地区拓展。当方氏在新的生存空间定居下来时，便迅速地复制宗族组织，以"静"制"静"。宗族还有以"静"制"乱"的功能，北宋末徽州方氏柘田派族人方腊的起义是从打击宗族势力开始的，也是在宗族势力的打击下结束的。此后方氏迅速重建宗族统治，恢复徽州农村静态的生存状态。其三，16世纪初商品经济的发展，给了徽州前所未有的震荡，其深度和力度超过了历史上任何一次战乱和灾异。首先是方氏宗族迁徙和重建的方向转为以农村到城镇为主；其次是宗族自身的变化，形成大宗族—小家庭的格局。上述三个方面的对应关系，文章勾画了近两千年来方氏宗族和徽州农村社会变迁的历史画卷，并从时空坐标上找到了徽州的位置：徽州虽然是一个崇山环绕近于封闭的区域，但是千百年来传统中国每一次动乱都会在这里引起反响。徽州与其他区域社会有共同点，它们都受社会整体的制约。徽州的不同点在于，宗族聚居的格局使其具有特殊的应变力，始终保持着本区域的稳定。

限于篇幅，我不再一一列举。这里，必须强调的是，即使是适当的方法，在具体运用时,也不能机械地套用,而要把一般的方法加以改造,做到融会贯通,使之适合于你的研究对象。

如果要对我多年的徽学研究做一小结的话,那就是比较注意整体中国与区域社会研究相结合、长时段与短时段研究相结合、上层社会与下层社会研究相结合,注意史学理论与研究方法的创新。

三十年来我从徽州到苏州,又从苏州到上海,始终是与徽学结伴而行的。国内徽学研究已有三代学者,第一代傅衣凌等发其端;我们则属第二代,为徽学研究搭起了骨架,使之系统化、学理化。现在第三代年轻的学者们正在向深处进军,使之血肉丰满。1999年安徽大学出版社曾将我1998年前的徽学论文结集为《明清以来徽州区域社会经济研究》。岁月如流,又是9年过去了,现在商务印书馆要将我三十年来的徽学论文结集出版,这既是对我徽学研究的一个总结,也寄托着我对徽学进一步兴盛的期待。

著名徽学家、韩国高丽大学历史科主任朴元熇教授曾建议,我们分别自编年谱,以作比照,可见中、韩学者治学之途的异同。现将我的自编年谱附录在本书之后。此外,我也曾应中国商业史学会之邀,撰写了近20篇徽商的故事。这些故事都是在对史料严加考核的基础上撰写的,是将学术服务于改革开放的尝试,一并附录于书后。还要说明的是我的徽学研究仍在进行之中,在完成这本书稿的结集后,又有新作发表,其目录我在本书所附学术年谱中录出,截至2003年年初。

在这本徽学研究论稿结集之际,回顾以往,不由深深怀念并感谢先后伴随我徽学研究一路走来的学界朋友,他们是安徽师范大学的张海鹏教授、王廷元教授、王世华教授,广东社科院叶显恩教授,南京大学洪焕椿教授、范金民教授、夏维中教授,复旦大学王振忠教授、樊树志教授、邹逸麟教授、戴鞍钢教授,安徽大学卞利教授,华东师范大学王家范教授,南开大学冯尔康教授、常建华教授,华中师范大学唐文权教授、朱英教授、严昌洪教授,苏州大学王国平教授、吴建华教授、池子华教授、朱小田教授、李明副教授,上海社科院熊月之研究员、马学强研究员、王健副研究员,中国社会科学院历史研究所王毓铨研究员、周绍泉研究员、栾成显研究员，经济研究所魏金玉研究员、经君健研究员，厦门大学陈支平教授、郑振满教授，中山大学陈春声教授、刘志伟教授，浙江省社科院陈学文研究员，安徽省社科院杨雨润研究员，绩溪县政协颜振吾先生，历史研究杂志社宋元强研究员、仲伟民研究员、宋德金研究员，韩国高丽大学朴元熇教授，日本东京外国语大学臼井佐知子教授，台湾朋友陈宏正先生，台湾"中研院"李孝悌研究员、刘石吉研究员、邱澎生研究员、巫仁恕副研究员、王鸿泰研究员，美国普林斯顿大学贺杰博士，加拿大维多利亚大学陈忠平教授，以及上海师范大学的同事吴仁安教授、苏智良教授、钱杭教授、张翔凤教授、徐茂明教授、洪煜教授、吴强华副教授、申浩副研究员、徐松如助理研究员等。责任编辑鲍静静女士严谨细致，为本书倾注了巨大的心力；研究生金坡、王亮、周子扬、解军等为我搜集轶文，用心订正，书之以为谢。谨以本书献给我的妻子张翔凤。是为序。

《徽州宗族祠堂研究及保护》序

徽州是个群山阻割、交通乏便的农村社区。多山的生态环境，为宗族群体的"千年不散"提供了牢固的自然屏障；同时生存空间的狭隘，生存竞争的激烈，使宗族组织成为生存竞争的工具，也强化了"千年之族不散"之势。徽州宗族的竞争是一场文化的竞争。文化可以赢得科举，赢得权力，使宗族进阶为望族，从而在争夺生存空间的竞争中立于不败之地，然而文化的兴盛却需要物质基础，只有在肥沃的土壤中，儒学根底才能生生不息地萌发出科举之花蕾。多山少田、资源贫乏的徽州，最为便捷的致富手段无过于经商。由此，宗族、科举仕宦与经商便形成了一条生物链。其中，宗族居于核心地位；它既是人们从文、经商的出发点，也是其归结点。宗族还是族人从文、经商的组织者。仕宦与富商源源不断地向宗族注入活力，并从宗族势力中吸取活力。三者缺一不可，同生共荣。徽州宗族、徽州科举与徽州商人形成了一个良性循环系统，从而构成徽州独特的人文景观：浓郁的徽州宗族文化。所谓徽州宗族文化，指的是徽州农村社区以自然村为基本范围的宗族关系,以及由此产生的诸种体制、行为规范、思想观念和社会心态等,并包括由这种体制、规范、观念和心态所凝结物化的宗谱、宗祠、祖墓等。与一般的以传统农业为主的区域社会不同,徽州是一个经济、社会、文化发展相对完整的、具有典型意义的区域社会,是我们认识传统社会的一个极好范本。正因为如此,徽学吸引了海内外学者的高度重视,成为一门国际性的显学。

在诸多研究者中,徽州本土学者是一支重要的队伍。本土学者自有其优势,熟悉社情、便于就近搜集资料、考察调查。方利山先生和他的学术团队,立足徽州本土又统览徽学全局,在徽学领域辛勤耕耘数十年,屡有新见,成果丰富。尤其值得一提的是,2007年8月方利山所写《设立徽州文化生态保护区刻不容缓》的情况反映,得到国家领导人的两次重要批示,促成了国家级徽州文化生态保护区的设立,此后他也成为国家社科基金项目"徽州文化生态保护研究"课题首席专家、主持人。本书《徽州宗族祠堂研究及保护》作为国家教育部重大项目,也是徽州文化生态保护课题的顺延,既有一定的学术价值,又有重要的现实意义。

不难看出,在徽州社会的三大要素中,宗族是最为核心的要素。我曾把徽州社会称之为宗族社会。这一宗族社会又是由四个要件构成的,即族田、族谱、祠堂和祖墓。本课题虽侧重于研究其中的祠堂,但作者的视野是开阔的,把祠堂放在徽州宗族文化的总体框架中加以研究。全书的布局说明了这一点。全书十章:徽州社会与宗族祠堂;徽州宗族祠堂前世今生;徽州宗族祠堂千姿百态;徽州宗族祠堂管理和祠产;徽州宗族祠堂五大功用;徽州宗族祠堂建筑艺术;徽州宗族祠堂祠规祠训;徽州宗族祠堂牌匾楹联;徽州宗族祠堂文书文献;徽州宗族祠堂保护利用。这十个专题,分开来看,大家都很熟悉,但合在一起,从徽州文化生态保护的视角去研究,就有一个整体的效应,有着整体的新意:宗族祠堂的文化意蕴、文化价值得到更为全面的揭示;宗族祠堂保护的紧迫性、重要性也就更为突显出来。本土学者的优势在这里也有充分的展现,如对于徽州祠堂数量的统计,过去我们的统计是六千座左右,经过方利山先生和他的团队的最新调查：历史上所建徽州宗祠达6000—8000座。在数量上有所增加，而且更加细化了。建于明代及以前的宗族祠堂，至少有219座。聚族而居的徽州古村落中，一村有30座以上祠堂的达5处，一村有20座以上祠堂的达8处，有10座以上祠堂的至少为34处。徽州宗族祠堂占地面积在一千平方米以上的至少有49座。历史上的最大徽州宗族祠堂是歙县潭渡的黄氏宗祠，占地十六亩，约一万平方米；徽州历史上宗族祠堂最多的是黟县碧山村，其汪氏宗族建有十三门大本堂宗祠等36座祠堂。徽州祠堂可谓蔚为大观，世间无双！无锡惠山古镇历史上建有一百多个祠堂，现在修复保护五十多个，正努力将古祠堂群申报世界文化遗产。而徽州之域的古祠堂群，无论其数量之多、特色之显、瑰宝之珍，列"世遗"都当之无愧。我们确应对历史文物有一分虔诚敬畏之心。

更为重要的是，该课题组成员认真调查了今天徽州域内祠堂的生存情况，徽州宗族祠堂正以惊人的速度大量快速消失。最新统计，徽州宗族祠堂破烂将倒的达377座，一府六县（歙县、黟县、婺源、绩溪、休宁、祁门）之中，现存祠堂仅731座，十不存一。历史上的战乱、浩劫，日常的偷盗、破坏、各种保护名目下的人为损毁，使徽州宗族祠堂无时无刻不在消亡之中。触目惊心的现状令人痛心！相信读过此书的地方领导和百姓都会惊出一身汗来，倘不努力保护这珍贵的物质文化遗产，将来有何面目面对列祖列宗！说到底，我们还是要对老祖宗留下的文化遗产，爱惜尊重，心存敬畏，树立保护文物也是政绩的科学理念，对徽州古祠堂保护有一个新的视野。

感谢方利山先生和他的团队对保护徽州文化生态、保护徽州古祠堂所做出的努力。是为序。

[作者简介] 唐力行，上海师范大学中国近代研究中心主任。

近代中国大众文化历史研究的回顾与反思

陈忠平

大众文化或英文所谓 popular culture 的历史研究是近数十年来中国和西方史学界共同关注的学术焦点之一。但是,无论是在中国史学界内还是在史学界外,大众文化的研究都深受西方学术界的观念与论著的影响。与一般的文学、艺术、传媒等方面的大众文化研究相比较,中国史学界的相关研究更显示出理论研究方面的薄弱。特别值得指出的是,关于大众文化的概念在中国史学论著及其他学术领域的出版物中莫衷一是,并无严谨定义,而且常与其他概念混同使用。中外关于近代中国大众文化的历史研究也尚未形成系统的研究方法。对此理论概念及研究方法进行回顾和反思,可以促使学者从大众文化角度出发,加深和扩展对于中国近代社会政治史的探索和理解。

实际上,就大众一词的源流进行分析,可知它较早曾出现于战国至秦汉时期的儒家典籍《礼记·月令》:"[孟春之月,]毋聚大众,毋置城郭";或见于同一历史时期的《战国策·燕策二》:"燕、赵久相攻,以蔽大众。"所以,《辞海》将这一古代典籍中的名词解释为"参加军旅或工役的多数人"。类似的用法还见之于清初学者王士禛所著《池北偶谈》卷二十五:"有白鹤自顶中飞出,旋绕空际,久之始没,大众皆见。"①由此看来,大众文化可以简单直接地理解为"多数人"

---

① 引文及词语解释均见于《辞海》,上海辞书出版社 1999 年版缩印本第 757 页。

中流行的文化。所以，"维基百科"中文版就将英文 popular culture 翻译为"流行文化"。①

但是，大众文化的学术研究首先在西方兴起，而不是从中文的语境出发。其中影响较大的德国法兰克福学派和英国伯明翰学派对大众文化提出了貌似相互对立，实则同样狭窄的概念。前者认为大众文化是资本主义商业化的文化工业产生的低等、粗鄙、庸俗文化产品，意在用统治阶级的思想意识欺骗、麻痹群氓的心灵；后者则认为大众文化是反映工人阶级的社会现实、日常生活心态的积极文化现象，体现了平民的审美趣味标准、价值判读能力及其自身文化的鲜活特色。② 因此，两者都强调大众文化与精英文化的区别。但是，英文 popular culture 一词本身并无任何阶级分析的含义，反而与中文词汇中的大众文化——即多数人中流行的文化——这一意义非常相近。

法兰克福学派和伯明翰学派的学术传统深刻影响了西方学者对于中国大众文化的历史研究，其中这方面的开山之作即是由姜士彬（David Johnson）、黎安友（Andrew J. Nathan）和罗斯基（Evelyn S. Rawski）主编、1985 年由加州大学出版社出版、共有十三位作者撰稿的论文集：《晚期中华帝国的大众文化》(*Popular Culture in Late Imperial China*)。该书的《序言》开宗明义地阐明编者的目的就是"将非精英文化的研究引进关于传统中国的主流学术讨论"，并强调各种非精英群体是该书所讨论的各种大众文化产品的"创造者和消费者"。因此，该书所收论文的焦点是明清时期民间的写本、传奇、戏剧、宗教等所谓非精英文化。但是，其中一篇关于"康熙圣谕"各种宣讲、图解等通俗读物的论文，证明清朝政府官员及地方绅士精英也是此类官方推行的大众文化的

---

① "维基百科"https://zh.wikipedia.org/wiki/%E6%B5%81%E8%A1%8C%E6%96%87%E5%8C%96，2017 年 12 月 24 日查阅。
② 王晓岗：《西方大众文化理论的单向度倾向与二元对立格局研究——以法兰克福学派和伯明翰学派为例》，《河北科技大学学报》社会科学版 2016 年第 4 期，第 72—76 页。该文强调了这两个学派的对立，但忽视了它们之间的相似。

创造者。① 美国学者周锡瑞(Joseph Esherick)甚至认为该书所收论文讨论的对象并非是平民大众自身所创造的文化,而是[精英?]强加给他们的文化。② 该书主要聚焦于16至19世纪或从明代后期至清代中期,将近代之前中国传统民间文化作为主要研究对象,这也与西方大众文化的主流学派将其研究范围限于高度城市化和工业化的社会文化在取向上有所不同。③

王笛在1999年曾发表专文,较为系统地将《晚期中华帝国的大众文化》以及其他相关的美国学者论著介绍给国内读者。他虽然基本接受西方学术界对于大众文化和精英文化的分野,但也意识到很难界定这两个概念,并指出它们的含义会由于时间和空间的差异而发生演变甚至于互相转化。他所引用的葛兰西(Antonio Gramsci)等西方学者的研究证明大众文化可能为代表正统的、主导一个国家或民族的精英所创造,但由平民创造并为平民服务的民间文化是研究晚期中华帝国大众文化的焦点之一。王笛所总结的西方大众文化的研究方法包括分析文化"象征系统"(如历史人物崇拜),对于口述、文学、戏剧类资料的发掘和解读等。他重点介绍了美国学者关于中国大众文化历史的主要论著,强调了它们在民间宗教崇拜、民众运动、城市政治文化、地方社会与国家关系等社会政治问题研究方面的贡献。王笛认为,"大众文化给我们提供了理解地方宗教、民间风俗、节日庆典、社会组织及其与人民生活的关系的一个新角度,也可以帮助我们理解地方精英和普通人的生活方式和价值观,甚至揭示更广阔更深刻的社会政治内涵"。④

但是,仔细检视王笛专文中所重点介绍的美国学者十余部论文或著作,其中相当一部分论著并非以大众文化为主要研究对象,甚至并未使用大众文化的分析概念。使用"象征系统"分析等研究方法,或以口述、文学、戏剧类资料

---

① David Johnson, Andrew J. Nathan and Evelyn S. Rawski, "Preface," in David Johnson, Andrew J. Nathan and Evelyn S. Rawski eds., *Popular Culture in Late Imperial China*, Berkeley: University of California Press, 1985, ix—xvi.
② 周锡瑞著,张俊义、王栋译:《义和团运动的起源》,江苏人民出版社1998年版,第375页。
③ 张汝伦:《论大众文化》,《复旦学报》社会科学版1994年第3期第16页。
④ 王笛:《大众文化研究与近代中国社会》,《历史研究》1999年第5期,第174—185页。

的发掘、解读为主要史料的论著为数更少。① 即以其中周锡瑞所著、影响较大的《义和团运动的起源》一书而论,其主要研究方法实际是来自美国学者施坚雅(G. William Skinner)在中国地方史研究中运用的区域系统(macroregion system)研究理论。该书将鲁西地方生态、社会环境与民间文化的分析相结合,强调当地的民间信仰、拳术、宗教特别是戏曲是义和团从山东兴起的主要源头之一。作者确实使用 popular culture 进行了分析,但却并未对这一概念提出明确定义。此外,周锡瑞专著中使用的关于义和团的口述资料实际上主要是由山东大学的师生在"文革"之前所收集,也已经为其他研究义和团的中文论著所使用,并非是另辟蹊径所形成的大众文化研究的独特方法。② 所以,该书虽然包括大众文化研究,但更应该作为地方史研究、包括地方文化史研究的著作。

由此可见,西方学者关于中国大众文化的历史研究虽然已经起步、日益受到重视并已有成果出现,但尚未形成具有明确理论概念、系统研究方法,与其他学术领域区别明显并独具特色的学派。与西方其他学界的大众文化研究相比,中国研究领域的相关西文论著在理论方法上尤其贫乏滞后、缺乏创新。当然,这些西方中国史领域的先驱性大众文化研究论著仍然值得中国学者借鉴。但是,其中关于大众文化与精英文化关系等偏见已为王笛等学者所觉察,更应值得国内学者注意,以免重蹈覆辙。

近十余年来,西方中国史领域的大众文化研究确实对于国内学术界产生了重要影响。其影响体现之一就是 2007 年 7 月 14—16 日在成都召开,由大陆、港台学者及美国、日本专家参加的"第二届近代中国城市大众文化史国际学术研讨会"。姜进、王笛、周锡瑞等学者在会议上所作的学术报告后来还以笔谈的形式,在《史学月刊》2008 年第 5 期发表。根据该会的综述报道,与会学者的研究反映了国内史学界的一种趋向,"对中国近世史的探讨越来越远离重大事

---

① 王笛:《大众文化研究与近代中国社会》,《历史研究》1999 年第 5 期,第 174—184 页。
② 周锡瑞著,张俊义、王栋译:《义和团运动的起源》英文版序,第 3—4 页;正文第 3—6、43—72、367—379 页。

件和英雄人物,视角不断向与人们日常生活有关的话题转移"。他们提交的报告主题包括城市居民的日常休闲娱乐,城市空间结构与社会生活的演变,妇女文化活动与内在情感世界,近代城市物质环境与交通条件的改变,个人与群体的行为方式与价值取向,以至于强调感观、叙事的微观史和日常生活史等等。尽管其中的少数报告触及政治文化,但它们"关心的并不是政治事件本身的发展,亦不是这些政治事件如何被精英引导和发动起来,而是政治事件中普通大众的理解和感受"。① 这种大众文化的研究方法无疑推动了中国社会史的焦点向社会底层及深层的伸展,但它对中国近现代历史重大政治事件的回避似乎又成为无端自设的障碍,反映了将下层民众文化与高层精英政治文化互相对立、隔绝的倾向。

  作为推动这种学术潮流的最重要的学者之一,王笛将西方史学界的新文化史、微观史作为与大众文化研究相关的学派介绍给国内学者,并特别强调其中讲究叙事和细节的史学方法。他关于 1900—1950 年间成都茶馆的研究也力图通过对于其中大小事件和公共生活的历史叙事和微观考察来"把读者带入城市的内部,提供一个在'显微镜'下观察城市社会的机会,从而从一个新的角度观察中国城市及其日常文化"。作者希望由此改变以帝王将相、英雄豪杰和知识精英为主的传统历史研究,反映由 99% 的人民群众创造的真正历史。② 王笛的研究已经受到国内学术界的权威学者如朱英等人的高度评价,但是其中出现的历史研究碎片化的倾向也引起了注意和担忧。因此,如何在有关研究方法上从小处着手进到以小见大,并从微观分析提高到对于历史整体的宏观认识,仍有需要努力之处。③

---

  ① 艾智科、李德英:《第二届近代中国城市大众文化史国际学术研讨会综述》,《社会科学研究》2008 年第 1 期,第 196 页。
  ② 王笛:《新文化史、微观史和大众文化史——西方有关成果及其对中国史的影响》,《近代史研究》2009 年第 1 期,第 126—140 页。
  ③ 朱英、朱庆:《文化转向下的中国社会史研究——以王笛的研究成果为例的分析》,《湖北大学学报》哲学社会科学版 2013 年第 3 期,第 67—72 页。

对于中国近现代大众文化研究的另一重大成果是突破以往中国史学界对于民间文化资料的怀疑和偏见，发掘、收集、整理了民谣、民歌、传奇、戏剧、曲艺等方面的各种史料。应该指出的是，国内学者已有人长期从事此项工作。以江南地区为例，笔者与唐力行主编的《江南区域史论著目录》（北京图书馆出版社2007年版）即收录了多种有关的资料集及研究论文和专著。但特别值得注意的是，近来唐力行及其团队围绕苏州评弹与江南社会互动专题而系统收集、整理文字与口述资料的工作，此举堪称中西学界关于中国近代大众文化研究中罕见的规模宏大的工程。这项工程计划整理、出版约300万字的《苏州评弹书目库》；从报纸、杂志、档案、方志等史料中梳理、抄录360多万字，编成《中国苏州评弹社会史料集成》三册；通过采访评弹演员，编辑出版160万字的《光前裕后：一百个评弹人的口述历史》及回忆录约200万字。两书都即将出版。唐力行及其团队成员关于苏州评弹与江南社会文化的初期成果已经陆续发表。①

这种系统收集的江南民间曲艺与地方社会的资料不仅可以为现在和将来的大众文化研究学者提供丰富、坚实的史料基础，而且可以用来验证、修正中外学界有关大众文化研究的模式，以便从中国语境和历史实际出发来发展有关的理论和方法。唐力行所主持的宏大工程开始于他为其父唐耿良编写回忆录《别梦依稀：我的评弹生涯》之时。唐耿良出生成长于苏州城市一个破落市民家庭，因家境贫寒被迫在小学五年级辍学，然后开始拜师学习评弹艺术。他起初游走于江南市镇的小码头书场，在新中国成立前后即成为名闻上海的、创作与表演兼优的评弹"响档"之一，或今日所谓大腕明星。他的评弹生涯不仅反映了从20世纪30年代到本世纪初江南城镇日常生活中的世态人情与文化心态变迁，而且见证了从抗日战争、国共内战、新中国成立初年直到"文革"的

---

① 张国义：《唐力行教授的江南区域史研究》，载于《情缘江南——唐力行教授七十华诞庆寿论文集》，上海书店出版社2014年版，第10页。唐力行及其团队成员关于苏州评弹与江南社会文化的代表性成果见该书第639—739页。有关该研究项目的最新信息来自唐力行致笔者电邮，2017年12月24日。

各类政治运动,以及改革开放之后的政治变化。其中最为值得思考之处是唐耿良在1950年末逗留香港,曾应原上海青红帮首领、国民党政府要人杜月笙的邀请,为其说书。而在新中国成立初直至改革开放之后,他的评弹也曾受到出生于江南的陈云等中共领导人的关注和欣赏。① 由此可见,评弹作为江南的一种典型大众文化,其创作者可以从一介市民子弟成为都市文化精英,其消费者也包括从当地城乡平民到不同背景的政坛人物。

因此,姜士彬等美国学者在《晚期中华帝国的大众文化》一书中所强调的大众与精英文化分离的观点值得反思。实际上,在法兰克福学派和伯明翰学派分别从精英和大众角度强调双方文化对立的观点之后,西方大众文化研究已经在葛兰西等学者的影响下对这二者的关系提出了不同看法。根据这一看法,大众文化既不是由统治精英自上而下灌输给群氓的商业性、麻痹性庸俗文化,也不是由平民创造的本真、独立和反抗的文化,而是两者角力、博弈的动态场域。②

以上从江南而来的事实与西方而来的理论可以互相验证,说明大众文化的首要特征是在某一社会或地区大多数人中取得流行地位的文化,或通过精英和平民互动产生的流行性文化,而不限于是前者或后者所创造或消费的文化产品。就大众文化的创造者而言,没有受过教育的平民文盲固然可以成为民谣、民歌、传说等流行文化产品的作者,但因为文字在任何文化生产和传播过程中的重要性,受过教育的精英是更为主要的创作者。按照美国学者孔飞力(Philip A. Kuhn)的划分,近代中国的精英基本由国家和省级精英以及州县之下的地方精英组成。前两个层次的精英包括高级官绅(official-gentry),地方精英则主要指士绅(scholar-gentry)或在政府之外但有功名头衔和社会支配地位的人物。③ 此后,周锡瑞等美国学者的研究又进而将地方精英的概念

---

① 唐耿良著、唐力行编:《别梦依稀:我的评弹生涯》,台北:台湾商务印书馆2007年版,第3—10、56—58、251—256页。
② 唐伟:《论大众文化研究的理论视角及内在转向》,《理论观察》2011年第6期第20—22页。
③ Philip Kuhn, *Rebellion and Its Enemies in Late Imperial China: Militarization and Social Structure, 1796—1864*, Cambridge, MA: Harvard University Press, 1970, pp. 4—5.

扩大,泛指拥有任何在地方社会中具有支配权力地位的人物,包括绅士、富商、社区头领等等。① 这些地方精英最为接近平民或来自后者,他们应该是大众文化的主要创造者。

但是,无论平民或精英创造的文化产品,它要在某一社会或地区大多数人中取得流行地位的前提是必须具有通俗易懂、喜闻乐见的内容与形式,这也应该是大众文化的另一主要特征。更为重要的是,特定文化是否可以成为流行的大众文化主要取决于占社会多数的文化消费者接受、欣赏程度,而不仅仅是该文化产品创造者的努力。当然,任何社会的绝大多数人都是社会底层的群众,所以大众文化的群众性也是一大主要特征,可以按其主要的消费者理解为群众文化。由于大众文化的主要创造者——地方精英及其主要消费者——平民群众,都活动于官府之外,大众文化的概念也常与民间文化混同使用。

从精英和平民的互动关系来研究近代中国的大众文化不仅可以帮助揭示社会下层和底层平民的日常生活和心态,而且可以解释这种文化互动对于重要历史事件的影响。在周锡瑞使用大众文化来解释义和团运动起源的基础之上,他也试图以此来推论洪秀全成功发动太平天国运动的原因。洪秀全身为广东客家人中的一位年轻教师,在1836年数次乡试失败后精神崩溃,在幻梦中神游天国,与基督教所信仰的上帝及耶稣相遇,并受命返回人间驱妖除恶。他在1843年再次乡试失败后声称顿悟幻梦中的含义,开始以上帝次子和耶稣之弟自命。洪秀全的运动之所以能够在广西客家人中扎根、兴起的原因就在于他所宣扬的本土化的基督教教义、仪式及其活动。其中与义和团最为相似的宗教仪式是杨秀清等人从当地巫术发展而来的降神附体术。杨秀清和另一太平天国运动的领导人萧朝贵此后即获得洪秀全的承认,分别以上帝和耶稣"圣灵"附体的身份代言,帮助洪秀全发动了太平天国运动。② 但是,周锡瑞的

---

① Joseph W. Esherick and Mary Backus Rankin, "Introduction." In Esherick and Rankin, eds., *Chinese Local Elites and Patterns of Dominance*, Berkeley, CA: University of California Press, 1990, p. 12.

② 周锡瑞著,张俊义、王栋译:《义和团运动的起源》,第368—375页。

研究并未注意到洪秀全关于他与上帝的关系实际既源于基督教关于耶稣作为上帝之子降临凡世、解救人间的传奇,也来自于中国历代帝王以身受天命的天子自居的传统政治思想。杨秀清、萧朝贵后来以此先例与当地降神附体的巫术结合,使他们成为太平天国运动的另外两位主要领袖。但萧朝贵很快死于战场,杨秀清以上帝"圣灵"附体代言所取得的权力失去任何制约,最终在与洪秀全的权力斗争中将太平天国引向失败。

  从这种大众文化角度进行的历史分析可以为太平天国的兴衰提供新的解释,也可以超越周锡瑞关于义和团运动起源的研究。周锡瑞成功使用民间宗教、戏剧的影响作为一个主要原因来解释义和团 1899 年到 1900 年夏在山东及直隶地区平民百姓之中的蔓延。但对于慈禧太后为首的清朝政府在 1900 年 6 月公开支持这一运动的原因,他却完全放弃了这一大众文化分析方法,①似乎持有与姜士彬等美国学者关于大众与精英文化分离的同样观念。实际上,慈禧入宫前并未受过正规教育,在宫中也极其喜好观赏戏剧。她对义和团所崇拜的民间宗教、戏剧之中的神灵、英雄,以及降神附体和刀枪不入的法术也会抱有同样信仰。据记载,端王载漪在义和团刚刚兴起之际,就与其他两个顽固排外的大臣徐桐、崇绮共同向慈禧太后推荐了一位老人,声称在紧急时刻向东呼其三声,马上就可应声临门,提供救急秘方。"太后幸颐和园,试其方尽验。"在慈禧 1900 年 6 月下旬决意对各国宣战时,"遂下诏褒拳匪为义民,予内帑银十万两。载漪即第为[义和团神]坛,晨夕必拜,太后亦祠之内中"。此后,一些朝臣上奏谎称"洪钧老祖令五龙守大沽,龙背拱夷船,皆立沉";"关[羽]壮缪得帛书,书言无畏夷,夷当自灭";或"言二童子殆非人,至则教堂自焚,已忽不见。太后喜,大以为神人也。下其书,览示天下。群臣又时时言山东老团一扫光、金钟罩、九龙镫之属,能役鬼神,烧海中船尽坏,居一室斩首百里外,不以兵。于是太后焚币玉,自祷祠之,而[老团]未尝至"。慈禧太后在派兵帮助义和团攻占外国使馆不下之时,还试图借助山东僧人普法等人的法术

---

① 周锡瑞著,张俊义、王栋译:《义和团运动的起源》,第 338—355 页。

取胜。① 使用大众文化的研究方法对这些史料进行分析,可以更为合理地解释为何慈禧太后与狂热无知的拳民采取一致行动,作出完全不合理性的疯狂决策,对各国列强宣战,并无视国际公约,包围外国使馆,将此运动推向极端。

以精英和平民的互动为视角的大众文化研究同样可以扩展我们对于现代中国政治领袖与群众运动关系的探索和了解。梁启超在戊戌变法之后,继续在海外推动中国的政治变革,曾经发表小说《新中国未来记》(1902 年)、剧本《新罗马传奇》(1902 年)等面向大众读者的多种作品,宣传康有为所领导的爱国进步的政治改良运动。② 革命党人陶成章、章炳麟、孙中山等也曾为了反清宣传的需要,曲意宣扬天地会是明朝忠臣烈士在康熙年间组成的反清复明秘密组织,取得了洪门等会党势力对于辛亥革命的支持。③ 众所周知,1923—1927 年间的国民革命及 1927—1949 年间的共产主义革命在很大程度上是孙中山、毛泽东等政治领袖领导的群众运动。但这些政治精英如何利用大众文化动员群众、争取革命胜利,仍然有待学者进行探索。

总之,大众文化不仅如王笛等学者所说,为我们提供了深化社会文化史、了解社会底层民众的生活和心态的新角度,而且也为我们开辟了扩展社会政治史、探索社会基层民众文化与高层精英政治之间互动关系的新视野。由于大众文化与社会史、政治史等学科的交叉关系,在其目前理论方法不足的情况之下,我们尽可采取鲁迅先生所推荐的"拿来主义"办法,从这些相关学科中引进分析的概念和手段。

笔者在 2011 年出版的《近代中国的网络革命》一书及近来发表的关于郑和下西洋研究的长篇论文中,曾就人文和社会科学中特别是中国研究领域中

---

① 李希圣著:《庚子国变记》,载徐彻、王树卿主编:《史说慈禧》,辽沈书社 1994 年版,第 229—234 页。

② 梁启超:《新中国未来记》(1902 年)、剧本《新罗马传奇》(1902 年),载梁启超撰、张品兴主编:《梁启超全集》第 10 册,北京出版社 1999 年版,第 5609—5637、5650—5661 页。另见该册其他戏剧小说等作品。

③ 蔡少卿:《关于天地会的起源问题》,载蔡少卿著:《中国近代会党史研究》,中华书局 1987 年版,第 46—47,64—65 页。

的传统网络理论提出批评,发展了一些适用于中国史的新的分析概念。① 我的上述论著突破了以往学者通过所谓个人"关系"的研究而在人际性和制度化关系之间制造的鸿沟,指出网络发展和变化的真正动力和意义在于其关系的制度化(即关系的规范化、组织化及正式化等等)、②扩大化、多元化,以及其中网络成员之间互动的增强化。从这种网络分析的观点看来,世界上所有的自然、社会及历史现象都是相互联系和保持互动的网络。从微观角度来看,作为物质基本元素的原子实际是由无限可分的粒子组成,并存在于后者的相互、持续运动之中。在最为宏观的自然世界,太阳系和其他宇宙中的星系也是由各类星球及万有引力形成的互动关系所组成。在社会中,一个"单独"的人不仅由复杂的生物系统组成,而且其个人的或社会的身份"认同",即姓、名、职称、体格特点等等,总是反映了他(她)与某一家庭、文化、组织、种族之间可以识别的关系。在政治领域,权力的本质是人际之间的支配性关系。在经济领域,个人财富也只能在交换关系中才能真正体现其价值。③ 当然,大众文化作为民众与精英文化角力、博弈的动态场域,也可以作为文化网络来进行研究。某一特定的大众文化网络如上述江南的评弹,都曾通过演员的师徒传授、城镇书场的设立、演出脚本的创作传承而经历了制度化的过程,并通过演艺圈、管理者、

---

① Zhongping Chen, *Modern China's Network Revolution: Chambers of Commerce and Sociopolitical Change in the Early Twentieth Century*, Stanford, CA: Stanford University Press, 2011, xi—xv, 6—8;陈忠平:《走向全球性网络革命:郑和下西洋及中国与印度洋世界的朝贡—贸易关系》,载陈忠平主编:《走向多元文化的全球史:郑和下西洋(1405—1433)及中国与印度洋世界的关系》,三联书店2017年版,第26—28页。

② 制度分析理论、特别是历史制度化理论指出"制度化现象"包括规范人类行为的正式组织及非正式的规定、程序等,见 Kathleen Thelen and Sven Steinmo, "Historical Institutionalism in Comparative Politics," in Sven Steinmo, Kathleen Thelen, and Frank Longstreth, eds., *Structuring Politics: Historical Institutionalism in Comparative Analysis*, New York: Cambridge University Press, 1992, p. 2。本文使用"关系制度化"一词来概指正式和非正式的组织、规定、程序等的发展,它们对人类行为和关系的规范和组织,特别是非正式关系转向正式化的过程。

③ 对于传统网络理论的批评以及新的网络分析概念的阐述,详见 Chen, *Modern China's Network Revolution*, xv, pp. 7—8;陈忠平:《走向全球性网络革命:郑和下西洋及中国与印度洋世界的朝贡—贸易关系》,第26—28页。

听众的增加而走向扩大化,从而将地方城镇平民及各级社会政治领袖都带入多样化的关系,由此产生的互动提供了从社会底层直到政坛高层的历史变化动力。

从网络分析角度出发的理论化大众文化研究似乎与王笛等学者所倡导的微观考察及历史叙事的研究方法相互对立,但实际上却是相辅相成的。如果王笛志在通过大众文化研究提供一个"显微镜"来观察社会底层人民的日常生活和心态,我的网络分析方法则意在提供一个"望远镜",宏观考察这种文化网络之中下层人民与政治精英或所谓英雄人物的互动关系。历史并非仅由人民或英雄单方面创造或简单地由他们的合力所创造,而是通过他们互动所产生的波澜壮阔的史诗,大众文化仅是其中引人入胜的一章。

附记:本文是笔者指导研究生在撰写关于近代广东籍贯政坛精英、大众文化和政治动员的硕士论文过程中所产生的感想和书写的札记,在圣诞之后利用节日时间整理成文,其中难免错误疏漏之处,敬请方家校正,以遂抛砖引玉之愿。

2017 年 12 月 29 日记

[作者简介] 陈忠平,加拿大维多利亚大学教授。

2017年江南研究目录索引(论著部分)

(按作者姓名或国籍、朝代音序排列)

〔丹麦〕何铭生著,季大方、毛凡宇、魏丽萍译:《南京1937:血战危城》,社会科学文献出版社2017年版。

〔德〕于尔根·奥斯特哈默著,强朝晖译:《中国革命:1925年5月30日,上海》,社会科学文献出版社2017年版。

〔俄〕郭泰纳夫著,朱华译:《上海公共租界与华人》,上海书店2017年版。

〔美〕柏理安:《东方之旅:1579—1724耶稣会传教团在中国》,江苏人民出版社2017年版。

〔美〕杜德维摄影,李亚飞译:《晚清中国的光与影——杜德维的影像记忆(1876—1895)》,北京时代华文书局2017年版。

〔美〕朗格等著:《上海故事》,三联书店2017年版。

〔美〕斯特林·西格雷夫著,孙文龙译:《宋氏家族:一场历史的"华丽悲剧"》,中信出版集团2017年版。

〔美〕魏斐德:《间谍王:戴笠与中国特工(增订本)》,新星出版社2017年版。

[明]方以智著,邢益海、张永义编:《方以智集:浮山文集》,华夏出版社2017年版。

[明]吴应箕:《吴应箕文集》,黄山书社2017年版。

[明]郑若增著,傅正、宋泽宇、李朝云校:《江南经略》,黄山书社2017年版。

[清]龚自珍:《清末民初文献丛刊:定庵文集》,朝华出版社2017年版。

[清]管世铭著,马振君、孙景琏校:《管世铭集:常州管氏合集》,凤凰出版社2017年版。

[清]袁枚:《小仓山房尺牍》,浙江人民美术出版社2017年版。

〔日〕森正夫:《"地域社会"视野下的明清史研究——以江南和福建为中心》,江苏人民出版社2017年版。

〔日〕小岛晋治著,徐曼译:《太平天国运动与现代中国》,社会科学文献出版社2017年版。

〔日〕中井政喜著,卢茂君、郑民钦译:《鲁迅探索》,北京知识产权出版社2017年版。

〔日〕佐藤仁史著:《近代中国的乡土意识——清末民初江南的地方精英与地域社会》,北京师范大学出版社2017年版。

〔英〕玛丽·蒂芬著,戴宁、潘一宁译:《中国岁月:赫德爵士和他的红颜知己》,广西师范大学出版社 2017 年版。
〔英〕麦克法兰著,王健译:《上海租界及老城厢素描》,生活·读书·新知三联书店 2017 年版。
安徽省桐城派研究会编:《桐城派研究第 19 辑》,合肥工业大学出版社 2017 年版。
敖运梅:《南明浙东遗民诗歌研究》,浙江大学出版社 2017 年版。
白斌、叶小慧著:《浙江近代海洋文明史(民国卷第一册)》,商务印书馆 2017 年版。
白华山:《民间武装与地方秩序:上海保卫团研究(1924—1946)》,上海社会科学院出版社 2017 年版。
包柱红、万湘容著:《宁波方志文献史》,浙江大学出版社 2017 年版。
毕民智:《徽州文化近代转型研究——以上庄为例》,合肥工业大学出版社 2017 年版。
蔡登山:《重数民国往事:从傅斯年到梅兰芳》,中华书局 2017 年版。
曹培根:《苏州传统藏书文化研究》,广陵书社 2017 年版。
曹云飞:《邗江史话》,广陵书社 2017 年版。
曾礼军:《江南望族家训研究》,中国社会科学出版社 2017 年版。
常熟市档案局(馆)编:《常熟契约凭据档案校注》,古吴轩出版社 2017 年版。
陈宝良:《明代士大夫的精神世界》,北京师范大学出版社 2017 年版。
陈光中:《走读周有光》,中国文史出版社 2017 年版。
陈国灿主编:《江南城镇通史》,上海人民出版社 2017 年版。
陈华丽:《近代审判公开启蒙研究——以〈申报〉杨乃武案为视角》,中国政法大学出版社 2017 年版。
陈建华:《陆小曼·1927·上海》,商务印书馆 2017 年版。
陈靖主编:《枞阳诗选》,合肥工业出版社 2017 年版。
陈君静:《浙江近代海洋文明史(晚清卷)》,商务印书馆 2017 年版。
陈琪:《徽州戏曲文化研究——以历溪为例》,合肥工业大学出版社 2017 年版。
陈清云:《赵翼年谱新编》,上海古籍出版社 2017 年版。
陈源源:《汉语史视角下的明清吴语方言字研究》,浙江大学出版社 2017 年版。
戴元枝:《明清徽州杂字研究》,上海教育出版社 2017 年版。
邓洪波等编著:《书院学档案》,武汉大学出版社 2017 年版。
邓杰:《近代以来上海城市规模的变迁》,上海社会科学院出版社 2017 年版。
董春林:《政治文化重建视阈下的南宋初期诏狱研究》,社会科学文献出版社 2017 年版。
董丽敏等著:《商务印书馆与中国文化的"现代"转型(1902—1932)》,商务印书馆 2017 年版。
董珊:《吴越题铭研究》,科学出版社 2017 年版。
方光华,旌德县政协文史委编:《光明梦(旌德现代工业创始人许普澍纪事)》,合肥工业大学出版社 2017 年版。

方光华:《徽州宗法文化研究——以江村为例》,合肥工业大学出版社2017年版。
冯剑辉:《徽州商业城镇文化研究——以万安为例》,合肥工业大学出版社2017年版。
冯剑辉:《徽州移民文化研究——以篁墩为例》,合肥工业大学出版社2017年版。
冯其庸、宋本蓉:《风雨平生——冯其庸口述自传》,商务印书馆2017年版。
冯筱才、周肖晓:《文成畲族文书集萃》,浙江大学出版社2017年版。
冯仰操编著:《海上行旅(民国上海游记)》,南京师范大学出版社2017年版。
冯祖贻:《煊赫旧家声:张爱玲家族》,新星出版社2017年版。
葛涛:《鲁迅生平与文稿考证》,安徽大学出版社2017年版。
龚云表:《海派油画史论稿》,上海人民出版社2017年版。
郭建鹏、陈颖:《南社社友录》,上海大学出版社2017年版。
郭梅:《杭州戏曲史》,中国社会科学出版社2017年版。
郭沫若:《淞沪抗战史料丛书续编Ⅰ》第11辑,上海科学技术文献出版社2017年版。
郭彦军:《近代上海社团发展及其社会管理意义研究》,上海交通大学出版社2017年版。
憾庐:《淞沪抗战史料丛书续编Ⅰ》第6辑,上海科学技术文献出版社2017年版。
何方昱:《训导与抗衡党派、学人与浙江大学(1936—1949)》,上海书店出版社2017年版。
何小刚主编:《沪上观澜(第二届上海学学术研讨会论文集)》,上海社会科学院出版社2017年版。
何小莲:《近代上海医生生活》,上海辞书出版社2017年版。
贺三宝:《江右商帮兴衰对区域经济社会影响研究》,广东世界图书出版有限公司2017年版。
虹口区图书馆:《虹口记忆:虹口历史文化研究资料汇编》,上海科学技术文献出版社2017年版。
胡兰畦:《淞沪抗战史料丛书续编Ⅰ第8辑》,上海科学技术文献出版社2017年版。
胡时滨:《徽州古村落构建文化研究——以宏村为例》,合肥工业大学出版社2017年版。
胡学文:《徽州宗族研究译文集》,复旦大学出版社2017年版。
华强:《天孙机杼:常州明代王洛家族墓出土纺织品研究》,文物出版社2017年版。
黄翠红:《任鸿隽传》,社会科学文献出版社2017年版。
黄鸿山:《近代江南社会保障机构的经费收支与运作研究》,中国社会科学出版社2017年版。
黄永昌:《清代江南义葬与地方社会》,中国社会科学出版社2017年版。
黄志辉:《追梦与幻灭:报人成舍我研究》,中国社会科学出版社2017年版。
霍慧新:《电话与近代上海城市(1882—1949)》,科学出版社2017年版。
贾乾初:《主动的臣民:明代泰州学派平民儒学之政治文化研究》,知识产权出版社2017年版。
江华:《清代儒学大师:惠栋与戴震》,中州古籍出版社2017年版。
江巧珍、孙承平:《徽州盐商文化研究——以棠樾为例》,合肥工业大学出版社2017年版。
江伟涛:《近代江南城镇化水平新探史料、方法与视角》,社会科学文献出版社2017年版。

江文君:《都市社会的兴起:近代上海的中产阶层与职业团体》,上海辞书出版社2017年版。
姜龙、董玉海主编:《扬州历代名著》,广陵书社2017年版。
解军:《醒木一声驻流年:唐耿良传》,上海人民出版社2017年版。
昆山市顾炎武研究会编:《旷世大儒顾炎武》,古吴轩出版社2017年版。
李杭春:《竺可桢国立浙江大学年谱(1936—1949)》,浙江大学出版社2017年版。
李红涛、黄顺铭:《记忆的纹理:媒介、创伤与南京大屠杀》,中国人民大学出版社2017年版。
李珹:《上海的宁波人》,商务印书馆2017年版。
李健彪:《达浦生评传》,作家出版社2017年版。
李礼:《转向大众:晚清报人的兴起与转变(1872—1912)》,北京师范大学出版社2017年版。
李明勋、尤世玮:《张謇日记》,上海辞书出版社2017年版。
李玉主编:《〈申报〉招商局史料选辑·晚清卷》,社会科学文献出版社2017年版。
梁从峨:《繁荣与危机:清代儒学》,中州古籍出版社2017年版。
梁庚尧:《南宋盐榷——食盐产销与政府控制》,东方出版中心2017年版。
梁志平:《救国与救民:民国时期工业废水污染及社会应对——基于嘉兴禾(民)丰造纸厂"废水风潮"的研究》,合肥工业大学出版社2017年版。
凌青:《淞沪抗战史料丛书续编Ⅰ第7辑》,上海科学技术文献出版社2017年版。
刘锋主编:《海派艺术家具发展典籍》,上海科学技术出版社2017年版。
刘欢萍:《乾嘉诗人吴锡麒研究》,江苏凤凰出版社2017年版。
刘敬:《清初士林逃禅现象及其文学影响研究》,人民出版社2017年版。
刘良政:《明清徽州武术研究》,黄山书社2017年版。
刘晓明、张永标:《寻味江南杭州素食》,浙江摄影出版社2017年版。
刘正武:《湖州批判》,古吴轩出版社2017年版。
娄承浩、陶祎珺:《上海百年工业建筑寻迹》,同济大学出版社2017年版。
陆束屏:《历史上的黑暗一页:英国外交文件与英美海军档案中的南京大屠杀》,江苏人民出版社2017年版。
骆滨基:《淞沪抗战史料丛书续编Ⅰ》第12辑,上海科学技术文献出版社2017年版。
骆祥发著,义乌丛书编纂委员会编:《骆宾王诗文故事》,上海人民出版社2017年版。
吕妙芬:《阳明学士人社群:历史、思想与实践》,北京师范大学出版社2017年版。
马学强、张婷婷等著:《上海城市之心:南京东路街区百年变迁》,上海社会科学院出版社2017年版。
梅新林、陈玉兰、刘文:《江南服饰史》,上海古籍出版社2017年版。
孟凡胜:《徽州水利社会研究——以新安江流域为中心》,安徽大学出版社2017年版。
牟宝蕾:《青瓷要览南宋官窑通鉴》,浙江人民美术出版社2017年版。
南京市地方志办公室编:《南京历代名志》,南京出版社2017年版。

倪玉平:《清代漕粮海运与社会变迁》,科学出版社2017年版。
潘承玉:《中国越学(第8辑)》,中国社会科学出版社2017年版。
齐白石:《大匠之门齐白石回忆录》,新星出版社2017年版。
齐白石自述,张次溪记录:《齐白石自述》,当代世界出版社2017年版。
钱王刚:《钱澄之传》,合肥工业大学出版社2017年版。
钱益和:《杭州地名史话》,中国国际广播出版社2017年版。
秦绿枝:《采访盖叫天》,上海人民出版社2017年版。
邱国珍:《〈温州通史〉专题史丛书:温州畲族史》,人民出版社2017年版。
邱澎生、陈熙远:《明清法律运作中的权力与文化》,广西师范大学出版社2017年版。
屈广燕:《文化传输与海上交往——元明清时期浙江与朝鲜半岛的历史联系》,海洋出版社2017年版。
任桂全:《绍兴城市史(先秦至北宋卷)》,中国社会科学出版社2017年版。
任君庆:《近代宁波职业教育史研究》,浙江大学出版社2017年版。
商金林:《中国出版家:叶圣陶》,人民出版社2017年版。
商务印书馆编:《商务印书馆120年大事记(1897—2017)》,商务印书馆2017年版。
上海报业集团编:《申报馆剪报资料·上海卷:历史掌故专辑》,上海书店出版社2017年版。
上海报业集团编:《申报馆剪报资料·上海卷:淞沪抗战专辑》,上海书店出版社2017年版。
上海博物馆编:《考古·古港上海青龙镇的发掘与发现》,上海古籍出版社2017年版。
上海博物馆编:《千年古港——上海青龙镇遗址考古精粹》,上海书画出版社2017年版。
上海鲁迅纪念馆:《回忆鲁迅在上海》,上海书店出版社2017年版。
上海鲁迅纪念馆编:《上海鲁迅研究2016·冬》,上海社会科学院出版社2017年版。
上海鲁迅纪念馆编:《上海鲁迅研究鲁迅手稿研究专辑》,上海社会科学院出版社2017年版。
上海评弹国际票房编:《评弹名家谈艺录》,上海文化出版社2017年版。
上海人民出版社编:《章太炎全集第3辑》,上海人民出版社2017年版。
上海市档案馆编:《上海解放1949.5.27》,中国文史出版社2017年版。
上海市地方志办公室,上海市地方史志学会编:《上海方志研究论丛第3辑》,上海书店出版社2017年版。
上海市虹口区档案馆:《虹口(1843—1949)》,上海人民出版社2017年版。
上海市静安区文史馆,上海石库门文化研究中心编著:《张园记忆》,上海文化出版社2017年版。
上海市孙中山宋庆龄文物管理委员会编:《史事与史迹:孙宋孔蒋家族在上海》,上海辞书出版社2017年版。
绍兴鲁迅纪念馆、绍兴市鲁迅研究中心编:《绍兴鲁迅研究2017》,上海社会科学院出版社2017年版。

绍兴市社会科学界联合会编:《纪念鲁迅逝世八十周年暨吴越史地研究会成立八十周年学术研讨文集》,浙江古籍出版社2017年版。
沈骅:《江南文化十六讲》,武汉大学出版社2017年版。
沈长庆:《沈尹默家族往事》,中国文史出版社2017年版。
石开玉:《戴震的文献学理论与实践成就》,安徽师范大学出版社2017年版。
苏生文:《晚清以降:西力冲击下的社会变迁》,商务印书馆2017年版。
苏智良、王海鸥:《上海拉贝:饶家驹》,人民出版社2017年版。
苏州太湖历史文化研究会,苏州茶文化研究会编:《太湖文化(第3辑)》,古吴轩出版社2017年版。
孙善根:《浙江近代海洋文明史(民国卷第二册)》,商务印书馆2017年版。
孙逊、钟翀主编:《上海城市地图集成》,上海古籍出版社2017年版。
唐力行主编:《江南社会历史评论》第10期,商务印书馆2017年版。
唐力行主编:《江南社会历史评论》第11期,商务印书馆2017年版。
陶起鸣:《南京愚园史话》,南京出版社2017年版。
田汝康:《男性阴影与女性贞节:明清时期伦理观的比较研究》,复旦大学出版社2017年版。
万木春:《味水轩里的闲居者——万历末年嘉兴的书画世界》,中国美术学院出版社2017年版。
汪剑鸣:《淞沪抗战史料丛书续编Ⅰ第1辑》,上海科学技术文献出版社2017年版。
汪剑鸣:《淞沪抗战史料丛书续编Ⅰ第5辑》,上海科学技术文献出版社2017年版。
汪耀华:《商务印书馆史料选编(1897—1950)》,上海书店2017年版。
汪荫祯著,邵宝振整理校注:《徽州记忆·1938——汪荫祯日记》,安徽师范大学出版社2017年版。
汪昭义、曹黎云:《徽州教育文化研究——以雄村为例》,合肥工业大学出版社2017年版。
王丰:《蒋介石在淞沪战场:从忍辱到复仇》,现代出版社2017年版。
王丽:《浙江流传戏曲》,汕头大学出版社2017年版。
王亮:《盛衰之间:上海评弹界的组织化(1951—1960)》,商务印书馆2017年版。
王露:《西湖景观题名文化研究》,杭州出版社2017年版。
王宁宁:《近代扬州文人群体研究(1840—1945)》,社会科学文献出版社2017年版。
王莎莎:《江村八十年——费孝通与一个江南村落的民族志追溯》,学苑出版社2017年版。
王唯铭:《十个人的上海前夜》,上海人民出版社2017年版。
王卫平:《清代江南地区慈善事业系谱研究》,中国社会科学出版社2017年版。
王向阳:《手艺:渐行渐远的江南老行当》,广西师范大学出版社2017年版。
王振忠:《社会历史与人文地理——王振忠自选集》,中西书局2017年版。
韦明铧:《论道扬州》,东南大学出版社2017年版。

魏宏远:《王世贞文学与文献研究》,上海古籍出版社2017年版。

巫仁恕:《优游坊厢:明清江南城市的休闲消费与空间变迁》,中华书局2017年版。

吴超:《江南"博学鸿儒"与清初实学学风——以经史之学为中心的研究》,上海交通大学出版社2017年版。

吴琦、肖丽红、杨露春等:《清代漕粮征派与地方社会秩序》,中国社会科学出版社2017年版。

吴仁安:《明清史事与江南望族探微》,上海书店2017年版。

《无锡》课题组著:《无锡》,当代中国出版社2017年版。

西坡:《上海底牌》,上海社会科学院出版社2017年版。

向敏:《中国出版家:郑振铎》,人民出版社2017年版。

肖如平:《民国时期的保甲与乡村社会治理:以浙江龙泉县为中心的分析》,社会科学文献出版社2017年版。

邢定康、高宏久编:《上海游屐——民国风情实录》,东南大学出版社2017年版。

徐国利:《徽州社会文化史研究》,安徽大学出版社2017年版。

徐海啸:《徽州红茶文化研究——以桃源为例》,合肥工业大学出版社2017年版。

徐建昌:《金山史话》,上海古籍出版社2017年版。

徐静波:《近代日本文化人与上海1923—1946》,上海人民出版社2017年版。

徐怡、刘异、金轮海:《淞沪抗战史料丛书续编Ⅰ》第4辑,上海科学技术文献出版社2017年版。

许高渝:《从求是书院到新浙大(记述和回忆)》,西泠印社出版社2017年版。

许苏民:《顾炎武》,陕西师范大学出版总社2017年版。

杨念群:《何处是"江南"?(增订版)》,生活·读书·新知三联书店2017年版。

杨守松:《昆曲大观·名家访谈:杭州温州郴州》,作家出版社2017年版。

杨艳琪:《祁彪佳与远山堂曲品剧品研究》,中国文联出版社2017年版。

姚旸:《晚明江南民间艺术收藏研究》,天津古籍出版社2017年版。

叶灵凤、张伟:《书淫艳异录增补本》,福建教育出版社2017年版。

佚名:《淞沪抗战史料丛书续编Ⅱ》第3辑,上海科学技术文献出版社2017年版。

佚名:《域外汉籍珍本文库:扬州府图说美藏本》,人民出版社2017年版。

余杭章太炎故居纪念馆编:《章太炎逝世八十周年暨章太炎故居保护开放三十周年纪念文集》,上海人民出版社2017年版。

余艳红:《传统、现代与现代之后章太炎的思想世界》,中国社会科学出版社2017年版。

余治淮:《徽州精神文化研究——以西递为例》,合肥工业大学出版社2017年版。

袁蓉:《缝纫机与近代上海社会变迁(1858—1949)》,上海辞书出版社2017年版。

岳钦韬、杨争宵等:《抗战时期上海铁路损失及其影响研究》,上海社会科学院出版社2017年版。

张犇:《1950年上海大轰炸》,上海社会科学院出版社2017年版。
张宏敏:《黄绾年谱简编》,上海古籍出版社2017年版。
张觉吾:《淞沪抗战史料丛书》续编Ⅰ第2辑,上海科学技术文献出版社2017年版。
张明观:《柳亚子史料札记三集》,上海人民出版社2017年版。
张乃清:《20世纪上海乡土图像》,中西书局2017年版。
张乃清:《上海市闵行区碑刻资料集》,中西书局2017年版。
张树旺:《明初行政体制改革的逻辑:从方孝孺与浙东学派的视角》,社会科学文献出版社2017年版。
张艳:《媒介呈现、生产与文化透析:民国〈申报〉征婚广告镜像》,商务印书馆2017年版。
张夷主编,陈去病著:《珍本南社旧著丛刊第1辑〈浩歌堂诗钞〉》,上海大学出版社2017年版。
张夷主编,辽鹤著:《珍本南社旧著丛刊第1辑直奉两军阀史:曹锟张作霖轶事》,上海大学出版社2017年版。
张夷主编,刘铁冷著:《珍本南社旧著丛刊第1辑〈铁冷丛谈〉》,上海大学出版社2017年版。
张夷主编,柳遂辑:《珍本南社旧著丛刊第1辑〈迷楼集〉》,上海大学出版社2017年版。
张夷主编,柳亚子著:《南社史料辑存:首级〈南社纪略〉》,上海大学出版社2017年版。
章太炎:《华国月刊》,上海书店2017年版。
章太炎:《民国演讲典藏文库:章太炎卷切要》上、下,中国文史出版社2017年版。
章太炎讲,周树人记:《说文解字札记》,上海人民出版社2017年版。
章毅:《理学、士绅和宗族:宋明时期徽州的文化与社会(增订版)》,浙江大学出版社2017年版。
赵昌智:《扬州文化研究论丛》第19辑,广陵书社2017年版。
赵雪沛:《清中叶浙江女词人研究》,人民文学出版社2017年版。
赵云田:《大清帝国的得与失:乾隆出巡记》,江西人民出版社2017年版。
浙江省文物考古研究所,绍兴市文物考古研究所,绍兴市柯桥区文化发展中心,嵊州市文物管理处编:《绍兴越墓》,文物出版社2017年版。
郑洁、孔达:《美术学校与海上摩登艺术世界——上海美专(1913—1937)》,上海书店2017年版。
郑雯:《冯桂芬》,陕西师范大学出版总社2017年版。
郑振铎:《淞沪抗战史料丛书》续编Ⅰ第10辑,上海科学技术文献出版社2017年版。
中共上海市委党史研究室,中国社会主义青年团中央机关旧址纪念馆编:《觉悟渔阳里——上海社会主义青年团创建史料选辑(1919.5—1922.5)》,上海人民出版社2017年版。
中国民主同盟江苏省委员会编:《江苏民盟六十年》,北京群言出版社2017年版。
周成强:《明清桐城望族诗歌研究》,武汉大学出版社2017年版。

周建人口述,周晔整理:《鲁迅故家的败落(增订本)》,福建教育出版社2017年版。

朱惠勇:《钱塘江船舶》,杭州出版社2017年版。

朱丽霞:《海上丝绸之路与16至17世纪中国文坛——以胡宗宪浙江幕府为中心》,中国社会科学出版社2017年版。

朱巍:《太仓历代碑刻》,文物出版社2017年版。

朱晓凯:《〈申报〉与中法战争研究》,黄山书社2017年版。

朱晓明:《上海法租界的警察(1910—1937年)》,社会科学文献出版社2017年版。

朱荫贵:《国家干预经济与中日近代化:轮船招商局与三菱·日本邮船会社的比较研究(修订本)》,社会科学文献出版社2017年版。

邹晓升:《上海钱业及钱业公会》,上海远东出版社2017年版。

祖澄、冰莹等:《淞沪抗战史料丛书续编Ⅰ》第9辑,上海科学技术文献出版社2017年版。

(本索引由李培龙、刘梦婷整理)